Foundations of
Entrepreneurship

★ 国家精品在线开放课程

创业基础

邓汉慧 ◎ 主编

北京大学出版社
PEKING UNIVERSITY PRESS

图书在版编目(CIP)数据

创业基础/邓汉慧主编. —北京:北京大学出版社,2016.1
ISBN 978-7-301-26613-7

Ⅰ.①创… Ⅱ.①邓… Ⅲ.①大学生—职业选择—高等学校—教材 Ⅳ.①G647.38

中国版本图书馆 CIP 数据核字(2015)第 293330 号

书　　名	创业基础 Chuangye Jichu
著作责任者	邓汉慧　主编
责 任 编 辑	武　岳
标 准 书 号	ISBN 978-7-301-26613-7
出 版 发 行	北京大学出版社
地　　址	北京市海淀区成府路 205 号　100871
网　　址	http://www.pup.cn
新 浪 微 博	@北京大学出版社　　@未名社科-北大图书
电 子 信 箱	ss@pup.pku.edu.cn
电　　话	邮购部 62752015　发行部 62750672　编辑部 62753121
印 刷 者	三河市北燕印装有限公司
经 销 者	新华书店 650 毫米×980 毫米　16 开本　27.25 印张　412 千字 2016 年 1 月第 1 版　2021 年 1 月第 6 次印刷
定　　价	55.00 元

未经许可，不得以任何方式复制或抄袭本书之部分或全部内容。
版权所有，侵权必究
举报电话: 010-62752024　电子信箱: fd@pup.pku.edu.cn
图书如有印装质量问题，请与出版部联系，电话: 010-62756370

序

继 2014 年夏季达沃斯论坛开幕式上国务院总理李克强首次提出要在 960 万平方公里的土地上掀起"大众创业""草根创业"的新浪潮,形成"万众创新""人人创新"的新态势后,2015 年 1 月 26 日,在李克强主持召开的专家学者和企业界人士对《政府工作报告》的意见建议座谈会上,他强调,大众创业、万众创新是中国经济发展的一个新的发动机、新引擎。"创新创业"一时成为政府、学者等关注的重点。创业对于解决就业、促进产业结构升级和创新发展等重大现实问题具有重要的意义。而"互联网+"时代的创业门槛正在降低,大数据时代为创新创业提供了机遇。政府简政放权、鼓励创新,全球经济转暖,系列利好叠加效应下,大众创业、万众创新正成为大势所趋。

自 1999 年教育部公布《面向 21 世纪教育振兴行动计划》鼓励开展创业教育至今,我国的创业教育工作发生了很大的变化。2015 年 5 月 4 日国务院办公厅发布《关于深化高等学校创新创业教育改革的实施意见》(国办发〔2015〕36 号)提出:各高校要根据人才培养定位和创新创业教育目标要求,促进专业教育与创新创业教育有机融合,调整专业课程设置,挖掘和充实各类专业课程的创新创业教育资源,在传授专业知识过程中加强创新创业教育。面向全体学生开发开设研究方法、学科前沿、创业基础、就业创业指导等方面的必修课和选修课,纳入学分管理,建设依次递进、有机衔接、科学合理的创新创业教育专门课程群。各地区、各高校要加快创新创业教育优质课程信息化建设,推出一批资源共享的慕课、视频公开课等在线开放课程。建立在线开放课程学习认证和学分认定制度。组织学科带头人、行业企业优秀人才,联合编写具有科学性、先进性、适用性的创新创业教育重点教材。创业教育已经走出了试点阶段,进入推广和普及阶段。

我们坚信,创新创业能力将成为未来高质量人才培养的核心,也是提升大学生创业就业质量的关键因素,势必受到重视。本书围绕创业的三大核心要素:机会、资源和团队,以创业过程为主线,将创业要素和创业过程结合起来,从创业行为的视角揭示创业活动的发展过程及其关键要素的作用。而且,本书坚持理论与实务相结合,在注重理论知识的系统性和条理性的基础上,搜集、整理和编写了大量的创业实践案例,用案例介绍经验和阐释理论,介绍了一些创业实务操作方法。此外,本书将新兴起的创业研究话题——"社会创业"纳入其中,在当前突出社会治理的时代背景下,社会创业必将成为未来创业发展的趋势。

本书主要分为七章,第一章概述创业理论及基础,第二至六章从创业团队、创业机会和风险、创业资源、创业计划、新创企业成长与管理等方面探讨了创业关键要素及创业过程,第七章介绍了社会创业理论与国内外实践。

本书是为那些希望了解创业过程和创业知识的读者撰写的,不仅适合作为公共管理学院、商学院本科生和研究生的教材使用,而且适合对创业感兴趣的任何读者阅读。通过本书的学习,可以了解什么是创业,在当前大数据时代如何进行"互联网+"创业,成为一名创业者需要做哪些准备,在社会变革和转型的十字路口如何发现潜在的商机,如何设计新企业的商业模式,如何创新"互联网+"的商业模式,如何构建创业团队,如何撰写创业计划书,在"众筹时代"如何筹集创业资金,如何实现新企业的成长和发展等。阅读本书,有助于读者清晰地认识和理解创业行为产生和发展的机理,同时明晰创业过程中可能或者一定会遇到的问题,理性地规划职业。

在本书的写作过程中,我们得到了很多机构和个人的帮助,借鉴了众多学者的建议,参考了相关学者的研究著作及论文,在此表示衷心的感谢。中南财经政法大学研究生肖力玮、冯伟玲、朱珂、张梦姝、赵阳、钟毓、周稳、史佩磊、李灼南、熊雅辉等参与了教材的初稿撰写和部分案例资源的收集。邓汉慧提出编写框架,对每章提出修改意见,对书稿进行统稿和最终定稿。熊雅辉、肖力玮参与了部分组织工作,并进行了初稿的统稿和修改工作。

本书还存在一些需要完善和修改的地方,我们真诚地希望广大读者不吝赐教,向我们提出具体意见和建议,使之日臻完善。①

邓汉慧
2015 年 6 月 7 日

---

① 此书相应课程被评为"国家精品在线开放课程",读者可访问"中国大学 MOOC"官方网站 https://www.icourse163.org/,搜索"创业基础"找到由邓汉慧等人教授该课程的条目,获得相关的视频资源进行学习。——编者注,2019 年 5 月

目 录

第一章 创业、创业精神与人生发展 / 001

  第一节 创业与创业精神 / 003
  第二节 职业生涯发展与创业 / 025

第二章 创业者与创业团队 / 037

  第一节 创业者 / 037
  第二节 创业团队 / 060

第三章 创业机会与创业风险 / 089

  第一节 创业机会 / 089
  第二节 创业风险识别 / 138
  第三节 商业模式开发 / 174

第四章 创业资源 / 213

  第一节 创业资源概述 / 213
  第二节 创业融资 / 237
  第三节 创业资源管理 / 257

第五章 创业计划 / 269

  第一节 创业计划概述 / 271
  第二节 创业计划的结构框架 / 281
  第三节 创业计划书撰写与展示 / 295

第四节 创业计划书撰写与展示技巧 / 307

第六章 新创企业成长与管理 / 315

第一节 成立新企业 / 315

第二节 新创企业成长管理的技巧和策略 / 352

第七章 社会创业 / 377

第一节 社会创业 / 378

第二节 社会创业者 / 386

第三节 社会创业类型与条件 / 395

第四节 社会创业过程 / 402

第五节 社会创业的实践与发展 / 408

主要参考文献 / 425

第一章　创业、创业精神与人生发展

【学习目标】

通过本章的学习,了解创业的概念、创业与创业精神的关系、创业与人生发展的关系,以及创业和创业精神在当今时代背景下的意义和价值,正确认识并理性对待创业。

中南财大学生微信创业月入 10 万[①]

扫一扫微信二维码,便可享受周边商店酒店的大幅折扣,还可送货上门。这半年来,一个名为"吃喝茶山刘"的微信公众账号在武汉大学生中风靡起来。

灵感来自女朋友抱怨没人送饭

该团队负责人中南财经政法大学大四的学生邓超说,项目团队主创人员 15 人,来自不同专业。最初萌生念头是去年 10 月,主创成员都顺利拿到名企"offer"后空余时间比较多,就想着利用最后的大学时光做一次创业实践。做什么呢?几个人想起去年找工作时都有被女友抱怨无人送饭的经历。为安抚女友并免除当"外卖小哥"的痛苦,几个主创人便开始研发外卖系统并跟商家合作。

---

① 李芳:《中南财大学生微信创业月入 10 万》,《武汉晚报》2014 年 3 月 14 日,第 27 版。

上线 4 个月超万人使用

邓超介绍,"吃喝茶山刘"去年 11 月中旬正式上线,上线 3 天就有 6000 多名用户使用,目前已有 1.5 万余用户关注。业务范围主要是在折扣和外卖两个方面,已与周边的 100 多家饭店商铺达成了优惠协议。

创业初期,邓超和几名主创为了让更多商铺进驻"吃喝茶山刘",曾在 3 天内跑遍了学校周边的几百家商铺,最终有近百家商铺与他们达成合作协议。

一个泰国零食公司在中国一直找不到合适的经销商来开展在汉业务,很偶然得知了"吃喝茶山刘",便立即与邓超等人联系并达成协议,5 分钟内就卖出了上百包零食。最近女生节,团队打出了"啤酒配炸鸡"的套餐服务,不到 10 分钟便销售一空。

为了进一步开拓市场,"吃喝茶山刘"去年年底便与中南民族大学的学生团队合作开展了在民大的项目,其他学校也在接洽中。

婉拒 250 万元收购请求

邓超告诉记者,前期他们先以免费拉入合作商家,并同时免费向学生开放。通过产品上线前和上线后的营销,让公众号先积累关注度,之后他们就可以根据粉丝数向想入驻的商家收取入驻费用,还可以通过向用户推送某个商家新上线活动等信息来收取广告费用……

目前,"吃喝茶山刘"每天营业额约 4000 元,每月有 10 万元收入,知名度越来越大。年初,一个风投公司对整个项目估价 250 万,但团队考虑到项目持续性,并想做成一个持久的学生创业项目,最后婉拒收购,只与对方达成了投资近 10 万元的协议。

"不想卖,主要想锻炼自己,我们几个创始人签约的工作薪酬不低,不需要通过此平台赚钱。"邓超说,他们毕业后,团队将会交由大二、大三的同学负责。

第一节　创业与创业精神

一、创业的内涵

"创业"从字面上理解由"创"和"业"两个字组成。所谓"创"就是创造,也可以理解为创建、创新、创立;而"业"则可以是事业、家业等。由此可见,创业的两个特点一是"创造",二是行动。从词汇学的角度来看,创业是一个动宾词组,其对应的英语词组"start-up business"也是一个动宾词组。动才有结果。

对于什么是创业,它的内涵是什么,到目前为止,国内外学者众说纷纭,没有统一的标准性概念,大体可以分为两大类观点:

(一)创业是指创立或创建任何类型新企业

罗伯特·荣斯戴特认为,创业是一个创造增长的财富的动态过程。[1]

霍德华·H.史蒂文森(Howard H. Stevenson)认为,创业是一个人——不管是独立的还是在一个组织内部——追踪和捕获机会的过程。创业就是察觉机会、追逐机会的意愿及获得成功的信心和可能性。[2]

宋克勤认为,创业是创业者通过发现和识别商业机会,组织各种资源提供产品和服务,以创造价值的过程。[3]

创业是通过寻找和把握机遇创造出新颖的产品或服务,并通过市场,扩展成企业或产业,从而实现其经济价值和社会价值的过程。[4]

(二)创业是一种创新的过程

熊彼特(J. A. Schumpeter)认为:创业者具有创新的功能,创新通过克服"自由系统"(liberal system)的矛盾而使之延续。他认为创业者是一个创新者,是一个以某种相对异常的行为在某种程度上改变经济的人。德鲁克(Peter F. Drucker)认为,仅仅满足需求而不是创造新的需求(需要承担风险)的行为不是创业行为,其行为者也不能称为企

---

[1] 孙德林、黄林、黄小萍编著:《创业基础教程》,高等教育出版社2012年版,第8页。
[2] 同上书,第9页。
[3] 卢福财主编:《创业通论》,高等教育出版社2007年版,第5页。
[4] 同上。

业家。哈佛大学史蒂文森认为,创业是不拘泥于当前资源条件的限制下对机会的追寻,将不同的资源组合以利用和开发机会并创造价值的过程。香港创业学院院长张世平认为:创业是一种劳动方式,是一种无中生有的财富现象,是一种需要创业者组织,运用服务、技术、器物作业的思考、推理、判断的行为。

随着两派观点的日趋融合,研究者们倾向于认为创业是发现和利用机会,创造新价值(一项创新或一个新的组织)的过程,即个体创造新价值的过程。全球创业观察(Global Entrepreneurship Monitor,GEM)①将创业定义为"依靠个人、团队或一个现有企业来建立一个新企业的过程,如自我创业、一个新业务组织的成立或一个现有企业的扩张"。

综上所述,创业主要有三个方面的内涵:

1. 组建新企业

创业是创建新企业的过程。创业需要一个承担创业的实体,而通常这个实体就是企业。创业者依据所在的国家或地区的相关法律法规进行注册登记是创业过程的一个重要标志。创业是一种创建企业的过程,或者说是一种创建企业的活动。尽管创业活动必然涉及创新,但创新并不必然是创业活动。

2. 改造老企业

创业可以是改造老企业的过程,即企业的内部创业。创业是创业者依靠自己的想法及努力工作来开创一个新企业,包括新公司的成立、组织中新单位的成立以及提供新产品或者新服务,以实现创业者的理想。创业可分为两个层次,即创建新的企业和企业内创业,后者也被称为"二次创业"。

3. 孵化或催化企业

创业可以是利用社会资源孵化或者催化新企业或中小企业产生、成长、发展壮大的过程。创业必定不能孤立于社会整体而存在,需要创业者对有限的社会资源进行再分配;在资源有限的前提下,创业者通过对创业机会的理性分析和周密的部署安排,赢得资源提供者的支持。随着社会分工的细化、市场竞争的加剧和就业压力的增大,社会创业已是新时期创业定义必须包括的内容。社会创业包括企业孵化

---

① 全球创业观察由美国百森商学院和英国伦敦商学院联合发起,加拿大、法国、德国、意大利、日本、丹麦、芬兰、以色列等10个国家的研究学者参加。

器、企业催化器、创业投资企业、创业担保企业的活动等内容。①

二、创业的功能

全球经济一体化进程的加快以及信息技术为代表的知识经济的来临,正不断改变着中国传统的产业格局。创业活动对我国经济发展有着重要的战略意义。创业活动在增加就业岗位、促进经济增长、加快产业结构调整、改善社会福利等方面起着重要作用,正逐步成为解决我国现今诸多社会问题的有效途径之一。

(一) 增加就业岗位

据统计,在我国,一个人创业平均可以带动2—3人就业,创办一家私营企业平均可以带动13人就业。伯奇研究所调查显示,为美国提供大量就业机会的,不是大型公司和个体作坊式公司,而是中小企业。在1994—1998年间,美国中小企业提供了95%的新增工作机会,在1100万个新增工作机会中,有1070万个是由它们提供的②;1997—1998年澳大利亚45%的新工作岗位是由中小企业提供的;1994—1998年荷兰新创立企业和高速增长公司创造了新工作的80%。2013年,中国中小企业提供了全国80%的城镇就业岗位,每年解决1000多万新增就业人口问题。③

(二) 有利于经济增长

美国新经济的兴起与发展离不开20世纪80年代硅谷创业企业的大批创立,这些创业企业的成功为美国经济的发展作出了举足轻重的贡献。直到现在硅谷也依旧是美国经济保持以2%—3%的速度发展的重要支柱。在过去的30年里,美国出现了创业革命,创业精神和创业过程是美国经济的秘密武器,创业者和创新者们已经彻底改变了美国和世界的经济。创业活动会不断创造出更大、更多的财富和价值,促进经济增长。

中国改革开放以来取得了前所未有的成就,人民生活水平逐年改

---

① 吴雅冰主编:《创业管理》,中国人民大学出版社2012年版,第4页。
② 王友海:《青春期的民营企业如何跨越成长的资金鸿沟》,http://www.wabei.cn/news/200809/93396.html,2008年9月10日。
③ 中国行业研究网:《2013年国内中心企业对经济升级意义重大》,http://www.chinairn.com/news/20130417/171025844.html,2013年4月17日。

善,综合国力稳步提高。其中小企业的迅速发展发挥了非常重要的作用。中小企业是我国创造社会财富的主体之一,是解决百姓就业问题的主力军,是推动我国国民经济平稳加快发展不可或缺的重要力量。根据新测算,2013年中国中小企业占全国企业总数的99.7%,其中小微企业占了97.3%。中小企业创造了60%的国内生产总值、59%的税收和60%的进出口。[①]

(三)加快产业结构和职业结构的调整

创新创业行为可以建立新的市场,改变产业结构。1975年乔布斯在车库里研制了个人电脑,使得电脑成为个人拥有的工具,1976年乔布斯创建了苹果公司;1993年马克·安德森发明了互联网上的信息浏览器,1994年成立了马赛克通信公司,即后来的网景公司;杨致远放弃了攻读博士学位的学业,1995年成立了雅虎公司;马云1999年创立阿里巴巴。这些公司后来都成为著名的企业,它们带动并形成了互联网行业的经济增长。另外,近年来,随着产业结构的调整,第三产业新增创业大幅增加,提供了更全面的产品服务和更多的就业岗位。

创业也改变了传统的职业结构,创业者可以做自己的老板;可以根据创立的企业类型,来控制自己的工作时间,可以选择雇用员工来从事自己不愿意做或做不好的工作;还可以自主选择获取报酬的方式、自定工作条件。

(四)有利于社会福利改善

创业鼓励竞争,有利于社会资源更合理地配置。创业企业要想很好地生存与发展,就必须具有一定的竞争力,具有一定的科技或经营能力。从行业发展的角度来讲,创业企业的成功和加入或多或少地会影响现有行业的经营格局,加剧行业经营的竞争状态,造成优胜劣汰的局面;竞争的加剧有利于资源向经营良好、效率较高的企业流入,也就有利于有限的社会资源更合理地配置,从而产生较高的社会效益,增加社会福利,有利于促进中国社会主义市场经济快速发展。[②]

---

① 中国行业研究网:《2013年国内中小企业对经济升级意义重大》,http://www.chinairn.com/news/20130417/171025844.html,2013年4月17日。

② 牛泽民、熊飞:《发展创业教育对促进中国现阶段经济增长的作用》,《北京航空航天大学学报(社会科学版)》2003年第3期。

（五）有利于社会稳定

创业者感恩回报社会,促进社会的繁荣与稳定。"中国花布大王"陆亚萍,凭着一把尺子、一把剪刀、一台缝纫机走上了坎坷而又充满希望的创业之路,打造出集布艺、家纺、零售百货三大产业为一体的亚萍企业巨舰。"一个心里有着别人,心里装着社会,心里想着国家的人,才能确立自己在别人心目中的地位。作为企业家更要懂得感恩,懂得回报社会。"这是陆亚萍常说的,也是她踏踏实实在做的。如今,陆亚萍受聘成为"全国女大学生创业导师",她先后应邀到南京师范大学等院校讲课,听课师生达4000多人。亚萍集团先后吸纳了1085名优秀大学毕业生,其中358名已经走上企业中高层管理岗位。她还创办了吴江市巾帼农村小额贷款股份有限公司,帮助更多人共同创业;放款的唯一标准,就是看对方的人品。截至2012年3月,巾帼公司发放的女大学生创业贷款累计已超过了2000万元,支持的女大学生创业者超过了20人。累计发放巾帼创业贷款超过10亿元,累计发放三农贷款超过了27亿元。①

三、创业要素、类型与过程

（一）创业要素

创业者必须掌握创业要素的基本特点及其与创业过程的关系,才能成功开展创业活动。创业要素包括创业机会、创业团队及创业资源等,国内外学者围绕创业要素提出了很多理论模型,国外典型的、有影响的创业学模型主要有:

1. 计划与运作(MAIR)模型

MAIR模型是英国杜伦大学中小企业基金会提出的,它可以帮助创业者初步检验创业构想的可行性(图1-1)。其中:

M——动机(motive):创业者的动力,做事的决心,遇到困境的韧劲;

A——能力(ability):将设想付诸实施的经验、技巧、知识,缺乏这些经验、技巧、知识时能够与他人共同工作,以他人之长补己之短;

I——市场观念(idea):此设想可行吗?有足够的顾客吗?谁是竞

---

① 李菲:《在创业中绽放炫美人生——江苏省"女大学生创业导师"剪影》,http://news.xinhuanet.com/fortune/2012-03/02/c_111593117.htm,2012年3月2日。

争对手?为什么此设想优于竞争对手?

R——资源(resources):对于这样的创意,需要什么资源,自己有什么资源;

信心——贯穿创业过程始终的理念。

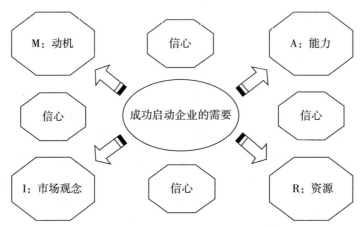

图1-1 计划与运作(MAIR)模型①

MAIR模型认为成功地创办企业需要具备以下五个条件:创业者的动机和决心;创业者的能力和技巧;创业者的市场观念;创业者所掌握的资源;创业者是否始终对创业抱有坚定的信心。②

2. 蒂蒙斯的创业要素模型

蒂蒙斯(Timmons)被誉为"创业教育之父",他提出的创业要素模型(如图1-2所示)在创业领域的影响巨大,该模型认为创业是一个高度动态的过程,其中机会、资源、创业团队是创业过程最重要的驱动因素,这三个要素是任何创业活动都不可或缺的,它们的存在和成长决定了创业过程的发展方向。商业机会是创业过程的核心要素,识别与评估市场机会是创业过程的起点,商机的形式、大小、深度决定了资源与团队所需的形式、大小、深度。创业团队的作用是利用其创造力在模糊、不确定的环境中发现商机,并利用资本市场等外界理论组织资源,领导企业来实现商机的价值。在这个过程中,资源与商机是"适

---

① 马玫、陈玉清主编:《中小企业创业与发展指导手册》,东北大学出版社2002年版,第19-20页。

② 同上。

应→调差距→再适应"的动态过程。

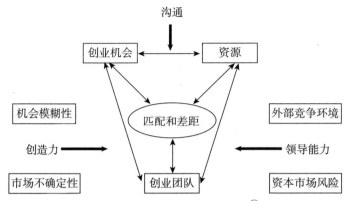

图 1-2　蒂蒙斯创业要素模型①

蒂蒙斯模型的特点是：三个核心要素构成一个倒立的三角形，创业团队位于三角形的底部。在创业初始阶段，商业机会较大而资源较为缺乏，三角形将向左边倾斜；随着企业的发展，企业拥有较多的资源，但这时原有的商业机会可能变得相对有限，这就导致另一种不均衡。创业团队需要不断探求更大的商业机会，进行资源的合理运用，使企业发展保持合适的平衡。这三者的不断调整，最终实现了动态均衡，这就是新创企业发展的实际过程。蒂蒙斯模型始终坚持三要素间的动态性、连续性和互动性。

3．加纳模型

加纳提出一个更为复杂的创业管理模型，他认为描述新企业创业主要包括四个维度：创立新企业的个人——创业者、他们所创建新企业的类型——组织、新企业所面临的环境及新企业创立的过程。任何新企业的创立都是这四个要素相互作用的结果。其中，创业者需要有诸如获取成就感的渴望、善于冒险以及有丰富的经历等特质；创业过程主要包括发现商业机会、创业者集聚资源、开始产品的生产、创业者建立组织以及对政府和社会作出回应等步骤；环境主要包括技术因素、供应商因素、政府因素、交通因素、人口因素等；组织主要包括内部的机构以及组织战略的选择等多项变量。我们只有充分研究这四个变量，并且要深入探究每个变量的维度与其他各个变量的维度的相互

---

① 吴雅冰主编：《创业管理》，中国人民大学出版社2012年版，第16页。

作用关系,才能够充分诠释新企业创建的全面性和复杂性。

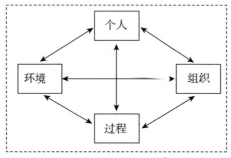

图1-3 加纳模型①

加纳提出的创业过程理论模型率先从创业过程复杂性出发解释创业过程,比较全面地概括了创业过程的构成要素,为后续的创业过程理论模型提供了雏形。加纳模型最主要的不足在于只对一系列的构成要素进行集合,使模型显得非常复杂,未能清晰阐释各要素之间的相互作用关系。

4. 威克姆(Wickham)模型

威克姆提出基于学习过程的创业模型(如图1-4所示)。该模型的含义如下:

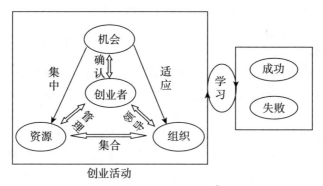

图1-4 威克姆模型②

---

① W. B. Gartner, "A Conceptual Framework for Describing the Phenomenon of New Venture Creation," Academy of Management Review, 1985(10):695-705.

② 姚梅芳:《基于经典创业模型的生存型创业理论研究》,吉林大学管理学院2007年博士论文,第47—50页。

（1）创业活动包括创业者、机会、组织和资源四个要素，这四要素互相联系。

（2）创业者任务的本质就是有效处理机会、资源和组织之间的关系，实现要素间的动态协调和匹配。

（3）创业过程是一个不断学习的过程，而创业型组织是一个学习型组织。通过学习，不断变换要素间的关系，实现动态性平衡，成功完成创业。

该模型认为，创业者处于创业活动的中心。创业者在创业中的职能体现在与其他三个要素的关系上：识别和确认创业机会；管理创业资源；领导创业组织。创业者的任务是有效地管理商业机会、资源和组织之间的关系，使三者达到动态的平衡。创业者要对商业机会及时作出反应，领导组织，配置资源来不断获取商业机会。这样，创业组织才会不断壮大发展。

另外，该模型还揭示了组织是一个学习型的组织。也就是说，组织必须不仅对机会和挑战作出反应，而且还要根据这种最初的反映结构来调整和修改未来的反应，即组织的资产、结构、程序、文化等要随着组织的发展而不断改进，组织在不断的成功与失败中得到学习与锻炼，从而获得更大的成功，得以发展壮大。①

5. 全国高校创业指导师模型

王艳茹构建了适合我国高校现状的创业指导师模型，简称为 APREM 模型（图 1-5）。

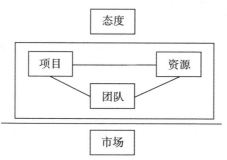

图 1-5　创业指导师培训的 APREM 模式②

---

① 姚梅芳：《基于经典创业模型的生存型创业理论研究》，吉林大学管理学院 2007 年博士论文，第 47—50 页。

② 王艳茹：《高校创业指导师培训模式研究》，《创新与创业教育》2013 年第 5 期。

(1) 态度(attitude)。态度观念的转变在整个创业过程中起着关键的作用,处于统驭的地位,积极的创业态度和对创业的理性认识对于创业成功和学生的生涯规划具有非常重要的意义。

(2) 创业项目(project)。主要包括:企业想法的来源——对发展趋势的把握、对现存问题的解决以及对资源的利用等,创业项目的可行性;以及通过商业机会的识别如价值链分析和市场结构分析等,从众多的企业想法中辨识出真正适合的商业机会,并对可以形成创业项目的商业机会进行描述。

(3) 创业资源(resource)。利用营利模式(Profit Model),讨论创业所需的物质、组织、财务、智力、技术和声誉资源。

(4) 创业团队(entrepreneur)。包括创业团队的组建和运作。创业团队的组建包括核心创业者的创业素质、创业者评价以及团队创业成员的构成、优劣势等;团队运作主要依据5P模型——共同的目标(purpose)、明确的计划(plan)、适合的人(people)、明确的定位(place)和适当的授权(power),对团队管理的相关问题进行分析。

(5) 市场(market)。侧重于两方面的内容:一是市场调查和市场细分,二是营销计划和营销策略。前者用于甄别企业想法的可行性,后者用来保障企业生命的持久性。[①]

(二) 创业类型

随着创业活动的日益活跃,创业活动的类型也呈现多样化的趋势。按照不同的标准,可以将创业分成不同的类型。了解创业的类型,比较不同类型的创业活动,才能更好地理解创业活动过程,选择适合自己的创业类型。我们可以从创业动机、创业主体、创业初始条件、创业效果等不同的角度进行分类。

1. 基于创业动机分类

全球创业观察项目依据创业者的创业动机将创业分为两类:生存型创业和机会型创业。

(1) 生存型创业(Necessity Entrepreneurship)

生存型创业是创业者为了生存,没有其他选择,不得不参与创业

---

① 王艳茹:《高校创业指导师培训模式研究》,《创新与创业教育》2013 年第 5 期。

活动来解决其所面临的困境。改革开放初期的创业者以及下岗职工的创业行为多属于这种类型。

生存型创业的特征有:第一,从现有市场中捕捉机会,表现出创业市场的现实性;第二,从事技术壁垒低、不需要很高技能的行业;第三,物质资源贫乏,从事低成本、低门槛、低风险、低利润的创业,往往无力用工。

(2) 机会型创业(Opportunity Entrepreneurship)

机会型创业是指创业者抓住鲜有机会并实现价值的创业活动。创业需要有一个好的时机。例如,比尔·盖茨是一个典型的机会型创业者。他舍弃在哈佛大学法学院的学业毅然决定创业,是因为他在商业实践中发现了软件产业存在的巨大商机。

机会型创业有两大特征:第一,企业产品的科技含量高;第二,成长速度快。机会型创业往往能比生存型创业创造更多的就业、出口和市场。但生存型创业和机会型创业不是创业者的主观选择结果,而是由创业者面临的环境和能力决定的。

2. 基于创业主体的分类

根据创业活动的主体的不同,创业可分为个体创业、公司创业及衍生创业。

(1) 个体创业

个体创业是指创业者个人或者创业团队不依托于某一特定组织,白手起家完全独立地创建企业的活动。随着科学技术的快速发展和技术周期的缩短,个人完全可以经历从理论研究到应用研究再到研究开发和创建企业这种技术创新成果商业化的全过程,因此,个体创业也就成为当前一种普遍存在的社会现象。具有创业特长的创业家往往还通过购买专利的方式直接创业。

(2) 公司创业

公司创业主要指已有组织发起的组织的创造、更新与创新活动,创业活动是由在组织中工作的个体或团队推动的。公司创业的动机源于市场经济体制下企业谋求生存和发展的需求。公司创业是企业提升创新能力与核心竞争力的重要途径。它往往由一个企业内具有创业愿望和理想的员工发起,在组织的支持下,由员工与企业共担风险、共享创业成果。目前,我国已有越来越多的知名企业开始把创建内部体系纳入公司发展规划之中。例如华为集团,为解决机构庞大和老员工问题,鼓励内部创业,将华为非核心业务与服务业以内部创业方式社会化,通过提供一些资源给公司优秀人才,鼓励他们走出去创办企业。

(3) 衍生创业

衍生创业是指在现有组织中工作的个体或团队,脱离所服务的组织,凭借在过去工作中积累的经验和资源,独立开展创业活动的创业行为。衍生企业由于与母体企业之间所具有的联系,在创业的初始条件、市场定位、经营策略、成长方式等多方面都会表现出与个体创业不同的一些特点,值得关注和研究。牛根生离开伊利公司创建蒙牛公司,李一男离开华为公司创建港湾网络等都属于衍生创业经典案例。

3. 基于创业初始条件的分类

创业者往往是在资源匮乏的情况下开展创业活动的,因此,研究创业活动的初始条件对于分析创业活动的特点、预测创业活动的发展演变规律,具有十分重要的意义。芝加哥大学阿玛尔·毕海德(Amar V. Bhide)在这方面的研究成果特别具有影响力。

毕海德从不确定性和投资两个维度构建了一个投资、不确定性与利润的动态模型(见图1-6)。他强调创业并不单纯指企业家或创业团队创建新的企业,大企业同样有创业行为。

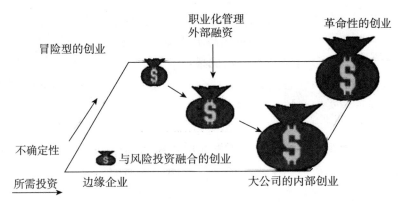

注:钱袋的大小代表潜在利润的多少。

图1-6 投资—不确定性—利润模型①

---

① 张玉利主编:《创业管理》,机械工程出版社2011年版,第21页。

该模型将原创性的创业分为五种类型,分别是边缘企业(marginal businesses)、冒险型的创业(promising start-ups)、与风险投资融合的创业(VC-backed start-ups)、大公司的内部创业(corporate initiatives)和革命性的创业(revolutionary ventures)。毕海德对不同类型的创业活动进行了对比(见表1-1)。

表1-1 不同创业类型的对比①

因素	冒险型的创业	与风险投资融合的创业	大公司的内部创业	革命性的创业
创业的有利因素	创业的机会成本低;技术进步等因素使得创业机会增多	有竞争力的管理团队;清晰的创业计划	拥有大量的资金;创新绩效直接影响晋升;市场调研能力强;对R&D的大量投资	无与伦比的创业计划;财富与创业精神集于一身
创业的不利因素	缺乏信用,难以从外部筹措资金;缺乏技术管理和创业经验	尽力避免不确定性;追求短期快速成长,市场机会有限;资源的限制	企业的控制系统不鼓励创新精神;缺乏对不确定性机会的识别和把握能力	大量的资金需求;大量的前期投资
获取资源	固定成本低;竞争不是很激烈	个人的信誉;股票及多样化的激励措施	良好的信誉和承诺;资源提供者的转移成本低	富有野心的创业计划
吸引顾客的途径	上门销售和服务;了解顾客的真正需求;全力满足顾客需要	目标市场清晰	信誉、广告宣传;关于质量服务等多方面的承诺	集中全力吸引少数大的顾客
成功基本因素	企业家及其团队的智慧;面对面的销售技巧	企业家团队的创业计划和专业化管理能力	组织能力、跨部门的协调及团队精神	创业者的超强能力;确保成功的创业计划

---

① 张玉利主编:《创业管理》,机械工业出版社2011年版,第21页。

续表

因素	冒险型的创业	与风险投资融合的创业	大公司的内部创业	革命性的创业
创业的特点	关注不确定性程度高但投资需求少的市场机会	关注不确定性程度低、广阔且发展快速的市场和新的产品或技术	关注少量的经过认真评估的有丰厚利润的市场机会，回避不确定性程度大的市场利基	技术或生产经营过程方面实现巨大创新，向顾客提供超额价值的产品和服务

4．基于创业效果的分类

依据创业效果对创业进行分类，也是一种常见的分类方式，这样的分类有助于创业者关注创业活动的效果，提升创业活动质量，提供创业活动成功概率。克里斯汀(Christian)等人依照创业对市场和个人的影响程度，将创业分为以下四种基本类型[1]：

（1）复制型创业

复制型创业是在现有经营模式基础上的简单复制，创新的成分很低。例如，某人最初在某广告公司担任销售经理，后来离职，创立一家与原广告公司相似的新广告公司，且新组建公司的经营风格与离职前那家公司也基本相同。新创企业中属于复制型创业的比率很高，且由于先前生产经营经验的积累使得新组建公司成功的可能性很高。但这种类型创业的创新贡献太低，缺乏创业精神的内涵，不是创业管理研究的主要对象。

（2）模仿型创业

这种形式的创业虽然很少给客户带来新创造的价值，创新的成分也不算太高，但对创业者自身命运的改变还是较大的。它与复制型创业的不同之处在于，创业过程对于创业者而言，具有很大的冒险成分，经营失败的可能性很大。例如，宝洁公司某高管辞掉工作，新组建一家风险投资公司。这类创业不确定性较高，学习过程长，经营失败的

---

[1] B. Christian, P. A. Julien, "Defining the Field of Research in Entrepreneurship," *Journal of Business Review*, 2001, 16(2):165-180.

可能性较大。不过,那些具有创业精神的创业者,只要经过系统的专业培训,找准进入市场的契机,创业成功的概率也较高。

(3)安家型创业

这种创业模式对创业者个人命运的改变并不大,他们所从事的依旧是原先熟悉的工作,却不断地为市场创造新的价值,为消费者提供创新产品和服务。安家型创业强调的是个人创业精神的最大限度实现,而不是对原有组织结构进行重新设计和调整。例如,企业内部的研发小组在开发完成一种新产品项目后,继续在该企业开发另一项新产品。

(4)冒险型创业

冒险型创业是指从事一项全新的产品经营。这种创业模式将极大地改变创业者的命运,创业者的个人发展前途有较大的不确定性。虽然创造新价值的活动的风险较大,但预期报酬较高,冒险性创业对那些充满创业精神的人来说仍富有诱惑力。但是,只有创业者具备卓越的能力、适当的创业时机、合理的创业方案、科学的创业管理,才可能取得成功。[1]

(三)创业过程

1. 产生动机和识别机会

不甘于落寞和平庸、想要有一番作为是创业者最大的创业动机,对于市场灵敏的嗅觉和对于机会的把握则是创业的先决条件。在市场经济环境中,决定企业生存与发展的关键力量是顾客,是市场,因此,创业者必须优先从市场、从顾客的需求中识别和发现创业机会,探寻生存和发展的空间。创业活动的机会导向进一步决定了创业活动的顾客导向,这也是创业与发明、创新不同的重要环节。大多数成功创业者往往是那些对顾客有深入了解的人,他们创建的新事业往往是对原来工作的升华,是在原来工作基础上的创新,他们对顾客需求的感知是在长期工作中的认真思考。

2. 整合资源

创业的本质是资源整合,熊彼特所强调的"新的组合"本质上也是资源整合。创业活动强调在资源不足的情况下把握机会,这并不等同

---

[1] 张玉利主编:《创业管理》,机械工业出版社2011年版,第21页;《创业基础》编写组主编:《创业基础》,安徽大学出版社2013年版,第11—13页。

于不重视资源,相反,这样的定义恰恰是在提醒创业者必须创造性地整合资源。对于创业者来说,自身所具备的知识、社会关系网络、专长、组织领导才能、沟通能力、对市场和顾客需求的洞察能力等都可能成为有助于其创业成功的重要资源,合理地运用这些资源,创业者有可能成功地整合到资金、人力和物力,进而为创业活动奠定基础。

3. 创建新企业

首先,随着经济全球化的深入,大部分企业面临的外部环境越来越复杂和难以控制,新企业在创建之前,需要对自己的目标市场进行一番考察和评估,其中重点需要关注产业的吸引力、目标市场吸引力和产品入市时机这三个问题。

其次,竞争力的内容具有复杂性和多层次性,对于新创企业而言,所在地区商业环境质量的影响将更加突出。从世界各地新创企业成功和失败的经验来看,选址的重要性不言而喻。据香港工业总会和香港总商会的统计,在众多开业不到两年就关门的企业中,由于选址不当所导致的企业失败数量占了总数的50%以上。创业者在为新创企业选择注册与经营地点时,通常要兼顾所在国家和地区的经济、技术、文化、政治等总体发展状况以及具体所在地的交通、资源、消费群体、社区环境、商业环境等。

再次,如何为新创企业选择一个适宜的法律组织形式,常常使创业者感到困惑。创业者应该结合自己的偏好、中长期需求、税收环境等因素,来权衡每种法律组织形式的利弊。一般的企业组织形式有个人独资企业、合伙企业和有限责任公司这三种基本形式,每种形式都有自己的优缺点,创业者应该根据自身的实际情况,挑选适合自己的组织形式。

最后,新创企业最大的一个问题就是资金的来源。新创企业能否获得融资,需要创业者未雨绸缪,早作打算。融资的过程主要包括:融资前的准备,包括建立个人信用和积累人脉资源;测算资金需求量,包括估算启动资金和估算未来三年的资金需求;对融资渠道的权衡,主要包括对融资成本、获得资金的可靠性、资金的稳定性等因素的考虑。

4. 新企业生存和成长

企业成长是一个规模扩张和结构转换的过程。如何做一个长寿企业,成为许多创业者关心的问题。创业者如果没有把握好企业生命周期规律,就很有可能葬送原属于自己的财富和梦想。我国学者结合企业实践提炼出许多生命周期模型,通常将企业创立和发展过程分为培育期、成长期、成熟期和衰退期四个阶段。这种划分有利于创业者知晓企业成长的发展状态,及时预防不同成长阶段的企业问题。同时,这一划分也有利于创业者在不同的企业发展阶段处理好与企业利益相关者的关系,维护好企业核心的竞争力。

四、创业精神

(一)创业精神的本质

创业者不同于其他群体的显著特点是:创业者有其独特的创业精神。创业精神是一种精神品质,是勇于创新并敢于承担风险的一种精神状态,它类似一种能够持续创新成长的生命力,主要表现为勇于创新、敢当风险、团结合作、坚持不懈等。

1. 勇于创新

创业精神的核心是创新。创新是创业者的灵魂,是创业者素质最主要的特征。创业者要有创新意识、创新精神、创新能力、创新行为,对新事物、新环境、新观念、新技术、新体制、新需求、新动向具有敏锐的洞察力、吸纳力、转化力,不断对生产要素进行新组合,不断开发新产品,采用新技术、新工艺,开辟新市场,建立新机制,启用创新人才,谋划新战略,制定新规章。

2. 敢当风险

当一个机会突然出现时,风险肯定也随之而来。创业者只有敢于冒险才能果断地抓住机会,而胆识则是关键。中国有句古训:"才学胆识胆为先。"有胆识的人敢当风险,这种特质在转折时刻至关重要。胆识是承受生活中一切艰辛、做一切事情的根基。创业者往往需要放弃以前的工作和稳定的收入,而时间的紧张、信息的匮乏以及害怕亲友失望的顾虑,都会给创业者的选择带来更大的压力。

3. 团结合作

团结合作也是创新精神的重要支柱。创业要有团队精神。现在的创业活动很少靠个人单打独斗,更多的是团队创业,没有团队精神,不能协同攻关,就很难创业成功。一个人做可能不成功,几个人做可能成功,不同领域的人协力做一件事成功的可能性最大。在学科交叉、技术集成、知识融合的背景下,个人作用越来越小,成就事业的关键在于群体力量。只有善于同他人合作,才能兼收并蓄,集思广益,才能有所突破,有所创新。①

4. 坚持不懈

坚持不懈是创业精神的本色。"锲而不舍,金石可镂;锲而舍之,朽木不折。"坚持不懈的创业者个性坚定,做任何事都非常有毅力,坚韧不拔,有无比的耐性和持久性。坚持不懈能够产生创办企业的激情。创业的道路充满坎坷,无论是面对成功还是失败,创业者都必须有坚持不懈的品格。纵观每个成功企业的创业史,都是在创业者的领导下经历了一次次的失败后建立起来的。在失败面前,创业者要坚韧不拔、矢志不移;在成功时,创业者也要如此。②

5. 社会责任感

社会责任感是在一个特定的社会里,每个人在心里和感觉上对其他人的伦理关怀和义务。创业者一定要有对社会负责,对其他人负责的责任感,而不仅仅是为自己的欲望而生活,这样才能使社会变得更加美好。对社会有无责任感是衡量人生境界高低的标准。社会责任感不是抽象的,具体表现在对家庭、他人、集体、国家的情感、态度、责任和义务上。

(二) 创业精神的来源

创业精神不是天生的,而是在一定的社会、经济、文化、教育等条件中形成的。创业精神的来源主要有以下三方面:

1. 社会文化

创业精神的形成需要一种适合的、特定的社会文化环境。而特定的社会文化也会形成特定的创业精神。在我国,《论语·子张》有语:"学而优则仕。"在许多国人看来,当公务员就是入仕,去创业则是从商。与许多学习优秀的人才竞相跻身公务员队伍,相反,发达国家以美国为例,是"学而优则商",优秀人才往往去创业,去做企业家。一国竞争力高下的区别,从社会人力资源的配置来讲,往往就在于社会中最优秀的人做的事不一样。竞争力相对强的,是因为它有一个好的制

---

① 朱益新主编:《创业实务》,中国人民大学出版社2013年版,第22页。
② 郑晓燕主编:《创业基础》,西南财经大学出版社2013年版,第7—8页。

度环境,使得社会中最优秀的人去创业;而竞争力相对弱的,往往是最优秀的人都挤着入仕,社会缺乏创业精神。①

2. 民族性格

民族性格是一个民族长期形成且比较稳定地保持的一种共有的思想特征。每一个民族都有自己独特的民族性格,它是一个民族所具有的在一定历史传统和精神文化下所产生的品格特征和精神风貌。民族性格对创业精神的形成至关重要。犹太人是唯一纵观五千年散居五大洲的世界性民族。犹太民族在两千多年前被逐出家园后,便在世界各地流浪。他们在异国家乡饱受歧视和压迫的过程中,深深地体会到金钱的重要性,只有手上拥有金钱,才能在压迫和歧视中存活下来,于是他们凭着惊人的智慧、在逆境中奋发图强、善于把握时间、永不气馁等秘诀,创造了一个又一个商业奇迹,造就了其强大的创业精神,被誉为"世界第一商人"。②

3. 创业教育

形成创业精神的教育因素,包括创业者的家庭和学校的创业教育。创业者家庭的社会地位、经济条件,家庭成员尤其是父母受教育的程度、工作性质、性格以及教育子女的方式方法,对创业精神的形成有着十分重要的影响。美国学者麦克莱德(Macleod)认为,创业精神可以从儿童时就开始培养,其中家庭教育起着十分重要甚至是决定性的作用,不适当的家庭教育往往使创业精神从小就被埋没。同时,个体接受创业教育的程度也影响创业精神的形成。创业教育不只是鼓励开公司,培养创业精神才是精髓。创业教育的目的是培养具有首创精神、冒险精神、创业能力、独立工作能力和具有开拓技术、社交和管理的技能的开创性个性的个人。

(三)创业精神的作用

创业精神在创业活动中有着极其重要的作用:

1. 促进技术创新

埃森哲(Accenture)③的调研报告指出,组织不论规模大小,归属

---

① 方虹:《"学而优则仕",还是"学而优则商"?》,《解放日报》2006年10月24日。
② 谢冬慧:《从民族性格看美国的法制创新》,《西北政法大学学报》2008年第1期。
③ 埃森哲是全球最大的管理咨询、信息技术和业务流程外包的跨国公司。

哪个经济部门,创业精神始终与某些普遍适用的行为特性相关联,如创造力和创新。创业精神本质上是属于一种创新活动的行为过程,主要含义是创新,也就是通过技术创新的手段,实现资源的合理利用并为市场创造出新的价值。创业精神是维持企业长期发展、保持企业创新活力的主要因素。技术创新作为一种不断追求机会的行为,创业精神则作为一种原动力不断地促成技术创新的发展。①

2. 促进经济繁荣和社会发展

创业精神与高新技术相结合,是美国保持世界经济领先地位的"秘密武器"。欧洲的状况与美国形成了鲜明对比。近年来,欧洲经济一直在衰退的边缘挣扎,失业率居高不下,经济改革步履维艰。究其原因,除了欧美经济模式不同外,缺乏创业精神是一个重要的原因。

我国正处在计划经济向市场经济的转型时期,在此期间,需要旺盛的创业精神和持续不断地创业。在世界经济论坛中国高峰会议上,一份由埃森哲提交的报告称:21世纪的中国企业最缺什么?答案是创业精神。该报告指出:中国已经有相当多的企业和执政领导人认识到创业精神的重要性,中国97%的企业高层管理人员认为创业精神非常重要。我们应当努力培育国民创业精神,营造"想创业、敢创业、会创业"的社会氛围。②

3. 加速竞争

创业精神的涌现能够提升竞争的激烈程度而带来竞争优势,如波特(Poter)强调创业精神加速了竞争,运用"结构—行为—绩效模型"(Structure-Conduct-Performance Model, SCP)框架分析产业集群现象,使得企业家的竞争外化为地区间的竞争,进而促进区域经济的增长。③

4. 扩大就业

在康德拉季耶夫经济周期的长期经济停滞期,美国经济却产生了4000多万个就业机会。这些就业机会从何而来?来自创新创业。在美国,一大批20世纪60年代出生的人受过良好的教育,有很好的技

---

① 杜跃平主编:《创业管理》,西安交通大学出版社2006年版,第6—7页。
② 周立主编:《大学生就业与创业指导》,北京工业大学出版社2009年版,第175—176页。
③ 吴向鹏、高波:《文化、企业家精神与经济增长——文献回顾与经验观察》,《山西财经大学学报》2007年第6期。

术背景,有很强的创业精神。大公司舒适的环境、稳定的生活、丰厚的薪酬都不再具有吸引力。他们更愿意冒险,创办自己的企业,享受创造的乐趣,使得美国各个领域建立了众多的小型企业,有高科技公司、金融公司,甚至包括女性服饰制造公司、健身设备生产公司、牙医诊所连锁店等。①

5. 生涯发展

发扬创业精神有利于个人开创事业,认清创业精神的本质。我们不难发现,创业精神有利于创业者或创新者们开创事业。对于创业者而言,创业精神是创业的动力源泉,也是创业的精神支柱,创业道路不可能一帆风顺,创业者凭借创业精神在创业活动中努力成就和开创事业。对于创新者而言,凭借创业精神不断开创各项工作和事业,必将会促进他们的职业发展。

(四) 创业精神的培育

面对创业途中的各种困难,创业精神是解决困难、获得创业成功的内核支柱。对于一个创业者而言,拥有创业精神是创业成功的第一个条件。培育大学生创业精神的基本途径主要有:

1. 营造宽松、进取、鼓励创新的社会文化氛围

从社会层面看,创业精神的培育需要在全社会营造宽松的、积极进取的、开拓创新的文化氛围,鼓励创业创新,使创业者的潜能得到完全、充分、自由发挥。政府相关的政治、经济、法律等激励政策的制定及配套完善的企业服务体系建设,将从很大程度上扶持和促进创业,进而有助于创业精神的培育。

同时,社会文化对创业精神的培育也有至关重要。社会文化即民族文化,是全社会成员在共同的生产、生活中所形成的价值观念、行为规范、精神信仰等文化特质。社会文化是创业精神最直接也是最为充分的营养汲取源头。在美国,良好的社会文化氛围大大推动了美国人的创业行为,创业企业的数量不仅连年增长,而且创业企业的成功率也比较高。可见,宽松、激励性的社会文化最适宜创业者的成长以及创业精神的培育。

---

① 李时椿主编:《创业学:理论、过程与实务》,中国人民大学出版社 2011 年版,第 102 页。

2. 创业榜样示范法

潜在创业者易于接受来自学校、家庭、社会各方面人物思想意识和人格行为的影响,以他人的人格行为作为自己的仿效模式,然后以特定的方式在自己的身上再现出来。很多成功者都有这样一个感受,他们的成功离不开一个或几个特定的人物,这个人物可能是他的父亲或母亲,也可能是他的某一位老师。在他的人生奋斗中,他会时时想起这个重要的人物,并按其言行要求自己、鞭策自己。这种示范作用在创业遇到困难及面对挫折和打击时,表现得尤其明显。

"桃李不言,下自成蹊",良好人格的养成需要榜样引路和激励,这甚至比正规课程更有效。一是利用中外著名的创业人才的良好人格引导学生进行人格修养。二是以身边师生中的创业成功者为榜样,这些鲜活的形象会使学生们倍感亲切,更具有可信度和感染力。

3. 创业导师辅导法

英国王子基金开展的青年创业计划提供一对一的创业辅导。为青年创业者提供一对一的创业辅导,由创业导师陪伴青年创业,这是青年创业计划的显著特色,也是该计划取得成功的关键。每一个参加青年创业计划的青年人,在创业的头三年里,都会获得一名创业导师的帮助。这些创业导师通常由经验丰富的企业家或职业经理人志愿担任。每个导师平均每个月花费4—5个小时的时间对青年进行指导,他们的联络方式可以是见面,一起实地走访企业和客户,也可以是打电话或者发电子邮件。创业导师不仅为青年提供经验、专业知识、技术、网络方面的帮助,更是青年创业者的朋友、师父和向导。他们不图名利、志愿奉献,赢得了青年的信任,也保证了青年创业计划的成功率。青年创业计划招募的创业导师在上岗前要接受专业培训,在上岗期间要接受项目管理人员的跟踪和监督,保证创业辅导的质量和信誉。

4. 创业实践锻炼法

良好创业心理品质的形成重在实践训练,积极的实践能带来及时的反馈和成就感,也能带来节节成功的喜悦;切切实实地投入到创业实践中去,定能磨炼出坚强的创业心理品质。一是培育学校要构建创业实践基地,为学生提供创业实践的便利,如创业见习基地、创业实习基地和创业园等,实现产、学、研一体化;二是社会要为学生提供更多的创业岗位供学生选择,如勤工俭学岗、社区服务岗位等,使其经受创业实践熔炉的考验;三是学生自己课余主动参与创业实践,从小商品推销到饭店洗盘子,从为人打工到自己开店,熟悉各种职业特点和自己的能力特点,积累创业经验,增长创业才干,减少将来创业的盲目性。只有经受创业实践的锻炼,创业目标才会更加明晰,创业信念才会更加强烈,才会形成良好的创业习惯和人格特征。①

5. 开发心理资本

卢森斯(F. Luthans)等人认为:心理资本是个体在成长和发展过程中表现出来的一种积极心理状态,具体表现为:(1)自我效能感:在面对充满挑战性的工作时,有信心并能付出必要的努力来获得成功;(2)乐观:对现在与未来的成功有积极的归因;(3)希望:对目标锲而不舍,为取得成功在必要时能调整实现目标的途径;(4)韧性:当身处逆境和被问题困扰时,能够持之以恒,迅速复原并超越,以取得成功。心理资本是一种动态资源,它可以被测量,而且可以通过角色扮演、自我暗示法、成就故事法等方式进行开发。②

创业精神的培育是一项系统工程,需要政府、高校、社会各方主体采取多种措施,共同努力。

第二节 职业生涯发展与创业

那些教师出身的企业家们③

马云:阿里巴巴集团主席

创业前曾在杭州电子科技大学担任英语老师,教龄7年。

在大学里任教时,讲台上的马云总是充满激情,让台下的人热血沸腾,并顺着他的方向思考。马云今天为业界称道的绝佳口才,正是在那段激情"表演"的岁月中练就的。1995年,30岁的马云凭

---

① 刘兴民、黄志斌:《创业企业家创业精神和心理素质的培育》,《现代管理科学》2009年第10期。

② 王瑾:《大学生创业心理资本的特点及其与创业意向的关系研究》,中国地质大学(北京)2013年硕士论文。

③ 《那些教师出身的企业家们》,http://www.iceo.com.cn/life2013/2013/0909/270758.shtml,2013年9月9日。

着出色的工作表现被评为"杭州十大杰出青年教师"之一。然而，在那个知识分子急需重新证明自身价值的年代，马云放弃了教师的坦途，随着当时的"下海"大潮往一个全新的方向走去。

刘永好：新希望集团董事长

创业前是四川省机械工业管理干部学校老师，教龄4年。

1982年，刘永好放弃了每日与粉笔、黑板打交道的教师职业，跟着几个哥哥一起创业。刘永好这样解释当年的动机："1982年下海前，我是一个普通的教师。当时不敢奢望挣多少钱，只是想怎么做都会比我当时每月38元的收入高吧。"1989年与"正大"的一场血战，刘永好开始惊动商界，这次争斗为他赢得了中国饲料大王的头衔。

郭广昌：上海复星集团实业有限公司董事长

创业前是复旦大学教师，教龄3年。

1989年，郭广昌从复旦大学毕业后留校任教。3年后他和4个同学用借来的3.8万元创业，靠一种乙肝诊断试剂获得第一桶金。许多人认为，郭广昌是一个稳健谨慎的决策者，这与他大学教师的经历，尤其是哲学系的背景多少有点关联——郭广昌的资本运作理念似乎也透着三分哲学味。

当集团快速扩张之后，郭广昌的个人财富也跟着膨胀，在这一点上，这位前大学教师展现出与众不同的态度："我不入地狱，谁入地狱？"从医药到地产，郭广昌举着复星的旗帜，一路高歌猛进。

俞敏洪：新东方教育集团有限公司董事长

创业前是北京大学教师，教龄6年。

对于俞敏洪以前是老师的身份，大家都不陌生。俞敏洪现在也经常说："其实我最想做的还是老师。到现在为止，我还是老师。真正让我选身份的话，我想企业家的身份仍是放在第二位的。"

教师出身的俞敏洪下海后渐渐显露出他的经商才能，只靠三招，就打下了自己的江山。

冯仑：万通控股董事长

创业前是中央党校老师，教龄不详。

从中央党校毕业后，冯仑先是当教师，这也就是他说的"说话写字受过专业训练"的时期。冯仑曾经当着记者的面说:"做生意的人都特别能'说',而且你会发现,尤其是创业者,他们会就一件事情不停地说,说过之后,当着你的面还可以重新讲给别人听,一点心理障碍都没有。要没有心理障碍地对某一件事情反复地讲,讲到最后连你自己都相信了,然后你才能让别人相信。我原来当过老师,老师就是在不停地讲一些重复的内容。"

段永基:四通集团董事长

创业前是中学老师,教龄 8 年。

有"中关村村长"之称的段永基有两个有分量的头衔:一个是民营高科技企业四通集团董事长,另一个是中关村科技发展股份有限公司总裁。

董事长加总裁的头衔与教师的身份似乎有些风马牛不相及,但是段永基确实在北京 176 中学当了 8 年中学教师,直到 1978 年党的十一届三中全会的春风吹进校园,段永基才被这股暖风"刮"出了校园。段永基在中关村不断提出新概念而且亲历实现之,成为别人的榜样。

孙为民:苏宁电器总裁

创业前是南京理工大学老师,教龄 10 年。

孙为民在成为苏宁电器股份有限公司总裁之前,曾在南京理工大学当了 10 年老师。其间,孙为民像杂家一样,教过很多种课程。

一个偶然的机会,孙为民和空调业结缘,后又认识了苏宁电器董事长张近东,自此开始了在苏宁的征战岁月。孙为民"态度温和、衣着整齐、有绅士风度",喜怒哀乐不形于色,好像任何时候,他都在静静地用金边眼镜后那双深邃的目光洞察着身边的一切。

夏华:依文集团董事长

创业前是中国政法大学老师,教龄不详。

夏华毕业于中国政法大学,后留校任教。一次偶然去沿海地区做课题的机会,她迈入服装领域。1994 年,她走进时尚圈,彩色格子西装在现在看来也许已经很普通,然而在那个时代,帮夏华掘到了依文的第一桶金。同年,夏华创办依文集团。经历了 17 年的发展,成就了今天的男装帝国。

> **王树彤:敦煌网 CEO**
>
> 创业前是清华大学软件开发和研究中心教师,教龄不详。
>
> 王树彤曾是清华大学软件开发和研究中心的教师;在微软任市场服务部经理和事业发展部经理时,她是微软最年轻的中国区高管;在思科担任市场营销部经理时,作为高管中唯一的女性,她管理着"思科亚洲最佳团队";在卓越网当 CEO 时,她领导卓越网成为中国最大的网上音像店。2004 年,她创立了电子商务网站敦煌网,六年后,交易额达到 20 亿元。

从上述创业者的职业发展可以看出,个人的职业是不断地变化的,但是创业者都有明确的职业生涯规划目标,创业前的工作往往为创业积累经验、锻炼能力。

一、职业生涯发展规划的重要性

每一个大学生都希望自己的人生过得有价值、有意义。职业生涯的发展将伴随人们的大半生,拥有成功的职业生涯才能实现个人价值,才能拥有一个完美人生。为了明确自己的职业生涯发展路线,大学生要尽早认真做好职业生涯规划。

大学期间是职业生涯发展规划的黄金阶段,一份好的职业生涯发展规划,对大学生个人未来的职业走向和职业生涯发展具有十分深远的影响。通过对自己职业生涯的规划,大学生可以解决好职业生涯中的"四定"——定向、定点、定位、定心,尽早确定自己的职业目标,选择自己职业发展的地域范围,把握自己的职业定位,保持平稳和正常的心态,按照自己的目标和理想有条不紊、循序渐进地努力。职业生涯发展规划可以帮助你真正地了解自己,发掘自我潜能,较为准确地选择将来要从事的职业;可以增强职业生涯发展的目的性和计划性,明确职业生涯发展方向并便于从宏观上予以调整和把握;可以避免学习的盲目性和被动性,有利于全面提高大学生的综合素质和竞争力;可以起到激励作用,产生学习和实践动力,激发自己不断为实现各阶段目标和终极目标锐意进取。

二、职业生涯发展规划与大学生创业的关系

(一) 职业生涯规划对大学生创业的影响

创业虽然是一条艰难、曲折和充满风险的道路,但更有利于年轻人的成长和理想的实现,参天大树从来都不是在温室里长大的,年轻人最大的资本之一就是时间,一次不成还可以从头再来。创业一旦成功,将大大提升人生发展水平,能为社会和个人创造更多的价值和财富,实现自己的理想和人生价值,有时收获的回报是巨大的。高校在大学生制定职业生涯发展规划时应给予帮助和指导。

职业生涯发展规划对于大学生创业的意义在于,一是有助于大学生发掘自我潜能,选择自主创业。二是有助于大学生为实现创业目标作出具体安排。三是有助于大学生提高创业能力,促进创业成功。一个人创业能力的大小,关系到个人职业生涯发展。通过职业生涯发展分析,可找出自己创业能力上的薄弱之处,并有针对性地加强学习实践。四是有助于大学生理性地对待创业。

(二) 创业对个人职业生涯发展的意义

创业为创业者提供了施展个人才能的极好机会,在创业活动中创业者个人选择工作岗位通常与传统就业方式中的工作岗位选择就业者不同,在创业活动中完全可以发挥自己的才华和个性,实现自己的人生目标。创业使得创业者能够自己控制自己的工作,自己决定何时何地如何工作,自主创业者可以选择自己喜欢的事业,按照自己的方式独立决策、独立经营。个人的前途完全取决于个人努力和所承担的责任,从某种意义上说,个人可以自由地掌控自己的命运。同时,创业能力对个人职业生涯发展也起着积极作用。这主要体现在以下几个方面:

- 增加职业选择:让学生把创业列为毕业后的职业选择之一。
- 认识职场:了解中小企业——职场的一部分。
- 提升职业能力:了解商业运作的基本规律与过程。
- 懂得创业的艰辛,珍惜工作。
- 理解老板,容易与老板沟通。
- 知道工作的重点在哪里。

三、实现职业生涯规划需要创新型人才和创业思维的培育

(一)创新型人才的素质要求

1. 有强烈的创新意识和创新精神

强烈的创新意识是发现问题和提出问题的前提。创新人才的重要品质在于时刻关注周围的技术、制度、管理等方面的进步,并且不断学习探索是否可以将它们运用到自己的工作中来,或者把它们应用于其他领域。经常注意各方面的创新思维和产品,启发自己的创新思维。

创新精神是科学精神的一个方面,创业精神是一种勇于抛弃旧思想旧事物、创立新思想新事物的精神。同时,创新精神又要以遵循客观规律为前提,只有当创新精神符合客观规律和客观需要时,才能顺利地转化为创新成果。具体表现为不满足已有知识,不断追去新知;不满足现有的生活生产方式、方法、工具、材料、物品,根据实际需要或新的情况,不断进行改革和革新;不墨守成规,敢于打破原有框架,探索新规律、新方法;不迷信书本、权威,敢于根据事实和自己的思考,向书本和权威质疑;不盲目效仿别人的想法、说法、做法,坚持独立思考,说自己的话,走自己的路;不喜欢一般化,追求新颖、独特、异想天开、与众不同;不僵化呆板,灵活地运用知识和能力解决问题。

2. 深厚的理论基础和广博的知识面

创新的想法必须建立在科学的基础上。创新可以分为两种类型:原始创新和移植创新。原始创新是根据基本理论从源头上创新,这需要深厚的基本理论知识,难度较大,是很不容易的。移植创新是将其他领域中的新技术、新工艺、新思想经过改造运用到自己的工作中来,这就需要广博的知识和丰富的联想能力以及灵活运用经验和技巧。这两者都要求我们勤奋地学习和善于深刻地思考。在创新的道路上,不存在"专业对口"的要求。

3. 良好的分析能力和实践技能

世界上的事物都不是孤立地存在的,是受到多种因素影响的,而各个因素又是时间、空间的函数,是在一定条件下发展变化的,这就给创造发明带来了困难。一个优秀的创新人才要少走弯路,就必须从宏观上分析研究项目是否科学可行,从许多因素中找出最关键的因素,

分析它的运动过程和作用,然后加以控制和利用。例如,从事工程的科技工作者必须具有机械、电气方面的知识和操作技能,这样在设计构思时,就能比较切合实际,加快研制工作的进程。经验也是非常重要的,因为大量的发明创造都是通过巧妙的结构和各种材料特性的综合利用产生的。

4. 良好的心理素质和健全的体魄

创新工作是一种尝试和探索,不可能一蹴而就,所以创新者要有坚定的信心、乐观的态度,要有坚忍不拔的意志、承受失败的能力。创新是做前人没有做过的工作,工作高压力和高强度,充满困难和风险。特别是重大科技项目的创新,它的选题、技术路线、切入点是否正确?技术目标是否实现?这都需要经过反复思考以后选择和决定。创新者如果具有良好的心理素质,就更有利于坚定信念,战胜困难、承受失败,并坚持进行研究工作,最终取得胜利。创新者也要能够承受成功和荣誉的压力,在名利面前保持冷静的头脑,这样才能做到与时俱进,再创辉煌。

同时,创新者要身体健康、体力充沛、精力旺盛,才能承受繁忙的工作,没有健康的身体是难以胜任创新工作的。

(二) 创业思维的培养

每个人不一定都要成为创业者,但人人必须要具备创业思维。成功的创业活动要求创业者具备较高的创业思维能力,主要可以从以下几个方面加以描述:

1. 责任感

责任和决心有助于创业者成功。只有坚定必胜的信念,才能战胜别人认为不可逾越的困难,最终取得创业成功。此外,创业者把大量的时间用在了创业上,虽然这使他失去了一些必要的休闲时间,但这种甘愿奉献时间的精神必定会在创业成功之后得以回报。最后,创业者也必须具备较高的情商。人的感情是非常复杂的,其对于人的成长、成功的重要作用也日益被人们所重视。"情商"理论一经提出便得到广泛的认同,这正是情感、情绪因素在职业生涯、创业过程中的重要体现。

2. 领导力(影响力)

一个成功的创业者应当具备决策能力、理财能力、预见能力、经营能力、创新能力、交际能力和聚合能力等领导才能,并拥有一批坚定的追随者和拥护者,使组织群体取得良好绩效。领导才能已日渐成为衡量创业成功的重要标识,正直、公正、信念、恒心、毅力、进取精神等优秀的人格品质无疑会提升领导者的影响力和个人魅力,从而扩大其追随队伍。同时,成功的创业者是富有决策力的领导者,能勾勒出组织愿景,根据内外环境的变化作出决策,进行管理。

3. 执着

执着的创业者个性坚定,做任何事都非常有毅力,坚忍不拔,有无比的耐性和持久性,执着能够产生创办企业的激情。创业者属于自我驱动型的高成就感者,他们有一股强大的欲望去竞争,对目标有着近乎疯狂的执着,他们不断超越自己设定的目标,去追求更具有挑战性的目标。一旦目标设定,他们就会全身心地投入其中,认真地盘算成功的概率,而后采取行动,直至成功。创业的道路充满坎坷,无论是面对成功还是失败,创业者都必须充分发挥执着和坚忍不拔的精神。

4. 对风险、模糊和不确定性的容纳度

风险和不确定性存在于创业的每个环节。刚刚起步的创业者常常会遭遇诸多风险和不确定性成本,这种挫折和意外是不可避免的。然而成功的创业者不是赌徒,他们不仅可以避免或防范不必要风险的发生,还可以使事物的发展掌握在自己手中,在这种环境中愈战愈勇,能够又好又快地成长起来。事实上,创业活动本身就是一项具有不确定性的活动,是一项考验人忍耐力的活动。不确定、不一致、不完整、模糊性、矛盾性等情况在创业过程中均有可能会出现。个体能否承受这种不确定、如何承受这种不确定,将会成为创业成功的关键。当不确定的情境出现时,有些个体承受不住这种风险和不确定所带来的压力,草率地处理和解决问题;也有一些个体以一种耐心的态度,等情况明朗以后,再作出决定,即对不确定情况的容忍性更强。一些研究表明,与管理者相比较,创业者具有更强的对不确定情况的容忍性。

5. 创造、自我依赖和适应能力

创业者往往都具有较强的创造力,他们的创造力体现在独具的商业嗅觉、企业家的直觉和创业机警上。在创业初期,创业环境条件差,创业者能够适应这种环境来度过创业初期这段艰苦日子。待到企业成立之后，他们又能适应市场环境的变化，针对企业不同的发展阶段中遇到的问题实时作出调整。这体现了他们的适应能力。同时，创业者一般都具备较强的独立性格，他们很少求助于他人，自我依赖性较强，有些创业者抱着万事不求人的心态，拒绝一丝一毫的外援，这样的创业者通常是很难成功的。

6. 超越别人的动机

创业动机是推动创业者从事创业实践活动所必备的积极的心理状态和动力，当创业者产生了创业动机时，投身于创业实践活动的创业行为便开始了。创业者的动机多种多样，因人而异。但有很大一部分创业者是基于超越别人的动机而进行创业的。这类创业者不喜欢受他人的束缚，个人期望得到全面的发展，希望拥有更多的自由。最重要的是，他们希望通过创业的成功来超越前辈人和同辈人，以此得到他们的尊敬和承认。

靠自己的智慧和勇气把握商机[①]

"不是我已经念过大学，就不能去做什么了，自己先把自己的手脚捆住，只会让机会从身边白白溜走。"26 岁的刘泉正在为他的国联股份上市在北京和香港之间飞来飞去。5 年前，还是中国人民大学大四学生的刘泉和他的校友钱晓均，一个丢了到手的一家著名跨国公司的 offer，一个放弃了国家部委的体面工作，用学生证注册了自己的公司。这对相识 8 年、不离不弃的黄金搭档，从一间租来的 19 平方米的办公室起步，在行业黄页里掘金并收获颇丰。

从准白领到没有户口的个体户

当年，曾有人不理解：放着好好的白领和国家公务员不当，甘愿做费心费力自己打拼、没有户口"漂"在北京的个体户。老板可不是那么好当的。不是吗？尽管公司已经为国家缴了几百万元税款，已为 30 多个外地留京的大学生解决了户口，可身为公司董事长的刘泉直到去年才有了北京户口。这还是借娶了个北京媳妇的光，区长特批才解决的。

[①] 卢福财主编：《创业通论》，高等教育出版社 2007 年版，第 18—20 页。

刘泉说："其实中国人特别具有创业的潜能，许多人之所以不去尝试，是因为小富即安的求舒适心理。这在现在的大学生表现中尤其明显——很多人为了一纸北京户口去自己并不喜欢的地方当牛做马。"

回看5年，创业的每一个细节都是那么新鲜：那时，每天一大早，既是老板又是员工的两个年轻人，早早从位于城西的办公室出发，横穿大半个北京城，敲开一家家客户的门，直到天黑才回办公室睡地铺，在相互的交流和打气中睡去。一切都是最经济的：精心设计好的最省钱的乘车路线，最廉价的盒饭，中午客户午休没地方去，就找一个证券交易所散户室——那儿不收费。他们对北京的公交路线烂熟于胸，只要是通公交的地方，就不坐地铁，两个人能做的事，就不聘第三个员工。不是没有过沮丧，不是没有看过别人的脸色，不是没有过缺钱的窘迫，可是刘泉却不以为苦涩："乐趣是从过程中产生的——这是我们自己的事业，是我们自身的拥有，所以感觉一切都是值得的。"

公司蒸蒸日上的生命力给了两个年轻人无穷的力量。一年后，公司进账500万元。到了2000年，收入翻番到1100万元。2002年，收入更是翻了几番，员工近千人。今年，国联股份完成了股份制改造，并积极酝酿在资本市场有所作为。

学生创业：起步难，守业更难

无数的学生创业在一番轰轰烈烈后成为泡沫，他们的公司却稳扎稳打。刘泉说："命运从不垂青于没有准备的头脑。学生创业，激情可贵，但更重要的是对商机的准确把握和对公司自身的准确定位。不少创业的学生起步很好，但有了钱以后却不知道如何用，四处开始盲目地投资、立项，钱都打水漂了，这是大忌。"刘泉、钱晓均和他们的国联股份一路走来，可谓学生创业的一个缩影。

早在大二时，在钱晓均组织策划的学校总经理竞聘大赛中，刘泉击败了几个MBA成为"总经理"，并和钱晓均惺惺相惜，引为知己。两人在学业之余涉足出版业，小打小闹，在积累了创业第一桶金的同时，创业的念头也在心中萌芽。大四毕业的时候，刘泉和同学们一样忙着找工作。可是工作有着落了，甚至有模有样地坐了几天办公室,一直在心中按捺不住的创业梦却一直撩拨着他年轻的心。他找到钱晓均,两颗心一拍即合。在学校时,他们和出版社打交道比较多,机敏的他们初涉行业黄页,并敏锐地意识到了这是一个值得开掘的黄金地。

朋友从外国带回的一本旧金山的"黄页"让他们对"黄页"有了进一步的认识:电信的黄页是大众咨询,需要庞大的号码资源和巨大的发行量,这是只有运营商才能做到的,而垂直型黄页是纵向做某个行业的,例如机电行业黄页。"行业企业只认行业资源,正如一个发电企业只认与电力行业相关的媒体开发商,固话运营商做不来,所以,像国联股份这样的业外资本才有机会。"更为关键的是,信息产业部当时明确表示,投资黄页开发符合产业政策,任何领域的资本都可介入。刘泉和他的国联股份聊准时机,乘势而起。事业做大了,他们却没有沾沾自喜,他们有更多的事要去做,他们要把手中的"个体小作坊"变成一个遵守市场规则的现代企业。

创业之初,公司根本谈不上财务管理,两个人赚了钱就放在保险箱里,谁用谁拿。只是有一个手写的流水账,公司的营利、支出记个大概。而今,公司的财务管理全部电算化,还专门从一家著名的会计师事务所挖来一个香港人做财务总监。他们不断地完善公司的用人机制,不拘一格使用人才。从选拔、培训、绩效考核,到职业生涯设计,无不有现代管理体制公司的风范。

在就业市场上,大学生和民工的交换价值本质是一样的

从学生娃到行业垂直黄页传媒运营商,他们走得稳稳当当,谈及大学生自主创业就业,刘泉非常欣赏"从天之骄子到有知识的普通劳动者"的说法:"在就业市场上,一个大学生和一个没有文化的民工,在和社会进行个人价值交换时,其本质是一样的。只不过一个靠脑力,一个靠体力。大学生这个身份不应该成为他们求职的一个羁绊。不是我已经念过大学就不能去做什么了,自己先把自己的手脚捆住,只会让机会从身边白白溜走。"

"自己创业的大学生,不要把希望放在政府给你多少优惠扶持政策上。成功的企业必将接受市场的检验,'无形的手'是唯一的真理。市场经济是公平的,虽然付出不一定能够得到回报,但不付出肯定什么也得不到。"谈及大学生创业难时,刘泉说:"人力资本是一种资源,是一个人与社会进行价值交换的资本,教育也是一种投资,投机就是有风险的,华尔街的博士同样有失业的可能。关键是心态。把社会的职业需求和个人的职业素质很好地结合起来,这个人就不愁找不到工作了。"

刘泉曾在公司成立的第 12 天就拥有了第一个广告客户,在第一个月里就有了七八万的广告收入。他说:"我不是一个广告天才,我靠的也不是回扣,我推销的是我的 idea(思想)。"有头脑的创业和平和地与人打交道的姿态,是他与顾客从陌生到生意伙伴的秘诀。想当初,曾有人惊讶这个敲门而入的业务员谈吐不俗,当知道他是大学生时又惊讶为何他要做走街串巷的业务员。刘泉每每心里总是偷着乐:"你还不知道我就是公司的老板呢!"

思考题:

(1) 看完这个案例,你对刘泉等人的做法有何感想?你会像刘泉那样放弃手中的好工作而去创业吗?

(2) 从这个案例中你能体会到发现商机需要什么吗?是智慧,还是知识?还是其他因素?

(3) 请谈谈作为一个创业者需要一种什么样的心态。

第二章 创业者与创业团队

【学习目标】

通过本章内容的学习,形成对创业者的理性认识,纠正神化创业者的片面认识,了解创业者应具备的基本素质,认识创业团队的重要性,掌握组建和管理创业团队的基本方法。

第一节 创业者

创业者的魅力来自平凡;
创业者每天都在路上……

——阿里巴巴公司创始人 马云

创业并不像你想象的那么难[①]

1965年,一位韩国学生到剑桥大学主修心理学。在喝下午茶的时候,他常到学校的咖啡厅或茶座听一些成功人士聊天。这些成功人士包括诺贝尔奖获得者、某一领域的学术权威和一些创造了经济神话的人,这些人幽默风趣,举重若轻,把自己的成功都看得非常自然和顺理成章。时间长了,他发现,在国内时,他被一些成

[①] 刘燕敏:《成功并不像你想象的那么难》,《人民日报·海外版》2001年4月27日,第7版。

功人士欺骗了。那些人为了让正在创业的人知难而退，普遍把自己的创业艰辛夸大了，也就是说，他们在用自己的面子经历吓唬那些还没有取得成功的人。作为心理学系的学生，他认为很有必要对韩国成功人士的心态加以研究。1970年，他把《成功并不像你想象得那么难》作为毕业论文，提交给现代经济心理学的创始人威尔·布雷登教授。布雷登教授读后，大为惊喜，他认为这是一个新发现，这种现象虽然在东方甚至世界各地普遍存在，但此前还没有一个人大胆地提出来并加以研究。惊喜之余，他写信给他的剑桥校友——当时正坐在韩国政坛第一把交椅上的朴正熙。他在信中说："我不敢说这部著作对你有多大的帮助，但我敢肯定它比你的任何一个政令都能产生震动。"后来这本书果然伴随着韩国的经济起飞了。这本书鼓舞了许多人，因为它从一个新的角度告诉人们，成功与"劳其筋骨，饿其体肤""三更灯火五更鸡""头悬梁，锥刺股"没有必然的联系。只要你对某一事业感兴趣，长久地坚持下去就会成功，因为上帝赋予你的时间和智慧够你圆满做完一件事情。后来，这位青年也获得了成功，他成了韩国泛亚汽车公司的总裁。

近年来，国内外学者将创业者的定义分为狭义和广义两种。狭义的创业者是指参与创业活动的核心人员。广义的创业者是指参与创业活动的全部人员。在创业过程中，狭义的创业者将比广义的创业者承担更多的风险，也会获得更多的收益。

本书较为认同香港创业学院院长张世平给出的定义，他认为，创业者是一种主导劳动方式的领导人，是一种无中生有的创业现象，是一种需要具有使命、荣誉、责任能力的人，是一种组织、运用服务、技术、器物作业的人，是一种具有思考、推理、判断的人，是一种能使人追随并在追随的过程中获得利益的人，是一种具有完全权利能力和行为能力的人。

创业者神话与现实[①]

一些特定类型的创业者可能具有人们所谓的"定律",但是,现实中创业者的多样性却向这些"定律"提出了挑战。以下揭示了几个历来被奉行的创业神话以及经过研究总结的现实情况。

神话1:创业者是天生的,并非后天培养

现实情况:大量有关创业者心理和社会构成要素的研究一致表明,创业者在遗传上并非异于常人。没有人天生是创业者,每个人都有成为创业者的潜力。某个人是否成为创业者,是环境、生活经历和个人选择的结果。即使创业者天生就具备了特定的才智、创造力和充沛的精力,这些品质本身也只不过是未被塑形的泥巴和未经涂抹的画布。创业者是通过多年积累相关的技术、技能、经历和关系网后才被塑造成功的,这当中包含着许多自我发展历程。

神话2:创业者是赌徒

现实情况:其实创业者和大多数人一样通常是适度风险承担者(moderate risk taker)。成功的创业者会精确计算自己的预期风险。在有选择的情况下,他们通过让别人一起分担风险、规避风险或将风险最小化来增加成功的概率。他们不会故意承担更多的风险,不会承担不必要的风险,当风险不可避免时,也不会胆怯地退缩。

神话3:创业者主要受金钱激励

现实情况:虽然认为创业者不寻求财务回报的想法是天真的,但是,金钱却很少是创业者创建新企业的根本原因。有些创业者甚至警告说,追求金钱可能会令人精神涣散。传媒业巨子泰德·特纳(Ted Turner)说:"如果你认为金钱是真正重要的事情……你将过于害怕失去金钱而难以得到它。"金钱并不是最终归宿,创业者乐于体验创业带来的兴奋和成功的喜悦;事情总是这样,当一个创业者赚了几百万甚至更多时,他还是会无止境地工作,憧憬着创建另一家公司。

[①] 〔美〕杰弗里·蒂蒙斯、小斯蒂芬·斯皮内利:《创业学》,周伟民、吕长春译,人民邮电出版社2006年版,第39—41页。

神话 4：创业者喜欢单枪匹马

现实情况：事实表明，如果哪个创业者想完全拥有整个公司的所有权和控制权，只会限制企业的成长。单个创业者通常只能维持企业生存，想自己单枪匹马地发展一家高潜力的企业是极其困难的。创业者一般倾向于团队创业。

神话 5：创业者喜欢公众的注意

现实情况：虽然有些创业者很喜欢炫耀，但绝大多数创业者并不喜欢公众的注意，他们喜欢小众生活。大多数人会提到微软的比尔·盖茨等人，不管他们是否寻求公众注意，这些人经常出现在新闻中。但我们很少有人能说出谷歌、惠普公司创建者的名字，尽管我们经常使用这些企业的产品和服务。这些创业者与大多数人一样，或避开公众注意，或被大众传媒所忽略。

神话 6：创业者承受更多的压力，付出高昂的代价

现实情况：做一个创业者是有压力的、是辛苦的，这一点毫无疑问。但是没有证据证明，创业者比其他无数高要求的专业职位承受更大的压力，而且创业者往往对他们的工作很满意。他们有很高的成就感，他们更健康，而且不太容易像那些为别人工作的人那样轻易退休。创业者中说自己"永远也不想退休"的人是公司经理的 3 倍。

神话 7：钱是创立企业最重要的组成要素

现实情况：如果其他的资源和才能已经存在，钱自然随之而来；但是如果创业者有了足够的钱，成功却不一定会随之而来。钱是新企业成功因素中最不重要的一项。钱对于创业者而言就像是颜料和画笔对于画家那样，他是没有生命的工具，只有被适当的手所掌握，才能创造奇迹。

一、创业者特质与能力

（一）创业者特质

特质是某一类群体所特有的品质和特征组成的集合。创业不仅需要创业环境与外部条件的支持，还需要有一个与众不同的创业者。

一般认为,下列特质有助于创业:

1. 宽阔的视野

成功的创业者必须具有敏锐的机会识别能力,宽阔的视野是创业者洞察机会的必要特质。关注企业发展的成功创业者,往往看重的是机遇而不是公司的资源、结构或战略,他们集中精力瞄准机遇来整合资源制定战略目标。

2. 卓越的思想

创业者的思想受其生活环境和背景所影响。这些思想常常会融入新企业的文化建设中,进而形成企业的使命和形象。

3. 良好的人脉

人脉对于创业者来说是创业初期最为重要的资源。人脉包括血缘、地缘、学缘、业缘、友缘,人脉也可称之为社会关系网络,其在机会识别、资源获取以及企业合法性获得等方面都起着举足轻重的作用,比如说,新创企业需要较强的公关能力,从而突破自身有限的关系网络来拓宽市场;创业者希望在行业商会中取得平等的待遇从而获得对称的信息;通过提高话语权以及资源分配权来提高自身的市场认可程度。因此,良好的人脉是创业能够快速成长的关键,也是创业者取得成功的重要特质。

4. 过人的胆识

风险和不确定性存在于创业的每个环节。此外,创业者以尝试新事物为特征,其努力地使失败率降低。因此,胆量是创业活动的基础。在早期学者看来,创业是一种冒险的套利活动。那时的技术没有什么变化,即使有变化也非常缓慢,所以获得利润的办法就是能够看到市场不均衡的机会,这种机会并不是一个稳定的机会,可能长期存在,也可能瞬间消失。理性思维的人无法接受这种不稳定带来的机会,只有那些有胆量、不怕冒险的人才敢于去利用这个机会谋利。胆量被看做一种稀缺资源,是人们普遍缺乏的素质,因此说胆量是创业者需要的特质。

5. 持续的创新

德鲁克将创新定义为:创新就是改变资源的产出,是改变来自资源而且被消费者所获取的价值与满足。创新不是指单一的发明,是一种系统化的、有目的的活动,是经过精心策划和掌握知识并通过努力且有可能实现的结果,有着高度的可预测性,因此创业者必须学会如何进行系统化的创新。

美国的唐多曼博士在其《事业革命》一书中提到,创业者还应至少具有五个方面的特征:创新精神、冒险精神、团队精神、敬业精神、积极向上的性格。百森商学院的蒂蒙斯教授还指出,成功创业家的性格特质包括六个方面:强烈的事业心和坚定的信心、领导才能、创造或者寻找机遇的执着、对于风险和不确定性的承受力、创新能力、追求卓越的动力。

创业者区别于一般人的特征表现为以下 6 个方面[1]:

- 创新。既然创新是创业精神的本质所在,创业者趋向于那些具有创新精神的人就不足为奇了。换句话说,他们发明新的方法迎接不同的挑战。
- 成就导向。创业者几乎无一例外都是目标导向型的,他们很自然地设定个人目标,并且确保成长以完成这些目标。
- 独立。创业者多是拥有独立自主的人格的。他们大多数都高度地自我依赖,并且许多人很自然地偏向于独立工作来完成目标。
- 掌控命运的意识。创业者很少把他们自己看做是环境的受害者,而是自己掌控自己的命运。这可能是由于他们具有把消极的环境看做是机会而不是威胁的趋向。
- 低风险厌恶。虽然没有证据证明任何理性人(包括创业者)为了风险带来的利益而去寻找风险,但是有证据表明创业者对风险有更多的包容性,并且在找到方法降低风险方面更具有创造性。
- 对不确定性的包容。创业者总是比其他人更加适应动态的变化和不是特别明确的情况。

创业者和职业经理人最重要的区别在于,创业者从事的是开拓性的工作,通过他们的创业活动,实现了从 0 到 1 的变化;职业经理人则侧重于经营性活动,按照程序、制度开展工作,他们将 1 变成 10,将 10 变成 100。创业者发现机会,创造新事物,而职业经理人在维持现状的基础上,保持事物的持续和演进。其次,创业者承担财务风险,而职业经理人则不会也不可能承担此类风险。

---

[1] 张玉利主编:《创业管理》,机械工业出版社 2011 年版,第 31 页。

表 2-1 创业者与职业经理人的区别①

特征变量	创业者	职业经理人
雇佣关系*	雇佣者	被雇佣者
创业与否**	创业者(与所控制资源无关)	企业内创业
出资与否*	出资或继承出资	不出资
承担企业风险*	承担企业风险	与本人雇佣契约有关的风险
所有权和控制权*	同时拥有	无所有权,有一定的控制权
担任企业主管与否**	担任	不一定担任
创新功能**	更强调	强调

注：*表示可以直接识别；**表示需要进一步识别。

（二）创业者能力

能力按照其获得的方式（先天具有/后天培养），可分为"能力倾向"和"技能"两大类。

1. 能力倾向

能力倾向是指上天赋予我们的特殊才能,如音乐、运动能力等。天生优势是先天的,而后天优势（知识和技能）可以通过学习和实践而获得。作为一名销售员,你能够学会如何介绍你的产品特性（知识）,甚至能学会问恰如其分的问题来了解每个潜在客户的需求（一种技能）,但是你永远不可能学会如何在恰到好处的时刻以恰到好处的方式推动这位潜在客户掏钱购买。后者是一个人的天生优势。利用好上天赋予我们的特殊能力,这可能成为我们创业成功的发动机。

我们熟知的比尔·盖茨,就是一位数学、计算机天才；股神巴菲特自小就觉得数字是非常有趣的东西,并显示了超常的数字记忆能力,5 岁开始做生意,11 岁开始炒股；还有维珍集团创始人、CEO 理查德·布兰森从小就具有商业头脑。一次,父母送给他一部玩具电动小火车,他自己动手改装小火车,提高车速,并定下每人 2 块巧克力饼干作为

---

① 张玉利主编:《创业管理》,机械工业出版社 2011 年版,第 33 页。

门票价格,请小朋友观看,一连半个月,布兰森都不愁没有饼干吃。

下面我们来看看音乐天才周杰伦的创业历程,会发现创业途中成功绝非偶然可得。即使有过人的才能,仍需要后天坚持不懈的努力。

周杰伦的创业历程[①]

4岁:开始学习钢琴。

学生时代:对自己音乐天赋的忠诚和投入。音乐对于他而言,与其说是一种兴趣,不如说是另一个世界。在这个世界里,音乐帮助他抵挡父母离异、(数学、英语)成绩不好等所有的青春期的常见烦恼,让他自信健康地成长。一个人能够在自己的天赋中自由舞蹈,这无疑是一种幸福,这能抵挡住一切成长的动荡。

高中:考上淡江中学第一届音乐班,音乐天赋在自己的小群体里获得认同,高中钢琴老师说,周杰伦十多岁时已经培养出远远超越他实际年龄的即兴演奏能力。音乐班的氛围,让他的音乐天赋发展成社会技能。

高中毕业:从音乐班毕业后就面临工作问题。走出校门以后,他做的第一件事是放低姿态先求生存。他选择了在一家酒店当传菜生。即使是这样,周杰伦也没有离开自己的音乐世界,他带着一个随身听,一边工作一边听歌。白天工作,晚上回家谱写音乐和练习钢琴。

转折期:老板为了提高餐厅档次,决定在大堂放一部钢琴,但连续尝试了几个琴师都不满意。周杰伦在空闲的时候偷偷地试了试,他的琴声震惊了不少同事,包括他的老板。周杰伦抓住时机顺利地成为一名酒店钢琴师。

1997年机会来到时向理想迈开大步。 在酒店做钢琴师并不是周杰伦最大的理想。所以,他同时在不断地进行音乐创作。1997年,在吴宗宪的娱乐节目《超猛新人王》正值火爆之际,周杰伦报名参加了表演。虽然当时的表演并不算成功,但是他那一曲抄写得非常工整的谱子却打动了主持人吴宗宪。最终,他被请到了吴宗宪的唱片公司任音乐制作助理。

[①] 陈亦权:《跟周杰伦学创业》,《财富时代》2010年第3期,第33页。

很多人往往把这一瞬间定义为周杰伦生命的转折点。因为他的过人天赋加上吴宗宪的慧眼识珠,周杰伦终于成功啦!其实不然,打动吴宗宪的,与其说是才气,不如说是认真。很多时候,不管能力有多大,机会往往只选择那些认真对待自己工作的人,这本身是一种最重要的能力。

挫折期:作为唱片制作助理,在负责唱片公司所有人的盒饭之余,周杰伦在那间7平方米的隔音间里开始了自己的创作生涯。半年下来,他写出来的歌倒不少,但曲风奇怪,没有一个歌手愿意接受。其中包括拒绝《眼泪不哭》的刘德华和拒绝《双截棍》的张惠妹。他的老板吴宗宪当面把乐谱揉成一团丢进废纸篓里,这是周杰伦在音乐道路上遭受的重大打击。然而,吴宗宪第二天早上走进办公室的时候,惊奇地看到这个年轻人的新谱子又放在了桌上,第三天、第四天……每一天吴宗宪都能在办公桌上看到周杰伦的新歌,他彻底被这个沉默木讷的年轻人打动了。周杰伦在挫折中用自信和勇气实现了自我超越。

1999年,周杰伦对老板吴宗宪说出了勇敢的一句:"让我自己来唱!"于是就有了使他一举成名的专辑《Jay》,从此周杰伦的人气一发不可收。

才华横溢、作词唱歌拍戏样样在行的周杰伦,在事业版图不断扩张的同时,副业的投资可谓遍地开花,先后开起古董店、餐厅、服饰店。周杰伦的收入年年飞涨。

2007年,周杰伦结束与阿尔发8年的合作,自立门户,和前阿尔发总经理杨峻荣、创作好搭档方文山携手组成"杰威尔(JVR)音乐有限公司",自己做起了老板。豪华的办公室每月租金约50万台币(12.5万元人民币),加上高达千万元的装潢设计费,以及上千万元的录音器材,公司总投资约为2000多万元。收入不断飙升的周杰伦曾以7000万元人民币的价格买下台北市的一处豪宅,创下全台湾艺人房价之最。

与其说周杰伦是一个勤奋的音乐天才,倒不如说他是一个高明的创业者。他调整好自己的心态,用认真、踏实的精神和态度打动公司的同时,也打动了所有的听众。这些道理都很简单,只是简单并不代表容易做。周杰伦也许有一些你我没有的天赋,但是成功的路上绝对没有偶然。

2. 技能

创业技能是指在一定条件下,人们发现和捕捉商机,将各种资源组合起来,并创造出更大价值的能力,即潜在的创业者将自己的创业设想成功变为现实的能力。创业能力是获取动态的、持续绩效的能力,对个体是否选择创业具有显著作用,同时对新创企业的绩效也有重要影响。创业能力是提高创业实践活动效率和创业成功率的关键要素。创业能力主要围绕机会开发过程中资源的获取与资源的整合。曼将创业能力分为6个维度,即机会能力、关系能力、概念性能力、组织能力、战略能力和承诺能力[1];在此基础上,唐靖等人指出创业能力还应包含机会识别与开发能力和运营管理能力。[2] 综合以往学者的研究归纳得出,创业能力维度主要包括:机会识别与开发能力、战略能力、组织和管理能力、关系能力、承诺能力等,其中承诺能力和机会能力是个体完成创业者角色的最直接的能力。[3]

(1)人际沟通能力

企业成功的关键还在于创业者是否具备与其他人一起工作的能力。在创建企业的过程中,需要大学生在各种不确定的环境中与众多的合作伙伴共同处理事情,因而,人际交往的能力就至关重要。

(2)组织管理能力

组织管理能力是指为了有效地实现目标,灵活运用各种方法,把各种力量合理地组织和有效地协调起来的能力。包括协调关系的能力和善于用人的能力。组织管理能力是一个人的知识、素质等基础条件的外在综合表现。

(3)机会识别能力

创业者的核心能力是"识别、预见并利用机会的能力",主要包括:知识、技能、自我效能感、特征和动机等五个方面。成功的创业者需要具备的最重要的能力就是为新企业识别和选择正确的商机。创业能

---

[1] T. W. Y. Man, "Entrepreneurial Competencies of SME Owner/Managers in the Hong Kong Services Sector: A Qualitative Analysis," *Journal of Enterprising Culture*, 2000, 8(3): 235-254.

[2] 唐靖、姜彦福:《创业能力概念的理论构建及实证检验》,《科学学与科学技术管理》2008年第8期,第52—57页。

[3] G. N. Chandler, E. Jansen, "The Founder's Self-assessed Competence and Venture Performance," *Journal of Business Venturing*, 1992, 7(3): 223-236.

力集中体现为创业过程中能够识别机会、追求机会、获取和整合资源的综合能力。机会识别能力强的企业可以寻找更多的创新机会,更多的创新机会使得创业企业选择更有竞争优势的突破性创新方式,创新机会是创新企业战略管理的关键因素。而机会识别与开发的能力的一个重要特征是需要对机会有着敏锐的警觉性和洞察潜在商机的意识。柯兹纳(Kirzner)分析了创业警觉性对于机会识别的影响,即个体对未满足市场需求及未充分使用资源或能力的敏感力。① 机会识别就是洞察那些具有潜在商业价值的初始创意,要求创业者具有警觉性和洞察潜在商机的意识。② 大学生能够敏锐地识别和捕捉到创业机会,作出与众不同的决策,正是这种识别能力的差异才使得创业机会显现时,大部分人不能够明显感知,创业机会只有少数人能发现。希斯瑞克(Hisrich)认为,创业者的个性特质及其与外部环境的交融有助于提高创业者的创业警觉性,而创业警觉性与机会识别能力呈正相关关系。③ Ardichvili 等人构建的基于企业家能力的机会识别模型显示:创业警觉性越高,发现和开发创业机会的成功概率就越高。④ 成功的创业者往往是先知先觉者,创业警觉性强,对于微观、宏观市场信息、消费者信息具有非常强的敏锐力。

(4) 战略管理能力

战略管理即企业确定其使命,根据组织外部环境和内部条件设定企业的战略目标,为保证目标的正确落实和实现进行谋划,并依靠企业内部能力将这种谋划和决策付诸实施,以及在实施过程中进行控制的一个动态管理过程。战略管理能力即要求创业者拥有根据内外部环境,制定企业战略并实施的能力。

(5) 关系能力

曼研究发现关系能力有助于创业者获得有效信息,从而识别出有价值的创业机会,关系能力还有助于创业者在资源匮乏的环境下开发

---

① 张玉利、杨俊、任兵:《社会资本、先前经验与创业机会——一个交互效应模型及其启示》,《管理世界》2008 年第 7 期,第 91—102 页。
② 邓汉慧:《大学生创业行为产生机理研究》,武汉出版社 2009 年版,第 134 页。
③ R. D. Hisrich, "Entrepreneurship/Intrapreneurship," *The American Psychologist*, 1990, 45(2): 209-222.
④ A. Ardichvili, R. Cardozo, S. Ray, "A Theory of Entrepreneurship Opportunity Identification and Development," *Journal of Business Venturing*, 2003, 18(1): 105-212.

出商业机会①;而在中国情境下,关系能力的主要作用还体现为机会的识别和开发②。对于关系能力,也有学者提出了类似的概念:网络能力。网络能力对于企业建立外部联系、整合外部资源起到了重要的作用,获取的资源对企业的发展起到了关键作用。马鸿佳等基于对东北地区的大范围调研问卷,研究了新创企业的企业网络能力对创业能力的影响。研究结论指出:网络能力的三个维度即网络构想能力、关系管理能力以及角色定位能力均与创业能力的两个维度,即机会能力和运营管理能力均呈现正相关关系,因此,网络能力的培育是新创企业提高创业能力的重要路径之一。③

张玉利等将创业技能从创业品质中分离出来,主要有以下几个方面④:

一是控制内心冲突的能力。创业者不允许先前所犯的错误损害自己的自信,必须设法控制无时不在的内心冲突;是做一个客观怀疑论者还是有所保留,抑或做一个忠实信徒而完全依赖。他们必须对自己的理论和假设有极大的信心,并且将这种信心传递给其他人,同时又愿意随时抛弃这些理论和假设。

二是发现因果关系的能力。创业者必须具有非同寻常的发现意外事件真正原因的能力。创业者可能面对多种潜在问题的存在,如定价不合理、产品功能失效、推销软弱无力,且目标市场定位错误或者运气太差找不到合适的顾客。诸多因素使得创业者难以找到真正的原因并从失败中吸取教训。这需要创业者具有从有限而混乱的数据中发现因果关系的能力。

三是应变能力。从顾客、供应商、资源方面所克服的一些细节中,可以发现创业者拥有极高的应变能力。创业者在应对资源短缺时,会掂量每一分钱,将"一分钱掰成两半花"。国外有些创业者在分类广告

---

① T. W. Y. Man, "Entrepreneurial Competencies of SME Owner/Managers in the Hong Kong Services Sector: A Qualitative Analysis," *Journal of Enterprising Culture*, 2000, 8(3): 235-254.

② 贺小刚、李新春:《企业家能力与企业成长:基于中国经验的实证研究》,《经济研究》2005年第10期。

③ 马鸿佳、董保宝、常冠群:《网络能力与创业能力:基于东北地区新创业的实证研究》,《科学学研究》2010年第7期。

④ 张玉利主编:《创业管理》,机械工业出版社2011年版,第39—40页。

中尽量不使用元音字母,比如用 O 会占较大的地方,而使用 I 和 L,则可以多写几个字。

四是洞察力。有洞察力的创业者采取"全方位"定位,他们从别人的角度看世界,在获取信息时讲求技巧,具有识别应聘者表明上的资格或缺少什么能力等。

五是销售技巧。对创业者来说,行之有效的直销非常关键。这就需要他们具有从挫折中快速恢复的能力,需要自我控制的能力,需要从细微之处发现机会的能力,需要具体技术的使用知识和技巧等。销售技巧是一种综合能力,需要通过在实践中训练而获得。

(三)创业者素质评价

1. 成功创业者素质 Risking 模型

我们在创业指导的过程中,经常会遇到大学生来咨询:"老师,你觉得我去创业怎么样?你觉得我适合创业吗?如果去创业,我应该从哪些方面进行提升和完善,做好充分的准备?"

这就涉及创业者素质评价问题。从理论上,有学者提出了成功创业者素质 Risking 模型。主要是资源(resources)、想法(ideas)、技能(skill)、知识(knowledge)、才智(intelligence)、关系网络(network)、目标(goal)等七个方面,如图 2-1 所示。单词的第一个英文字母组合就是 Risking,含义是风险,也暗示了创业是有风险的。具体内容如下:

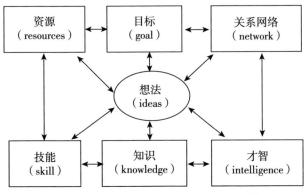

图 2-1　Risking 创业者素质评价模型[①]

---

① 丁栋虹:《创业管理》,清华大学出版社 2006 年版,第 81 页。

(1) 资源

资源包括人力、物力和财力在内的一切能应用于创业中的有形或无形的力量。最重要的创业资源是好的项目、资金和人力资源。然而,项目的寻找和资金的筹集,以及其他资源的获取,都需要人去完成。有了人,才会有其他资源。因此,创业者和创业团队是核心资源。

(2) 想法

创业想法首先应具有市场价值,并能在一定时期产生利润。其次,要具有现实可行性,能付诸实践。最后,应具新意,有创新,才能获得市场空间。

(3) 技能

技能可分为技术类和管理类技能。技术类技能是指工作相关的概念、方法与工具应用的能力,如工程、计算机、木工、机械、餐饮;个人能够有效监督与管理他人是管理类技能,如营销、财务、组织、计划、领导等。

(4) 知识

创业者知识是指创业者拥有的行业知识、专业知识以及创业必需的商业、法律、财务、管理知识等。商业知识包括合法开业知识、营销知识、货物知识、资金及财务知识、服务行业知识等。

(5) 才智

才智是指创业者观察世界、分析问题、思考问题和解决问题的能力,包括智商、情商、财商、逆商。其中,逆商是指挫折商数。

(6) 关系网络

创业者需要良好的人际亲和力和关系网络,包括合作者、服务对象、新闻媒体甚至竞争对手。关系网络决定了创业者能够调动的资源的深度和广度。需要注意的是,关系网络不等同于搞关系、走后门。

(7) 目标

创业方向和目标必须明确,并作出准确的市场定位,集中精力和资源朝着特定目标前进。一旦认准了目标,便执着于目标。正如葛罗夫所言:"只有偏执狂才能成功!"

2. 创业素质评估

如何来评估人们的创业素质呢?我们来做一个小测试。

测一测

测验导言：

本测试用于测量你是否有能力做一名创业者。测试题由一系列陈述语句组成，将会从想法、技能、知识、才智、目标、资源和关系网络七个方面进行考察。请你根据自己的实际状况，选择最符合自己特征的描述，选择时请根据自己的第一印象，不要思虑太多。本测试没有速度上的要求，但是请在5分钟以内完成所有的题目。

每个题目只有一个正确答案，请选择最符合自己实际状况的答案，然后填写到下面的答案填写处。答案选择标准如下：A. 非常符合；B. 比较符合；C. 无法确定；D. 不太符合；E. 很不符合。

如果你对这个测试的规则已经明白，可以开始做题目。

第一部分：想法

（1）具有丰富的想象力，并能把这些想法准确而生动地表达出来。

（2）我的想法通常比别人来得有价值，更具有创造性。

（3）我的想法通常并不是天马行空、泛泛而谈，而是切实可行的。

第二部分：才智（情商+智商）

（4）每天早晨我都是怀着积极的态度醒来，感觉今天又是崭新的一天。

（5）我知道如何控制自己的生活、性情和脾气，并做到自律。

（6）当我开始创业时，我的家人能够理解我的不自由状态并支持和鼓励我。

（7）当我失望时，我能够处理问题而不是逃避放弃，而是以积极的状态重新投入到工作中去。

（8）我留心观察周围的事物，注意细节性问题，把握身边的契机，并把不利局面转化为机会。

（9）我更倾向于主动地去把握和解决问题，而不是处于被动局面。

（10）我不是一个风险规避者。

第三部分：技能和知识

（11）对我即将涉及的领域，有很好的专业背景和技术。

（12）了解该行业目前的市场运作和竞争水平，并熟悉相关的法律政策条文，做好充分准备。

（13）我曾经有过管理经验，并擅长组织活动。

（14）眼光长远，更加看重的是一种持续发展而不是短期营利。

第四部分：资源

（15）能够挖掘理想的合伙人或经理人士、雇用理想的专业人员和员工。

（16）有雄厚的资金来源和稳定的财物系统，至少可以保证第一年的正常运营。

（17）通过合理的途径以自己能够接受的成本募集资金，以获得充沛的资金流。

（18）可以获得对自己有利的物质来源，如原材料等，能够很好地控制成本。

第五部分：目标

（19）与替人工作相比，我更渴望有一份属于自己的事业。

（20）我有一个很明确的创业目标，并可以为实现这个目标而奋斗，哪怕付出代价。

（21）我有勇气和耐心去实现这个目标，即使需要承担风险。

（22）我有信心我最终能完成这个目标。

第六部分：关系网络

（23）我喜欢合作胜于凭一己之力完成工作。

（24）别人认为我是一个值得信赖的人，并且充满活力、积极向上。

（25）我善于和陌生人打交道，而不是指局限于熟人圈内。

（26）我具有影响他人的能力，并使人信服。

（27）我善于向媒体公众推销自己的公司，吸引别人的注意力。

（28）能够和上下游行业保持紧密的合作关系，相互扶持，共同发展。

（29）同利益相关团体，如民间及政府机构、金融机构形成良好的关系。

（30）同行业内的竞争者更容易实现竞合而非竞争。

结果分析：

测试完毕后，请按照你所选的答案统计出选项的数目，选项个数最多的那类就是你所属的类型。找出自己是属于哪一类人，适不适合创业。你的创业素质和他人比较处于何种水平。

（1）类型

E——你不适合创业或根本就没想过创业。你规避风险，倾向于安定的生活，并且不善利用自己的网络去开拓事业。你的生活圈子只局限于你所熟悉的那个圈子，因此你更适合做一个普通的上班一族。

D——你有创业的意识但却不愿意创业，在风险和安稳之间你更倾向于后者。

C——你具备一定的创业素质但是由于缺乏信心的关系是你没能认清楚自己的这种能力。也许对你来说，外界的影响力会左右你的选择。

B——你适合创业且比较符合创业的要求，你所需要的是一种守业的能力，来保证公司的长期发展和完善。同时你应该不断地去完善自己，使别人更加信赖你，增加个人的魅力。

A——你适合创业和守业。如果你能全身心地投入到一项激动人心的创业事业中效果会更好，收益会更多。不是所有人都适合做企业家的，而即使你恰好具有这种素质，在前行的路上也需要别人的帮助。打开自己的视野，记录下自己的梦想。机会无限，就看你如何把握了。

（2）结果分析

请参照以下答案，对自己的选择进行计分，计分方法很简单，分别计算在你的答案中：

选择 A 的数目——（A）　　选择 B 的数目——（B）
选择 C 的数目——（C）　　选择 D 的数目——（D）
选择 E 的数目——（E）

接着按照下面的公式计算出原始分数：——（R）

$R = A \times 5 + B \times 4 + C \times 3 + D \times 2 + E$

最后，请按照表 2-1 所列的规则，根据你的原始分数（R），找出相应的排名值（P）。

例如你的原始分数（R）是 73，那么表中对应的 P 值就是 76。

表 2-1 创业能力常模对照表

R	P(%)	R	P(%)	R	P(%)	R	P(%)	R	P(%)	R	P(%)
20	0	35	2	50	18	65	56	80	89	95	99
21	0	36	3	51	19	66	58	81	90	96	99
22	0	37	3	52	21	67	61	82	91	97	99
23	0	38	4	53	24	68	64	83	92	98	99
24	0	39	4	54	26	69	67	84	93	99	99
25	0	40	5	55	28	70	69	85	94	100	100
26	0	41	6	56	31	71	72	86	95		
27	1	42	7	57	33	72	74	87	96		
28	1	43	8	58	36	73	76	88	96		
29	1	44	9	59	39	74	79	89	97		
30	1	45	10	60	42	75	81	90	97		
31	1	46	11	61	44	76	82	91	98		
32	1	47	13	62	47	77	84	92	98		
33	2	48	14	63	50	78	86	93	98		
34	2	49	16	64	53	79	87	94	99		

排名值(P)是一个百分数,对于 P 值的理解是这样的:假如你得到的 P 值是 78,那就表明你的创业能力要比 78%的人好,反过来也就是说,你的创业能力要比 22%的人低。[1]

二、创业动机的含义与分类

(一) 创业动机的含义[2]

各国学者根据各自不同的研究背景和目的,对创业动机给出了各自不同的定义。赖安和迪斯认为创业动机是生物、认知和社会规范的核心,它与创业意向一样也包含着能量、方向和持久的激励。鲍姆和卢可认为,创业动机是创业者在追求成就的过程中,在头脑中形成的一种内部驱动力,有目标导向和自我效能感两个衡量指标。肖恩、卢

---

[1] 丁栋虹:《创业管理》,清华大学出版社 2006 年版,第 83—85 页。
[2] 段锦云、王朋、朱月龙:《创业动机研究:概念结构、影响因素和理论模型》,《心理科学进展》2012 年第 5 期。

可和肯林思认为创业动机是个体的一种意愿和一种自发性,这种意愿会影响人们去发现机会、获取资源以及开展创业的活动。

本书引用段锦云等人的定义,认为创业动机可以理解为驱动个体创业的心理倾向或动力,它是个体在环境的影响下,将自己的创业意向付诸具体行动的一种特殊心理状态。

(二)创业动机的结构模型

1. 创业动机的四因素结构模型

1997年,库拉特科等人在总结前人研究的基础上,对来自美国中西部的234名创业者进行了结构化访谈,经过对数据进行收集和分析,提出了创业动机的四因素结构模型,包括:外部报酬(extrinsic rewards)、独立/自主(independence/autonomy)、内部报酬(intrinsic rewards)、家庭保障(family security)。

2001年,罗比肖等人对此结构进行了校验,在肯定库拉特科等人的四维结构的基础上进行了修订,外部报酬的指标去掉了"获得个人财富",增加了"增加销售额和利润""改善生活"指标;内部报酬维度去掉了"享受兴奋",其他指标都保留;家庭保障维度增加了"接近家庭""为退休做准备"两个指标。①

表2-2 创业动机的改进四因素结构模型②

维度	外部报酬	独立/自主	内部报酬	家庭保障
各项指标	个人财富的需求	个人自由	得到公众的认可	家庭成员将来的保障
	增加个人收入	个人保障	迎接挑战	建立一个可以传承下去的家族企业
	<u>增加销售额和利润</u>	自我雇佣	个人成长	<u>为退休做准备</u>
	<u>提高生活质量</u>	成为自己的老板	社会认可	<u>接近家庭</u>
		自主决策	证明自己的能力	

注:"增加销售额和利润"等加下划线因素为新增或修订因素。

---

① 段锦云、王朋、朱月龙:《创业动机研究:概念结构、影响因素和理论模型》,《心理科学进展》2012年第5期。

② 王玉帅:《创业动机及其影响因素分析——以江西创业者为例》,南昌大学理学院2008年博士论文,第26—27页。

2. 二因素模型

2009年,曾照英和王重鸣基于德尔诺夫舍克(Drnovšek)和格拉斯(Glas)2002年的研究,提出了中国情境下创业者动机的二维模型:事业成就型和生存需求型。其中,事业成就型包括获得成就认可、实现创业想法、扩大圈子影响、成为成功人士、控制自己人生五个维度;生存需求型包括不满薪酬收入、提供经济保障、希望不再失业三个维度,如图2-2所示。①

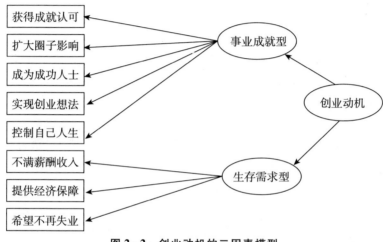

图2-2　创业动机的二因素模型

3. 基于环境——个体互动的创业动机结构模型

何志聪在总结国外两派学者对获取机会和开创企业两个行为顺序争议的基础上,认为创业来自三种基本的动机:机会驱动型,创业者发现了一个可行的商业机会然后利用这个机会成立公司;内部驱动型,又称为前摄式创业,创业者开始决定创立一个新的公司是为了满足内心想成为老板的需要,他们创立公司之后才开始寻找商业机会;外部驱动型的决策驱动,称为反应式创业,如外部环境(下岗)激励创业者通过创立新公司来维持生活,我们可以认为是为了避免环境的负面影响而创立新公司,如表2-3。

---

① 段锦云、王朋、朱月龙:《创业动机研究:概念结构、影响因素和理论模型》,《心理科学进展》2012年第5期。

表 2-3 创业动机类型[1]

创业驱动类型		驱动源	创业特性	
			创业目标	创新性
机会驱动		拉动因素：成就、个体成长、公司成长	高	高
决策驱动	前摄式	拉动因素：独立、自主、控制、社会认可	高、中、低	高、中、低
	反应式	推动因素：个人保障、社会保障	低	低

并且，在此基础上，他提出创业动机的成就导向、控制导向和保障导向的三个关键性维度。成就导向包括公司成长和个体成长两个维度，个体为了获取自我和公司的成长而进行创业，从而在创业过程中积极把握机会进行创业；控制导向是指个体为了获取独立自主而进行创业；保障导向指为了获取个体或者家庭的生活保障而创业。[2]

创业动机的四因素模型、二因素模型实际是从创业者出自何种目的创业的角度来分解创业动机的；基于环境—个体互动的创业动机结构是从启动创业的因素视角，将创业动机分成机会驱动和决策驱动，并且认为动机驱动的创业具有高成长性和创新性。

(三) 创业动机的跨文化差异[3]

中国人最重要三个的创业动机依次为挣更多的钱、争取更高的社会地位、改善个人和家庭的生活质量；日本人主要为了追求人生的挑战性、完善和提高自身的能力以及创办一家公众认可的企业；而美国人则是为了改善个人和家庭的生活质量、追求人生的挑战性以及完善和提高自身的能力。这表明中美日三国国民的创业动机具有一定的

---

[1] 何志聪：《中小民营企业家创业动机及其影响因素研究》，浙江大学管理科学与工程学系 2004 年硕士论文，第 11 页。
[2] 同上。
[3] 贾生华、邬爱其：《中美日三国不同文化背景下的创业特征比较》，《外国经济与管理》2006 年第 10 期。

共性。但对各种动机程度在三国间进行比较后不难发现,三国的创业动机仍存在很大的差异(参见表2-4)。

日本创业具有强烈的社会导向动机,其中尤以创办公众认可的企业为最,这与雷(Ray)和特平(Turpin)1990年的研究结论相吻合。Ray和Turpin发现日本具有很强的团队精神这一社会特征,因此日本的创业比其他国家更具团队或社会导向性,朋友和家庭成员的意见对个人创业起到非常重要的作用;美国和中国则具有浓厚的个人成就色彩,但美国人创业更多是为了改善个人和家庭的生活质量以及完善和提高自身的能力,通过创业来实现自我价值是美国人追求的终极目标,也是美国社会价值体系的精髓——"先锋精神"(pioneer mentality)的最好体现;中国人创业更多是为了挣更多的钱和争取更高的社会地位,这可能是因为中国人经济收入水平还普遍不高,创业往往是由贫困推动的。此外,追求人生的挑战性和减轻税收负担也是日本人创业的重要原因,而丰富、易得的创业资本则是美国人频繁开展创业活动的重要原因。

表2-4 中美日三国的创业动机差异

创业动机	中国	美国	日本
社会导向:			
·创办公众认可的企业	1.428	2.441	**3.285**
·为公众和社会创造财富	1.539	2.472	**2.532**
·开发新技术或新产品	1.579	2.576	**2.642**
个人成就:			
·改善个人和家庭的生活质量	3.039	**4.039**	3.247
·挣更多的钱	**3.587**	3.541	3.031
·争取更高的社会地位	**3.198**	2.500	2.194
·追求人生的挑战性	2.691	3.751	**3.795**
·提高自身的能力	2.317	**3.668**	3.570
资源驱动:			
·利用可利用的创业资本	1.246	**2.085**	1.842
·减轻税收负担	1.016	1.678	**1.708**

注:表中数字是各国样本调查问卷数据的平均值,在问卷中采用利克特五级量表,1表示非常符合,3表示一般符合,5表示极不符合。表中的黑体数值是每

行的最大值,表示相关创业动机在所在列的国家最为强烈,如3.285是"创办公众认可的企业"行中的最大值,表明这种创业动机在日本最为强烈,强于中国(1.428)和美国(2.441)。

三、产生创业动机的驱动因素

创业者选择创业的动机受诸多直接和间接因素的影响。

（一）直接影响因素

直接因素是创业者的需求驱动。创业者因需求层次的不同产生不同的创业动机。根据需求驱动的不同,可分为生存型创业和机会型创业。

生存型创业和机会型创业不是创业者的主观选择结果,而是由创业者面临的环境和能力决定的。《全球创业观察中国报告:基于2005年数据的分析》显示,我国超过半数的创业活动属于生存型,而在美国,90%以上的创业活动属于机会型。这种分类告诉我们,要更好地发挥创业的经济与社会效应,不仅需要有意识和有计划地改善创业环境,还要不断通过创业教育来提升开拓市场的能力,鼓励创业活动,改变创业活动结构,力争使我国创业活动实现"以机会型创业为主、生存型创业为辅"的发展模式。

（二）间接影响因素

间接影响因素包括社会保障、收入水平、受教育水平、经验、经历以及周围环境(榜样等)。社会保障的高低和长期收入水平的高低都可以提高或降低人们的需求层次。创业者的受教育水平、经验和经历不同形成了创业者需求层次的多样化。马克·J.多林格在《创业学:战略与资源》中提出了一个社会学分析框架,描述了动力因素与情境因素的协同作用对创业者作出创业决定的影响。研究发现,驱动创业者作出创业决定的因素,主要有四种:(1)不利境况触发的创业活动。(2)榜样力量点燃的创业活动。(3)不同寻常的经历激发的创业活动。(4)情景感知催化的创业活动(如图2-3所示)。

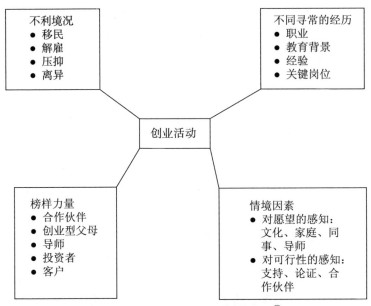

图 2-3 创业驱动的间接影响因素[1]

第二节 创业团队

联合可能是一种力量,但是,除非有明智的指挥,否则,只是一种盲目的动物般的力量。

——塞缪尔·巴特勒

领军人物好比是阿拉伯数字中的 1,有了这个 1,带上一个 0,它就是 10,两个 0 就是 100,三个 0 是 1000。

——联想创始人 柳传志

团队:成功企业的"内核"[2]

讲述者:北京舞动空间传媒科技有限公司创始人、CEO 李峰

2001 年,我在中科院软件研究所的时候,就对互联网电子商务

---

[1] 〔美〕多林格:《创业学:战略与资源》,王任飞译,中国人民大学出版社 2006 年版,第 63 页。

[2] 《成功企业的"内核"》,《名人传记·财富人物》2010 年第 7 期,第 39—40 页。

这个方向非常感兴趣。后来,我在东方通信从事手机通信技术的工作,当时我就有一个想法,觉得将手机和电子商务结合起来,可以实现随时随地的购物功能,所以我们从2007年开始投入这方面的研究。

经过一年多的精心研发与准备,在2008年3月我们正式推出了中国第一款集搜索、比价、购买功能于一体的手机购物软件——"柠檬商街"。经过短短半年时间,已有近22万用户通过"柠檬商街"购买到了心仪的商品。

2009年5月初,天使投资人注资到"柠檬商街"。天使投资人青睐的是"柠檬商街"的wap网盟推广与手机终端内置的全方位的推广模式和一整套成熟的商品采购及物流的配送体系,将传统的电子商务模式与手机平台有机的结合。

团队故事:17个小时的战斗

有一个周末"柠檬商街"服务器突然无法登录,机房托管方告诉我需要变更IP。当时已是晚上10点多了,我和技术团队集体加班讨论应急方案,并做技术改动,凌晨3点把一切搞定后大家才回家休息。早上7点,新的IP地址上线运行,但很多客户反映依然无法正常登录,这时候运营团队发动公司所有员工三十几人,每人给至少10个朋友转发PUSH,让全国各地的用户尝试登录;直到下午5点,从断网到业务完全恢复正常,只花了17个小时。公司全体员工都牺牲了休息时间,有的甚至通宵达旦,没有一个人抱怨,周一上班没有一个人请假;网络恢复正常后24小时,业务当日销售额就恢复到了正常水平。通过这个事情,我对团队的应变能力、战斗力、职业素质感到由衷骄傲,这难道不是一个未来的成功企业所必须具备的"内核"吗?

当然,团队也有烦心事。在创业初期,由于沟通意识和管理经验不足,自认为某些事情站在公司角度是100%正确的,但站在其他合伙人的角度,可能就很难接受,造成不必要的误解;后来,"柠檬商街"团队达成了一条共识,涉及重大的企业管理决策,所有高层加上中层骨干人员一起讨论,并确定原则基准,之后由分管人员具体落实。这样既能群策群力,又避免了不必要的误解。

我不会一个人去创业

我们认为团队最大的凝聚力来自追求事业成功的梦想;"柠檬商街"在2007年就通过业务分析和用户调查得出结论,随着3G时代的到来,手机购物必将同现实场景购物、互联网沟通形成三位一体的购物模式;这个坚定的信念一直支撑着我们不断摸索和尝试,业务每成功一小步,团队的战斗力和凝聚力也就会增强一点。

就像一个创业者前辈所说的那样,如果你连说服你的朋友、同事分享你的梦想而成为你的创业伙伴这一点都无法做到的话,你凭什么能说服你的客户去购买你的产品或服务呢?

凝聚力来自追求成功的梦想

我认为,优秀团队是战略上高度统一,战术上强调执行力、创新力和资源整合能力的团队。理想的创业伙伴需要具备如下几个条件:

A. 创业团队价值观基本一致,即大家明确创业目的以及长、中、短线目标,并达成统一,这一点不是务虚,而是为了长久地捏合队伍。

B. 创业团队成员在业务上互补,即分别在技术、市场、运营等环节能独当一面。首先是一个优秀的职业经理人,其次才能做好创业者。

C. 创业伙伴之间最好在处事风格方面互补,例如实干型、智慧型等相结合。

毫无疑问,天使投资人对于早期创业团队的价值非常大,不仅仅在资金方面,更能提供一些行业资源的整合能力;"柠檬商街"获得天使投资支持,在一定时期对于项目的快速成长起到了重要作用。

创业者感悟

我们认为优秀团队是战略上高度统一,战术上强调执行力、创新力和资源整合能力的团队。创业伙伴能够走到一起,跟找老婆没什么两样,一看长相(因业务互补而吸引)、二看性格(价值观、对行业的理解等),三要在合适的时间相遇。"柠檬商街"创业团队首先是通过早期的业务合作,或同事关系,认同对方的业务能力与人品;其次是一起经历过风风雨雨之后,彼此的信任逐步积累,创业团队就会被捏合得越发紧密。

案例点评

在没有共同经历创业的艰难困苦磨合之前,很难真正判断一个创业伙伴的真实境界,就像找对象要随遇而安、适可而止,不然你可能遇上一个就想是不是还会有更好的。创业者需要作出决定和选择,有时候需要"先结婚",在以后的漫长日子里磨合。"优秀团队"的前提是共同的价值观。在这个大的前提下,团队之间的观点、个性、做事方式可以是多样的,团队之间应有互补和相互制约。"臭味相投"的好朋友可以一起开开心心去吃火锅、去逛街、去海阔天空侃大山,但不一定能一起创业。"优秀团队"除了共同的价值观以外,更重要的是"执行力",所谓"优秀"就是那些在执行力上总是超出预计的团队,弟兄们一起去拼搏,重要的是场场战斗都能打胜仗。

比尔·盖茨说过:"团队合作是企业成功的保证,不重视团队合作的企业是无法取得成功的。"建设一支有凝聚力的团队,已是现代创业型企业生存发展的一个基本条件。团队是具有思考性、主动性和协作性的,它不是人力的简单相加,在合作中,团队要能够做到"1+1>2"的效果,就是我们常说的"化学反应"。创业不仅仅是一个人在战斗,青年创业者要学会凝聚起整个团队的力量。反过来讲,一个能让创业者思想、能力、认识水平不断提高和善于学习借鉴的团队,才是创业成功的关键所在。

狭义的创业团队是指有着共同目的、共享创业收益、共担创业风险的一群经营新创企业的人,他们提供一种新的产品或服务,为社会提供新增价值。广义的创业团队不仅包括狭义的创业团队,还包括与创业过程有关的各种利益相关者,如风险投资商、供应商、专家咨询群体等。组成创业团队是一种结合远景、理念、目标、文化、共同价值观的机制,使之成为一个生命与利益共同体的组织。有关研究表明60%以上的创业活动都是以团队形式开展,团队创业的绩效要比个体创业更好。

一、创业团队及其对创业的重要性

(一)团队与群体

创业团队是团队而不是群体。团队中成员所做的贡献是互补的,而群体中成员之间的工作在很大程度上是互换的。埃德代尔指出,团队和群体之间的最重要的区别在于:在一个团队中,个人所做的贡献是互补的;而在群体中,成员之间的工作在很大程度上是可以互相交换的。所以,团队存在于一定的组织中,但由于团队自身文化价值观、凝聚力等因素的影响又使团队超越于个人、组织之外。罗宾斯将团队定义为:一些为了实现团队目标而相互依赖的个体组合而成的正式群体。①

Shonk 把团队定义为"两个或两个以上为完成共同任务而协调行动的个体所构成的群体"。Quick 则认为,团队最显著的特征就是"其成员都能把实现团队的目标放在首位。团队成员都拥有各自的专业技能,并且能够相互沟通、支持和合作"。Katzenbach 和 Smith 认为,"团队是才能互补、根据共同的目标设定绩效标准,依靠相互信任来完成目标的群体"。②

(二)创业团队

创业团队是由两个以上具有一定利益关系、共同承担创建新企业责任的人组建形成的工作团队。关于创业团队的定义,关键点主要集中在所有权、人员构成以及参与时间上,并非在企业创立之前或创建阶段就参与创建工作的人才能算做创业团队的成员,而如果各成员是在建立企业的早期阶段因为需要而加入进来的,也可以算是创业团队的成员。在人员构成上,大多数研究者认同应该撇开如律师、会计师等外部专家,只把全身心投入到企业工作的创业者算在内。在所有权上,一般创业者都拥有公司的股份,但是股份的多少并不是判断创业团队成员的依据。

基于以上理解,我们认为,所谓创业团队,是指在公司创业期参与创业过程,对创业理念高度认同,并为创业成功作出不可替代贡献的所有人员所组成的有机体。创业团队是一种特殊的团队,是由两个或两个以上具有共同的创业理念、价值观和创业愿景,相互信任,为了共同的创业目标,团结合作,共同承担创建新企业责任而组建的工作团队。

---

① 〔美〕斯蒂芬·P.罗宾斯、玛丽·库尔特:《管理学》,孙健敏、黄卫伟、王凤彬、焦叔斌译,中国人民大学出版社 2004 年版,第 434 页。

② 卢福财主编:《创业通论》,高等教育出版社 2007 年版,第 92 页。

而且创业团队与一般团队不同,我们从以下几个方面对一般团队和创业团队进行了比较,如表2-5所示:

表2-5 一般团队与创业团队的区别①

比较项目	一般团队	创业团队
目的	解决某类或者某个具体问题	开创新企业或者拓展新事业
职位层级	成员并不局限于高层管理者职位	成员处于高层管理者职位
利益分享	并不必然拥有股份	一般情况下在企业中拥有股份
组织依据	基于解决特定问题而临时组建在一起	基于工作原因而经常性地在一起共事
影响范围	只是影响局部性、任务性的问题	影响组织决策的各个层面,涉及范围较宽
关注视角	战术性、执行性的问题	战略性的决策问题
领导方式	受公司最高层的直接领导和指挥	以高管层的自主管理为主
成员对团队的组织承诺	较低	高
成员与团队间的心理契约	心理契约关系不正式,且影响力小	心理契约关系特别重要,直接影响到公司决策

总体上,对创业团队的内涵把握可以从以下三点入手②:

首先,创业团队是一种特殊群体。创业团队首先是一种群体,成员在创业初期把创建新企业作为共同努力的目标,在集体创新、分享认知、共担风险协作进取的过程中,形成了特殊的情感,创造出了高效的工作流程。

其次,创业团队工作绩效大于所有个体成员独立工作时的绩效之和。虽然个体创业团队成员可能具有不同的特质,但他们相互配合、

---

① 张玉利主编:《创业管理》,机械工业出版社2011年版,第54页。
② 同上书,第57页。

相互帮助,通过坦诚的意见沟通形成了团队协作的行为风格,能够共同地对拟创建的新企业共同负责,具有一定的凝聚力。曾有研究得出这样的结论:工作群体绩效主要依赖于成员的个人贡献,而团队绩效则基于每一个团队成员的不同角色和能力而尽力产生的乘数效应。

最后,创业团队是高层管理团队的基础和最初组织形式。创业团队处在创建新企业的初期或小企业成长早期,现实中往往被人们称之为"元老"。而高层管理团队则是创业团队组织形式的继续。虽然高层管理团队中既可能还存在着部分创业时期的元老,也可能所有的创业元老都不再存在,但高层管理团队的管理风格在很长一个时期内是很难彻底改变的。

（三）团队的重要性

星巴克创始人霍华德·舒尔茨在其自传《将心注入》中谈道:"一旦你想做成一件事情,你必须找到一些在专业领域比你有经验的人和你一起打天下。这些人要不怕和你争执,要有坚强的意志,要有独立性和自信心,在管理团队内部能体现出共同负责的协作精神。当和这样的人在一起的时候,你别怕暴露你的脆弱和无知,当你坦率地承认公司所遇到的问题和自身弱点时,你会明白,你能得到的帮助有多大。"①

已有的调查研究发现:70%创业成功的企业都有多名创始人。其中企业创始人为2—3人的占44%,4人的占17%,5人以上的占9%。尤其是在高科技领域,团队创业比个体创业多得更多。事实证明:选择合理的创业模式,组建卓有成效的创业团队是创业成功的重要基础。创业团队工作绩效大于所有成员独立工作绩效之和。没有团队的创业也许并不一定会失败,但要创建一个没有团队而具有高成长性的企业却极其困难。② 罗宾斯(Robbins)认为在企业中采用团队形式至少有以下几个方面的作用:(1)团队能促进团结和合作,提高员工士气,增加满意感;(2)使管理者有时间进行战略性思考,而把许多问题留给团队自身解决;(3)提高决策的速度,因为团队成员离具体问题较

---

① 〔美〕霍德华·舒尔茨、多利·琼斯·扬:《将心注入》,文敏译,浙江人民出版社2006年版,第46页。

② 邓汉慧:《组建有效创业团队的关键点》,《中国青年报》2013年9月23日,第9版。

近,所以团队决策比较迅速;(4)促进成员队伍的多样化;(5)提高团队和组织的绩效。①

新进入缺陷经常导致新企业受挫,因为企业创建者不能很快适应他们的新角色,以及企业缺乏有关顾客或供应商的"记录"。这些缺陷可以通过组建有能力和有经验的创业团队加以克服,从而增加获得资源的途径,知识能力等互补。团队成员受教育程度、工作经验以及社会关系网络等方面的多样性使获取到的资源更加丰富、决策质量更高。团队创业普遍存在于不同的创业领域。虽然很多学者提出高科技创业需要技能互补,所以大多数采用团队的形式,但是,卡洛尔和里昂丝1979年对122家由女性创业者创建的公司(其中只有少数几家是高科技企业)所进行的调查表明,38%属于合伙创业。在1983年对25家成长最快的小企业的调查也显示有将近一半的企业是由两人或多人合伙创立,而这些企业并不都属于所谓的高科技产业。由此可见,即使是在低科技领域,团队或合伙创业也是比较常见的现象。因此,卡姆等人认为,无论地理区位、产业性质和创业者性别如何,新创企业大多由创业团队来创立。②

吸引风险投资是创业组织的一项重要目标,而风险投资对于创业企业的评估标准,也可以让我们对于创业组织的组建有章可循。在综合了几家规模较大的风险投资组织的评价之后,我们发现,在创业团队、创业项目、现金流、商业模式、盈利状况、发展潜力等诸多因素之中,创业团队属于位列第一的评价内容。这就表明,创业团队在创业期是影响组织发展的重要因素之一。

在创业的发展过程中,团队的成长和事业的发展存在着正相关关系。若团队的成长快于公司的成长,则团队成为公司成长的促进因素;若团队的成长滞后于公司的成长,则团队成为公司成长的阻碍因素。团队的整合实力是创业者最大的财富。绝大多数职业风险投资人把"宁要一流的团队二流的想法,不要一流的想法二流的团队"作为自己的行为准则,是有其道理的。因为即便再天才的想法也还是具有

---

① 李朝波:《团队角色理论在团队建设中的应用研究》,南京师范大学2011年硕士学位论文。

② 王飞绒、陈劲、池仁勇:《团队创业研究述评》,《外国经济与管理》2006年第7期,第16—22页。

可复制性的,而团队的整合实力却是难以复制的。

二、创业团队优劣势分析

(一) 优势

著名心理学家荣格曾列出一个公式:1 + We = Fully 1。意思是说,一个人只有把自己融入集体中,才能最大限度地实现个人价值,绽放出完美绚丽的人生。创业已非纯粹追求个人英雄主义的行为,团队创业成功的概率要远高于个人独立创业。与个体创业相比较,团队创业具有多方面的优势,对创业成功起着举足轻重的作用。团队创业的优势主要体现为:

首先,使用工作团队,可以激发团结精神,增强灵活性,提高工作效率,让组织从劳动力多元化中受益,让管理者更多进行战略层面的管理。团队成员受教育程度、工作经验以及社会关系网络等方面的多样性使获取到的资源更加丰富、决策质量更高。

其次,组建创业团队能够使组织更好地适应内外环境的变化,能够更迅速、更准确地对千变万化的市场作出反应;能够在组织内部建立合作、协调机制以提高效率;能够适应市场需求多样化的要求而变大规模生产为灵活生产,变分工和等级制为合作与协调;"团队"这种组织形式能够更好地培养成员的团队协作精神,发挥整体优势。由于团队兼有扁平化、柔性化、灵捷性、高效性等特点,因此人力资源管理的核心任务就是建立和重塑组织团队。

最后,越来越多的团队形态出现在创业中,这一方面是因为团队创业有利于分散创业风险,另一方面通过创业团队成员之间的技能互补可以提高企业家驾驭环境不确定性的能力,从而降低新企业的失败风险。更为重要的是,团队创业能够形成更强的资源整合能力,并且同时从多个融资渠道获得创业资金。

(二) 劣势

固然多数创业活动是由团队推动的,共同创业要比个人创业的人均风险小很多,创业投资者也喜欢把资金投给团队创业,团队创办企业的失败率低于由个人创办的企业。但创业者也不能忽视团队创业的不利因素。

1. 收益分享冲突

在创业初期没有制定明确的利润分配方案,随着企业的发展和利润的增加,团队成员因为利润分配而发生争执。此外,团队创业必然"稀释"新创企业的所有权。常规情况下,除非股份的接受者能作出实质性贡献,否则给出股权就是不明智的。对于非直接投资者,即便是基于股权,直接分配股权的效果也远不及期权。

> **共苦不同甘**①
>
> 刘先生是青岛 A 公司的总经理,他的公司从事家庭装修材料的生产和销售,经过四五年的发展,公司已经成为青岛地区家庭装修材料市场的领头羊,2002 年全年销售额为 3000 多万元,市场占有率稳居第一。不过刘总最近的心情非常郁闷。因为和他一块从江西老区出来打天下的几个公司元老级人物离开了他的公司,其中最令刘总心痛的是公司的王副总。王副总在公司的威望极高,是公司元老中唯一的本科生,公司的发展有一大半应归功于王副总。王副总的一番话令刘总至今难忘:"李总,当时是你把我和文涛(公司的销售部经理)、刘庆(公司技术部经理)从江西老区拉到这里,我们一起拼命干,从 6 个人 5 万块钱做到现在的 300 多个人 3000 多万元资产,可是企业越做越大,我们的心也就越来越寒,这么多年了,每年分红就凭你一时的高兴,想给谁多少就给多少,大家心里都不踏实啊,我们都觉得干活没盼头,像现在这样下去,我们肯定都会走的。"

2. 团队成员的经营理念与方式彼此不一,团队思想无法统一

有些团队成员不认可公司的目标和策略,价值观发生冲突。这往往导致创业团队解散,引发企业经营的巨大风险。就像联想的倪光南和柳传志:柳传志是一位有科技背景的企业管理者,而倪光南是一名科学家,他们的分歧是经营理念的不一致,柳传志是市场导向,而倪光南是技术导向,这一根本的分歧导致了曾被誉为"中关村最佳拍档"的

---

① 卢福财主编:《创业通论》,高等教育出版社 2007 年版,第 110 页。

联想创业组合的分裂。

3. 情感冲突

创业团队成员个性、兴趣不和,导致磨合问题,难以正常开展创业活动。多数情况下,团队创业总会发生这样那样的冲突。可能导致冲突的原因是多方面的,诸如创业思路、行为方式等的不一致;对权力、利益安排的不认同;创业中的情绪紧张;某成员觉得自己和他人不再重要;甚至某个人的配偶感到他们婚姻关系被创业活动所损害等等。一旦出现这些情况,团队成员间的冲突就在所难免。

4. 创业决策缓慢

这影响企业对于稍纵即逝的市场机遇的把握。新创企业的发展一般要经历创业、集团化管理、规范和发展四个阶段,而创业团队最容易在从创业到集团化管理过渡的过程中出现问题。随着创业企业的发展,企业的官僚作风与日俱增,官僚机构逐渐形成,企业内部的创新性受到压制,创业决策缓慢。

5. 成员间权力及责任的不平等

在多数创业团队中,某个人被选作董事长或总经理,其他人自然只能担当其他职务,诸如某个方面的副总经理或部门经理。尽管每个创业者是平等的,但所担任的职务不同,决定了成员间权力、责任、甚至利益的不平等,这就可能导致某些人产生离开团队的想法。

6. "请神容易送神难"

组建团队时创业发起人请来了某个人,并给他股份,期待未来他能对新创企业作出较大的贡献。但如果他没有达到预期的业绩,甚至根本不可能实现事先的承诺,只要他预期这个企业是有前景的,他就可能赖着不走。在这种情况下,就很难将他"送出"新创企业,甚至难以收回创业之初给予他的股份,这就必然影响新创企业未来的运营与发展。

三、创业团队组建策略及其后续影响

依据不同逻辑组建创业团队既可能带来优势,也可能带来障碍,对后续创业活动会带来潜在影响。创业团队的组建是整个创业团队工作的核心。任何创业团队都要经历"生存下来→成功转型→规范建设"这个充满艰险的过程。大部分的创业团队都没有生存下来并成功

转型,而成功转型的组织无疑都成功地建立了成熟的企业制度。在这个"惊险的一跃"中,我们不仅是为了生存下来而不择手段,更重要的是生存的质量,能不能为规范的组织建设奠定良好的基础,因为只有高质量地生存下来,才能为以后的组织建设积累经验和人才。在此过程中,我们需要遵循团队组建的原则,掌握团队组建的基础。

(一) 团队组建原则

1. 志向原则

组建创业团队至少有3个前提:共同的创业理念+共同的创业愿景+相互的信任。具体说明如下:

(1)共同的创业价值观

共同的创业价值观往往是创业团队凝聚在一起的关键。价值观通过行为再现,共同的价值观反映在共同的理念、相同的行为上。成功企业的背后一定有铁打的团队,铁打的团队背后一定是共同的价值观。

优秀的创业团队价值观往往具有:凝聚力、合作精神、完整性、长远目标、收获的概念、追求价值创造、平等中的不平等、公正性和共同分享收获等特征。拥有正确团队理念的成员相信自身处在一个命运共同体中,共享收益、共担风险。团队精神是在共同的价值观与相互尊重、珍惜的前提下互相扶持、提升。组建一支优秀的创业团队不是一蹴而就的事情,需要随着时间的推移和企业的发展逐步完善,创业价值观也会随着企业的发展变化而不停调整和完善,但是凝聚团队的关键仍然是共同的价值观主导下的企业文化。

(2)共同的创业愿景

共同的愿景往往是创业团队对于组织发展的未来具有共同的期望和认知。愿景是凝聚创业团队力量重要的因素。愿景就像是一个未来的蓝图,或是一个清晰而令人振奋的目标。有了明确的愿景,不仅可以提供给创业团队一个明确的方向和目标,更能激发出团队成员的努力和潜能。共同的创业愿景是创业团队组建的关键因素。在创业的过程中,团队成员难免有挫折与失败,还有因为沟通不良造成的成员之间的互相摩擦,愿景就是在这些摩擦与困难之间的润滑剂。"人因梦想而伟大",所以有了共同的梦想,团队成员做事情会有一个清楚的目标,有一个明确的价值,当团队合作中有出现问题,团队可以依照团队的愿景去做选择。

（3）相互的信任

信任是人与人之间合作交往的基础,也是创业团队组建的关键原则。创业初期夫妻、兄弟姐妹、同学、老乡、好友等都会基于信任而组建团队,这种以感情为基础的信任无交易成本,共同的经历、知识结构和技能能助推小微企业的创建与成长。

大多数情况下,创业者在选择创业伙伴时主要考察对方的人品和能力。相对于能力而言,人品更加重要,它是人们交往和合作的基础,也是决定一个人是否值得信任的前提。在创业团队中人们注重的人品主要有:成员是否诚信、成员的行为和动机是否带有很强的私心。另外,团队成员要对集体忠诚,彼此以诚相待、公平相处,误会和猜疑产生时应及时沟通,避免越积越多而不可收拾。近年来中关村每年的企业倒闭率在25%左右,其中很重要的一个原因,就是创业团队内部不信任、不团结。

2. 利益原则

团队利益高于其他。博雅天下传播机构总裁荣波认为:股权分布是企业健康成长的基因。奇虎公司董事长周鸿祎指出:不管你团队强弱,都不要把股票分完,再强的团队,也要留个15%—20%的池子,团队弱一些,你要懂得大方地留下40%甚至50%的池子才行。这样的好处在于一开始大家利益均沾也无所谓,不论日后有更强的人进来你的团队,抑或是你们的贡献与股权不一致,总从"大锅饭"可以给牛人添点。毕竟再从别人口袋掏钱这事儿太悬。重视契约精神;遵循贡献决定权利原则分配所有权比例;控制权与决策权统一原则。

组建创业团队,无论是个体还是整体,最核心的还是利益分配。这里主要介绍目前创业团队组建比较流行的做法。为了聚合人才,把创业团队的成员绑死,一般会采取给予特殊人才干股或期权的做法,这样做的好处是,以较低的成本获得最忠实的员工,即把员工变成主人,推动创业成功。干股是指评价一个人能给创业带来的具体价值,比照公司规模总体价值,给予一定的股份,但这个股份不是原始资金股,而是需要一定条件和周期才能取得原始出资人的股东权益。举个例子,软件公司,需要技术骨干,可以通过给予一定股份,招募胜任的人才。期权一般是即将上市的公司的普遍做法,操作更为复杂一些,但原理相同。

> **火锅店三剑客分股权的启示**①
>
> 　　A 是个厨子，拥有独家祖传秘方，让人吃了一次想第二次，念念不忘，肚子咕咕响；
>
> 　　B 钱多而且熟悉各种工商流程，愿意提供大部分的启动资金和负责初期的开店注册手续；
>
> 　　C 是个年轻 IT 小伙，觉得目前移动互联台风刮得呼呼的，想用互联网思维来为餐饮业创造更可观的利润，有 IT 技术，会做微信平台开发，也提出了一个全新的商业模式，听起来前景诱人。
>
> 　　三个人都没有什么运营餐饮行业的经验和经历，但决定开店后共同经营管理。三人针对股权分配的问题展开讨论：
>
> 　　A 说开餐饮没什么壁垒，人人都能做，但味道好坏是吸引顾客的第一要素，所以厨师的手艺是很重要的，B 和 C 都同意；
>
> 　　B 说，没错，厨师的手艺是很重要，不过光有手艺也不能把我们的事业做起来，开店要一大笔启动资金，再说咱一起做这事不也是为了赚钱回来么，一开始的资金投入也是非常重要的，A 和 C 表示没有异议；
>
> 　　C 说，光满足以上两点可能只是小打小闹，累不说也赚不到大钱，我提出的这套商业模式结合好的推广，一定能帮我们提高很多营业收入！
>
> 　　A 和 B 琢磨了下，觉得这新的模式因为谁都没有去验证过，风险很大，运营方面 C 也没有特别多的经验，于是跟 C 说，这样好了，我们暂时认可如果能按你预想的那样，我们可以得到更多的营收，但这事也没个准，等我们做起来之后，发现你的方法确实有效果带来了额外的营收和利润，再给你兑现这部分股权，你这部分贡献是预期的，所以相应部分现在你先拿期权好了。C 是个通情达理的人，觉得于情于理这样做都会比较合适。

---

　　① 《创业团队的股权（股份）应该怎么算？》，http://www.zhihu.com/question/22851516，2014 年 8 月 12 日。

于是经过一番友好的商讨之后，他们集合餐饮这个行业的实际情况，把100%的权重分为手艺25%，合伙人出资55%，商业模式和运营20%三个部分。然后A、B、C三人各自对这三项进行打分，以0—5分为标准，以下为他们的最后商讨结果：

	A	B	C
手艺25%	5	0	1
资金55%	2	5	1
运营20%	1	2	5
总股权	37.10%	39.40%	23.50%

接下来他们还约定了与权力相对应的职责和义务：

对应股权相应的责任约定为，A主要负责调料制作和烹制，需要C帮着打打下手，B不干这些事；而在出资上A、B、C达成了2∶5∶1的承诺；运营上，A会偶尔帮着搭把手，因为主要做菜，B也会费点儿心来操作运营，C主要负责运营并且承诺一年以后自己提出的模式能初见成效，而且大概约定了一个营业额，未达到目标则酌情稀释相应部分股权。同时，他提出A也要保证自己的手艺确实能得到顾客的认可，可以招揽很多回头客才好兑现相应部分股权。

最后他们细化了每个人的权益和责任，并提出了可考量的指标，以三个月和六个月和一年为期限，逐步兑现相应的股东权益，最终三个小伙伴在愉快而友好的氛围下完成股权和责任的分割，此后勤力同心，共同为事业抛头颅洒热血，数年后在江湖上成了赫赫有名的火锅三剑客。

案例启示：

可操作的分股流程：

1. 对贡献元素进行分类，比如资金、运营、技术、资源等，然后根据团队的情况，确定每个类别的权重。

2. 所有成员梳理自己已作出的贡献和将可能作出的贡献，列出来放入相应大类，然后给予每个贡献元素相应的权重比例。

> 3. 接下来对照着每个贡献元素小项逐项给每个人打分,0—5分,建议把已经落实的贡献项目用蓝色标记,承诺可以作出的贡献项目用红色标记。
> 4. 加权统计每个人的股权。
> 5. 量化那些承诺要作出的贡献,约定个期限来考察,起草并签订书面协议。
> 6. 在约定期到的时候检查承诺,并对股权进行微调,或分配或进入期权池。

3. 互补原则

创业团队成员的异质性和互补性,对于创业团队和新创企业取得高绩效具有十分重要的意义。互补性的创业团队成员可以贡献差异化的知识、技能、能力、资金以及关系等各类创业资源,这些资源能够帮助新创企业更好地克服创新的风险和资源的约束。企业快速成长,不仅取决于 CEO 个人的个性、行为和背景,也取决于全体高层执行团队成员的个性、行为和经验,以及他们合作共事所发挥的优势。因此,在创业团队的成员选择上,必须充分注意人员的知识结构,使技术、管理、市场、销售等人员合理配备,充分发挥个人的知识和经验优势。此外,企业在不同阶段对社会资源有不同的要求,对于种子期的项目,团队往往以技术人员为主;对于发展扩张期的项目,需要技术和市场开拓并重;而对于成熟期、规模较大的企业,必须加大管理人才的权重。

(二)创业团队组建的基础

1. 共同的理念和愿景

一个优秀的创业团队必须要有自己的核心理念和愿景,没有核心理念的企业,就不知道自己要做什么,发展比较盲目。愿景告诉人们"我们(企业)将成为什么",一个明晰的愿景应该是对企业内外的一种宏伟的承诺,使人们可以预见达成愿景后的收益。20 世纪 50 年代初,当索尼还是一家很小的企业时,它宣称的愿景是"成为最知名的企业,改变日本产品在世界上的劣质形象"。一个令人振奋不已的愿景很容易在股东、员工及其他相关利益者之间进行沟通、达成共鸣。

形成共同理念需要关注四大基本要求:(1)积极面对所有事务,包括机遇与危机,培养自身抵抗挫折的心理素质,一切问题从自身找原因,不相互抱怨,不怨天尤人;(2)认真做事,踏实做人,任何一个伟人的成功,都是从细节、从小事认真做起的,团队成员要学会从自己做起,做好本职工作;(3)了解自己,认识他人,尊重别人的生活习惯和工作方式,团队需要协作和互补;(4)于无形中迅速提升工作效率,形成团队协作精神,培养积极的团队文化。

创业团队在创建初期召集所有成员,共同商讨企业的发展方向,制定详细的规划目标,形成一致的信念,达成共同的价值观念,并且在企业发展过程中,始终坚定不移地朝着既定的目标努力,不断完善和巩固团队的共同理念,提高团队的凝聚力。

2. 彼此信任

团队内部只有形成了基于文化认同和道德认同的互尊、互信、互爱、互惠的互动关系,创业团队才有可能步入成功的良性循环。建立和维护创业团队成员之间的信任,简单地说,一是要增强信任,二是要防止出现不信任,避免信任转变为不信任。信任是一种非常脆弱的心理状态,一旦产生裂痕就很难缝合,要消除不信任及其带来的影响往往要付出巨大的代价,所以防止不信任比增强信任更加重要。

通过建立互信机制是增强团队信任感,防止不信任的有效途径有:第一,选择正确的人才。创业团队的组建不是以个人的能力或技能为参考,而是重点考察个人的素质。人的职业技能或专业技能在企业发展过程中能够不断提升,但是个性、品德等隐性的素质很难改变。因此,创业团队组建初期应对团队成员进行评价,以确认该成员是否适合整个团队的发展需求,是否能建立起统一的价值观和行为目标。第二,考评每个成员的表现。把团队的利益与个人利益挂钩,把公司的目标看成团队的共同目标。目标是共同制定的,定期向团队通报完成情况,使每个成员能够清楚自己得到了什么,还需要做什么。第三,充分调动团队成员的积极性。团队成员自发自觉地将自己的责任肩负起来,让每个成员有团队成就感和荣誉感。第四,要了解团队成员的需求,建立信任、树立关心的意识,满足成员的合理需求。

四、创业团队管理技巧和策略

（一）创业团队的构成要素

创业团队管理的重点是在维持团队稳定的前提下发挥团队多样性优势。创业团队需要具备五个重要的要素（简称为5P）：目标、人、定位、授权和计划。

1. 目标（Purpose）

创业团队应该有一个既定的共同目标，为团队成员导航，知道要往何处去。目标在创业企业的管理中以创业企业的远景、战略的形式体现出来。

2. 人（People）

在一个创业团队中，人力资源是所有创业资源中最活跃、最重要的资源。应充分调动创业者的各种资源和能力，将人力资源进一步转化为人力资本。

目标是通过人员来实现的，所以，人员的选择是创业团队中非常重要的一个部分。在一个团队中可能需要有人出主意，有人定计划，有人负责实施，有人协调不同的人一起工作，还有人监督创业团队工作的进展、评价创业团队的最终贡献。不同的人通过分工来共同完成创业团队的目标。在人员选择方面要考虑人员的能力如何、技能是否互补、人员的经验如何。

3. 定位（Place）

创业团队的定位包含两层意思：一是创业团队的定位。即创业团队在企业中处于什么位置，由谁选择和决定团队的成员，创业团队最终应对谁负责，创业团队应采取什么方式激励下属。二是个体（创业者）的定位。即作为成员在创业团队中扮演什么角色，是制订计划还是具体实施或评估。是大家共同出资，委派某个人参与管理，还是大家共同出资，共同参与管理，或共同出资，聘请第三方（职业经理人）管理。这体现在创业实体的组织形式上，即是合伙企业还是公司制企业。

4. 授权（Power）

创业团队中领导人的权力大小与其团队的发展阶段和创业实体所在的行业相关。一般而言，创业团队越成熟，领导者所拥有的权力相应就越小,在创业团队发展的初期,领导权相对比较集中。

5. 计划(Plan)

计划有两层含义:一是目标的最终实现,需要一系列具体的行动方案,可以把计划理解成达到目标的具体工作程序;二是按计划进行,可以保证创业团队的顺利进展,只有在计划的指导下,创业团队才会一步一步地贴近目标,最终实现目标。[①]

在创业团队形成和发展的不同阶段,5P因素有着不同的特点,见表2-6。

表2-6 创业团队的构成要素[②]

团队要素	形成	规范	震荡	成熟
定位	主要是根据项目类型,寻找必需的创业核心,一般是管理、技术、产品、销售、融资(财务)几个方面的互补性人才;可优先考虑熟悉型人脉	磨合后的各种管理规范的建立,形成稳定的制约机制	经营一段时间后,公司和个别成员出现问题的应对	根据企业发展新阶段,为企业新的发展储备人才
授权	宜根据特长与职能初步划分,在磨合中微调	划分清晰,形成组织架构	根据团队问题,权责调整	制定新组织架构,建立新的发展格局
目标	快速揽定企业经营的关键人才,为企业快速起步做好准备	提高绩效,提升团队作战能力	应对各种可能出现的大问题	为企业新发展做好准备
计划	根据人脉情况,圈定目标后,作出计划时间表	根据经营情况,制订管理计划	人员调整计划	人员长远发展规划
人	核心团队,人员不多,可忽略	确定长期合作者,做好沟通	稳定现有成员,通过各种渠道寻求新的合作伙伴	建立创业团队层次与大团队建设

---

① 陈文彬、吴恒春主编:《创业实务教程》,暨南大学出版社2010年版,第140—141页。
② 同上。

（二）创业团队的目标管理

目标管理是创业团队管理的一个重要方法。目标管理由管理学大师德鲁克在其 1954 年出版的《管理实践》(The Practice of Management)一书指出：管理人员一定要避免"活动陷阱"(activity trap)，不能只顾低头拉车,而不抬头看路,最终忘了自己的主要目标。目标必须是具体的(specific)，目标必须是可以衡量的(measurable)；目标必须是可以达到的(attainable)；目标必须和其他目标具有相关性(relevant)；目标必须具有明确的截止期限(time-based)，即 SMART 原则，目标是明确的、可量化的、可达到的、相关的、有时间界限的。①

对于创业团队而言,要明确团队的愿景,不同阶段的目标和发展战略。

愿景：愿,就是心愿,景就是景象,愿景即所向往的前景。愿景是人们为之永远奋斗而达到的图景。愿景的价值和力量主要是指引人,凝聚人和激励人,形成创业团队共同的奋斗目标。例如苹果公司的史蒂芬·乔布斯就希望他的企业能够提供所有人都能使用的计算机,不论在校的学生还是商业人士。这种计算机不仅是一台机器,还是学习与沟通的媒介和工具,应该成为个人生活中不可缺少的部分。这个愿景帮助苹果公司成为计算机行业一个主要的竞争者。然而并不是所有的创业者都能在创业之初就设定了愿景。在许多案例中,创业者是在发展过程中才渐渐认识到企业是什么、企业应该是什么以及企业将成为什么,这时的创业者才开始明确地意识到什么是企业的愿景。

战略：按照很多创业者的经验,创业型公司能想清楚半年或一年的战略规划就不错了。大企业,包括世界 500 强的公司,做战略规划有效期也就做 3 年的；国家有效的战略,也就 5 年左右。因为,外部环境的不确定性因素太多,需要应变和调整。

五、领导创业者的角色与行为策略

创业团队领袖是创业团队的灵魂,是团队力量的协调者和整合者。《哈佛商业评论》主编、美籍华人忻榕博士指出,企业文化就是老

---

① 〔美〕德鲁克：《管理的实践》,乔若兰译,机械工业出版社 2009 年版,第 135 页。

板的文化。企业文化取决于老板,尤其是创业老板。不仅在西方,中国也是如此。创业团队领袖作用体现在对团队的控制力上,同时也是团队整合和升级的驱动者。

(一)领导创业者的角色

新浪网创始人王志东曾说过:"企业的发展,关键在于 CEO 的素质和把握。"企业发展的第一要素是创业团队,而创业团队发展的第一要素又是核心创业人物的素质和品格。从某种意义上说,领导者必须成为其他团队成员的理想楷模,既有德也有智,因为团队核心人物的基本素质直接决定了成员的基本素质。

作为领导创业者需要重点关注两方面的事务:

第一,对团队外部事务的管理:对外联络官的角色;

第二,对团队进程的控制:困难处理专家(支持工作);冲突管理者(解释工作);教练与啦啦队队长(激励与培育员工)。

总之,团队领导者要在引导变革(技术变革、产品变革、组织结构变革、人员变革)过程中,解答问题,提出建议,获得必要资源,减少冲突,并处理好其他任何工作。

(二)领导创业者的行为策略

1. 针对不同阶段采取不同措施

在形成期,团队共同的目标、成员之间的关系、共同规范尚未形成,此时领导创业者的核心任务是快速让成员融入团队,要让成员理解个人目标和团队目标的相互依存性。在凝聚期,日常事务能正常运作,但主要的决策与问题,仍需要领导的指示。此时领导的管理内容是挑选核心成员,培养核心成员的能力,建立更广泛的授权与更清晰的权责划分。在开放期,允许成员提出不同的意见与看法,目标由领导者制定转变为团队成员的共同愿景。此时的管理内容是培养团队的自主能力。在成熟期,团队爆发出前所未有的潜能,创造出非凡的成果,并且获得很高的客户满意度。此时的管理内容是保持成长的动力,避免老化。

2. 维护团队的意识

团队是企业凝聚力的基础,成败是整体而非个人,成员能够同甘共苦,经营成果能够公开且合理地分享,团队就会形成坚强的凝聚力与一体感。团队中没有个人英雄主义,每一位成员的价值表现为其对于团队整体价值的贡献。每一位成员都应将团队利益置于个人利益之上,个人利益是建立在团队利益基础上的,因此成员必须愿意牺牲短期利益来换取长期的成功果实,而不计较短期薪资、福利、津贴等,将利益分享放在成功后。这样的团队是不可能不成功的。因此,团队领导应该在创业的整个过程中贯彻团队意识与集体合作的精神从而提高团队的凝聚力,这是提高创业绩效的基本保证。

3. 培养成员间的融洽关系

创业团队领导者应该将团队打造成互信互赖的高效整体。因此,领导者必须积极地与团队成员进行良好的沟通,并且正确地处理好成员之间的矛盾,多为团队成员着想,培养成员间的融洽关系,从而能够帮助团队拥有抵御创业风险的能力。

4. 及时解决成员间的矛盾

作为团队领导者,必须及时认识到团队内部的矛盾,并且找出产生矛盾或冲突的原因,进而合理地解决问题。然而,矛盾不仅代表着团队内部的不和谐,如果处理得当还可能促进团队绩效,领导者应该对矛盾和冲突作出正确的判断和调节。

一般说来,冲突按其性质可以分为两大类:一类是恶性冲突,也可以称其为破坏性冲突,主要是由于冲突双方的目的和途径不一致所导致的,此类冲突所带来的后果往往是具有破坏性的,持不同意见的双方缺乏统一的既定目标,过多地纠缠于细枝末节,在冲突的过程中不分场合、途径,是团队内耗的主要原因,严重时还可能会导致团队的分裂甚至解体,这类冲突是管理层所应当尽量避免的。还有一类冲突称为建设性冲突或良性冲突,即指冲突双方的目标一致,在一定范围内所产生的争执,良性冲突的主要特点是双方有共同的奋斗目标,通过一致的途径及场合了解对方的观点、意见,大家以争论的问题为中心,在冲突中互相交换信息,最终达成一致,这类冲突对于创业团队目标的实现是有利的,应当加以鼓励和适当引导。GE 公司前任 CEO 杰克·韦尔奇在团队建设的过程中就十分重视发挥建设性冲突的积极作用。他认为开放、坦诚、不分彼此以及建设性冲突是团队合作成功的必需要素。团队成员必须反对盲目的服从,每一位员工都应有表达反对意见的自由和自信,将事实摆在桌上进行讨论,尊重不同的意见。韦尔奇称此为建设性冲突的开放式辩论风格。

5. 创建学习型团队

建立优势互补的学习型创业团队是保证创业成功的关键,这是因为:

(1) 学习型创业团队增加企业的压力和动力

构建学习型创业团队使人才集聚加剧了竞争,而竞争是获得竞争优势的重要来源。团队内同类成员集聚,系统内竞争激烈程度远超过分散的个体,优胜劣汰的自然选择机制在集群内充分展现,所以每个成员都设法通过持续不断的创新来获得竞争优势,形成一种巨大压力。组织内成员相互比较,有了业绩评价的标准,绩效好的成员能够从中获得成功的荣誉,而绩效差的或者平庸的成员会因此感受到压力,不断的比较产生了不断的压力和动力。这样,激励与压力并存,就促使每个成员不断加强自我学习,努力提升绩效水平,增强个人竞争能力。

(2) 构建学习型创业团队可以促进分工与协作

学习型创业团队成员之间存在着密切的分工与协作关系。团队内的成员实行高度的分工协作,分工协作不仅提高了个人生产力,而且创造了一种集体生产力;协作劳动所引起的竞争和精神振奋可提高个体的工作效率;协作可以缩小生产的空间范围,从而由于劳动者的集结、不同动作过程的靠拢和信息、资料的积聚而节约费用,而形成规模效益。在加强分工的条件下,每个人只从事自己专业领域的工作,有助于经验的积累和知识的完善,从而成为"专家";而此专家又可与其他专家实现资源共享、优势互补,从而弥补了各自的缺陷,使创新过程具有很强的连续性、计划性、规划性,从而提高工作效率。

要构建学习型的创业团队,就意味着团队能够应对环境的变化、掌握新的技能、实现绩效的提升,下面我们介绍如何建设学习型团队。

(1) 创造适宜学习的环境,建立并优化组织学习促进与保障机制。适宜的环境是组织学习发生和发展的基础,如同在肥沃的土壤中才能长出茁壮的苗一样。这样的环境必须适合个体、团队及组织的学习与创新、知识传播。当然,"环境"是个笼统的提法,这里面包括文化氛围、制度、基础设施、学习的时间与资源等。

（2）激发个体学习与创新，提高个体工作效能。从根本上讲，只有人才能学习，离开了个体的学习，组织将无法学习。虽然个体的学习和创新并不必然导致团体和组织的学习，但个体学习和创新却是组织学习的基础。因此，在适宜的环境中，要鼓励个体在深入观察与思考的基础上进行学习和创新，并且为应对环境的变化，组织中的个体也必须践行"终身学习"的理念，并将学习与工作紧密地整合起来。

（3）建立制度化的沟通体系，形成团队学习网络与社区。在组织内，要打破部门之间的隔阂，增加员工之间的交流，使知识能够尽快地传播和流动。例如，有些公司为了增进员工间的沟通，并进而提升学习与创新能力，在办公场所增设手扶电梯，要求员工尽量用手扶电梯而非直梯上下楼；有些公司则把公司的资料、档案集中放在移动式的橱架上，方便员工查阅；还有相当多的企业在办公室的设计上，特意增设了员工可以闲聊的"咖啡角"等。除此之外，还应该建立制度化的沟通体系，使得更多的人学习、分享和应用他人的创新成果，并在此基础上，给出更多的反馈或进行创新，形成特定的学习网络。这时，学习就从少数创新个体过渡到一个或更多的团体，并形成互动。

（4）建立组织学习机制，促进组织发展，实现持续改善。组织学习是一个系统工程，如果不是精心培育，学习就不会真正发生。同样，如果人们只将学习当做一个独立的项目或任务，而不是全体员工发自内心的追求以及持续改善的需要，企业也不会开始真正的学习。因此，为了建立持续的组织学习机制，企业应该在整个组织层面上建立共享的知识库、使知识显性化、从过去的经验中学习、"干中学"以及向顾客学习、向他人学习等制度、程序或规范。这相应地又会推动企业文化、规章制度、组织结构与流程以及技术等方面的改进，从而进一步优化适宜学习、鼓励学习、促进学习的环境。

六、创业团队与社会责任

企业社会责任在中国是一个新的概念，是随着近年来经济的发展和对外开放，大批跨国公司进入而带来的一个崭新概念。但在国外，企业社会责任这一概念产生于19世纪末，发展至今，被认为是企业管理的重要内容之一。像《财富》和《福布斯》这些国际主要财经杂志,在进行企业排行时都将"企业社会责任"作为考虑标准之一。因此,在创业过程中强化创业团队的社会责任是新时代创业的全新要求,同时能够给新创企业以及在成长期的企业带来机遇。

企业社会责任的基本要义是"取之于社会,用之于社会"。在2003年全民抗"非典"这一特殊时期,正是体现企业对社会公众的良心和责任,回馈社会的时机。所以,公益捐赠成为支持抗"非典"最直接有效的形式之一,是"非典"时期许多企业的共同选择。此外,企业的管理以及产品是社会责任的直接体现,企业的产品或者服务品牌的责任不是针对某一个人而言的,而是针对社会而言的。

2001年,美国耐克公司宣布全部收回投放市场的22.5万双综合训练鞋,原因是接到16起顾客投诉,称球鞋里的铁片将脚划伤。2001年,日本丰田公司宣布召回1995年7月至1998年8月生产的10种车型,包括皇冠、凌志等品牌,涉及80多万辆轿车,免费更换前悬架,以清除故障隐患。① 召回的原因是丰田公司认为这批车的前悬架一些连接点的润滑状况不好,可能导致悬架损坏后整台车脱落。由此可见,企业的成长与成熟是与其社会责任分不开的。

(一) 企业担负社会责任的基本要点

对于新创企业来讲,将社会责任纳入创业团队的共同理念当中对企业的发展具有促进作用。企业的生存与发展有赖于一定的社会环境,回应社会的需求,是企业理性的表现。随着新创企业地位和作用的提升,人们有理由希望它不仅仅关心利润和向股东负责,而且应当自觉担负起必要的更多的社会责任并将其融入创业团队文化当中,主要应当有以下几个方面:

1. 合法经营,照章纳税

创办新企业最基本的社会责任是合法经营,尽可能为社会创造更多财富,为国家上缴更多的税费。依法地、光明正大地、最大限度为自己创造财富,这是为国家和社会作出贡献、承担责任的前提。诚实纳税,这是作为企业家最基本的义务,也是合法经营所必需的。

---

① 乔春洋:《品牌的社会责任》,http://info.ceo.hc360.com/2009/08/17170682084.shtml。

2. 爱护资源，保护环境

无论任何企业都应该在经济活动中充分考虑资源的合理利用、环境的保护、污染的治理等目标，担负起相应的社会责任。

3. 重视安全，珍惜生命

员工为企业发展做贡献，企业应当重视员工的安全，保证安全生产，珍爱生命。企业应当确保安全生产所必需的资金投入，切实采取必要的安全生产和劳动保护措施，加强员工的上岗培训，努力改善员工的生产条件。这既是企业自身发展的需要，也是企业应当负担的社会责任。

4. 扩大就业

创业是解决就业问题的有效措施，在减轻社会就业压力方面积极创造条件，发挥主渠道的作用。

5. 融入当地，服务社区

企业有责任、有义务为社区服务，如投入一定的财力、物力、人力，帮助社区进行教育、卫生、交通等基础设施建设，改善居民的工作、生活环境等。虽然新创企业的精力有限，无法顾及对社区的服务，但是随着创业团队日益稳定与多元化，企业应该融入当地，进行适当的公益性活动，一方面树立企业的良好形象，另一方面回报社会、实现社会价值。

6. 与竞争对手公平竞争，与供应商诚信往来，为消费者提供质量合格价格合理的产品

新创企业和其他企业一样，应当遵守市场规则。与竞争对手公平竞争，以供应商诚信往来遵守与之签订的合同，向消费者提供符合安全标准的产品、真实的产品信息，公平交易，不签订不公平合同等都是企业社会责任的一部分。

（二）社会责任对于创业的意义

在创业团队中构建社会责任理念是推动企业快速成长的重要力量。企业担负一定的社会责任，不仅有利于社会的进步，而且也有利于企业自身的发展。美国一个"企业社会责任促进会"的报道显示，对社会负责的企业能获得更多的利益，包括降低业务开支、扩大企业品牌的影响、增加销售量、提高用户的忠诚度等等，业务增长率是其他企业的四倍，就业增长率是其他企业的八倍。经常参与到社会责任事业

中的企业,相比而言更具知名度,更易获得人们的好感,当然也更易招聘并留住优秀人才,由此带来的好处是节省管理费用、招聘及培训费用。另外,众多的研究成果也显示:企业越是注重社会责任,其产品和服务就越有可能获得更大的市场份额。现在的顾客,特别是欧美顾客,社会意识逐步加强,不单单注重产品是否能满足自己的关键购买因素,如价格、质量、安全、便利等,更关心产品是如何生产出来的。对于消费者来说,接受一件由剥削童工、妇女或囚犯所制造出来的商品已变得不可思议。提倡社会责任,不仅仅是为了提升企业社会形象,更能使企业获得进入国际市场的通行证,提升企业的长期营利能力。正如星巴克 CEO 奥林·史密斯所言,星巴克的最大成就之一,就是说服顾客支付 3 美元的高价购买一杯"社会责任的咖啡"。同样,杜邦公司之所以能从一个总资产仅为 36000 美元的火药小作坊茁壮成长为跨国巨头,公司对企业社会责任的重视功不可没。

因此,企业要可持续经营,仅仅考虑与自己的相关利益是不够的,还要主动承担社会责任。在管理创业团队时,要使团队成员充分认识到,履行社会责任对企业的可持续发展非常重要。团队成员勇于承担社会责任,在为经济社会做贡献的同时,能够树立企业的良好形象,获得外界的美誉和信任,得到顾客的认可和利益相关者的认同,能创造出更大的企业价值,更好地实现企业的长远目标。

优秀创业团队的七个特征①

"幸福的家庭都一样。"研究表明,优秀创业团队也有七个共同特征,可以将其简称为"PERFORM"。

明确的目标(purpose)

优秀团队所需要的目标必须满足下列要求:团队成员理解和认同共同的目标愿景,并为目标的达成付出努力;目标十分明确并具有一定的挑战性;达成目标的策略是清晰的;团队成员拥有明确的角色分工或者团队的目标已经分解到个人;作为使命,达成共同的目标是团队存在的价值。

---

① 李强:《从优秀个人到卓越团队》,《人力资源》2007 年第 18 期,第 26—30 页。

赋能授权（empowerment）

优秀团队中的成员能感到个人拥有技能，团队整体也拥有能力；成员有渠道获得必要的技能和资源；策略和方法能够有效支持团队目标；气氛融洽，成员相互尊重并愿意帮助别人。相反，如果团队领袖插手小事，越俎代庖，既分散了大量精力又没有把事情处理好；或者刚愎自用，做决策从不征求团队成员意见，不能让下属获得参与感。这些做法都可能导致团队成员信心受挫，积极性和主动性受到抑制，无法更好地发挥团队活力；当然如果领导者完全放任团队成员，缺乏基本和必要的决策和指导，同样会导致团队失败。因此，在赋能授权给员工的时候，团队领导也要注意告知其权限的范围以及合理的规则及程序。

关系与沟通（relation and communication）

在关系和沟通方面，优秀团队表现出的特征是：团队成员愿意公开且表达自己真实的想法，哪怕是负面的；愿意主动了解与接受别人；能够积极主动地倾听他人意见；不同的意见和观点在团队中都会受到重视。如果团队领导忽略部属的意见和抱怨，不采取恰当的方式及时沟通，不能使团队成员的负面情绪得到有效释放，就可能造成内部伤害。

弹性（flexible）

团队成员能够自我调节，满足变化的需求，这就表现出一种弹性和灵活性。团队成员会根据需要扮演不同的角色并发挥相应功能；当某一角色不在的时候要求有人主动去补位，分担团队领导者和团队发展的责任。

卓越的生产力（optimal productivity）

优秀团队必须具备清晰的解决问题的程序，这样才能提高决策效率，获得良好的绩效产出及卓越的产品品质。创新能力也是获得卓越生产力的重要条件，团队领导要在团队内部建立起创新氛围，重视团队成员的意见和建议，并对创新成果及时奖励。

认同与赞美（recognition）

优秀团队的成员需要得到来自组织内部和外部的共同认可和激励。当团队成员个人所做贡献受到领导者和其他成员的认可和赞美时,团队成员会感到很自豪,觉得自己受到了尊重;当团队的贡献受到了组织的重视和认可,所有成员的士气就会大大提升。

士气(morale)

在优秀团队中,每个人都乐于成为团队中的一员,对自己的工作引以为荣,向心力很强,斗志高昂。总而言之,相对于团队目标,团队的生产力和士气是衡量团队能否达到高绩效的关键因素。然而,要提升生产力和士气,就必须在赋能授权、关系和沟通、弹性以及认可与赞美这四项上下功夫,这也正是上述七个特征的内在联系。

第三章 创业机会与创业风险

【学习目标】

通过本章的学习,了解创业机会及其识别要素,了解创业风险类型以及如何防范风险,了解由创业机会开发商业模式的过程,掌握商业模式设计策略和技巧。

在重大事件中,我们应该较少致力于创造机会,而应致力于从事件所提供的机会中获益。

——拉·罗茨福考德·马克希姆

我极少能看到机会,往往在我看到机会的时候,它已经不再是机会了。

——马克·吐温

第一节 创业机会

一、创业机会识别

(一) 创意与创业机会

1. 创意

什么是创意?

上帝为人间制造了一个被称为"高尔丁"的死结,并许诺:谁能解开,谁就做亚洲王。所有试图解开的人都失败了,最后轮到了亚

> 历山大。他说："我要创建我自己的解法规则。"他抽出宝剑，一剑将"高尔丁"死结劈为两半，于是他就成了亚洲王。
>
> 这个寓言道出了"创意"的真谛，创意绝不是一般意义上的模仿、重复、循规蹈矩、似曾相识，大多数人能想到的绝不是好的创意，实际上根本就谈不上创意。好的创意必须是新奇的、惊人的、震撼的、实效的。

创意是具有一定创造性的想法或概念，其是否具有商业价值存在不确定性。创意就是具有新颖性和创造性的想法。事实证明，看似诱人的新产品或服务创意给顾客带来的是困惑而非便利，它几乎注定是失败的。

创意很难说存在绝对意义上的好与坏，一般来说，有价值潜力的创意都具有以下几个基本特征：

（1）新颖性。创业的本质是创新，创业指向的想法首先应具有新颖性。这里的新颖性可以是新的技术和解决方案，可以是差异化的解决办法，也可以是更好的措施。另外，新颖性还意味着一定程度的领先性，不少创业者在选择创业机会时关注国家政策优先支持的领域就是在寻找领先性的项目。不具有新颖性的想法不仅将来不会吸引投资者和消费者，对创业者本人也没有激励作用。此类想法只是想想而已，并不会付诸行动。新颖性还可以加大模仿的难度。

（2）真实性。有价值的创意绝对不会是空想，而要有现实意义，具有实用价值。创意要可实现，简单的判断标准是能够开发出可以把握机会的产品或服务的，而且市场上存在对产品或服务的真实需求，或可以找到让潜在的消费者接受产品或服务的方法。

（3）价值性。创意的价值特征是根本，好的创意要能给消费者带来真正的价值。创意的价值要靠市场检验，好的创意需要进行市场测试。同时，好的创意必须给创业者带来价值，这是创业动机产生的前提。

需要注意的是，创意与点子不同，区别在于创意具有创业指向，进行创业的人在产生创意后，会很快甚至同时就会把创意发展为可以在市场上进行检验的商业概念。商业概念既体现了顾客正在经历的也是创业者试图解决的种种问题，还体现了解决问题所带来的顾客利益和获取利益所采取的手段。

创意的来源十分广泛,它既可以来源于创业者自身的兴趣爱好和技能经验,也可以来源于市场需求、现有企业,以及新技术的出现、环境的变化和企业的研究与开发活动等等。

> **想一想:以下这些发明是不是创意?**
>
> 调温奶瓶,瓜果书,消音器,高层降落伞,加热碗,手机地图,手绘鞋,讲座网,二手书店,DIY首饰,餐馆,眼镜,自动搓澡机,一体牙刷,电脑保健,"集装箱"改造,拼族俱乐部,民族服饰展销,汉服销售,"一起吃"餐具,离合床,无土栽培果汁,汽修培训,会飞的汽车,空中汽车,健身洗衣机,自动擦鞋器,感应钥匙链,亲子测距仪,感应体温计,体温充电器,折叠高跟鞋,燃水汽车,雪人挂饰,桌面点菜系统。

2. 创业机会

创业过程始于创业机会的识别,创业机会识别是创业领域的关键问题之一。创业是发现市场需求,寻找市场机会,通过投资经营企业满足这种需求的活动。而创业机会又隐藏在复杂多变的市场环境中,创业者必须首先学会如何找到富有潜在价值的创业机会。

柯兹纳(Kirzner)认为,创业机会是未明确的市场需求或未充分使用的资源或能力。① 因此,创业机会存在于亟待满足的、有一定市场开发价值的顾客需求之中。这种需求可能暂时得到了部分满足,也有可能有待于激发或从未被满足。可以说,哪里有市场需求,哪里就有创业机会。然而,需要注意的是,并非所有未被满足的市场需求都是创业机会。这种需求必须具有营利的潜力。

因此,创业机会即商业机会或市场机会,是指有吸引力的、较为持久和适时的一种商务活动的空间,并最终体现在能够为顾客创造价值或增加价值的产品或服务中。创业往往是从发现、把握、利用某个或某些商业机会开始的,创业意味着要向顾客提供有价值的产品和服

---

① 张玉利主编:《创业管理》,机械工业出版社2011年版,第74页。

务,透过产品和服务使消费者的需求得到实质性的满足,而创业活动又常常是在资源不足的情况下把握机会,因此创业者必须创造性地整合资源,才能保证创业活动的成功。

3. 创业机会的特征

创业者往往从发现和识别商业机会开始创业,努力以与现在不同的方式来做重要的事情,并且做得更好。这种改进的做事方式是创业者带给市场的创新。如果市场认同这种改进,并且创业者可以有效地提供这种创新并实现营利,那么就可以创造价值。

虽然创业机会识别在很大程度上依赖于创业者的个体特质——部分创业者可能更为敏感,更能捕捉到转瞬即逝的商机,另一部分人的反应可能会慢一些,但是创业机会本身确实有一些客观特征可供识别。

《创业学》的作者蒂蒙斯提出,好的创业机会有以下四个特征:第一,它很能吸引顾客;第二,它能在你的商业环境中行得通;第三,它必须在机会窗存在的期间被实施;第四,你必须有资源和技能才能开展业务。概括而言,本书认为创业机会具有可开发性、可营利性和时效性三个特点。

(1) 可开发性

创业机会具备很强的不确定性,其潜在价值依赖创业者的开发活动,即创业机会不是被发现出来的,而是被开发出来的,但并非即刻就可实现的。在实际创业活动中,创业机会的价值大小取决于创业者的具体经营措施和战略规划。只有创业者所拥有的资源、战略开发方案与创业机会能够做到良好匹配,创业机会的价值才能得到最大的提升,否则会引起创业活动的失败。

(2) 可营利性

创业机会的可营利性,是指机会对创业者具有价值,创业者可以利用它为他人和自己谋取利益,体现在为购买者和最终使用者创造和增加价值的产品或服务以及赚取利润上。即满足这个需求的成本必须低于人们所期望的价格,同时这种需求的规模必须达到一定水平,才能为创业者提供足够的利润回报,也就是说这个需求必须是个有开发价值的创业机会。

(3) 时效性

创业机会的时效性,是指创业机会往往转瞬即逝,具有很强的变化性。如果没有及时把握住,一旦时过境迁,原有的市场需求已经发生变化,或其他竞争对手已抢先一步把握市场先机,把产品推向市场,原来具有巨大价值的创业机会窗口可能就会被永远关闭。因此,及时地发现、识别和抓住有价值的创业机会,是成功创业的第一步。①

4. 创业机会的类型

市场机会可以从不同的角度区分为不同的类型。英国爱德华·狄波诺把机会分为七类②:

(1) 寻找机会。机会是一个隐秘的空间与园地,创业者为了进入该园地,必须费心去寻找入口。

厉家菜的机会③

在北京后海的北沿和南沿,分别坐落着清朝时期两个最大的王府,即醇王府和恭王府。恭王府东侧有一条羊房胡同,里面有一家海内外闻名的餐馆——厉家菜餐馆,餐馆的主人是厉善麟先生。厉家菜属宫廷菜,其配方和制作技术均为祖传。厉善麟的祖父厉子嘉,在清朝同治和光绪年间,任内务府都统,深受慈禧信任,主管皇宫内膳食。慈禧垂帘听政,吃饭也要和皇上一起,每餐的餐食都在100种左右。那时,只要一声"传膳"令下,浩浩荡荡的太监队伍便立即抬着膳桌和食盒鱼贯而入。厉子嘉的任务就是统一管理皇宫里的这些膳食,每日定制膳单,到膳房查看烹饪质量等。慈禧和皇上吃的每一道菜,都要经他品尝。于是,久而久之,他便成为美食专家和烹饪高手。

后来,厉子嘉把许多宫廷菜配方和做法教给了儿子厉俊峰,然后又传给了孙子厉善麟。厉善麟对厨艺烹饪极具天赋,在继承祖传技艺的基础上,又结合现代营养和自己的体会不断有所创新。

---

① 吴雅冰主编:《创业管理》,中国人民大学出版社2012年版,第26页。
② 赵伊川:《创业管理》,中国商务出版社2004年版,第38—40页。
③ 张玉利主编:《创业管理》,机械工业出版社2011年版,第94—95页。

> 1984年国庆,厉善麟的二女儿厉莉报名参加了"国庆节宴会邀请赛"。两个小时内,厉莉一人做了14道菜,并获得了冠军。此后,厉家的电话响个不停,都是怂恿厉莉开餐馆的。1985年4月,厉家菜馆在自己家里开张了,溥杰(清朝末代皇帝溥仪的弟弟)的"厉家菜"三个字就是当时题写的。1986年,美国默克石油公司总裁到中国谈项目,专门吃了一次厉家菜。他是第一位吃厉家菜的外国人。后来,60多个国家驻华大使馆的外交人员光临过北京厉家菜餐馆,石油大王洛克菲勒曾3次到厉家就餐,比尔·盖茨、金庸、成龙等社会名流也曾光顾,来过这里的世界500强企业驻华老总比《财富》杂志专访过的人都多。
>
> 2006年,上海厉家菜会所成立。2008年,厉家菜天津分馆成立。如今,厉家菜在澳大利亚、日本都有分店。

通过以上案例说明,对于厉家菜而言,"国庆节宴会邀请赛"就是它能够获得成功的机会,是厉家菜走向成功的入口。因此,对于拥有稀缺资源的创业者来说,一个能够充分展示自己的平台就是所要寻求的机会。

(2)明显的机会与隐蔽的机会。明显的机会对创业者而言一般比较容易发现和把握,但对其他人而言,也是比较容易发现和把握的;隐蔽的机会则要创业者通过个人长期观察和生活体验才能发现,隐蔽的机会一般价值比较大,也较难发现。

> **海底捞的机会**[①]
>
> 张勇的创业经历颇有些传奇色彩。1994年,身为拖拉机厂电焊工的他,在街边摆起了4张桌子,开始卖麻辣烫,这就是海底捞的前身。
>
> 张勇当时并不会做火锅,只能照着书本摸索。"想要生存下去只能态度好些,别人要什么就快一点满足他,有什么不满意就多陪笑脸。"张勇回忆道,"你什么都不懂,如果连最基本的谦虚和对客人

[①] 张耀辉、张树义、朱峰:《创业学导论:原理、训练与应用》,机械工业出版社2011年版,第107—108页。

友好的态度都失去的话,你还做什么生意?"

创立之初,海底捞生意并不好。冷冷清清几天过后,终于迎来了第一批客人。让他没想到的是,结账时客人竟然一致评价:"味道不错。"等客人离开后,张勇品尝了一下自己做的火锅,发觉底料中放入了过多的中药而味道发苦,简直难以入口。这样的火锅也能得到客人的好评?张勇反复思忖后恍然大悟:原来是优质的服务,弥补了味道的不足。

认定了这一点,张勇更加卖力,帮客人带孩子、拎包、擦鞋……无论客人有什么需求,他都二话不说,一一满足。其独创的招牌接待动作:右手扶心,腰微弯,面带自然笑容,左手自然前伸做请状,今天在海底捞随处可见。

凭借一腔热情和体贴入微的服务,几年之后,海底捞在简阳已经是家喻户晓。之后,海底捞的名声越来越大,通过连锁发展,开出了40家门店。其服务越来越好。

在海底捞,顾客能真正找到"上帝的感觉",甚至会觉得"不好意思"。甚至有食客点评:"现在都是平等社会了,让人很不习惯。"但他们不得不承认,海底捞的服务已经征服了绝大多数的火锅爱好者,顾客会乐此不疲地将在海底捞的就餐经历和心情发布在网上,越来越多的人被吸引到海底捞,一种类似于"病毒传播"的效应就此显现。

如果是在饭点,几乎每家海底捞都是一样的情形:等位区里人声鼎沸,等待的人数几乎与就餐的人数相同。这就是传说中的海底捞等位场景。

等待原本是一个痛苦的过程,海底捞却把这变成了一种愉悦:手持号码等待就餐的顾客一边观望屏幕上打出的座位信息,一边接过免费的水果、饮料、零食;如果是一大帮朋友在等待,服务员还会主动送上扑克牌、跳棋之类的桌面游戏提供给大家打发时间;或者趁等位的时间到餐厅上网区浏览网页;还可以来个免费的美甲、擦皮鞋。

即使是提供免费服务,海底捞一样不曾含糊。待客人坐定、点餐的时候,围裙、热毛巾已经一一奉送到眼前。服务员还会细心地为长发的女士递上皮筋和发夹,以免头发垂到食物里;戴眼镜的客人则会得到擦镜布,以免热气模糊镜片;服务员看到你把手机放在台面上,会不声不响地拿来小塑料袋装好,以防油腻……

每隔15分钟,就会有服务员主动更换你面前的热毛巾;如果你带了小孩,服务员还会帮你喂孩子吃饭,陪他们在儿童天地做游戏;抽烟的人,他们会给你一个烟嘴,并告知烟焦油有害健康;为了消除口味,海底捞在卫生间中准备了牙膏、牙刷,甚至护肤品;过生日的客人,还会意外得到一些小礼物……如果你点的菜太多,服务员会善意地提醒你已经够吃;随行的人数较少他们还会建议你点半份。

餐后,服务员马上送上口香糖,一路上所有服务员都会向你微笑道别。一个流传甚广的故事是,一位顾客结完账,临走时随口问了一句:"怎么没有冰激凌?"5分钟后,服务员拿着"可爱多"气喘吁吁地跑过来:"让你们久等了,这是刚从超市买来的。"

"只打了一个喷嚏,服务员就吩咐厨房做了碗姜汤送来,把我们给感动坏了。"很多顾客都曾有过类似的经历。孕妇会得到海底捞的服务员特意赠送的泡菜,分量还不小;如果某位顾客特别喜欢店内免费食物,服务员也会单独打包一份让其带走……

这就是海底捞的粉丝们所享受的,"花便宜的钱买星级服务"的全过程。毫无疑问,这样贴身又贴心的"超级服务",自然让人流连忘返,一次又一次不自觉地走进这家餐厅。

火锅生意对于任何人来说都是一个明显的机会,然而,只有张勇发现了服务的价值远远超过了产品本身,他抓住了这一隐藏的机会,海底捞才能够享誉全国。

(3)拥挤的机会空间。在某一产品市场中,现有企业共同努力开发市场空间,但因竞争者的加入,使机会空间变得拥挤。这种拥挤状况是由于在有限的市场空间上有太多的竞争者而造成的。

(4)利基的机会空间。由于市场潜力或市场容量太小,没有太大的利润空间,使得一些大企业不愿意进入该市场,这样就使得创业者有机会占领该市场。由此而形成的大企业不愿进入的小容量的市场空间就是利基市场。

芭比娃娃的魅力[①]

美国美泰玩具公司老板露丝·海德有一个女儿,作为母亲和玩具商人,她十分重视孩子们的想法。一天,她突然看见女儿芭芭拉正在和一个小男孩玩剪纸娃娃,这些剪纸娃娃不是当时常见的那种婴儿宝宝,而是一个个少年,有各自的职业和身份,让女儿非常沉迷。"为什么不做个成熟一些的玩具娃娃呢?"露丝脑中迸发出了灵感。

虽然有了灵感,但实现的路程却是艰辛的。在芭比娃娃诞生之前,美国市场上给小女孩玩的玩具大多是可爱的小天使,圆乎乎、胖墩墩的,类似著名童星秀兰·邓波尔的银幕形象,这是大人对孩子们玩具的想象。但从大孩子们的兴趣来看,这种玩具却略显幼稚,他们需要的是跟自己年龄相仿的玩伴,而不是一个小宝宝。

到底要给自己的娃娃做成什么样子呢?露丝苦苦思索,正好有机会到德国出差,在德国她发现了一个"丽莉"的娃娃,丽莉十分漂亮,首制于1955年,是照着《西德时报比尔德》中一个著名卡通形象制作的。丽莉是用硬塑料制成的,高18—30厘米。她长长的头发扎成马尾拖至脑后,身穿华丽的衣裙。身材无可挑剔,各种体征应有尽有,而且穿着非常"暴露"。

于是,露丝买下了3个"丽莉"带美国,她告诉公司的男同事,自己想设计出一种"成熟"的玩具,但他们认为"丽莉"衣着太暴露了,并不适合给孩子们。

露丝想,为什么不能将这两点结合起来呢?孩子们需要的是一个长大的但不暴露的娃娃。小女孩不光需要与自己年龄相仿的玩偶,更需要一个她长大后的理想形象。于是,"芭比"的样子在露丝的脑子里越来越成熟了。在公司技术人员和工程师的帮助下,芭比娃娃就这样诞生了!10年里,公众购买芭比的金额达到了5亿美元。

[①] 张玉利主编:《创业管理》,机械工业出版社2011年版,第87—88页。

芭比娃娃在它诞生之前,玩具市场的容量已经饱满,并且孩子们对玩具的喜好基本定型,如果在当时玩具的基础上进行产品升级,市场空间不会被扩大得如此之大,就是因为芭比娃娃给女孩子们带来了全新的体验与乐趣,颠覆了传统玩具的形象,改变了孩子们对玩具的"审美"。这一案例说明了如果某一创意能够改变某一类人群的认知,它就能带来新的市场空间,就能创造机会。

(5)假机会。创业者在创业之初会形成很多创意,但许多创意经过深入调查和研究之后,被发现不存在市场,这种看上去好像存在大市场机会而实际不存在市场机会的机会就是假机会。

(6)察觉机会。在机会被发觉之前,人们常常感觉机会就在眼前,但就是很难抓住。所以创业者必须认识到抓住机会的途径不止一条,要不断地尝试新的途径,可能经过多次失败后,才能把握住机会,取得成功。

在生活中捕捉机会[①]

尽管人们很容易认为商业创意多数是由实验室工作的产品专家提出的,但实际情况并非如此。大多数创意是由解决日常生活问题的普通人构想出来的,他们意识到解决方案对其他人也有用,是一种可行的商业机会。

2006年,克里斯汀·英杰米(Christine Ingemi)已是4个不满11周岁孩子的母亲,她开始担忧孩子们听MP3的声音太大,因为她可以听到孩子们MP3播放器耳机漏出来的音乐声。为了避免孩子听MP3声音太大,她和丈夫瑞克(Rick)做了一些研究,拜访了几位听觉治疗专家,后来发明出一种能限制入耳音量的earbud耳机。孩子们使用这种耳机之后,英杰米开始接到其他孩子父母的询问,问她在哪可以买到类似的设备。英杰米为了让他们能获得这种耳机,创建了英杰米公司(Ingemi Corporation),销售iHearSafe品牌的earbud耳机。

[①] 〔美〕布鲁斯·R.巴林格、R.杜安·爱尔兰等:《创业管理:成功创建新企业》,张玉利、杨俊、薛红志等译,机械工业出版社2006年版,第29页。

> 与此类似,劳拉·尤德尔(Laura Udall)发明了一种传统背包的替代品,因为她的女儿每天都抱怨背包弄疼了肩背。尤德尔展开研究,获得学生反馈并制造了一些样品原型,最终她发明了祖卡包(ZUCA)。这是一种装在滚轮上的背包,具备功能与美观的理想平衡。它包括一个足够坚固的可折叠座椅,孩子在等待校车时,就可以坐在背包上。现在,祖卡公司是一家成功的企业,生产的滚轮背包在网上和许多零售店都能买到。
>
> 最后,1999年,J. J. 玛蒂丝(J. J. Matis)想在观看洛杉矶道奇队棒球比赛时,能有一个东西装她的水壶、花生、双筒望远镜和收音机等。然而,她在日常用品中没找到想要的东西,就干脆亲手做了一个看上去像棒球的提包(她十来岁就会缝纫了)。在看比赛时,她被询问何处能买到这种包的人群所淹没。这使她认为自己有了一个商业创意。她把创意说给道奇队销售经理迈克·尼格伦(Mike Nygren)。尼格伦鼓励她再多做一些样品,而且要把该项目与她在加利福尼亚路德大学的MBA课程结合起来。玛蒂丝获得MBA学位后,创建了自己的企业。现在,公司销售印有各类运动队、政治家、摇滚组合标志的提包。

上述案例说明,对于这些生活中的问题一定是具有机会价值的,关键不在于发现它们,而是在于解决它们的执行力。

(7)迟来的报偿。创业者在没有把握住实际机会之前千万不要轻易放弃,要坚持到底,要有不达目的誓不罢休的追求精神。只要坚持不懈,最终必将获得丰厚的回报。

> **坚持带来的财富**①
>
> 10年前,孙鸣璐是品牌化妆品店的导购员;现在,她是3家高端美甲会所的总经理。
>
> 10年时间,她经历了创业者、破产者、小老板、"富翁"等多重身

---

① 《5平米的美甲摊年入百万 孙明璐的创业故事》,转自微信公众号"连锁加盟网",2014年2月21日。

份后,如今更有一个新的身份——把高端美甲引进沈阳的"创始人"。

赔掉老本的创业

10年前,22岁的孙鸣璐是一家商场奢侈品牌的导购员(BA),有着让人羡慕的薪水,也有经常去外地培训的机会。一次,去香港陪当地朋友美甲时,她发现顾客都是躺在沙发上接受服务,美甲的同时还做手部、脚部的护理。每个顾客所用的产品都是专人专用,就连擦手的毛巾都是一次性的,不过价钱不菲要80元/次。

"我就像发现新大陆一样,相当震惊。"孙鸣璐说,当时美甲行业在沈阳刚刚兴起,还停留在一张小桌、几瓶色彩单一的指甲油的服务水准,价钱多数在3—5元,最贵的也不过10元。

这种反差,让一直想创业的她头脑里迸发了一个想法——在沈阳开高端美甲店。当时,孙鸣璐相当有信心,因为做BA的她有好多高端客户群,她乐观地相信,一定能在沈阳打开市场。

从香港回来的半个月,孙鸣璐就用自己多年的积蓄11万元,在太原街一家商场开了一家高端美甲。从装修风格、经营模式、所用产品到服务标准统统和香港一样,只是价格上做了调整——40元/次。

她依然在商场做着BA,雇用了两个美甲师看店,她介绍客户去美甲。坚持了5个月,结果是孙鸣璐没有想到的。"当商场让我去交下季度的房租时,我已经没有钱了。每月我用我的工资给美甲师开工资,自己一分钱没营利还要倒搭。"孙鸣璐说,当亲手拆掉牌匾告诉自己创业失败时,兜里只剩1元钱。

那天,她步行4个小时从太原街走回大东区的家。一路上,都在思考着。最终她想明白了:项目是好的,错在她想得太简单,没有调查市场,没有亲自管理,更重要的是高端美甲还不被人所接受。

认识到这些之后,她并没有放弃,她告诉自己"哪里跌倒哪里爬起来"。

哪里跌倒哪里爬起来

孙鸣璐第二次创业,是在一个月以后。她悄悄辞掉了BA的工作,在沈阳五爱批发市场兑了一个5平方米的小摊位,干起了美甲批发。每天4点起来上货,她把别人大袋大袋的美甲片做成小包装出售。即便价格是散装的2倍,也有不少客户。加上她曾经做

BA的推销经验，积累了不少客户，其中不乏美甲店的老板。她一方面积累资金，一方面也在宣传她的高端美甲产品，当客户批发达到一定数量，她就会免费送出高端产品试用。

"那时，我感觉自己就是不断地给人'洗脑'，让她们知道美甲也有另一种方式，也可以绿色健康。"孙鸣璐说，后来一家高端商场在沈阳开店，她抓住了这个机会，跟朋友借了5万元投资了一个44平方米的美甲会所。

然而，孙鸣璐并没有很快转身成为老板，她依旧每天4点起床，穿着朴素简单，做批发市场里的小摊贩。"我在这积累客户群，再向她们介绍我商场里的店。这也是一种宣传。很多人一听说我在商场有店，对我更有一种信任。"

所以，白天她是小摊贩，打扮炫彩时尚。下午，她换上一身低调的白领装，在商场做她的老板。

这样的情况大概持续了一年多时间。有一天，孙鸣璐回到店里发现，有好多顾客在做美甲，还有顾客夸奖"做得真不错"。这时候，孙鸣璐哭了，"我知道，我的努力终于没有白费。"

2009年，孙鸣璐完成了她的第一次华丽转身高端美甲会馆总经理的身份。

年利百万的美甲

近些年，随着人们对高端美甲的认识，孙鸣璐的生意越来越好。这从她的美甲会馆的面积就能看出来，从44平方米扩大到66平方米，再扩大到现在的170平方米，而且在沈阳多家高端商场还有连锁店。

孙鸣璐说，现在的美甲行业已经告别了暴利、投机的经营模式，而是实力雄厚的品牌经营。所以，她走的路线是美甲服务示范店、整合美甲服务的综合美甲店铺的经营模式。她说，美甲是从外国引进的，都是仿造日本、韩国，缺少中国的本土文化。所以她把店名改成与中国文化相结合的"嘉仙荷"，又从装修风格、引进的产品品牌、服务思想以及人员着装上，往本土文化靠拢。

她坦言，美甲店的利润确实很丰厚，旺季时每月的利润能有10万—15万元，即便最淡季每月也有8万—10万元，年利能达百万元。

孙鸣璐的成功可以算是一个迟来的报偿,当然,她的成功更得益于她对机会的坚持与信任,更加得益于她的努力与冷静的思考。从这一案例可以发现,迟来的报偿不仅仅需要坚持,更加需要一种善于思考的付出和努力。

(二) 创业机会的来源

创业机会从何而来？创业机会存在于社会与经济的变革过程之中,来自一定的市场需求和变化。管理大师德鲁克认为通过系统的研究可以发掘创业机会,创业机会来源于意料之外的事件、不一致的状况、程序的欠缺、行业与市场结构的变化、人口统计特性、价值观与认识的改变以及新知识等七个方面。除了德鲁克之外,一些学者根据自己的研究,也提出了其他的机会来源。表3-1列出了学者们对于创业机会来源的看法。

表3-1 创业机会的来源[①]

机会来源		德鲁克	奥尔姆	熊彼特	蒂蒙斯
外在配合条件	存在市场不均衡		复制别人的成功经验;改进做法于不同的区域或区隔市场	打开新市场创造或获取供应的新来源	忽视下一波客户需要
	环境变动	基于产业获取市场结构上的改变;人口统计特性		引入生产或配销的新方法	法规的改变;价值链通过配销通路的重组
	提供新技术或新服务	基于程序需要的创新	得到某一权利、授权或是特许权	进入新产品或服务	技术的快速变革、创新
	现有厂商效率不佳			现有产品品质明显改善	现有管理或投资者的不良管理
	其他	新知识(包括科学的与非科学的)		产业内组织的新形态	

---

① 丁栋虹:《创业管理》,清华大学出版社2006年版,第24—25页。

续表

	机会来源	德鲁克	奥尔姆	熊彼得	蒂蒙斯
个人能力条件	相关领域的知识	意料之外的事件	产品的市场知识、供货商与客户		
	先前工作经验		先前的工作经验在个人的经验基础上,发展出事业化的需求		
	创业警觉	意料之外的事件;不一致的状况;认识、情绪及意义上的改变	与熟知某一社会、专业或科技领域的专家接触所引发的研究以及资料所得		
	策略思考				
	学习能力		搜寻、研究先前市场失败的案例		
	社会网络		从有创意的他人得到机会参加展览会、研讨会、贸易展示、座谈会等所得		
	其他		把嗜好、兴趣、业余喜好转成事业机会		具有创业精神的领导

在比较众多学术观点的基础上,我们认为美国凯斯西储大学谢恩教授的观点比较有代表性。谢恩教授认为创业机会主要来源于以下四方面的变革。

1. 技术变革

技术变革带来创业机会。通常,技术上的任何变化,或多种技术的组合,都能给创业者带来某种商业机会。技术变革可以使人们去做以前不可能做到的事情,或者更有效地去做以前只能用不太有效的方法去做的事情。新技术的出现也改变了企业之间竞争的模式,使得创办新企业的机会大大提高。例如,互联网技术的兴起,带动了网上购物和社交网络的兴起。各种网店、腾讯、人人网、开心网、Facebook等网站应运而生。

李开复:全球互联网趋势下,中国创业的八大优势①

第一个优势是人口红利。如果一个国家的互联网用户数比另外一个国家大了3倍,那么前者的网络效益将是后者的9倍;如果用户数大4倍,网络效益就将大16倍,所以千万不要低估人口红利的优势。

第二个优势是创业者的领导力。美国创业者在创新方面引领全球,但中国创业者在强大的领导力、快速的执行力上后劲更足。我觉得全世界可能没有一个上市公司的CEO像雷军这样,公司的估值已经高达450亿美元了,还每天工作18个小时。中国的互联网公司,如小米、腾讯、阿里、百度等,从小到大,一直在不停地工作,不停地执行。

创新并非代表一切,在一个巨大的环境里,速度和执行力代表一切。尤其是在充满机会的社会里,当机会不再那么多,当竞争更扁平化,当大家在一个所谓的创业时代,这个时候机会更重要。在今天的中国,突破式创新不是创造价值和财富的最好方法,因为今天有太多的机会和不公平。在这样一个不扁平的社会里,善于挖掘机会然后打造强领导力,对于领导者特别重要。

第三个优势是中国的团队。我刚在硅谷看完我们投资的公司,他们那些人特别聪明,一个公司4个人,已经有100万的投资,因为他们工资贵、房租贵。但是在中国,这样一个领导者带一个团队,当有50万到100万美金注入时,他可能半年之内就有20人的团队。这是国内一个很特殊的现象,就是老板很强的时候,他的团队可以跟着老板奋斗。

---

① 李开复:《中国创业八大优势 不公平就意味着机会》,http://www.wabei.cn/data/201505/1359478.html,2015年5月28日。

新一波海归回国的浪潮又即将开始,越来越多的创业需要对接百万量级的用户,如果没有强大的技术团队,会崩溃的,所以非常需要顶尖的工程师。美国的高校世界一流,而在美国高校里,中国留学生的数量远远超过其他国家。

第四个优势是巨大的用户群。这个用户群不仅仅是数量大,更重要的是有两个很大的特色。

第一个特色是中国的城镇化。国内城镇化的发展导致有很多上百万人口的城市出现,很多商业模式都是最适合中国的土壤。如果在美国做一个"饿了么"或者"美团",送货要开很久的车,送到的时候比萨都变凉了,但是在北京、上海或任何一个人口密集的一二线城市,骑自行车或摩托车就可以非常有效率地配送,这导致了O2O模式更加成立。

第二个特色是巨大的个体户创业。过去淘宝提供平台,很多人在淘宝开店,自己创业。这不是高科技创业,是在淘宝卖东西的掌柜创业。同样,一个Uber司机也是创业,因为中国蓝领的工资水平普遍还比较低,对于他们来说,个体户创业、O2O创业是非常有吸引力的。

所以,大众创业不是都靠高科技,个体户创业也要算,而且在共享经济的平台之下,中国的个体户创业将会引领全球。这里可以看到很多例子,比如河狸家,它已经有300个美甲员。这些都是中国现象,在美国不会看到,因为美国没有中国那么多的人口密集的城市,更没有那么多渴望财富的服务员和工作员。

第五个优势是中国政府推出的高效政策和到位的补助。比如,因为有禁止酒驾的政策,就催生了e代驾,这是过去不可能发生的事情。所以,善于观察机会的人,在中国可以看到更多机会。

第六个优势是后发优势。中国过去有很多不公平的现象,比如零售业、房地产业中有很多人赚着不合理的利润,但互联网一出来就把他们打败了,房多多就是这样的例子。再比如,中国金融业也有很多不合理的现象,只有12%的中小企业可以申请贷款,而且贷款的利率非常高,这带来了国内互联网金融的繁荣。每个不公平,对消费者都可能是一种剥削和迫害,但是对于互联网创业者都是一个机会。

> 第七个优势是草根优势。美国有悠久的品牌传统,像MAR-VEL(漫威)这样的公司在美国要经过一个很长的历练才能做出来,但是在国内因为没有那么强大的品牌,一个草根漫画家在"暴走漫画"这样的一个新平台上,就可以对粉丝推送内容。比如,《十万个冷笑话》电影上映三个星期就有1亿多的票房收入,其制作团队非常迅速地推出了手游产品,从中得到了非常大的利润。
>
> 第八个优势是中国的金融优势。目前新三板很火爆,A股也在暴涨,但可能一些人认为这是一个人为制造的泡沫。创业者对此可以有自己的判断。

2. 政治和制度变革

随着经济发展、科技变革,政府也必然要不断调整自己的政治制度。政治和制度变革意味着革除过去的禁区和障碍,或者将价值从经济因素的一部分转移到另一部分,或者创造了更大的新价值。政府的这些政治和制度的变化,实际上就是对产品或服务的范围和结构进行新的调整,这就给创业者带来了商业机会。比如,环境保护和治理政策出台,会将那些污染严重、严重破坏生态环境的企业的资源,转移到保护人类环境的创业机会上来。专利技术的严格执行,通过专利费用的形式将价值转移到拥有专利的大公司,使得那些缺乏核心技术的产品,从品牌企业沦为加工厂,或破产倒闭。政策分析可以帮助创业者发现机会,因为创业政策的重要作用就是创造创业机会。

3. 社会和人口结构变革

社会和人口因素的变革会产生出新的创业机会。人的需求是变化着的,不同时期的社会和人口因素的变化会产生不同的需求。随着现代社会发展的加快,这种变化中的需求更加明显。社会和人口结构变革就是通过创造以前并不存在的需求或改变人们的偏好来创造机会。例如,人口寿命延长之后导致的老龄化问题,创造了老龄用品的出现;大量女性人口的加入就业,创造了家政服务业和快餐食品的市场机会。社会和人口是紧密联系在一起的,有时候社会文化的变革也是创业机会产生的引擎。西方国家的情人节、母亲节、圣诞节等诸多节日,越来越渗透到中国人的生活中,并逐步成为年轻一代追求的时尚,因而创造和将要创造许多新的创业机会和价值增值。

> **人口结构变化为米勒啤酒带来的机会**[①]
>
> 米勒啤酒公司1975年决定推出淡啤酒,使得消费者的消费习惯发生了里程碑式的改变。他们是怎样预测到这种趋势的?
>
> 20世纪70年代美国出现了全国性的健康热潮。美国人早餐上的肉食和蛋食越来越少,午餐也不再喝威士忌,晚餐的苏打水和鸡胸越来越多。越来越多的人加入节食这一行列中来。到1975年,7600万生育高峰时期出生的孩子中,有将近2000万是正值20多岁的年轻人。这两个趋势形成了一个巨大的、改变啤酒饮用习惯的人群,一个越来越注重健康的人群。意识到这种趋势的发生,米勒公司一开始就把淡啤酒变成主流,变成年轻、有男子气概、更注重健康的男人的选择。
>
> 1977年,随着米勒淡啤酒的成功推出,米勒从第7名一跃成为美国啤酒厂商的第2名;1980年,淡啤酒的销售量占美国啤酒销售总量的13%,米勒排名第一;1985年,米勒啤酒最初只是一个品牌的延伸,其销售量第一次超过了其前身产品Miller High Life,成为公司的旗舰品牌。人们的消费习惯因而发生了巨大的变化,1975年淡啤酒只占美国啤酒销售量的1%,到1994年就占到美国国内啤酒销售的35%,销售量达到160亿美元。

4. 产业结构变革

产业结构变革指因其他企业或者主体顾客提供产品或服务的企业的消亡,或者企业吞并或互相合并,行业结构发生变化,从而改变了行业中的竞争状态,形成或终止了创业机会。例如,网络歌曲的流行,就是唱片业日渐衰退的表现。研究发现,更容易产生新企业的行业结构有四个方面:第一,劳动密集型行业比资本密集型行业更适合于新企业。第二,对广告、品牌、规模经济依赖不高的行业如化工行业更适合新企业。第三,行业集中度较低(分散型)行业更适合于新企业。行业集中度是指大企业占有的市场份额。第四,新企业在由平均规模较小的企业组成的行业里有更好的业绩。

[①] 张玉利主编:《创业管理》,机械工业出版社2011年版,第87页。

(三) 影响机会识别的关键因素

> **马东晓——做自己命运之船的舵手**①
>
> 马东晓1988年毕业于青岛大学机械工程系。大学毕业后他被分配去了青岛电冰箱总厂，也就是现在海尔集团的前身，当时那是一个不到两千人的小企业。由于马东晓是学机械设计专业的，就分在了技术处工作。每人一个大的绘图桌，每天面对大大小小的图纸，趴在上面画图。有一天中午休息的时候，处长推门进来问办公室所有人："你们谁知道青岛市专利局在哪里？张经理（现海尔集团总裁张瑞敏）说有几个专利要申请。"屋子里一片寂静。马东晓看没人回答就说："我知道。"因为他记得坐公交车上班每天都会经过一个楼，门口的牌子就写着"青岛市专利管理处"。处长说："你知道那你就去问一下吧。"第二天，马东晓就走进青岛市专利管理处，问他们申请专利有什么程序，专利处的人说很简单，交一些材料和申请费用就可以了。于是第三天，马东晓就从厂里带了辆面包车把专利处的四五个同志接到厂里参观，一圈走下来专利处的人说有几项技术可以申请专利。之后马东晓就经常跑专利处送图纸、照片之类的材料，大概几个月专利就申请下来了。很快厂里就传开了：厂里来了个大学生，帮厂里申请了好几个专利，很了不起。
>
> 到1992年海尔成立了知识产权办公室，后来逐渐发展为法律部。也就因为这些，马东晓离开技术部门，专门负责海尔法律事务。再回首时，马东晓发现是一次偶然的机遇改变了他人生的方向。

创业机会识别是一个不断调整反复的过程。不同的创业者可能愿意关注不同的创业机会，而即使是同一个创业机会，不同的人对其评价也往往不同。因此，创业机会识别的影响因素成为研究重点之一。识别创业机会受到历史经验等多种因素的影响。为什么是有人

---

① 邢雷主编：《创业在中国：30位青年企业家的成功创业之路》，中国轻工业出版社2008年版，第12—16页。

而不是他人发现了这个机会?下面是取得共识的四类主要因素。

1. 先前经验

在特定产业中的先前经验有助于创业者识别机会。1989年在对美国《财富》500强企业创建者进行调查后的结果显示,43%的被调查者是在为同一产业内企业工作期间获得新企业创意的。这个发现与美国独立工商企业联合会(National Federation of Independent Business)的研究结果一致。在某个产业工作,个体可能识别出未被满足的利基市场。同时,创业经验也非常重要,一旦有过创业经验,创业者就很容易发现新的创业机会。这被称为"走廊原理",即指创业者一旦创建企业,就开始了一段旅程,在这段旅程中,通向创业机会的"走廊"将变得清晰可见。这个原理提供的见解是,某个人一旦投身于某产业创业,将比那些从产业外观察的人,更容易看到产业内的新机会。①

2. 认知因素

有些人认为,创业者的"第六感"使他们能看到别人错过的机会。多数创业者以这种观点看待自己,认为自己比别人更"警觉"。警觉很大程度上是一种习得性的技能,在某个领域拥有比别人更多知识的人,倾向于比其他人对该领域内的机会更警觉。例如,一位计算机工程师,就比一位律师对计算机产业内的机会和需求更警觉。创业警觉是潜在创业者对机会的独特敏感性和洞察力,正是由于这种能力的存在,才使得一些人发现并成功利用了创业机会并获得商业利润。同时,表现在创业者与职业经理人身上的创业警觉程度有显著差异,反映出创业警觉是创业者所特有的一种素质。此外,虽然创业警觉具有极其特殊的价值,它却难以测度和把握。有些研究人员认定,警觉不仅仅是敏锐地观察周边事物,还包括个体头脑中的意识行为。例如,有位学者认为,机会发现者(创业者)与未发现者之间最重要的差别在于对市场的相对评价,换句话说,创业者可能比其他人更擅长估计市场规模并推断可能的含义。目前,不少学者利用认知心理学乃至社会心理学的理论知识研究创业行为,值得关注。

3. 社会关系网络

社会关系网络是创业机会信息的重要来源,它的深度和广度会影

---

① 张玉利主编:《创业管理》,机械工业出版社2011年版,第80页。

响信息的数量和质量。建立了大量社会与专家联系网络的人,比那些拥有少量网络的人容易得到更多的机会和创意。一项对65家初创企业的调查发现,半数创建者报告说,他们通过社会关系得到了商业创意。一项类似的研究,考察了独立创业者(独自识别出商业创意的创业者)与网络型创业者(通过社会关系识别创意的创业者)之间的差别,研究人员发现,网络型创业者比独立创业者识别出多得多的机会,但他们不太可能将自己描述为特别警觉或有创造性的人。[1]

在社会关系网络中,按照关系的亲疏远近,我们可以大致将各种关系划分为强关系与弱关系。强关系以频繁相互作用为特色,形成于亲戚、密友和配偶之间;弱关系以不频繁相互作用为特色,形成于同事、同学和一般朋友之间。研究显示,创业者通过弱关系比通过强关系更可能获得新的商业创意,因为强关系主要形成于具有相似意识的个人之间,从而倾向于强化个人已有的见识与观念。在弱关系中,个体之间的意识往往存在着较大差异,因此个体可能会对其他人说一些能激发全新创意的事情。

此外,社会网络关系的性质不但影响机会识别本身,还会影响到机会识别的其他因素,如创业警觉、创造力等,并通过对这些因素的作用来间接对机会识别产生影响。

4. 创造性

创造性是产生新奇或有用创意的过程。从某种程度上讲,机会识别是一个创造过程,是不断反复的创造性思维过程。在听到更多趣闻逸事的基础上,你会很容易看到创造性包含在许多产品、服务和业务的形成过程中。[2]

(四)识别创业机会的一般过程

识别创业机会是一个多阶段的,思考和探索互动反复,并将创意进行转变的复杂过程。对个体而言,创业机会识别可以分为5个阶段,如图3-1所示。其中垂直箭头表示,如果在某个阶段,某个人停顿下来或者没有足够信息使识别过程继续下去,其最佳选择就是返回

---

[1] 张玉利主编:《创业管理》,机械工业出版社2011年版,第80页。
[2] 〔美〕布鲁斯·R.巴林格、R.杜安·爱尔兰等:《创业管理:成功创建新企业》,张玉利等译,机械工业出版社2006年版,第37页。

到准备阶段,以便在继续前进之前获得更多知识和经验。

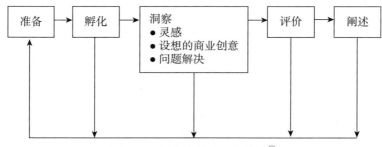

图 3-1　机会识别的 5 个阶段①

1. 准备阶段

准备是指创业者在机会识别过程中的背景、经验和知识,即从以往的工作经验中发现机会(机会的特征)。准备存在深思熟虑与无意识两种状态,不管是有意识地期待机会出现还是无意识地关注机会都可算在内,此处的"准备"指的是创业者的背景以及个人经历。正如运动员必须练习才能变得优秀一样,创业者需要经验以识别机会。研究表明,50%—90% 的初创企业创意来自个人的先前经验。

2. 孵化阶段

孵化是个人仔细考虑创意和思考问题的阶段,也是对事情进行深思熟虑的时期。是创业者的创新构思活动(contemplation),比如构思一个商业设想或者一个具体的现实问题。孵化有时候是有意识的行为、有时候是无意识的行为,"思想徘徊在意识的门边"描述的就是这种现象的特点。

3. 洞察阶段

洞察是识别闪现,此时问题的解决办法被发现或产生创意。有时候,它被称为"灵感"体验。它集中表现为发现体验、问题得到解决、意念分享等。在商务环境中,这是创业者识别出机会的时刻。有时候,这种经验推动过程向前发展;有时候,促使个人返回到准备阶段。例如,创业者可能意识到机会的潜力,但认为在追求机会之前需要更多的知识和考虑。

---

① 〔美〕布鲁斯·R.巴林格、R.杜安·爱尔兰等:《创业管理:成功创建新企业》,张玉利等译,机械工业出版社 2006 年版,第 37 页。

4. 评价阶段

评价是创造过程中仔细审查创意并分析其可行性的阶段。许多创业者错误地跳过这个阶段,在确定创意可行之前就去设法实现它。评价是创造过程中特别具有挑战性的阶段,因为它要求创业者对创意的可行性采取一种公正的看法。

5. 阐述阶段

阐述就是指将详细的构思呈现出来,是创造性创意变为最终形式的过程。正确表达是再创意过程,也是商业化的起点,往往是因为有正确的表达而高效率地推动了创意转化为机会,也可以说阐述是机会的再发现。在创业活动中,这正是撰写商业计划书的时候。

> **一阳指的创业过程**[①]
>
> 2006 年,为了与在北京从事建筑设计的丈夫石松团聚,陈庆平辞去了武汉一家 IT 外企市场部部长的工作。刚到北京的半年,陈庆平并没有找到自己特别喜欢的工作,此时石松提议陈庆平不如利用自己的时装天赋开设一家时装网店,取名"一阳指"。与大部分的网店主一样,石松和陈庆平最初也是到批发市场拿货。"2006 年 7 月第一次拿货用了不到 1000 元,选了 15 款产品约 40 件货品,另外购买了一台有图片处理功能的电脑,大约 6000 元,这就是所有的开业投入,"石松回忆道。开业首月一阳指的营业额已达到 8000 元,其中 2/3 是利润,之后每月的营业额均以 100% 的速度增长,第二个月 1.6 万,第三个月 2.4 万……
>
> 对于这份无心插柳的成功,石松分析说:"2006 年的淘宝仍处于起步阶段,淘宝商户规模不大,定价很随意。拿货价 30 元的衣服,可以卖到 150 元,而现在网店的售价一般只能做到成本价的 1.5 倍,由于是自主品牌,我们的售价可以做到成本价的 2 倍。"
>
> 除去外部原因,"欧美时装街拍"展示风格和精准的销售定位,也是促成一阳指突围而出的原因。一阳指从一开始就走白领路线,

---

① 张耀辉主编:《创业学导论:原理、训练与应用》,机械工业出版社 2011 年版,第 118—119 页。

"当时大部分商家都是棚内拍摄,我突发奇想用欧美狗仔队偷拍的形式展示产品,意外带领了网店的'街拍'风潮。"身材高挑、五官立体的陈庆平亲自出任模特,由酷爱摄影的石松担当摄影师,为一阳指的服饰添色不少。石松说:"创业的初期,靠的其实就是出彩的搭配和外拍的风格,来增加产品的附加值、获取销量。"

陈庆平担当采购、模特、销售,石松在主职之外担任摄影师、网页设计师并辅助打包、发货。在以"夫妻店"模式经营5个月后,一阳指因为订单大幅增加,请了第一个客服,并换了一个150平方米的公寓用于办公和进行仓储。

生意量的剧增并没有让石松和陈庆平夫妇满足于现状,2007年两人已经意识到网上贸易的竞争会愈发激烈,而同质化的货品来源最终将导致价格战。"我们决定要建立品牌。"石松回忆AMII的创立说:"北京本身没有生产资源,浙江等地的厂家又不愿意接小单。最后来到服装业制造上下游产业链都很成熟的广东。"

与此同时,陈庆平再次利用自己的服装天赋转身为"设计师"。陈庆平说:"我没有受过专业的训练,不过读理工科让我有很好的空间解构能力,对于立体剪裁能很快上手。"依然是从欧美杂志和肥皂剧中获取灵感,2008年初陈庆平自己亲手设计出AMII的首件服饰,确定用料,再由广东服装厂进行生产,成功推出市场。

AMII试水成功,但北京和广东的"距离"却让陈庆平面临了创业来的第一个难题。"远程加工沟通不及时,出厂货品不时会出现质量或其他问题。常常货品到了北京我们才发现,然后又返回再加工,来回下来每件衣服的运输成本可能增加5元,发货给买家的时间也无法保证。"

2008年5月,出于对事业发展的考虑,石松决定辞职,和陈庆平南下发展。此时,一阳指每月销售额已经达到60万元,有3个客服人员和2个打包人员,另外租了一个70平方米的仓库存货。

考虑到陈庆平的姐姐在佛山,而且佛山的生活成本相对较低,所以一阳指南下后,就定居佛山。以10元/平方米的价格在胜利村租下500平方米的办公用地后,从北京带来1个客服和2个打包人员,投入20万元进行装修和购买办公设备,一阳指开始了二次创

> 业。由于网上贸易不受地点影响,因此迁址佛山并没有对一阳指的销售造成影响。相反,由于临近生产地,地理之便让陈庆平可以更自主地开拓产品。陈庆平说:"广州有纺织、顺德均安有牛仔、东莞大朗有毛织……"一阳指很顺利地过渡,到2008年年底已经突破日均发货100单(约250件衣服)。
>
> 现在,一阳指的日均发货量已经增加到250单(约700件衣服),月营业额150万元,公司现在有29名员工,石松主要负责公司架构和运营、陈庆平则负责设计和采购面料,整个公司架构已经基本建立。

一阳指的整个创业过程是在创业者的特征、环境因素以及机会分析与开发的共同作用下获得了成功。结合前面对于机会来源的讨论,可以大致勾勒出创业机会识别过程的轮廓,见图3-2。图3-2的核心观点是,机会识别是创业者与外部环境(机会来源)互动的过程,在这个过程中,创业者利用各种渠道和各种方式掌握并获取有关环境变化的信息,从而发现现实世界中在产品、服务、原材料和组织方式等方面存在的差距或缺陷,找出改进或创造目的—手段关系的可能性,最终识别出可能带来的新产品、新服务、新原料和新组织方式的创业机会。

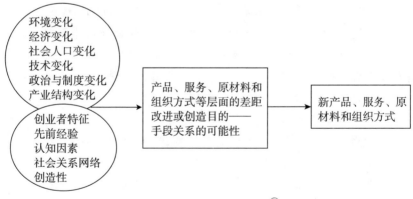

图3-2 机会的识别过程[①]

[①] 〔美〕布鲁斯·R.巴林格、R.杜安·爱尔兰等:《创业管理:成功创建新企业》,张玉利等译,机械工业出版社2006年版,第38页。

（五）识别创业机会的行为技巧

1. 识别创业机会的原则

（1）是否可以为人民谋利

很多情况下，机会并不能为人民谋利，或者表面上迎合了市场，却在长远中让人们失去了自我、失去了价值观，不能让人们有更多和更大的幸福。

（2）与自己事业方向的一致性

与自己愿望一致的机会才是真正的机会。判断是不是机会，在于机会是否能够被利用。创业者一定得积累资源，然后等待机会，当他觉得可以让机会与资源匹配时，他才可以行动。

（3）从变化中发现机会

就机会的本质而言，它起源于变化。能够注意到变化的人就有可能是机会的发现者。不管是人还是动物都会逐渐适应周围的环境并与之融为一体。尽管如此，仍然会有一些杰出人物能够比较敏锐地发现细微的变化，然后将其利用起来，为社会谋利。把握机会的关键在于学会注意变化。

2. 识别创业机会的技巧和方法

可以使用多种多样的技术和方法帮助识别创业机会。在这些方法中，有的来自启发，或者依靠经验获得，另一些则很复杂，也许需要市场研究专家的支持。知道捕捉市场机会的途径和有效方法，对于识别机会的整个过程有很大的帮助。

（1）第一手调查

第一手调查的目的是收集新的信息。它的优点在于研究者知道该信息的来源，信息是在什么情形下收集的以及这种调查的局限性。第一手调查的方法包括：访谈、问卷、观察、实验、消费者座谈和小组访谈、抽样和其他方式。

① 访谈

访谈可以是面访或电话访谈等。访问员可以向被访者提出一系列问题，以获取人们的某些看法和观点。

访谈的一个弊端是容易受到访问员由于误解被访者的回答所形成的偏见的影响。避免这种偏见的办法是每次采访都使用标准化的问卷。

② 问卷

问卷是为获得所需要的信息，以一种不易被误解和容易分析的方式设计的一系列问题。问卷可以通过面访、电话访谈或邮寄等方法进行。

设计问卷时应该明确以下要点：
- 该问卷针对谁？
- 要获得哪些主要信息？
- 如何使用这些信息？

问卷问题可以是开放式的和封闭式的。开放式问题不易分析，因为回答的涉及面极广。例如，"去年你去哪里度假了？"就是一个开放式问题。然而，开放式问题会提供有用的背景信息。封闭式问题是那些只能有几种限定回答的问题。上述问题可以问成"你去年去度假了吗？"

③ 观察

有时通过观察而不是访谈或问卷调查的方式收集信息更恰当。一个市场调查员想知道超市的顾客对某一产品包装的两种颜色如蓝色和红色哪一个更加喜爱时，就可以安排把这两种包装的产品同时摆放在超市的货架上，然后观察人们在选择这两种包装时的行为即可。

④ 实验

有时，特别是对新产品来说最好的评价消费者对该产品反应的办法是市场试销。少量产品被制造出来，然后摆放到市场上的专门区域。这种办法可以在大批量生产和市场营销之前，测试出该产品是否会成功。如早餐麦片和巧克力糖果这类食品经常以这种方式来测试市场。

⑤ 消费者座谈和小组访谈

有时企业建立长期性的顾客评审团来听取其对产品的意见。这称之为消费者座谈或小组访谈。超市经常定期与消费者座谈来讨论要推出的产品、价格和服务。电视公司建立观众小组来评述节目的质量和内容，以及评估观众数目。

⑥ 抽样

如果被访者没有选择正确的话，所获得的信息就没有太大意义。因此，选择恰当的人群进行访谈和发送问卷是十分重要的。所以抽样的样本对于总体来说应该具有代表性。例如,如果你想知道多少人更喜欢这种口味的可乐,你显然不可能去询问每一个曾经喝过这种可乐的人(总体),你所询问的人必须具有代表性。能够确保样本具有代表性的抽样方式是随机抽样。

(2)第二手调查

第二手调查或桌面调查包括对现有的信息源进行研究。这常常是最便宜的、最容易的和最快的市场调查途径。然而,由于这些信息可能是为其他目的而收集的,所以它可能不像调查者所需要的那样相关和准确。此时,第二手调查还需要第一手调查相辅助。

第二手调查的资料来源可以是内部的也可以是外部的。来自内部的资料包括公司记录,如销售记录、报告、会计账目和顾客记录。外部资料来源包括专业图书馆、行业刊物、从行业协会获取的研究报告、当地政府和国家政府出版的报告和统计数据以及其他组织的出版物,如联合国、世界银行和各国的中央银行。①

(3)系统分析

在获取必要的一手资料和二手资料后,就要对这些资料进行加工处理,使之成为有用的信息,否则这些杂乱无章的资料没有任何作用。实际上,绝大多数的机会都可以通过系统分析得以发现。人们可以从企业的宏观环境(政治、法律、技术、人口等)和微观环境(顾客、竞争对手、供应商等)的变化中发现机会。借助市场调研,从环境变化中发现机会,是机会发现的一般规律。以日本汽车公司识别并把握美国汽车市场机会为例,20世纪60年代初,日本汽车公司利用政府、综合贸易商社、企业职能部门,甚至美国市场研究公司广泛搜集信息。通过市场调研,他们发现有机可乘:美国人把汽车作为身份或地位象征的传统观念正在逐渐削弱,汽车作为一种交通工具更重视其实用性、舒适性、经济性和便利性;美国的家庭规模正在变小,核心家庭大量出现;美国汽车制造商无视环境变化,因循守旧,继续大批量生产大型豪华车,因而存在一个小型车空白市场。于是,日本汽车制造商设计出满足美国顾客需求的美式日制小汽车,以其外形小巧、购买经济、舒适

---

① 〔英〕克里斯·J. 纳托尔:《商务管理(标准级)》,华英、苏萍译,中国劳动社会保障出版社2004年版,第155—156页。

平稳、耗油量低、驾驶灵活、维修方便等优势敲开了美国市场大门。

（4）问题分析和顾客建议

问题分析从一开始就要找出个体或组织的需求及其面临的问题，这些需求和问题可能很明确，也可能很含蓄。创业者可能识别它们，也可能忽略它们。问题分析可以首先问"什么才是最好的？"一个有效并有回报的解决方法对创业者来说是识别机会的基础。这个分析需要全面了解顾客的需求，以及可能用来满足这些需求的手段。

一个新的机会可能会由顾客识别出来，因为他们知道自己需要什么。因而，顾客就会为创业者提供机会。顾客建议多种多样，最简单的，他们会提出一些诸如"如果那样的话不是会很棒吗？"这样的非正式建议。还有，他们可以有选择地采取非常详尽和正式的短文形式，例如，如果顾客是一个组织，巨额支出就得包括在内。一些组织再将其需求"反向推销"给潜在供应商的过程中非常积极。无论使用什么样的手段，一个讲究实效的创业者总是渴望从顾客那里征求想法。

（5）创新创造

这种方法在新技术行业最为常见，它可能始于明确拟满足的市场需求，从而积极探索相应的新技术和新知识，也可能始于一项新技术发明，进而积极探索新技术的商业价值。通过创造获得机会比其他任何方式的难度都大，风险也更高。同时，如果能够成功，其回报也更大。这种情况下所产生的创新在人类所具有重大影响的创新中，居于压倒性的主导地位。小米科技开发小米手机就是一个很好的例子，小米公司顺应手机行业手机电脑化、行业互联网化、用户体验一体化的发展趋势，通过产品、商业模式的创新快速发展壮大起来。

二、创业机会评价

创业活动是创业者与创业机会的结合。一方面，创业者识别并开发创业机会；另一方面，创业机会也在选择创业者，只有当创业者和创业机会之间存在着恰当的匹配关系时，创业活动才最可能发生，也更可能取得成功。

> **创业者谈创业**①
>
> 梁伯强对指甲钳有兴趣,不仅因为他看到了朱总理说的话,更是因为他看到每年多达 60 多亿人民币的产值。他进一步看到韩国只有五家工厂,居然有 20 亿的产值。但在中国,据在册登记摸底就有 500 多家企业,营业额才在 20 亿左右。从数量上对比,五家主要企业加上十来家配套企业就可以和中国的 500 家企业打个平手。
>
> 著名企业家牛根生在谈到牛奶的市场潜力时说,民以食为天,食以奶为先,而我国人均喝奶的水平只有美国的几十分之一。也许这就是他对乳制品机会价值的直观判断。

(一) 有价值创业机会的基本特征

有价值的创业机会具有价值性、时效性等基本特征。价值性是指创业机会具有吸引力并且依附于为买者或终端用户创造或增加价值的产品、服务或业务;时效性是指创业者必须找到能把好的思路付诸实践的最佳时机,并准确把握住这个时机。

一般而言,创业机会评价可以从产品、技术、市场与效益等几大方面进行评估。比如,产品的创新程度及独特性如何,技术功能指标是否先进、可靠;市场的未来规模、市场渗透力、占有率;创业项目的资本需求、投资收益、净现值、投资回收期、投资回报率等。值得指出的是,创业者一般不会列举那么多的评价指标。一般创业机会比较模糊,很多指标无法准确地估算。所以创业者更多的是凭借自己的商业敏感抓住重要的几个指标分析,表现得更多的是主观判断而不是客观分析。总结各位学者的创业机会评价标准,我们列出了以下创业机会评价框架。

1. 行业和市场

根据蒂蒙斯的创业机会评价框架,行业和市场分析包括以下几个方面:

---

① 张玉利主编:《创业管理》,机械工业出版社 2011 年版,第 91 页。

（1）市场容易识别，可以带来持续收入。

（2）顾客可以接受产品或服务，并愿意为此付费。

（3）产品的附加价值高。

（4）产品对市场的影响力大。

（5）将要开发的产品生命持久。

（6）项目所在的行业是新兴行业，竞争不完善。

（7）市场规模大，销售潜力达到1000万元到10亿元。

（8）市场成长率在30%—50%，甚至更高。

（9）现有厂商的生产能力几乎完全饱和。

（10）在五年内能占据市场的领导地位，达到20%以上。

（11）拥有低成本的供货商，具有成本优势。

我们可以运用SWOT分析法来分析一个创业机会。分析该创业企业在拟进入行业和市场上的竞争优势（strength）、竞争劣势（weakness）、机会（opportunity）和威胁（threat）。以沃尔玛超市的SWOT分析为例，其优势在于沃尔玛是著名的零售业品牌，它以物美价廉、货物繁多和一站式购物而闻名；劣势在于虽然沃尔玛拥有领先的IT技术，但是由于它的店铺遍布全球，这种跨度会导致某些方面的控制力不够强；机会在于采取收购、合并或者战略联盟的方式与其他国际零售商合作，专注于欧洲或者大中华区等特定市场；威胁来自它是所有竞争对手的赶超目标。

同时，还可以运用波特五力模型（Five Forces Model）来评价分析创业机会。波特五力模型认为行业中存在着决定竞争规模和程度的五种力量，这五种力量综合起来影响着产业的吸引力。五种力量分别为进入壁垒（the threat of entry）、替代品威胁（the threat of substitutes）、买方议价能力（the power of buyers）、卖方议价能力（the power of suppliers）以及现存竞争者之间的竞争（competitive rivalry）。

一般而言，有价值的创业机会拥有较大的市场容量。有些细分市场容量太小，导致投资成本过大，难以实现营利。较大的市场容量带来旺盛的需求和较高的利润。同时，较大的市场容量意味着机会窗口关闭的时间较晚，企业发展的空间比较大，利润的增长空间也比较大。

2. 资源条件

资源供应是企业进行生产经营活动所不可缺少的物质技术条件。调研与分析的目的是掌握资源对本企业生产经营活动的保证程度,以便最终确定企业最大可能的生产供应量和满足社会需要的程度。资源环境对企业的影响通常是长期的。例如,某一特大型钢厂建在了不出产铁矿石的地方,并且铁矿石的运输成本很高,这显然会长期增加经营成本,降低其竞争能力。

3. 宏观环境(PEST分析法)

(1) 政治法律环境的调研和分析(P)

政治法律环境直接影响宏观经济形势,从而也影响着企业的生产经营活动。它包括社会制度、国内外政局、政府政策、法律法规的出台与实施、战争与和平等因素。

(2) 经济环境的调研与分析(E)

宏观经济的状况和趋势常常是企业制定经营战略决策的重要依据,它一般包括以下几方面内容:一是对国民经济运行情况和发展态势的分析;二是对国内市场体系培育和发展情况的分析;三是对国家产业政策的分析。

(3) 社会、文化环境的调研和分析(S)

这里所指的社会文化是指社会的文化风貌,如价值观念、价值标准、风俗习惯、生活方式、消费心理。社会文化因素对企业的生产经营活动会产生很大影响,企业应善于捕捉社会文化信息,确定自己的经营策略。

(4) 技术环境的调研与分析(T)

技术的进步难以预测,从某种意义讲,技术是变化最为剧烈的环境因素。技术的变革可以减少或消除企业间的成本壁垒,缩短产品的生命周期,并改变雇员、管理者和用户的价值观与预期,还可以带来比现有竞争优势更为强大的新的竞争优势。因此,创业者应对所涉及行业的技术变化趋势有所了解和把握,应该考虑或因政府投入可能带来的技术发展。

4. "机会窗"(Opportunity Window)的大小

机会窗理论,是指产业的发展有一个生命周期,而在产业刚刚产生时，人们并不了解这个产品，所以在市场上只有很少或者几乎没有顾客群，而到了大家开始认识这个产品的时候，它会出现爆发式增长。这时产品和行业都进入了高速成长期。对于创业者来说，早期的进入期是最难的，这个时期最大的问题就是如何生存下去，并且一方面要完善产品，另一方面要宣传产品。这时的机会非常小，而到了成长期，机会突然大增，杜拉克把它比喻为如同为机会打开了一扇窗户，所以把这个现象取名为机会窗。到了成长期结束前，会有更多的企业涌入，这时成长的空间越来越小，大淘汰开始了，机会窗渐渐关闭（见图3-3）。

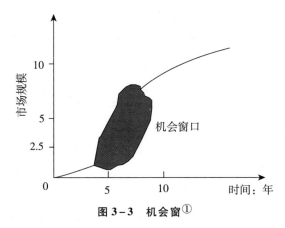

图3-3　机会窗①

由此，所谓机会窗，就是指市场存在的有一定时间长度的发展空间，使得创业者能够在这一时段中创立自己的企业，并获得相应的利润与投资回报。一个创业者要抓住一个机会，这一"窗口"必须是敞开的，并且它必须保持敞开足够长的时间以便被加以利用。

我们来看互联网搜索引擎市场的现实情况。第一个搜索引擎雅虎在1995年进入市场，然后市场迅速增长，雷克斯网站（Lycos）、Excite、奥塔维（AltaVista）及其他搜索引擎加入进来。Google在1998年利用公平的高级搜索技术进入这个市场。此后，搜索引擎市场已经成熟，机会窗口实质上已经关闭了。现在，新创建的搜索引擎企业获得

---

① 张耀辉、张树义、朱锋主编：《创业学导论：原理、训练与应用》，机械工业出版社2011年版，第104页。

成功非常困难,除非它有异常丰富的资本支持,并能提供超越已有竞争对手的明显优势。①

5. 个人目标和能力

评价一个创业机会与个人的能力、天赋和决心直接相关。具备高度商业敏感的创业者一般都会具有较强的信息处理能力、良好的人际关系、专注的精神和乐观自信的态度等能力,同时创业者自身应该做到以下几点:

(1) 个人目标与创业活动相符合。
(2) 创业家可以做到在有限的风险下实现成功。
(3) 创业家能接受薪水减少等损失。
(4) 创业家渴望进行创业这种生活方式,而不只是为了赚大钱。
(5) 创业家可以承受适当的风险。
(6) 创业家在压力下状态依然良好。

6. 团队管理

好的创业机会往往需要好的创业团队去实施。因此,评估团队的管理能力有助于新创企业实现商业价值的最大化。

对创业团队管理能力的评估有两个方面:一是评价创业者团队的创业热情有多高;二是评价对拟进入市场的熟悉程度。尽管创业资本很重要,但切不可忽视创业者团队对拟从事产业的了解及创业热情。与评价创业者团队的管理能力相关的指标还有:创业经验、创业者的职业和社会网络深度、团队创新能力大小、团队现金流管理经验水平以及创业者团队受教育程度等等。表3-2列出了评估管理能力的7个指标。不难发现,一个高潜力的创业者团队应具备以下条件:(1)高昂的热情;(2)丰富的专业经验;(3)深厚的社会人脉资源;(4)持续的创新能力;(5)拥有一支熟悉工商管理知识、懂技术等优势互补的创业团队。

---

① 〔美〕杜安·爱尔兰:《成功创业不仅要有创意,更要抓住机会》,《IT时代周刊》2006年第16期。

表 3-2　创业者团队管理能力的评估指标[①]

评估指标	高潜力
高昂的热情	高
相关产业经验	丰富
先期创业经验	丰富
职业与社会网络的深度	强
管理团队成员的创造力	高
现金流管理方面的经验和知识	高
MBA 等大学文凭	有

7．竞争

投资的项目必须具有持久的竞争优势是评价创业机会的标准之一，其中竞争优势包括：(1)固定成本和可变成本较低；(2)对成本、价格、销售的控制较高；(3)已经获得或可以获得专利所有权的保护；(4)竞争对手尚未觉醒，竞争较弱；(5)拥有专利或具有某种独占性；(6)拥有发展良好的网络关系，容易获得合同；(7)拥有杰出的关键人员和管理团队。

根据波特的竞争模型，潜在的进入者、行业内现有竞争者、替代品的生产者、供应者和购买者是主要的竞争力量。

8．致命缺陷

有吸引力的创业机会不应有致命的缺陷，一个或更多的致命缺陷使机会变得没有吸引力。通常这些缺陷涉及上述种种准则之中的一个或几个。在许多例子中，市场太小、市场竞争极其激烈、进入市场的成本太高、竞争者不能以有竞争力的价格进行生产等等，都可能是一种致命的缺陷。

9．时效性

创业机会具有时效性。有些机会具有较大的市场容量，但时机没到，市场尚不成熟。由于机会窗口的存在，创业时机的把握就变得异常重要了。在市场体系中，机会是在一个由变化、无序、混乱、自相矛

[①] 〔美〕布鲁斯·R.巴林杰:《创业计划:从创意到执行方案》,陈忠卫等译,机械工业出版社 2009 年版,第 63 页。

盾、滞后或者领先的知识和信息缺口以及一个产业或市场中的种种其他"缝隙"所组成的环境中产生的。因此,企业环境的变化和对这些变化的预期,对于企业家来说是极为重要的,一个有创造力的果断的企业家能够在别人还在研究一个机会的时候就抓住它。如果等到机会窗口接近关闭的时候再来创业,留给创业者的余地将十分有限,新创企业也就很难营利。

(二)个人与创业机会的匹配

并非所有机会都适合每个人。一位资深律师可能因为参与一场官司而发现了一个高科技行业内的机会,但是,他不太可能放弃律师职业而进入高科技行业创业,因为他缺乏必需的技术知识和高科技行业内的关系网络。换句话说,即使看到了有价值的创业机会,个体也可能因没有相应的技能、知识、关系等而放弃创业活动,或者把机会信息传递给其他更合适的人,或者是进一步提炼加工机会从而将其出售给其他高科技企业。判断创业机会是否适合自己的主要依据在于机会特征与个人特质的匹配。

1. 与个人目标度的契合

创业过程中遭遇的困难与风险极大,因此有必要了解创业者的创业动机,以利于判断他愿意为创业活动付出的代价程度。一般认为,新创业机会与个人目标的契合程度越高,则创业者投入意愿与风险承受意愿自然也会越大,新创业目标最后获得实现的概率也相对较高。因此,具有吸引力的新创业机会一定是能充分与创业者个人目标相契合的创业计划。

2. 机会成本

一个人一生的黄金岁月大约只有30年光景,可分为学习、发展与收获等不同阶段,而为了这项创业机会,你将需要放弃什么?可以从中获得什么?得失的评价如何?在决定进行创业之前,所有参与创业的成员都需要仔细思考创业所要付出的机会成本。必须经由机会成本的客观判断,才可以得知新创业机会是否真的对于个人生涯发展具有吸引力。

3. 对于失败的底线

古人说:"留得青山在,不怕没柴烧。"创业必然需要面对可能失败的风险,但创业者也不宜将个人声誉与全部资源都压在一次的创业活动上。理性的创业者必须要自己设定承认失败的底线,以便保留下次可以东山再起的机会。因此,在评估新创业机会的时候,也需要了解有关创业团队对于失败底线的看法。通常铤而走险与成王败寇的创业构想,也不会被投资者视为好的新创业机会。

4. 个人偏好

评估新创业机会的时候,也需要考虑新创业的内容与进行方式是否能够符合创业者个人的偏好,包括工作地点、生活习惯、个人嗜好等。

5. 风险承受度

由于每个人的风险承受度可能都不一样,因此这也将成为影响新创业机会评估的重要因素。一般而言,风险承受度太高或太低均不利于新创业的发展。风险承受度太低的创业家,由于决策过于保守,相对拥有的创新机会也会比较少。但风险承受度太高的创业家,也会因为孤注一掷的举动,而常将企业陷入险境。一个能以理性分析面对风险的人,才是比较理想的创业家,相对而言,由他来执行的新创业机会才会比较具有吸引力。

6. 负荷承受度

创业团队的抗压能力与负荷承受度,也是评量新创业机会的一项重要指针。负荷承受度与创业团队成员愿意为新创业投入工作量多寡,以及愿意忍受的辛苦程度密切相关。一般来说,由负荷承受度较低的创业团队所提出的创业构想,成功的概率也一定会较低。[①]

(三)评价创业机会价值的基本框架

1. 定性分析方法

据有关学者的研究,大约有60%—70%的创业计划在其开始阶段就被放弃,主要是因为这些计划不符合创业者的评价准则。当前对创业机会进行评价已经产生了一些有代表性的研究成果,如齐默勒和斯卡伯勒在《创业与新企业建立》(*Entrepreneurship and the New Venture Formation*)中描绘了创业机会的定性评价过程的流程图。这个流程分为五大步骤:

第一步,判断新产品或服务将如何为购买者创造价值,判断新产

[①] 王培俊主编:《职业规划与创业体验》,高等教育出版社2011年版,第203—204页。

品或服务使用的潜在障碍,如何克服这些障碍,根据对产品和市场认可度的分析,得出新产品的潜在需求、早期使用者的行为特征、产品达到创造收益的预期时间。

第二步,分析产品在目标市场投放的技术风险、财务风险和竞争风险,进行机会窗分析。

第三步,在产品的制造过程中是否能保证足够的生产批量和可以接受的产品质量。

第四步,估算新产品项目的初始投资额,明确使用何种融资渠道。

第五步,在更大的范围内考虑风险的程度,以及如何控制和管理那些风险因素。

史蒂文森等人在《新企业与创业》(New Business Ventures and the Entrepreneur)中指出,为了充分评价创业机会,需要考虑以下几个重要问题:(1)回答机会的大小,存在的时间跨度和随时间成长的速度这些问题。(2)潜在的利润是否足够弥补资本、时间和机会成本的投资,而带来令人满意的收益。(3)机会是否开辟了额外的扩张、多样化或综合的商业机会选择。(4)在可能的障碍面前,收益是否会持久。(5)产品或服务是否真正满足了真实的需求。

朗格内克、摩尔和佩蒂提出了评价创业机会的五项标准:(1)对产品有明确界定的市场需求,推出的时机也是恰当的;(2)投资的项目具有持久的竞争优势;(3)投资必须是高回报的,从而允许一定的投资失误;(4)创业者和创业机会之间是相互合适的;(5)机会中不存在致命缺陷。

蒂蒙斯在《创业学:21世纪的创业精神》(New Venture Creation: Entrepreneurship for the 21th century)中提出了包含8个一级指标、55个二级指标的评价指标体系,它包括了其他理论所涉及的指标体系,是目前最全面的创业机会评价的指标体系,可以作为创业机会评价指标库。蒂蒙斯提出的八大类评估标准是比较全面的,几乎涵盖了其他一些理论所涉及的全面内容。这八大类包括:行业和市场、经济因素、收获条件、竞争优势、管理团队、致命缺陷问题、个人标准、战略差异。对每个指标的吸引力分为最高潜力和最低潜力,并对最高潜力和最低潜力进行描述。见表3-3。

表3-3 创业机会评价基本框架[①]

行业和市场	市场容易识别,可以带来持续收入 顾客可以接受产品或服务,愿意为此付费 产品的附加价值高 产品对市场的影响力大 将要开发的产品生命长久 项目所在的行业是新兴行业,竞争不完善 市场规模大,销售潜力达到1000万—10亿 市场成长率在30%—50%甚至更高 现有厂商的生产能力机会完全饱和 在5年内能占据市场的领导地位,达到20%以上 拥有低成本的供应商,具有成本优势
经济因素	达到盈亏平衡点所需要的时间在1.5—2年以内 盈亏平衡点不会逐渐提高 投资回报率在25%以上 项目对资金的要求不是很大,能够获得融资 销售额的年增长率高于15% 有良好的现金流量,能占到销售额的20%—30%以上 能获得持久的毛利,毛利率要达到40%以上 能获得持久的税后利润,税后利润率要超过10% 资产集中程度低 运营资金不多,需求量是逐渐增加的 研发工作对资金的要求不高
收获条件	项目带来的附加价值具有较高的战略意义 存在现有的或可预料的退出方式 资本市场环境有利,可以实现资本的流动
竞争优势	固定成本和可变成本低 对成本、价格和销售的控制较高 已经获得或可以获得对专利所有权的保护 竞争对手尚未觉醒,竞争较弱 拥有专利或具有某种独占性 拥有发展良好的网络关系,容易获得合同 拥有杰出的关键人员和管理团队

[①] 王伟、朱燕空:《创业机会评价指标体系构建》,《商业时代》2010年第2期;姜彦福、邱琼:《创业机会评价重要指标序列的实证研究》,《科学学研究》2004年第1期。

续表

管理团队	创业者团队是一个优秀管理者的组合 行业和技术经验达到了本行业内的最高水平 管理团队的正直廉洁程度能达到最高水平 管理团队知道自己缺乏哪方面的知识
致命缺陷问题	不存在任何致命缺陷问题
个人标准	个人目标与创业活动相符 创业家可以做到在有限的风险下实现成功 创业家能接受薪水减少等损失 创业家渴望进行创业者的生活方式,而不只是为了赚大钱 创业家可以承受适当的风险 创业家在压力下状态依然良好
理想与现实的战略差异	理想与现实情况相吻合 管理团队已经是最好的 在客户服务管理方面有很好的服务理念 所创办的事业顺应时代潮流 所采取的技术具有突破性,不存在许多替代品或竞争对手 具备灵活的适应能力,能快速地进行取舍 始终在寻找新的机会 定价与市场领先者几乎持平 能够获得销售渠道,或已经拥有现成的网络 能够允许失败

蒂蒙斯提出的机会识别指标的缺点也比较明显,指标多而全,导致主次不够清晰,实践中在对创业机会进评价时,实际上难以做到能够对各个方面的指标进量化设置权重、最后实现综合评分的效果;另一方面各维度划分不尽合理,存在交叉重叠,这也在一定程度上影响了机会评价指标的有效性。另外,蒂蒙斯创业机会评价体系主要是基于风险投资商的风险投资标准建立的,这与创业者的标准还是存在一定的差异性,风险投资商的标准更具有主观性,而创业者的标准更具有客观性。

2. 定量分析

除了以上的定性评价之外还有定量分析方法对机会进行更进一步的评价。下面介绍四种公认的创业机会的定量评价方法。

(1) 标准打分矩阵

选择对创业机会成功有重要影响的因素,并由专家对每一个因素进行打分,最后求出每个因素在各个创业机会下的加权平均分,从而对不同的创业机会进行比较。见表3-4。

表3-4 机会打分评价法①

标准	专家评分			
	极好(3分)	好(2分)	一般(1分)	加权平均分
易操作性				
质量和易维护性				
市场接受度				
增加资本的能力				
投资回报				
专利权状况				
市场的大小				
制造的简单性				
广告潜力				
成长的潜力				

(2) 西屋(Westing house)法

这实际上是计算和比较各个机会的优先级,其公式如下:

机会优先级别 = [技术成功概率 × (价格 - 成本) × 投资生命周期] / 总成本

在该公式中,技术和商业成功的概率以百分比表示(从0到100%),平均年销售额是以销售的产品数量计算,成本是以单位产品生产成本计算,投资生命周期是指可以预期的年均销售数额保持不变的年限,总成本是指预期的所有投入,包括研究、设计、生产和营销费用。对于不同的创业机会将具体数值带入计算,特定机会的优先级越高,该机会越有可能成功。

---

① 左凌烨、雷家骕:《创业机会评价方法研究综述》,《中外管理导报》2002年第7期,第53—55页。

（3）Hanan's Potentionmeter 法

这是一种让创业者填写针对不同因素的不同情况、预先设定好权值的选项式问卷的方法。对于不同的因素,不同的选项的得分为 -2—+2 分,对所有因素得分加总得到最后的总分,总分越高说明特定创业机会成功的潜力越大。

（4）Baty 的选择因素法

在这种方法中,通过 11 个选择因素的设定来对创业机会进行判断。如果某个创业机会只符合其中的 6 个或者更少的因素,那么这个创业机会就不可取;反之则说明该创业机会成功的希望很大。见表 3-5。

表 3-5　Baty 的机会选择因素法[①]

这个创业机会在现阶段是否只有你一个人发现了?
初始产品生产成本是否可以承受?
初始的市场开发成本是否可以承受?
产品是否具有高利润回报的潜力?
是否可以预期产品投放市场和达到盈亏平衡点的时间?
潜在的市场是否巨大?
你的产品是否为一个高速成长的产品家族中的第一个产品?
你是否拥有一些现成的初始客户?
你是否可预期产品的开发成本和开发周期?
是否处于一个成长中的行业?
金融界是否能理解你的产品和顾客对它的需求?

不论采用什么方法识别和评价机会的价值,得出的结论应该是大同小异的。好商机一般具有以下五个重要特点:

① 市场前景可明确界定;

② 未来市场中前 5—7 年销售额稳步且快速增长;

[①] 左凌烨、雷家骕:《创业机会评价方法研究综述》,《中外管理导报》2002 年第 7 期,第 53—55 页。

③ 创业者能够获得利用机会所需要的关键能源；
④ 创业者不被锁定在刚性的技术路线上；
⑤ 创业者可以用不同的方式创造额外的机会和利润。

(四) 创业机会评价的特殊性

常规的市场研究方法不一定完全适用于创业机会评价，尤其是原创性创业机会的评价。因此，在创业机会评价过程中要注意创业机会评价的特殊性，重点从机会的营利性和可行性进行评价。

1. 机会的营利性

(1) 行业与产业的吸引力

行业与产业的吸引力分析是进行创业机会评价的基础。行业是指生产相似产品或服务的企业总体，如计算机产业、汽车产业、飞机产业、服装行业。各行业总体吸引力不同。一般来说，如果行业具有新兴产业、处于生命周期早期阶段、分散化等特征，那么它更容易接纳新企业进入，而具有相反特征的行业对新企业的进入则比较苛刻。人们也希望选择一个具有结构吸引力的行业，这意味着新创企业能顺利进入市场并开展竞争，有些行业具有很高的进入障碍，或者行业内存在一两家主导企业，能将潜在新企业最终逐出市场。

对其他因素的研讨也很重要。例如，环境和商业趋势有利于行业发展的程度，对行业的长期健康、孕育新市场或利基市场的能力都很重要。

(2) 目标市场的利益

企业目标市场则是指被企业选定为服务对象或试图吸引的部分市场。大部分企业不试图服务于整个市场，而是选择特定目标市场并全力以赴为该目标市场提供服务。对于目标市场的利益分析，主要侧重以下几个方面的内容：①是否具有市场定位，专注于具体客户需求，能为客户带来新的价值；②依据波特的五力模型进行创业机会的市场结构评价；③分析创业机会所面临的市场规模的大小；④评价创业机会的市场渗透力；⑤预测可能取得的市场占有率；⑥分析产品成本结构。

(3) 机会的竞争优势

机会的竞争优势主要是指与市场上已有的企业相比，创业机会所具有的市场竞争优势。这是新创企业能够在市场上获得生存的关键。

2. 机会的可行性

创业机会的可行性是创业机会识别属性之一。机会识别可行性是指新创企业实现营利的可能性和把握度。① 因此,进行机会的可行性评价是综合考虑创业者识别和开发机会的能力和资源获取情况。资源获取是开发创业机会的关键,创业者的能力决定了能否有效开发出创业机会。对于风险投资者来说,新创企业的管理团队非常重要,他们投资第一看重的是项目,而更看重的是企业的团队。如果有好的项目却没人来做,还不如不做,所以一个好的团队是非常有吸引力的。而良好的团队构成在一定程度上能够决定团队获取资源的能力和开发资源的获取情况,确保能够实现机会开发。

(五) 创业机会评价的技巧和策略

1. 四项锁定标准

如何判断一个好的想法是否确实是好的创业机会,这是创业者必须解决的众多问题中的一个。优秀企业有四项标准:

(1) 它们为客户和最终用户创造或增加了价值。

---

360 带来的价值②

360 安全卫士的老板周鸿祎曾自己做过一个 3721,又在 IDG 技术创业投资基金干过一段风险投资。他投资了迅雷、酷狗、Discuz 等一大批成功的企业,也在羊奶这样的项目上失手过。他倒是从来不拒绝谈论失败的案例。

换个角度看问题,让他平静了很多。不过做天使投资人,间接体会成功的快感或者失败的痛楚,显得太不痛快了。

---

① 仲伟伫、芦春荣:《环境动态性对创业机会识别可行性的影响路径研究——基于创业者个人特质》,《预测》2014 年第 3 期。

② 张耀辉主编:《创业学导论:原理、训练与应用》,机械工业出版社 2011 年版,第 107—108 页。

他重新杀回了一线。2006年7月,周鸿祎的奇虎公司推出了"360安全卫士"免费软件,主打卸载流氓软件。百度、CNNIC、雅虎一大批根深蒂固的插件被清理干净。周的口号是"替天行道",与此同时360安全卫士还带上了半年免费的卡巴斯基。清理插件加杀毒,声势很浩大。

周鸿祎把自己曾做过的雅虎上网助手(前身是3721客户端)也干掉了,发布的头两月每天卸载的恶评软件就达100多万,其中雅虎助手就达60万次以上。时任雅虎中国执行总裁的田健开始炮轰老同事、前老板周鸿祎,双方频频抛出声明指责对方,从职业道德上升到了个人品质问题。

没有无缘无故的口水战,据互联网调查公司iResearch的统计显示,2004年3721网络实际收入约为1.5亿—2亿元,2005年增长到近4亿元,2006年开始出现整体下滑,但依然是"瘦死的骆驼比马大"。据田健介绍,阿里巴巴、雅虎收入前3名的业务是"3721、短信增值、搜索竞价"。

360安全卫士从根本上清除上网助手,让田健一点流量都拿不到,彻底失去收入,属于釜底抽薪之举。

周田二人大战之际,阿里巴巴(此时杨致远把雅虎中国卖给了马云)的介入更加剧了"互联网第一口水战"。马云也来凑热闹,双方像小孩子斗气一样,相互赌咒说永远不投资对方企业,永远不和对方发生业务来往。几番口水战之后,也不了了之。

周鸿祎觉得做安全卫士是一切从用户出发,不小心进入了安全领域。这个不小心引发的后果是,360已经成为中国互联网第二大客户端企业(第一名是不可动摇的腾讯),软件宝库已经成为下载渠道门户之一,周鸿祎被认为直接动了下载站的奶酪。继十大网游公司之后,又有十大视频网站开始与之合作;"安全浏览器"以安全为主打,已成为国内浏览器市场上用户量第二大的产品;360免费杀毒是云安全产品,服务器与客户端双结合,适合互联网时代,3个月用户量超越9年稳居第一的瑞星,由此推动了行业重新洗牌。

在互联网江湖摸爬滚打多年的周鸿祎的"一不小心",在外界看来却似乎有着缜密的筹备:先从处理流氓软件开始,"悄悄地进村,打枪的不要",麻痹了老牌杀毒软件厂商,一举占领了网民电脑的客户端,并博得好评;然后再根据互联网时代对安全的最大需求,顺势推出木马查杀,同时和急切进入中国市场的卡巴斯基合作,推出半年免费杀毒服务;到最后,推出正式的360免费杀毒软件,彻底占据了客户电脑。

来自艾瑞咨询的数据显示,截至2009年年底,360杀毒软件在杀毒行业占据30.8%的市场份额,用户量超过1.2亿。此前推出的免费360安全卫士已覆盖国内73%的网民,用户数量接近2.8亿。

对于用户这一切的代价是零,因为360所有的产品都是免费的。他甚至在互联网的聚会上直呼:"目前杀毒软件的利润都是暴利……"周鸿祎先动了互联网安全行业的奶酪。长久以来,杀毒软件维持着共同逻辑:用户要拿出真金白银购买杀毒升级服务。

就好像微软的Windows操作系统开始受到Google的Android冲击一样,360带来了全新模式:免费。

在周鸿祎的逻辑里,互联网的游戏规则和软件业不一样:"只要是人人都需要用的互联网服务,就应该免费。只有少数人需要的,就可以收费。有一定数量的用户群之后,就可以推出增值服务了。我们不会在软件里搭载广告,广告不是我们的方向。"

周鸿祎就是抓住了最终客户的需求,为客户做了充足的功能成本分析,为客户创造了价值,利用增值服务区分客户群体,能够使客户看到实实在在的价值,这是360之所以能够成功的基础。

(2)它们满足了顾客的某项重大需求或愿望。

(3)它们有需求很旺盛的市场,利润很高。它们的规模足够大,成长速度快(至少为20%),利润很高(至少为40%),较早地获得了自由现金流并且现金流充足(不断进账的收入、资产和流动资产少),营利潜力高(税后利润至少为10%—15%),并为投资者提供很有吸引力同时也能实现的回报(内部收益率至少为25%—30%)。

(4)它们与当时的创始人和管理团队配合得很好,也很适合市场状况,风险/回报平衡。①

2. 快速筛选

多数老练的私人股权投资者和风险资本家在选择投资项目时,100个创业计划中被选中的不会超过5个,从这两个数字中我们可以看出筛选优秀的创业思路有多么重要。实际上,能否快速高效地放弃某些创业思路对创业者来说是项很重要的技能。要放弃这些思路,就等于说你在形成这些想法的过程中所付出的热情和精力都付诸东流,这会使我们十分矛盾。下面我们提供一个解决该问题的方法的练习,叫"快速筛选",它会帮助你在一个小时左右的时间内把思路理清并快速评估。除非该思路有下面提到的四项锁定标准做支撑,或你相信思路可以改进,使之符合该四项条件,否则你就会在一项很小的思路上浪费大量时间。"快速筛选"可以平时练习,以备己需。

练一练②

一、市场和利润率相关问题

标准	较高潜力	较低潜力
需求/愿望/问题	已识别出	未被关注
客户	可以接触到并且客户愿意接受访问	接触不到/是其他公司的忠诚客户
用户的回报期	小于一年	大于三年
增加的价值或创造的价值	大于40%	小于20%
市场规模	3.5亿元—7亿元	小于7000万元或大于70亿元
市场成长率	大于20%	小于20%且在缩减
毛利率	大于40%且能持续	小于20%且难以持续
总体潜力		
1. 市场占有率	高 中	低
2. 利润率	高 中	低

---

① 李志刚主编:《网上创业》,西南财经大学出版社2008年版,第31页。
② 张元萍主编:《创业投资实验教程》,中国人民大学出版社2013年版,第36—37页。

二、竞争优势

标准	较高潜力	较低潜力
固定和可变成本	很低	很高
控制程度	较强	较弱
价格和成本	低	高
供应和分销渠道	分散	集中
竞争者进入壁垒	可以创造	弱/没有
专利权优势	具有防御性	无
交货周期(产品、技术、资源等)	快捷	迟缓
服务链	强优势	没有优势
合约优势	排他性合约	无合约
关系网络	能接触到关键人物	接触到的关键人物有限
总体潜力		
1.成本	高 中	低
2.渠道	高 中	低
3.进入壁垒	高 中	低
4.时机	高 中	低

三、价值创造和实现问题

标准	较高潜力	较低潜力
税后利润	10%—15%或更多且持久	小于15%且不能持续
达到盈亏平衡所需时间	小于两年	大于三年
获得正现金流所需时间	小于两年	大于三年
投资回报率	40%—70%或更多且持久	小于20%且不能持续
价值	高价值战略	低价值战略
资本要求	低到中等,找得到投资	很高,很难找到投资
退出机制	首次公开上市	变现能力差的投资
总体价值创造潜力		
1.时机	高 中	低
2.利润/自由现金流	高 中	低
3.退出/清算	高 中	低

四、总体潜力			
标准	做	不做	如果……就做
1. 利润和市场			
2. 竞争优势			
3. 价值创造和实现			
4. 匹配度、天时、地利、人和			
5. 风险回报平衡			
6. 其他知道的可能造成失败的问题			

第二节 创业风险识别

高风险伴随着高收益,这是经济生活中的一条公理。但是在经济生活中有一些风险却只存在损失的可能性,不能带来收益,例如我们通过购买保险转嫁给保险公司的各种风险。这些可报的风险从另一个方面说明,只要充分认识到风险的存在,并采取积极的预防措施,可以在获得高收益的同时把风险降到最低程度,这就是对风险进行管理的主要目的。如何对风险实施有效的管理,对创业企业来说至关重要。新创业的企业往往规模较小,资金实力薄弱,各项工作均处于起步阶段,因而此时的企业抗风险能力最差。如果不能对创业时期的各种风险实施有效的管理,将会使创业家们举步维艰,甚至有可能使新生的企业遭受灭顶之灾。因此,正确地认识创业风险、合理地管理创业风险是每一个创业家的必修课程之一。

一、创业风险的构成与分类

(一)风险与创业风险

1. 风险的概念

风险在《现代汉语词典》(第6版)中的定义为:可能发生的危险。将其引入到经济中,有各种各样的不同解释,但核心内容是一样的,即未来结果的不确定性或损失。风险是指由于环境的不确定性、客体的复杂性、主体的能力与实力的有限性,而导致某一事项或活动偏离预期目标的可能性。

2. 创业风险的概念

创业风险是指企业在创立过程中存在的各种不确性。由于创业环境的不确定性,创业机会与创业企业的复杂性,创业者、创业团队与创业投资者的能力与实力的有限性,而导致创业活动结果的不确定性,就是创业风险。

(二) 创业风险的分类

1. 按来源划分

依据风险的来源,我们可以将其划分为系统风险和非系统风险。

(1) 系统风险是指由于创业外部环境的不确定性引发的风险。这种风险常常源于公司外部的大环境,是创业者和企业无法控制或无力排除的风险,因而也常称为"客观风险"或"外部风险",比如政策立法、宏观经济以及社会、文化等带来的风险。对于这类风险,创业者只能在创业过程中设法规避。

(2) 非系统风险是指非外部因素引发的风险,即指与创业者、创业投资和创业企业的不确定性因素引发的风险。非系统风险可以通过创业各方的主观努力,通过科学方法来加以控制甚至消除。它具有可分散性,因而又叫主观风险,如技术风险、管理风险、市场风险等。对于这类风险,创业者需要千方百计地设法加以控制。多数情况下,在创业活动启动之前,风险还是潜在的,只有在创业活动启动甚至进入正常程序后,某些风险因素才会爆发。因此,在创业筹划阶段,创业者就需要对未来可能遇到的风险因素有一个理性的把握。①

2. 按内容划分

(1) 政策及法律风险。政策风险是指因国家宏观政策(如货币政策、财政政策、行业政策、地区发展政策等)发生变化,导致市场价格波动而产生风险。

在市场经济条件下,由于受价值规律和竞争机制的影响,各企业争夺市场资源,都希望获得更大的活动自由,因而可能会触及国家的

---

① 吴雅冰主编:《创业管理》,中国人民大学出版社 2012 年版,第 163 页。

有关政策,而国家政策又对企业的行为具有强制约束力。另外,国家在不同时期可以根据宏观环境的变化而改变政策,这必然会影响到企业的经济利益。因此,国家与企业之间由于政策的存在和调整,在经济利益上会产生矛盾,从而产生政策风险。

企业法律风险是指企业因自身经营行为的不规范或者对方违法犯罪、侵权违约以及外部法律环境发生重大变化而造成的不利法律后果的可能性。

(2)技术风险。技术风险是指伴随着科学技术的发展、生产方式的改变而发生的风险。技术创新所需要的相关技术不配套、不成熟,技术创新所需要的相应设施、设备不够完善。由于这些因素的存在,影响到创新技术的适用性、先进性、完整性、可行性和可靠性,从而产生技术性风险。许多企业热衷于提高企业技术水平和科技含量,引进国外先进技术和设备,结果食洋不化,设备闲置,实现不了效益。

对技术创新的市场预测不够充分。任何一项新技术、新产品最终都要接受市场的检验。如果不能对技术的市场适应性、先进性和收益性作出比较科学的预测,就使得创新的技术在初始阶段就存在风险。这种风险产生于技术本身,因而是技术风险。这种风险来自新产品不一定被市场接受,或投放市场后被其他同类产品取代,所发生的损失包括技术创新开发、转让转化过程中的损失。这就是说,企业在技术创新上确实存在风险,并不是技术越先进越好。

(3)财务风险。不同性质的财务风险大多具有投机的性质,它是由于融资风险、汇率风险、货款的风险和资金供给不足的风险等带来的潜在损失。财务风险是工商企业所面临的最大风险,尤其是新创业的企业,在资金融通及资金流的管理方面常会遇到很多的问题,而这些问题也常是创业家们最关注的问题,这些问题也往往是风险投资家们最为关注的问题。这是因为财务风险所带来的潜在损失往往会终结一个企业正常的运行轨道,甚至会使创业企业夭折。因此,识别这些风险并及早进行预防来保障创业。如主要原材料供应商的损失直接影响到工商企业正常的生产经营,从而给企业带来风险;分销商的财产损失将直接影响到企业产品的分销渠道。对这类关联风险,企业也应该认真地进行分析,以在风险出现的时候有适当的应对方法。

(4)团队风险。创业团队中隐藏着众多矛盾,创业团队不能全心全力投入新产品的开发和推广,甚至造成创业团队关键成员流失,导致企业难以存续的风险。

形成团队的风险的原因很多。首先,可能在创建创业团队时,盲目照搬成功的组建模式。不同的组建模式适用的条件不尽相同。如果盲目照搬照套某种组建模式,会给企业带来巨大的风险。其次,也可能是由于团队成员选择具有随意性和偶然。但是,在组建初期由于规模和人数的限制,创业团队在成员选择方面考虑不够全面,过于随意和偶然,甚至只是因为碰巧谈到创业问题而一拍即合,之后又没有进行及时的补充。另外,也可能是因为缺乏一致的团队目标。事实上,在创业初期,创业团队的目标一般并不十分清晰和明确,可能只是一个梦想的发展方向,有些人甚至不明白自己为什么会走上创业的道路。而且即使创业领导者的目标明确,也不能保证其他成员都能够正确、准确理解团队目标的含义。当团队目标不一致时,就会给企业的发展带来阻力。

(5)市场风险。市场风险的表现有很多方面,其中包括市场价格的变动、政策的调整、大的经济环境背景的变动、经济危机、金融危机引发的一系列反应等多方面。市场风险主要是针对产品和服务而言,一般来说市场风险可归纳为两个方面:一是技术性风险市场化,即由于产品技术本身的不成熟,使得新产品在市场推广过程中有被消费者拒绝或被竞争产品攻击的风险;二是商业化风险,即技术开发是成功的,但新产品投放市场后未收到预期回报。

(6)其他风险。创业企业还会受到其他纯粹风险的影响,例如由汇率等金融环境的变动所引发的风险,企业成员的与健康和福利相联系的潜在风险损失等,这些风险往往是不可通过保险的方式来转移的,需要创业企业自主地进行管理与控制。我们将在以后的章节中进行详细研究。

二、系统风险防范的可能途径

(一)宏观经济风险

这是因国家宏观经济状况、产业政策、利率变动以及汇率的稳定性等因素所带来的风险。任何企业的发展都必须依托所在国家和地区的经济环境。利率、价格水平、通货膨胀等因素的变化以及金融、资本市场的层次、规模、健全程度等都会给企业带来很大的不确定性,使创业企业暴露在风险之中。当这类风险将要或者已经出现时,企业应该能够快速响应,采取措施使企业适应这一变化。

(二)商品市场风险

市场风险的防范一般应从以下三个方面进行:

1. 推出的产品能否被消费者接受

在现实市场中,人们对传统技术产品司空见惯,故对传统技术产品的市场需求是较为稳定的,而高新技术产品对消费者来说是新鲜的,它的市场多是潜在的、待开发的、待成长的,在这种情况下,创业者就很难预先判定市场是否会接受自己推出的某一高新技术产品,包括接受能力和接受速度。

2. 创业产品与服务的前瞻性

创业企业生产的产品一般都是创新产品,由于产品技术本身的前瞻性,创业者需要得到相对准确的市场预期,包括对市场的接受度、产品导入市场的时间,以及市场的需求量。

3. 确定创业产品未来的市场竞争力

由于新产品的竞争力是创业的竞争力与优势、营销策略等有机结合的结果,创业营销中往往要求售前、售中、售后技术服务,而创业者这方面的能力和网络一般较为缺乏,另外创业产品上市之初,产品成本多数会被前期的研发成本所抬高,在较高售价下才不致亏损,因此降低产品成本也是防范市场风险的有力措施。

(三)资本市场风险

资本市场风险表现为资本市场体系脆弱、虚拟资本过度增长与相关交易持续膨胀、因技术问题造成交易系统失真甚至崩溃以及某些市场主体的违规操作或经营失误导致整个市场秩序混乱四个方面。

1. 资本市场体系脆弱,监管松弛

过去的经验证明,一个体系不够健全的资本市场,在遇到外来诱发因素时极易发生系统性风险,同时恢复起来也会较慢。例如当资本市场规模过小又对国际资本开放时,很容易受到外来资本的左右;当资本市场缺少层次时,往往会造成交易过度集中和投机过度;当资本市场缺少风险管理和对冲工具时,投资者的风险承受能力明显偏低,市场的稳定性差。此外在资本市场开放的过程中,我国必将面临一个金融创新的高潮。当金融衍生商品过度发展时,也会加大监管的难度,因为金融衍生产品的复杂程度完全有可能超出投资者的理解能力。而监管的缺陷会助长风险的蔓延和加深危机的程度。因此,必须加强对资本市场的监管力度。

2. 虚拟资本过度增长与相关交易持续膨胀

与实体经济不同,虚拟资本一旦出现市场不均衡时,供求双方并不会依照通常的市场规律来调整行为(即价格上升——需求者减少需求、生产者增加供给最终达到市场均衡;价格下降——需求者增加需求、生产者减少供给,同样达到新的市场均衡)。由于虚拟资本市场的价格更多地受到预期的影响,只要价格继续上涨的预期存在,市场需求就不会因为价格的升高而减少,相反却会大量增加,因为投资者只想通过买卖谋取利润,对资产本身的使用和产生营利的能力并无兴趣。随着虚拟资本日益脱离实物资本和实业部门的增长,社会经济出现虚假繁荣,最后泡沫必定破灭,出现价格暴跌,导致对经济社会的巨大破坏。因而需要对虚拟经济的发展予以规范和管理。

3. 电子化、网络化运用不当带来的交易系统问题

随着计算机技术、通信技术和网络技术等新技术在金融业的大量运用,资本市场交易系统的电子化程度不断提高。在传统交易方式下,一个交易员一天只能买卖几十次股票,而网上证券交易一天可达几几百上千次。但是,技术在提高了交易效率的同时也带来了新的风险。一是操作风险。在货币电子化的今天,一个按键按错了就可能造成重大损失。二是计算机金融犯罪风险。一些犯罪分子利用黑客软件、病毒、木马程序等技术手段,攻击证券管理机构、证券公司和股票上市公司的系统及个人主机,改变数据,盗取投资者资金,操纵股票价格。如果对这类犯罪行为防范不力,就会对金融交易网络产生极大的危害。三是电子系统自身的运行和管理风险。众所周知,越精密的仪器越脆弱,对电子技术的依赖程度越深,系统出问题后的破坏力也就越大。如果电子化的基础设施没有跟上,运行管理制度不完善、不可靠,那么来自交易系统的潜在风险就会加大。这都需要加强对电子、网络教育系统的监管。

4. 某些市场主体的违规操作或失误导致对整个市场的冲击

市场主体的操作问题一般属于非系统风险,通常不会危及整个资本市场的运行,但是如果资本市场不够成熟,或者在市场交易制度、监管制度、市场主体的公司治理等方面存在缺陷,这类风险也可能引发对整个市场的破坏性影响,成为发生系统风险的基础性因素。

(四)政治、法律、社会风险

这是由于国家政治的稳定性、社会政策的连贯性等产生的风险。对高新技术企业而言,国家对其在国民经济发展中发挥作用的认识,进而所采取的政策,对其创业的风险度有一定的影响。对于这种类型的风险,高新技术企业在创业过程中应该积极关注和预测国家的政策走向,如果预测到某一政策将对企业的发展不利,企业可以早做准备,改变企业的运营方式,适应政策的变化。

法律、法规的制定和修改,都会对创业企业产生影响。政府会采取某些事后的行政措施或法律手段来限制某些已经开发成功的高新技术产品的生产、销售或使用。例如,近年来国内外一些新创企业开发转基因产品,曾被有关国家政府部门明令禁止销售,这样,企业的所有创业投入就转化为沉没成本,创业者根本得不到任何商业利益。目前,我国对于高新技术企业的立法还存在很多的政策、法规空白,这势必造成法律上的风险。这类风险企业难以控制,只有尽可能地加以规避。

另外,传统文化、社会意识以及新技术、新产品的冲击,或社会的中介服务机构和基础设施不完备等也会引起创业风险。这些因素很多是同化于社会文化或社会发展之中的,短时期内不可能有太大的改变。企业应该加强自身企业文化的建设,形成一个有利于企业长期稳定发展的企业文化,同时可以在某种程度上降低社会传统文化中的不利因素对企业发展的影响。①

三、非系统风险防范的可能途径

创业的非系统风险是指非外部因素引发的风险,即指与创业者、

---

① 郑晓燕、相子国主编:《创业基础》,西南财经大学出版社 2013 年版,第 85—87 页。

创业投资和创业企业有关的不确定性因素引发的风险。非系统风险可以通过创业各方主观的努力而控制或消除,因而又叫"主观风险",如技术风险、管理风险、市场风险等。对于这类风险,创业者需要千方百计地设法加强控制。对于非系统系风险的防范途径可以按照识别风险→原因分析→防范三步走的模式进行。

(一)团队风险

在世界一级的著名大公司中,团队已被认为是提高组织运行效率的可行方案,它有助于更好地组织利用员工的才能,同时能够对变化的外部环境迅速作出反应。然而,这并不是说团队在组织中一经建立,就会自动产生如上效果,实践中成功的企业团队并不是很多。如果以提高生产率30%为标准,根据调查,大约有40%的现有团队是不能称做成功的。针对现实中一些团队效率不高的原因,应从完善团队构成要素和优化团队管理两方面着手加强团队的建设,完善团队构成要素。在企业中,往往把一群工作人员,或一个部门称为"团队"。当所谓的"团队"并未带来工作效率的大幅度提高时,人们可能就会归结为团队的失效。但实际上,问题常常是这些所谓的"团队"只有团队之名,而缺乏团队之实。只有切实完善团队构成要素,才能建立真正的"团队"。

1. 团队风险的来源

创业团队也存在着风险。创业初期,创业团队的成员大都是朋友,但是经过一段时间的磨合之后,各种矛盾就会凸显出来,这时创业团队都要经过一个痛苦的"洗牌"过程,或许有的人不能认同理念,或许有的人有其他的打算,或许有的人不称职。事实上,即使对最富经验的职业经理人而言,最棘手的事也许是解雇员工。对于创业企业而言,在创业初期的人员变更是很大的问题,很难处理,这就需要创业家们要有果断换人和"洗牌"的勇气。

创业团队风险主要来源于以下几个方面:

(1)没有共同的愿景和目标

当团队中每个人考虑的是如何通过"团队"达到自己的目标(而不是如何实现个人与团队目标的"双赢")、只为完成工作而工作,而不是为更好地完成团队任务而共同努力,那么他们要么是缺乏工作热情,要么会成为实现团队目标的障碍。这样的团队不仅很难成功,而且会形成创业过程中的潜在风险。

真正的团队首先要具有"内在的工作热情"。内在的工作热情在很大的程度上来自于对利益关系的认同,而利益关系的认同必须在明确团队目标之后。因为只有当团队成员知道团队要干什么和要干到什么程度以后,才能判断这件事是否能够成功,自己是否能够得到好处。尽管无法告诉每一个人他们具体将得到什么(这个问题应由企业的激励制度去规定),但至少可以让他们认为这是一项对自己很有益的事业。这样才能使团队成员由衷地将团队目标转化成个人的目标,才能在工作中迸发出内在的创造激情和无尽潜力。由于人的需求不同、动机不同、价值观不同、内心的疑虑也不同,团队在组建之初,需要团队成员用大量时间和精力来讨论和完善一个在集体层次和个体层次都能被接受的目标,这一目标一旦被全体成员所接受,就会起到航标的作用,每个人的工作就是这一目标的具体化。共同愿景和目标的建立,能够激发出人的"深层热望",每个人不仅知道自己在做什么,还知道自己为什么要这么做时,才能充分地发挥自己的潜力,才能主动合作,团队也才能获得协同效益。

(2)不能塑造和谐的创业团队关系

在工作中,人们可能结成各种关系,有些是不利于团队发展的,如任人唯亲、各占山头等,其结果就是工作中常常出现人为的阻力,帮派之争常常左右重大的决议等,这种团队关系显然是不会给企业带来高绩效的,相反会成为创业团队风险的又一来源。

"具有和谐平等、相互信任的人际关系"是真正团队的又一特征。当每个人表达自己的意见时,不必顾及人际关系,每个人只需忠实于团队而不需忠实于某个人时,大家才能相信团队中存在人人平等的发展机会,才会将自己和团队紧密联系在一起。塑造团队关系,就是将团队成员关系调节到最佳值。联想集团对员工提出了"五多三少"的行为准则:多考虑别人的感受,少不分场合地训人;多一点赞扬,少一点风凉话;多把别人往好处想,少盯着别人的缺点;多问别人的困难;多一点微笑。这正是出于塑造和谐的团队关系的需要。

(3)没有或不能很好地遵行团队规范和应该严守的纪律

不少创业企业在团队创建过程中,过于追求团队的亲和力和人情味,认为"团队之内皆兄弟",而严明的团队纪律有碍团结。这就直接导致了管理制度的不完善,或虽有制度但执行不力,形同虚设。比如说,某个成员没能按期保质地完成某项工作或者是违反了某项具体的规定,但他并没有受到相应的处罚,或是处罚根本无关痛痒。从表面上看,这个团队非常具有亲和力,而事实上,对问题的纵容或失之以宽会使这个成员产生一种"其实也没有什么大不了"的错觉,久而久之,使企业的各种规章制度失效,带来无穷后患。

"具有严明、公正的纪律或规范"是真正团队的又一特征。严明的纪律不仅是维护团队整体利益的需要,而且在保护团队成员的根本利益方面也有着积极的意义。有一个破窗理论:一个窗户的玻璃被打破,而又得不到及时的修理,就会有更多的人去打烂更多的玻璃,最后所有人都会成为受害者。推行和贯彻团队规范,重在及时发现和纠正有悖于规范的行为,并且应当纠正"纪律有碍团结"的错误观念。GE的前CEO杰克·韦尔奇这样认为:指出谁是团队里最差的成员并不残忍,真正残忍的是对成员存在的问题视而不见,文过饰非,一味充当老好人。宽是害,严是爱。对于这一点,每一个创业团队都要有足够的清醒认识。

(4)团队角色配置不合理

有一些人将团队精神理解为集体主义,并简单地与个人英雄主义对立起来。这样常常导致团队成员的个性创造和个性发挥被扭曲和淹没。而没有个性,就意味着没有创造,这样的团队只有简单复制功能,而不具备持续创新能力。其实团队不仅仅是人的集合,更是能量的结合。团队精神的实质不是要团队成员牺牲自我去完成一项工作,而是要充分利用和发挥团队所有成员的个体优势去做好这项工作。真正团队的又一特征是充分利用和发挥团队所有成员的个体优势。团队的综合竞争力来自对团队成员专长的合理配置。只有营造一种适宜的氛围,不断地鼓励和刺激团队成员充分展现自我,最大限度地发挥个体潜能,团队才会迸发出如原子裂变般的能量。最典型的团队当属运动场上的球队,每个球队中需要具有不同技能的成员。同样,企业中的团队也需要不同的角色配合。

例如,以科技开发为目的的团队常常设计这样的角色:
- 信息收集员:是与外部信息源联结的纽带。
- 创新倡导者:善于宣传创新构思,能与高层领导对话。

- 创新构思产生者:有良好的技术背景,喜欢解决前沿问题,能够综合分析市场、技术、生产等方面的信息并提出解决挑战性技术难题的新方法或新产品构思。
- 技术难题解决者:不一定有创新性,但有较高的专业修养和技术能力。
- 项目管理者:具有较高的技术水平和管理能力,能够全面把握创新项目的整体运行状况,随时掌握市场需求变化和技术发展的新情况,对创新项目的费用和进度,进行有效控制,并有能力在关键技术环节上作出正确决策,还要善于与创新人员沟通,给予鼓励,善于解决创新过程中的各种矛盾和冲突。

在挑选团队成员时,不仅要考虑候选人是否具有团队角色所需的技术才能,还要考虑其他,如是否具有与团队精神相符的人格特征(即考察他的人际相容性、情绪稳定性及责任意识等)等。

2. 如何规避团队风险

完善团队要素是构建优秀团队的基础,优化团队管理则是提高团队运行效率的加速器。组建优秀创业团队可从下列几个方面入手:

(1)管理手段综合化

团队管理手段是多样化的,有沟通、协调、任务分配、目标设定、激励、教导、评价、适当批评、建议、授权、开会、奖惩等手段,可以根据具体情况综合采用。例如,在建立团队共同目标和愿景、塑造良好团队关系时,一方面是宣传团队项目的进展情况、项目实施的艰辛、实施者的奉献精神以及已取得的成果等方面,使得团队成员能够产生很强的责任感与成就感;另一方面,组织集体游玩或进行一些拓展性活动,如跨越高空断桥、高空抓杠等,通过这些活动使大家增强自信、打消挫折感以及相信集体、集体的智慧与团队的力量。通过这样的方法打造团队的凝聚力。

(2)管理内容阶段化

团队的构建要经历一个较长的过程(一般为3—5年),要根据每一阶段的团队特点来确定不同的管理内容。在形成期,团队共同的目标、成员之间的关系、共同规范尚未形成,此时的管理内容在于快速让成员融入团队,要让成员理解个人的目标和团队目标的相互依存性。在凝聚期,日常事务能正常运作,但主要的决策与问题,仍需要领导者的指示。此时的管理内容是挑选核心成员,培养核心成员的能力,建立更广泛的授权与更清晰的权责划分。在开放期,允许成员提出不同的意见与看法,目标由领导者制定转变为团队成员的共同愿景。此时的管理内容是培养团队自主能力。在成熟期,团队爆发出前所未有的潜能,创造出非凡的成果,并且能获得很高的顾客满意度。此时的管理内容是保持成长的动力,避免老化。

(3) 绩效评定科学化

在团队中,必须科学合理地对成员进行绩效评定。一般来讲,对团队绩效的测评可以遵循如下的程序,即首先要确定对团队层面的绩效测评维度和对个体层面的绩效测评维度,然后在测评维度的基础上,分解测评的关键要素,最后再考虑如何用具体的测评指标来衡量这些要素。这里具体介绍一种团队绩效评定的方法。首先确定团队层面的绩效测评,采用"价值贡献额"作为测评指标。团队的价值贡献额指的是团队当期投入价值与当期创造价值之和。当期投入价值包括工资、福利、培训费、科研经费等。

当期创造价值是企业当期新增价值(包括营业利润、投资收益以及亏损企业的减亏额)的一部分,是企业当期新增价值科研、生产、营销各环节共同努力的结果,可以根据具体各环节的贡献情况确定其贡献系数,用企业当期新增价值乘以团队的贡献系数便得到了团队的当期创造价值。然后确定个体层面的绩效测评,即测算团队成员的个人绩效。根据团队成员的工作表现,如地位、责任、努力程度、成果等确定每个人的价值分配系数,用团队的价值贡献额乘以个人的价值分配系数,便得到了每个人的绩效值。根据团队的价值贡献额和个人的绩效值,参考个人的要求,设计出工资、奖金、股金等的不同组合,可以起到很好的激励作用。

团队建设是一项控制难度很大、实践性很强的工作,其重要性不仅体现在创业初期,对团队的建设应该存在于企业经营的各个时期。在团队建设过程中出现这样那样的偏差在所难免,但只要坚持以完善团队要素为本、优化团队管理为辅的原则,勤于探索、注重实效、大胆创新,就一定能够走出各种形式的误区,从而真正培养出高效绩的团队。

（二）市场风险

在我国,很多企业多样化经营过多过杂,具有明显的盲目性,很难说是一条成功之路。例如,家具公司兼并化肥厂,石油公司发展保健品,机电公司开旅馆,工具公司办化工厂等。从表面上看,企业实现了多种经营,既分散了风险,又可能从不同的产业中多方面受益,但是盲目的或过度的多样化可能使资源分散和管理不善而影响收益,这就迫使企业甩掉多样化的"包袱",而走回专业化的老路上去。

对某些企业来说,有时候把鸡蛋都放在一只篮子里,集中精力看好这只篮子,不失为一种聪明的选择。即使必须把鸡蛋分装,那么也应当极其慎重地选择新的篮子,而且篮子的数量不宜多,两三只足矣。多样化经营超过一定限度,企业的风险将明显增加,这便是每个企业都不可回避的市场风险。

1. 市场风险的来源

我们这里所讲的市场风险是指创业企业从事经济活动所面临的亏损的可能性和营利的不确定性,主要表现在以下三个方面:

（1）市场接受能力的不确定性。现今的创业企业的产品往往是一些高新技术产品,这些产品在推出后,顾客往往持怀疑态度甚至作出错误的判断,从而对市场能否接受及能接受多少难以作出准确估计。

（2）市场接受时间的不确定性。高新技术产品的推出时间与诱导出有效需求的时间存在时滞,如果这一时滞过长将导致企业开发新产品的资金难以收回,而创业企业固有的资金短缺现象,将使其面临资金流不畅的风险。

（3）竞争激烈程度的不确定性。如果市场竞争过于激烈,形成供过于求的局面,预期利润则很难达到,从而使得创业企业难以为继,这是一种竞争所带来的风险。

2. 如何规避市场风险

（1）创业项目选择的基本原则

创业项目的选择是创业的第一步,也是困扰创业家们的最主要的困难之一,因为这种选择并没有一个通用方法。经过大量的实证研究,人们发现在项目的选择中存在一些基本的原则。这些原则有:

- 市场原则:以满足市场需求为前提,重点发展需求量大、发展前景广阔的产业或项目。

- 效益原则：讲求投资项目有较高的投入产出比，即投资要讲究一定的回报率。
- 政策原则：重点发展国家产业政策鼓励、支持的产业或项目，回避国家产业投资明确限制和压产的项目。
- 优势原则：选择自己熟悉并拥有资源优势的项目，充分利用当地资源优势和业主自身优势，不盲目追求社会经济热点，以避免决策失误，浪费劳动和投资。

（2）市场进入的定位与进入定位后的市场扩张

从整体而言，市场是一个巨大的系统，它是由众多提供各种产品的子市场系统和区域市场系统构成的。因此，任何一个企业都没有能力进入所有的市场，既无法为所有的顾客服务，也无法与所有的厂商对抗。企业只能根据自己的优势与特长，进入某一细分市场，在其目标市场上确立自己的经营优势。因此企业在进行进入区位（包括产业区位与地理区位）选择时，既要考虑到竞争者，又要考虑到消费者，做到消费者导向与竞争者导向的有机结合。

竞争者导向意味着公司进入市场时应密切关注竞争者的动向，针对不同竞争者，选择市场进入领域。企业的营利能力取决于企业的竞争优势，而企业的竞争优势又在一定程度上取决于企业所进入的市场竞争结构。美国哈佛商学院教授迈克尔·波特把产业内部的竞争结构划分为以下几种基本竞争作用力，即潜在竞争对手的入侵、替代品的威胁、现存对手之间的竞争以及客户、供应商讨价还价的能力。这五种竞争力量的综合作用共同决定着产业的竞争强度以及产业的利润率，其中最强的一种或几种作用力占据着统治地位，应该从战略形成的观点上看起着关键性的作用企业。在进入市场选择中必须对上述五种基本竞争力的优势与劣势、相互作用以及演变趋势进行认真分析。

消费者导向是指按照消费者类型来决定企业市场进入定位，其主要做法如下。

① 细分消费者市场

按照不同的细分变量（如顾客的年龄、性别、收入等）将市场划分成不同的顾客群，勾勒出细分市场的轮廓。而细分市场既产生于买方

行为的差异,也来自供应不同产品的经济性差异。因此,为了细分市场,经常组合使用以下几个主要变量:

考察购买或有可能购买产业产品的最终买方的类型,并辨识重要的结构或价值差异,这是市场细分的重要依据。不同的产业对买方的分类有不同的方法。例如,在消费品行业中,其购买群体较为分散,主要是个人与家庭,可以从年龄、性别、收入和购买决策者等几个关键因素对市场进行分类,而对机械设备、原材料等生产资料而言,买方主要是机构,其购买群体比较集中,购买行为也比较理性。购买者所在的行业、买方战略、买方规模、技术先进性和产品用途,都属于区分市场的因素。

地理位置。市场的地理位置会影响买方的需求和市场交易成本。不同地区、不同国家的经济发展水平、法规制度、运输条件、居民习俗、气候环境等方面都存在着差异,这些都会对市场购买行为产生重大影响,因而也是市场细分的重要变量。

② 选择目标市场。即制定衡量细分市场吸引力的标准,并根据公司的优势与资源占有的情况,选择一个或几个所要进入的市场。企业可以考虑的目标市场,有五种模式:

- 密集单一市场,即企业只选择一个细分市场集中营销;
- 有选择的专门化,即选择若干个细分市场进入,其中每个细分市场在客观上都具有吸引力,并且符合企业的目标和资源;
- 产品专门化,即集中生产一种产品,企业向各类顾客销售这种产品;
- 市场专门化,即生产系列产品为满足某个顾客群体的各种需要服务;
- 完全市场覆盖,即企业生产各种产品满足各种顾客群体的需求。

进入定位市场后,进入者应将提高市场占有率作为企业战略的主要取向,亦即把扩大市场份额作为企业追求的主要目标。进入初期,企业提高市场占有率主要有以下几种途径:

- 积极扩大设备投资,为市场准备足够的产品。提高市场占有率就意味着市场份额增加,这就要求企业扩大产量。为了扩大产量,就必须积极扩大设备投资。企业通过扩大投资,增加产量,提高市场占有率,有利于生产成本下降,使企业在市场竞争中处于非常有利的地位。

- 用降价推动市场占有率的提高。价格是十分敏感的市场竞争手段。为了能够提高市场占有率,企业应该在能够承担的幅度内,尽量多采用降低价格的办法来大幅度提高市场占有率。
- 在某些特定情况下,甚至可以"让利不让地",采取降低产品售价、牺牲短期利润的办法,提高企业的市场占有率,以谋取企业的长期发展。日本企业始终坚信,提高市场占有率的最有力武器是价格,所以它们追求在企业进入市场后尽快取得规模效益,只要成本有所降低,就首先降低产品售价。就是凭着这一杀伤力极强的武器,它们把不少外国企业赶出了角逐场。
- 通过产品创新开拓新市场。产品创新的经济功能在于:一方面,新产品可以给消费者提供某种独特性的东西,赢得顾客对企业的偏好与忠诚,从而赢得市场份额。

另一方面,有时产品创新与争取更大的市场份额也会发生矛盾。因为产品创新往往意味着企业要投入较多的研究开发费用、使用高质量的原材料或为顾客提供更为周到的服务等,也就是说它是以牺牲成本为代价的。而创新产品的独特性不可能一开始就为消费者所了解,即使是全行业范围内的顾客都了解新产品的独特优点,也并不是所有顾客都愿意或有能力支付公司所要求的较高价格,这时高成本的产品创新往往会导致企业市场份额的萎缩,特别是在需求弹性系数大,对价格变动比较敏感的行业,产品创新对顾客的吸引力无法抵消因创新成本所导致的价格提高的负面作用。

(三)财务风险

财务风险是指企业由于负债筹资而产生的用现金偿还到期债务的不确定性引起的投资收益下降的附加风险。近年来,我国的一些企业,盈利水平普遍低下,亏损较为严重,有的甚至到了资不抵债的危险边缘。究其根本,造成这种状况的原因虽然很多,但忽视财务风险与投资决策失误是大多数企业经营不良的重要原因之一。据有关文献报道,在新创业企业中,有80%的生命周期不会超过3年,其中的最主要原因,是受财务风险的影响。因此,在市场机制下,树立财务风险意识,正确识别和衡量财务风险,是每个企业都必须认真考虑的问题,对资金实力薄弱的创业企业而言,这一问题则更为重要。

1. 财务风险的来源

从财务决策的角度看,创业企业产生财务风险的主要原因有两个:一是在决策时缺乏足够的、真实的信息。在进行投资决策时,决策者对决策事项未来变化的各种可能结果事先是无法掌握的,或者讲不能获取充分的、有用的信息,或者获取信息的成本太高,使决策者的决策带有一定的主观性。二是决策事项的未来结果受制度环境等方面的制约,而制度环境的不确定性是决策者无法控制的,这使得财务决策处于风险之中。具体来说,导致财务风险的因素主要有以下几个方面:

(1) 举债规模过大

与传统大企业一样,创业企业的首要经营目标是追求公司价值最大化,同时兼顾其他目标,如相关者利益最大化、社会责任、环保等,这就要求创业企业筹集的资金必须给企业经营带来一定的盈利,对于其债务融资也是一样。所以创业企业在进行债务融资之前,需要对企业的资金需求进行合理的预测,合理确定资金的需要量,并使融资的数量与需要量相匹配,防止筹资不足影响企业生产经营或筹资过剩降低举债融资的使用效果,且过量的举债也会使企业背上沉重的利息负担,给企业今后的经营业绩带来压力。

(2) 举债方式不尽合理

创业企业由于无形资产的比例较高,从银行取得贷款的难度较大。因此,创业企业在进行债务融资时要重视选择合适的融资方式,避免融资方式不当造成财务风险。

(3) 负债结构不合理

从时间上考察企业的负债结构,一般包含两方面的含义:一方面是指短期负债和长期负债的安排,另一方面是指取得资金和归还负债的时间安排。企业的生产经营与投资往往在较长的时间里具有周期波动性。在生产经营规模与投资扩大时,资金需求量增大;在生产出现萎缩与投资减少时,资金需求量减少,甚至有可能出现资金闲置。因此,负债融资的多少及其期限结构,应与企业生产经营的周期波动相匹配,避免出现不合理的债务融资安排所引起的某一时点上的偿债高峰或某一时点的资金闲置。

创业企业的资金需求包括短期资金和长期资金,在进行融资安排时应尽量合理安排流动资产与短期负债之间的关系,保证有足够的短期偿债能力,遵循短期资金由短期负债来融通,长期资产由长期负债来融通的原则。在取得资金方面,应与企业的投资计划相适应,即不仅要考虑盈利情况,更重要的是要考虑现金流量,避免出现"蓝字破产"。

(4) 制度环境的变化

制度环境等方面的变化也会对创业企业的财务风险产生影响,如产业政策、利率、资本市场的发达程度、通货膨胀等。利率的变化对债务融资风险的影响表现为企业在不恰当的时间或用不恰当的方式进行了融资,从而使融资成本提高,导致企业蒙受损失。例如企业在当前利率水平偏高而利率将要调低时,仍以较高的利率水平进行了债务融资,使得企业在利率调低后仍要负担较高的利息。持续的通货膨胀,将使企业的资金需求不断膨胀,资金供应容易出现短缺,货币性资金不断贬值,实物性资产相对升值,资本成本不断提高。这样,将给企业债务融资带来许多隐患,如果决策不当,将会带来较大的财务风险。

2. 企业财务风险的控制

创业企业应根据自身的情况和特点,采用正确的风险管理方法来降低财务风险。针对财务风险形成的几个因素,创业企业应从以下几个方面来控制财务风险:

(1) 建立健全企业的财务风险防范机制

一是明确责任:使风险承担者树立正确的风险意识,必须从法律、经济、行政上明确其职责,引导经营者居安思危,认真筹划,不断改善企业财务运行状况。

二是建立筹资、投资等财务活动的科学决策程序:既保证企业经营者的权力,又可以充分发挥民主科学程序的智慧和监督作用。

三是建立企业财务风险跟踪监视机制:对企业的每一项重大的筹资、投资活动及现金流量财务风险种类的风险程度进行不断地跟踪监视,保证随时了解和掌握。

(2) 建立最有利的资本结构

企业必须根据自己的风险承受能力来选择对企业最有利的资本结构,对各种融资方式进行分析比较,权衡成本与收益,筛选出最可行的方案,以最低的资本成本、最低的风险程度,取得最大的投资收益。保证企业资金周转顺畅,以此组织调整资本结构,并做到胸有成竹,机动灵活,有效地控制财务风险。

（3）采用适宜的借款策略

企业在借入资金时,应慎重考虑。虽然有时借款可以增加企业的利润,有时可以改善现金流量,然而,不管在何种情况下,应明确在多变的企业环境中借款的预期收益。预期收益无法确定,企业就无借款的充分理由,企业必须知道何时应该借款,何时不应该借款,只有这样,才能控制企业的财务风险,不致因盲目借款而导致财务风险。

（4）加强企业投资管理,提高用债的质量

应针对企业的薄弱环节,把重点放在产品上,以提高产品质量和性能,增加品种、降低消耗为中心;企业的借款应尽可能投向那些"短、平、快"的项目上。

（5）提高企业资金的流动性

通过合理安排流动资产结构、提高企业借入资金的能力等来进行。首先要确定理想现金余额,其次是要调整流动资产结构、提高资产质量。

（6）实行多角经营分散风险,增加盈利

企业应尽可能地生产一些利润水平高且不完全相关的产品,因为经营多种产业、多种产品在时间、空间和损益上是相互补充抵消的,这样既可降低和分散风险,同时又可使企业利润保持平稳增长。但必须指出,搞多角经营一定要力所能及,要立足主业,适度涉及其他产业,否则可能会因涉及行业产品过多,主业不突出,过度扩张而导致更大的风险。

（7）选择风险转移策略

这指的是企业以一定的代价将可能的风险转移给其他单位的行为。一般以保险转移为主,企业就某项风险向专门的保险公司投保,以交付保费为代价将风险转移给保险公司,风险一旦发生,其损失由保险公司按约补偿。

（8）推行自保风险的办法

企业对可能发生的风险,进行预测分析,预先制订一套自保风险计划,平时分期预先提取专项的风险补偿金以补偿将来可能出现的损失。

综上所述,企业财务风险的防范,是要对风险进行动态的控制,而并非要刻意减少风险。敢于冒风险的企业才能充分利用有利时机,往往从高风险中获取高收益。不冒风险,一味地降低风险,保守经营,企业是不会有多大发展的。企业管理人员特别是企业财务管理人员应控制财务风险,避免财务危机,同时要把握良好的市场机遇,使企业能健康发展。

（四）技术风险

进入 20 世纪 90 年代以来,世界经济环境的最大特点是:科学技术呈飞速发展的趋势,知识经济已现端倪。这一环境特点给知识的拥有者们带来了巨大的创业机会,于是也就形成了众多的创业高科技企业。在这些创业企业中,独特的技术成为企业赖以生存的核心。因此,加强对专有知识与技能的保护,努力紧跟世界高新技术发展的潮流,防范技术风险,成为当今创业企业风险管理的重要内容之一。对技术风险的管理主要有以下几个方面的内容:自有知识产权的保护、避免对他人知识产权的侵犯、科技成果转化中的风险、制造与工艺风险等几个方面。

1. 技术风险的来源

知识产权也叫智力成果权,是指对在科学、技术、文化艺术等领域从事脑力劳动创造的精神财富依法享有的专有权利。包括著作权、专利权、商标权、发明权、发现权以及其他科技成果权等。知识产权是国际上广泛使用的一个法律概念。知识产权保护是一种鼓励科技和文化创新发展的先进制度,它以法律的形式确认和保护人们在科学、技术、文学、艺术等领域创造的"产品"拥有专有权或独占权。

现在世界已经进入知识经济时代,知识产权代表了当今主要的智力成果。这种智力成果对社会的方方面面都产生着巨大的影响。形成这种智力成果需要大量的投入,为保证人们为此作出的投入能够有足够的产出,让人们的智力劳动得到回报,必须建立鼓励创新性发明研究的内在激励机制,这就需要进行知识产权的保护。

不同的国际公约对知识产权的类型有不同的规定。根据 1967 年 7 月 14 日在斯德哥尔摩签订的《建立世界知识产权组织公约》,知识产权包括下列各项权利:

- 与文学、艺术和科学作品有关的权利,这指的是作者权或著作权;

- 与表演艺术家的表演活动、与录音制品及广播有关的权利,这主要指一般所称的邻接权;
- 与人类创造性活动的一切领域内的发明有关的权利,这主要指的是专利、实用新型及非专利发明享有的权利;
- 与科学发现有关的权利;
- 与工业品外观设计有关的权利;
- 与商品商标、服务商标、厂商名称与服务标记有关的权利;
- 与防止不正当竞争有关的权利;
- 一切其他来自工业、科学及文学艺术领域的智力创作活动所产生的权利。

世界贸易组织《与贸易有关的知识产权协议》中所包含的知识产权的范围是:

- 版权与相关权;
- 商标;
- 地理标志;
- 工业品外观设计;
- 专利;
- 集成电路布图设计(拓扑图);
- 未披露的信息;
- 对契约许可中限制竞争行为的控制。

国际上通常把知识产权中各类权利划分为两大类别:一类为版权(copyright),另一类为工业产权(industrial property)。前者保护的客体主要是文学艺术作品,如小说、剧本、音乐、绘画、雕塑、电影等;后者保护的则是工业领域的知识产权。

工业的含义除了通常意义上的工业外,还包括商业、农业、采掘业及一切制成品或天然产品。对创业企业而言,我们所关心的则主要是工业产权。按照1983年《保护工业产权巴黎公约》,工业产权的保护对象有以下几种:

- 专利;
- 实用新型;
- 工业品外观设计;
- 商标;

- 服务标记；
- 厂商名称；
- 货源标记与原产地名称；
- 制止不正当竞争。

知识产权是一种智力成果,但并非任何智力成果都可以成为知识产权,只有创造者能够依法主张权利并得到国家法律确认的智力成果才享有知识产权。一项发明创造、一部作品或一个商标在未取得法律认可之前,其发明人或创作者并不能保护自己的利益不受侵害。在绝大多数国家中,工业产权中的专利、实用新型、工业品外观设计和商标地理标志等都必须向国家主管机构进行申请,并根据国家有关的法定条件,经批准、登记注册后才能获得保护。上述工业产权在授权后,如果权利持有人不履行法律规定的义务,如不缴纳维持费时,主管部门可依法撤销权利人原已取得的权利,或宣布权利无效。因此,依法获得及行使权利是保护自有知识产权的主要途径。

2. 怎样规避技术风险

(1) 创业企业要保护好自己的知识产权,避免技术上的风险有两种方法可供选择:

- 法律手段:对自己所拥有的商标、专利等工业产权进行注册,寻求法律的保护。这是降低技术风险的有效方式。
- 自我保护:这主要是通过对专有技术进行保密的方式来进行的。由于现代技术发展很快,如果你不申请法律的保护,则很可能被别人抢先注册,从而使自己陷入被动的境地。另外,在创业企业中,人才流动频繁,依靠自我保护来保护自有知识产权则有较大的风险。

(2) 对于他人知识产权,要避免陷入技术纠纷。知识产权受法律保护,侵犯知识产权,应当承担法律责任。从民事角度讲,对民事侵权行为,除依法责令侵权人承担停止侵害、消除影响、公开赔礼道歉、赔偿损失等民事责任外,还可以根据案件具体情况处以没收非法所得、罚款等制裁。因此,在保护自有知识产权的同时,我们也应该避免侵犯他人自有知识产权,以防陷入技术方面的纠纷。在科研立项、产品开发、商标设计等重要行动之前,必须进行调查、检索,了解该领域是否已有他人申请权利,以避免造成资源浪费,或是避开他人已受到保护的技术,进行创新性研究和开发,对他人受到保护的技术、成果,也可以通过合法方式得到对方许可后合理利用。

有些创业企业将技术成果作为商品进入流通市场进行交易,或者说将技术进行转移,以这种方式作为主业的企业更应加强技术风险的防范意识。在由买方和卖方及中介机构组成的市场中,它的风险有多少,必须进行综合的评估。创业家们应该懂得在这种正常交易中如何应用法律的手段保护当事人的合法权益,规避风险。

目前,我国相继颁布实施了《技术合同法》《商标法》《专利法》《著作权法》和《计算机软件保护条例》,并参加了《保护工业产权巴黎公约》和《伯尔尼公约》等国际公约。技术成果商品化的法律已基本形成完整的体系,促进了技术市场的健康发展。同时我们也看到,我国的知识产权事业发展方兴未艾,但与西方发达国家相比,仍有较大的差距。面对国内外世界顶尖级的技术成果涌来,不能像"刘姥姥进大观园"那样只去看,要实地参与交易和竞争。在探索建立高科技风险投资机制的同时,要重视自主知识产权的发展和保护。要了解世界保护知识产权的发展总趋势,与国际惯例接轨,进一步提高保护知识产权意识,寻求对策,顺利地与国内外客商进行技术成果交易,将交易的风险降到最低。

专有技术是知识产权的一个主要方面,专有技术又可称为技术诀窍、技术秘密、专门知识等。在《保护工业产权巴黎公约》的有关文献中将专有技术定义为"所谓专有技术是指有关使用和运用制造工艺和工业技术的知识"。专有技术在实际生产中具有一定价值,这种价值性主要来源于其秘密性,这种不为大众所知晓的生产技术积累起来后有更大的价值。这种技术的交易一般是通过签订合同的方式加以保护。此时应当注意的是,在购买他人专有技术时,要明确界定其授权范围,要了解在本地区、本专业领域内是否还有其他的被授权者等,在防止侵害他人利益的同时,也要保护自己的合法利益。对于商业秘密和专有技术来说,不具有专利权那样的独占权。相比之下,专利权具有独占性、地域性,使它在交易中受法律保护的力度强。而对于专有技术或工商业技术秘密的保护,通常是通过签订技术保密合同来保护,将转移中所带来的风险降到最低。但对合同以外的技术泄露,则难以寻求法律保护。对创业企业而言,无论是购买还是出售这种专有技术都应当充分考虑到可能存在的风险。

近年来,世界各国加大了对知识产权的保护力度,尤其是对高新技术知识产权的保护,已成为与国际贸易紧密相关的重大问题。在进入 20 世纪 80 年代后,世界发达工业化国家,致力于追求新的技术革命,随着新技术的发展,在数据库、新介质、生物工程技术、环境保护、新能源技术等方面的成果层出不穷。这些技术的发展,促进了保护新技术的法律和制度,而这些领域也正是创业家们主要的创业领地。

开发新技术是要经过长年不懈的努力并耗费大量资金,但模仿他人的新技术却容易得多,包括像计算机程序、数据库、微电子、大规模集成电路设计等。从这种意义上来讲,模仿别人或被别人模仿都意味着重大的创业风险。高新技术社会的发展,要得到法律法规的充分保护,才能使技术开发费得以回收。事实上现在知识产品的保护比过去任何时期都更为重要。1984 年美国制定了《半导体芯片保护法》,日本 1985 年制定了《半导体集成电路布置保护法》,我国也修改了《专利法》,都是出于这一目的,从法律上强化了对高新技术的保护。

(五)其他风险

创业企业所面临的风险来源有很多,除了我们在前面所分析的风险来源外,与企业生产经营、外界环境有关的一切都可能会给企业带来风险,对这些风险因素我们统称其为其他风险因素。这类风险因素主要有:合同签订与履行过程中的风险、汇率风险、不可抗力及其他突发事件的影响等。加强对这些风险因素的管理,是创业企业健康发展的重要保证。

1. 合同风险产生的原因及规避方法

(1)合同风险产生的原因:合同风险问题的产生具有多因性,从是否与当事人有关这个角度来观察,可以分为债权人原因、债务人原因和当事人以外的客观原因。

① 债权人风险防范意识不到位

企业领导对法律服务作用认识不足。一些规模较小的企业,出于减人增效的目的,没有聘用法律工作人员,更没有设置相应的工作机构。即便有些大型企业起初设置了专门的法律工作机构(如法律事务处),但领导层常常淡漠其存在,在人员、经费等方面的投入不足,使得工作人员对企业各方面的工作流程缺乏动态、全面和细致的了解与把握,因而不能及时发现问题的端倪,更无法做到将债权风险抑制在萌芽阶段。这样一来,单位不是今天这个部门起火,就是明天那个部门落水,前来法律咨询的人员络绎不绝。尽管这种门庭若市的场面烘托了法制工作者的"地位",但在其从"安全员"到"消防员"的身份蜕变中,企业的交易成本成倍增长,而交易效率则猝然降低。

交易观念的偏差。在生产相对过剩的情况下,前一交易环节的市场主体既不充分了解对方的履行能力,也不认真调查其信用状况,而是盲目追求签约量,热衷于做"债权人",认为东西卖掉了比没人买强,卖得多比卖得少强。至于货款能否收回、何时收回,则抱着走一步看一步的态度,认为证据在手,实现债权无非是有朝一日的事。但实际情况往往是:清偿能力差的债务人总是"要钱没有,要命有一条",有清偿能力但信用低下的债务人则由于缺少必要的财务监控而得以长期避债;而具有法人身份的债务人一旦资不抵债进入破产程序,又将使债权人难逃大部分债权彻底落空的命运。

缔约过程中的粗心大意。尽管大部分当事人已深知口头合同的弊端,但在熟人环境中仍然对要求立下一纸之据难于启齿。即使合同以书面形式订立,也往往是内容简略,缺少详备的权利义务约定。合同文本缺款少项,用语欠酌,模糊、歧义之语随处可见,寥寥数语却遍布纠纷隐患。有的在书面合同签订后又通过协商对合同内容进行了修改或补充,但未制作合同附件,没有将相应的修改或补充落实到文字上,这也为将来履行合同和解决纠纷设置了障碍。至于如何充分利用《合同法》和相关法律的任意性规范尽量作出对己方有利的约定,则不仅在有些当事人的意识之外,也往往为其知识能力所不逮。

履行阶段的盲点。在合同履行阶段,当事人固然需要有强烈的守约意识,但应注意避免矫枉过正。《合同法》规定的三大抗辩权制度(同时履行抗辩权、不安抗辩权和后履行抗辩权),为当事人拒绝对方的履约请求提供了充分的法律依据。这意味着在一定条件下,如果对方未履行或不能履行其合同义务,则对方可拒绝他方的履行请求而不构成违约。这就避免了当事人在传统守约意识支配下盲目履行己方义务,而自身债权又不能得到实现的尴尬局面。意识与知识紧密相连。相关知识的欠缺导致有些当事人缺乏抗辩意识,反而惮于违约责任之威,依然"循规蹈矩",以致"赔了夫人又折兵"。如果说抗辩权有时还可由欠缺法律知识的当事人基于朴素的公平观念"自觉"行使的话,那么《中华人民共和国合同法》为合同履行环节所设计的更具复杂性的债权保全制度(包括代位权制度和撤销权制度),则更少为当事人所问津。

纠纷解决途径选择失当。合同纠纷的解决方法,不外乎协商、调解、仲裁、诉讼四种途径。单从债权实现的角度讲,这四种途径存在效率和成本两个方面的区别,而效率又最终体现为成本。有的债权人盲目"惧讼",导致事实清楚、证据充分。但有较多人为障碍的债权纠纷久商不决或久调不决;有些债权人则不分具体情况盲目"好讼",以至赢了官司赢不回钱,甚至"入不敷出"。在仲裁和诉讼的选择上,当事人往往缺乏有针对性的利弊对照与分析,一味"轻裁重讼"或"轻讼重裁"。纠纷解决方式的选择不当,要么造成债权不能及时、充分地得以实现,要么导致增加不应有的纠纷成本。

② 法律制度设计上的疏漏

随着社会主义市场经济体制的逐步确立,立法方法上"宜粗不宜细"的指导思想逐渐受到质疑,但由于各种因素的制约,立法观念上的转变未能在立法实践中得到及时、充分的反映。1993年生效的《中华人民共和国合同法》(以下简称《合同法》)仅以第73条一个法条加以规范,显然语焉不详。时隔两月,最高人民法院即出台了《〈中华人民共和国合同法〉若干问题的解释(一)》(以下简称《解释》),其中专门对代位权进行的解释就有12条,这从一个侧面反映了《合同法》立法在部分问题上的粗略之憾。但《解释》出台后,代位权规范在实践中似乎仍然不敷为用。有学者就曾撰文指出,《解释》将代位权的客体范围仅仅限于具有金钱给付内容的到期债权,将使充分保障债权实现的制度设计初衷难以彻底实现;《解释》第12条规定的"提起代位权诉讼的条件"实为代位权的成立要件,而这一要件在设计上又有失详备等。①立法上的类似疏漏,必然造成当事人行使和维护债权时缺乏充分依据,亦会造成司法者对债权进行救济过程中的诸多困惑。

(2) 合同风险的防范

① 审查合同的主体资格

对企业法人主体资格的审查应注意:是否有法人营业执照、固定

---

① 贾玉平:《论债权人代位权》,《法学评论》2001年第4期。

的经营场所和必要的设施、相应的资金数额和从业人数、合法的经营范围和营业方式、是否能够独立承担民事责任等。对非法人经济组织或个体工商户的主体资格，应重点审查其是否经工商部门核准、登记、领取营业执照，是否依法年检、报税，是否有经营许可证，是否超越经营范围等。对签约经办人的审查要分别对待，如系法定代表人，要注意是否在公司章程或法人执照上注明，法定代表人必须是代表法人行使职务的负责人，一般是指行政正职，如董事长、厂长、经理等。

法人对其法定代表人的合同行为承担民事责任，法定代表人的行为是法人行为还是个人行为，关键看其行为是否属于法人的业务经营活动，即代表法人的职务行为。如系法人的工作人员，主要看其是不是法人的职务代理人，即由法定代表人授予本单位职工在一定期间内专门代理本单位对外进行民事活动的代理人，一般是指法定代表人任命或授权的有相对稳定性业务往来的供销人员、经营人员等。如系委托代理人，应注意有无委托证明，是否在委托的权限和期限内，是否以委托人的名义签订合同等。

② 调查了解对方的履约能力和信用情况

首先，要了解对方的技术力量和人员素质，合同是靠人履行的，合同当事人的技术力量和人员素质是能否履行合同的决定性因素；其次，要调查研究其资金情况，如注册资金和银行账户实有资金、资产负债及所有者权益，如果合同标的超出实有资金范围，还要注意对方的融资措施、渠道等，特别应当调查履约信用。"重合同守信用"是企业在现代商品经济激烈竞争环境下立于不败之地的必要手段，也是国家利用法律武器管理经济、理顺秩序、避免和减少合同风险和纠纷的有力措施。如果对方资信状况不佳、商业信誉不好，濒临破产境地，或一贯视合同为儿戏，甚至利用合同图谋非法利益，这种当事人无论承诺多么诱人，均不应当与其发生合同关系。对外国法人应选择外商银行、外商客户、征信机构、商会或同业工会、我国驻外商务机构、境外华侨团体、外国律师事务所或私人侦探社调查如下情况：外商企业的资产结构、财政收支及负债情况，外商企业在国际经济活动中的履约声誉和商业信誉，外商企业的技术水平、人员素质，经营战略、涉外纠纷等情况。

③ 精心准备合同条款

合同条款是当事人履行合同的依据。为避免因条款不完备或歧义而引起合同纠纷,应当精心准备和反复推敲合同条款。除法律的强制性规定外,其他条款均应当协调一致约定,而且尽可能明确、具体,尤其对合同的标的、数量、质量、价款或酬金、履行期限、履行地点、履行方式、违约责任(违约金及损失赔偿的计算方法)、解决争议的方式等条款。此外,对合同的变更、转让、解除、附件也应详细说明。

2. 汇率风险产生的原因及规避方法

在当今世界,由于市场机制的作用,通货物价的波动,银行利率的升降,国际收支的恶化以及国内政治的动荡,任何涉外企业、组织、单位都有可能遇到汇率风险问题。随着我国改革开放的逐步深入,经济体制逐步向市场经济转轨,国内市场逐步与国际市场接轨,外贸企业面临的汇率风险问题日益突出。目前,人民币汇率正在逐步走向市场,汇率风险及其防范措施对于外贸企业来讲,是个急需高度重视的问题。

随着我国加入 WTO,从事国际化经营的企业必须对各种汇率风险加以防范,采用什么样的手段防范汇率风险、以防范哪些汇率风险为重点,应与公司的经营目标相一致。如果企业的目标是长期价值的最大化,则对经济风险的防范最为重要;如果企业的目标是近期财务报告利润最大,则对转换风险和交易风险的防范更为重要。

(1) 汇率风险的来源

汇率是指一国货币兑换成另一国货币的比价或比率。汇率风险是指以外币计价的债权与债务,因外汇汇率的波动而引起其价值上涨或下跌的可能。对于具有债权与债务的关系人来说,汇率风险可能导致两种结果:一是获取利润,一是遭受损失。

一般来讲,汇率风险的构成有三个要素,即时间、本币和外币。一个外贸企业从交易达成到应收账款的实际收进或应付账款的实际付出都需要有一段时间,而且企业在其经营活动中所发生的所有外币收付,最终需与本国货币进行兑换。为此,本币是衡量一个企业经营效果的基本指标。

一笔外币应收账款或应付账款的时间要素对汇率风险的大小有直接影响。原则上时间越长,汇率风险越大,因为在此段时间里汇率变动的可能性较大;时间越短,汇率变动的可能性就越小,汇率风险也相对变小。若想减缓汇率风险,则可以改变时间要素,如缩短一笔外币应收或应付账款的偿付时间。然而,仅仅改变时间要素是不能消除汇率风险的,因为外币与本币折算所存在的汇率波动风险仍然存在。如果外贸企业在其对外的交易中使用本币结算,则不存在汇率风险,因为它不涉及外币与本币的兑换问题。只要存在两种货币的兑换,就会存在汇率波动的风险。

一个外贸企业如果有未结算的外币应收款或外币应付款,一定会呈现出时间、外币与本币这三个风险要素。一个外向型企业,在它的进出口业务经营活动过程中,无不存在着由于外汇汇率变化而造成的汇率风险。具体地讲,这类风险主要有以下三种:

① 交易风险。外贸企业的一种最主要的汇率风险。它是指外贸企业在其经营活动中,由于外汇汇率波动引起其拥有的债权或应付的债务价值变化的风险。交易风险从签订交易合同、确定以外币计价的交易金额时就开始产生,直至结算为止。各种交易包括:以信用方式进行的商品或劳务交易、外汇借贷交易、远期外汇交易、以外汇进行投资等。交易还可分为已完成交易和未完成交易。已完成交易为已列入资产负债表项目,如以外币表示的应收账款和应付账款;未完成交易则主要为表外项目,如外币表示的将来的采购额、销售额、租金以及预期发生的收支等。

② 转换风险,也称为会计风险。它是指由于汇率变化而引起的以外币计价的资产与负债的变动的风险。这种风险受不同国家的会计制度与税收制度所制约。涉外企业一般采用人民币为记账本位币,即使是以外币收支为主的单位,最终在编制财务会计报告时也都将外币折合为人民币,来全面完整地反映企业财务状况和经营成果。

各项外币业务发生时,虽然可以以业务发生时的汇率折合为人民币反映于账面,但是汇率随时会发生变化,故各项已入账的外币资产和负债的人民币价值也随着汇率的变化而变化,并不固定等于已入账的人民币价值。为了能够真实地反映企业的财务状况,我国一些涉外企业在编制财务会计报表时,按报表日汇率调整某些外币资产和负债的账面记录。

③ 经济风险。它是指在外汇汇率发生变动时,外向型企业的未

来收益所蒙受的风险。它是一种潜在的风险。未来收益变化的大小主要取决于汇率变化对本企业产品成本与价格影响程度的大小。对于外向型企业来讲，能否避免经济风险是至关重要的，它关系到企业在海外投资或经营的效果，同时对这种潜在风险的预测的准确程度也将直接影响该企业在融资、销售与生产方面的决策。

这种风险区别于前两者之处在于：它着眼于对将要发生的经济事件的可能结果的预测，而前两种风险着眼于已发生的经济事件不稳定性的预测。因此，相比之下经济风险更难以把握。例如，某涉外企业对外币年现金流量的预测问题，假如在第一年同汇率的基础上预测第二年的年现金流量，确定比第一年净增10%，但事实上即使完成同额外币，其人民币增长幅度会是10%吗？显而易见，由于第一年的汇率与第二年的汇率发生变动必然会对现金流量形成有利或不利的影响差异。这种由于汇率变动而对现金流量产生有利或不利影响的可能性即为经济风险。

(2) 汇率风险的防范

① 交易风险的防范

外汇交易风险可以通过一定途径进行管理，使风险造成的损失降到较低。由于交易风险造成的损失非常复杂，作为企业的一项重要管理任务，外汇风险防范要当做一个整体来进行通盘考虑。不仅要分别研究各种风险管理工具，而且更要研究如何对这些工具实行优化组合，以较少的费用支出实现外汇风险管理的总体目标。

在多数情况下，对所有交易风险都进行防范是不可能的，而且对某些风险的防范要付出很大代价。因此，在防范风险之前，企业必须根据自身的实际情况确定风险管理目标，然后再采取具体防范措施。企业外汇交易风险防范的目标主要有：

• 短期收益最大化。其着眼点在于力求短期收益最大而忽视长期的经营结果。

• 外汇损失最小化。其着眼点在于尽量减少外汇损失。

一般来说，这类企业的风险承受能力较小，宁愿维持较低收益率，也不愿冒可能产生损失的风险。

企业外汇交易风险防范的基本原则是：在一定管理成本情况下，使汇率变动对本币造成的经济损失最小化。只有从减少外汇风险损失中得到的收益大于为减少风险所采取措施的成本费用时,防范风险的措施才是有意义的、可行的。

签订合同时选择的防范措施由如下几个方法:

- 选择好计价货币

在国际贸易中,交易双方采用的计价货币无非两类:即本币与外币(包括硬货币和软货币)。从中国外向型企业来看,由于目前人民币的不可自由兑换性,其选择只能是:出口和借贷资本流出争取使用硬货币,进口和借贷资本流入争取使用软货币。

这一方法实质是把汇率变动带来的风险转嫁给了对方。但是,因各种货币的"软"或"硬"并不是绝对的,且其软硬局面往往会转变,严格来说,这种方法并不十分可靠。

- 在合同中加列货币保值条款

这往往被用于长期合同。目前,各国所使用的货币保值条款主要是"一揽子"货币保值条款,即在签订合同时,确定好所选择的多种货币与计价货币间的汇率,并规定所选用货币的权数,若汇率发生变动,则在结算或清偿时,据当时汇率变动幅度和每种所选用货币的权数,对收付合同金额做相应的调整。

- 调整价格与利率

在每笔交易中,交易双方都争取对己有利的计价货币是不可能的。若我方不得不接受对己不利的货币作为计价货币时,可争取对谈判中的价格或利率作适当调整:

如要求适当提高以软货币计价结算的出口价格,或以软货币计值清偿的贷款利率;要求适当降低以硬货币计价结算的进口价格,或以硬货币计值清偿的借款利率。

以上三种措施,选择好计价货币是第一步。只有计价货币确定之后,才能根据货币的软硬性质,决定是否加列货币保值条款,是否调整价格与利率。

合同签订后选择的防范措施有如下几个方法:

- 远期外汇交易

它是外汇交易双方在达成外汇买卖协议时,先约定将来办理交割的日期、金额和适用的汇率,到预约日期再办理交割的外汇交易方式。它是当今国内外汇防范汇率风险最普遍的做法之一,其优点在于:防范风险的成本低、灵活性强。利用远期外汇交易防范汇率风险的方法很多,其中套期保值是典型形式之一。例如,外向型企业在与美商签订以美元为计价货币的进出口合同时,若我方是买方,为防止到期美元汇率上涨而造成的汇兑损失,可在与外商签订合同后,立即从银行买进同期、同额的美元外汇,这样就可达到套期保值、防范风险的目的。当然,若企业预测的汇率走势正好与上述情况相反,即我方是买方时,美元汇率下跌,或我方是卖方时,美元汇率上涨,那么,外向型企业不进行任何操作即可获取汇兑收益。但汇率波动变化莫测,企业若无确切把握,还是采取一定的防范措施为好。

- 提前或推后结汇

这是根据计价货币与本国货币汇率的变动走势,更改货款收付日期,以避免汇率风险的方法。即作为进口商,若预测计价货币汇率看涨,应尽量提前进口和付汇,反之,则应尽量推迟进口和付汇;作为出口商,若用软货币计价,应尽量提前出口和收汇,反之,则应尽量延缓收汇日期。

- 货币市场保值

这是通过货币市场借入外币资金或进行外币投资,以平衡外币债权债务来防范汇率风险的方法。即在签订出口合同时,可从银行借入一笔与未来外汇收入相同币种、相同金额、相同期限的款项,并将其兑换成本国货币,待收到外币货款时用其偿还借款。在签订进口合同时,可从银行借入一笔本币资金,并将其兑换成与将来要支出的外汇币种相同、金额相同的外汇,然后将这笔外汇投资于货币市场,如购买国库券、定期存单等,其投资期限与未来外汇支出的期限相同。可供选择交易风险的防范方法很多,目前,中国的外向型企业应根据可能,结合具体的交易性质,分析各种方法的适宜性,比较其防范成本,争取以最小的成本达到有效消除和降低交易风险的目的。

② 转换风险的防范

转换风险是"净暴露资产"因汇率变化而发生的价值变化,其最常用的防范方法是"资产负债表抵补保值",即公司合并资产负债表上每一种外币的资产总额与其负债总额相等,"净暴露资产"为零。这样,不论汇率怎样变化,资产和负债的价值变化将相互抵消,使转换风险消失。

具体来讲,首先,将资产负债表划分为不受汇率波动影响的价值不可变化账户(如厂房、设备等)和受汇率波动影响的价值可变化账户(如外币债权、债务等)。其次,把价值可变化账户再分为能因企业愿望而加以调整的可调整账户(如应付款、应收款等)和不能因企业愿望而加以调整的不可调整账户(如应付税金等)。对于可调整账户,可以通过调整债权与债务的币种、期限和金额,使同一种外币债权与债务在金额和期限上相均衡,从而达到防范风险的目的。

然而,在汇率风险防范中,折算风险与交易风险往往不可兼顾,从而加深了风险防范的难度。如对跨国公司而言,为防范折算风险,一般要求国外分支机构都使用母国货币进行日常核算。但各分支机构日常使用最多的通常是东道国货币,当使用母货币作为核算货币时,便不可避免地会时常承受交易风险。同时,假定分支机构要避免交易风险,那一定会面临折算风险。

③ 经济风险的防范

防范经济风险,要预先考虑和估计意外汇率变化可能对企业经营收入产生的影响,并为应付这些影响做好准备。因此,防范经济风险应采取主动出击的策略,事先做好安排,做到遇险不惊,化被动为主动。经济风险是一种间接风险,因此其防范措施主要是调整企业的生产、经营和融资策略。主要有两种对策:

若能较准确地预测汇率的变化及其对未来现金流量的影响时,据此调整企业的生产、供销和融资策略,以避免风险减少损失,并尽可能利用汇率变动提高预期收益。

当汇率的变动趋势难以预料时,企业可采取经营多样化(即在国际范围内分散其销售、生产地址和原材料来源地)、财务多样化(即筹资多样化和投资多样化)等措施,通过分散风险以达到减少损失的目的。

总之,汇率的交易风险、转换风险和经济风险是相互联系的。一种风险的防范,必须考虑到由此而产生其他风险的可能性和程度。

四、风险承担能力估计

创业过程需要承担一定的风险,包括高负债、大量资源投入、新产品新市场的引入以及关于新技术的投资。风险承担指个体或组织在对未来无法预知的情况下开展商业活动的意愿,或者说在多大程度上愿意承担风险和容忍不确定性。

德鲁克指出,成功的创业者不是盲目的风险承担者,他们采用各种方法降低风险。比如,通过调查、评估等降低不确定性,或者运用在其他领域内经过验证的方法和技术有效降低风险,加强竞争地位。承担和控制风险的能力是创业者成功的关键。创业者不是赌徒,他们在可承受损失的范围内大胆尝试;创业者在小范围试点的过程通过不断校正进行风险控制;这种校正采用的即兴而作来自面向市场的快速行动和与利益相关者的信息共享。

创业者知道自己面对较强的不确定性,知道创业项目有可能失败,并且事先不知道有多大概率成功。虽然面临这样的风险,但创业者不是赌徒,他们不会贸然行事。风险承担是在可承受损失的范围内试点和校正。

（一）基于可承受损失的冒险意识

每一个项目都有投资上限,在上限的范围内调整到位,如果超过上限依然没有营利可能,就考虑放弃;投资上限也称为"可承受的损失"指创业者在可承受的范围内采取行动,不冒超出自己承受能力的风险。个人、企业或组织所能承受的最大风险,与个人能力、家庭情况、工作情况、收入情况等息息相关。具体影响因素有:(1)特定时间段所要承担的风险(年龄、家庭);(2)可用于承担风险的资金;(3)从其他渠道取得收入的能力;(4)危机管理的经验。

（二）风险控制:在小范围试点过程中不断校正

所有创意在充分论证后一定要试点,试点过程不断校正,找到消费者满意的、同时公司营利的操作模式,再进行大范围推广复制;创业者在试点阶段采用即兴而作[①],其资源约束不仅是外在限制,更重要的是创业者主观规定的风险底线;创业者也并非只有一次尝试机会,而是在可承担风险的范围内精打细算,有时也采用试错法调整。采用即兴而作方式,是为了尽快找到符合消费者满意和成本要求的运营方

---

① 即兴而作最初用于描述爵士乐队未做事先准备的演奏活动,创业管理研究中指想法的形成、执行和完善几乎同时发生。即兴而作虽然不能保证每次都能成功,但作为一个创造过程,是对开发新事物的一种尝试。学者们认为即兴而作是组织的一种重要活动。

式,尽快度过试点阶段。

(三)即兴而作

即兴而作既包括试点前创意的不断完善,也包括试点过程中的迅速调整,这种调整来自面向消费者(潜在的、实际的)的快速行动与信息分享;快速行动需要创业团队与市场直接互动,并且与所有利益相关者(顾客、代理商、供应商、员工)有一个不断沟通、反馈、调整的信息开放过程。①

五、基于风险估计的创业收益预测

创业者必须进行创业风险的评估,即就特定的创业机会和创业活动,分析和判断创业风险的具体来源、发生概率,预期主要风险因素,测算冒险创业的风险收益,估计自己的风险承受能力,进而进行风险决策,提前准备相应的风险管理预案。

(一)风险收益的测算

估计了各项风险因素的发生概率和可能造成的损失之后,即需要测算特定创业机会的风险收益,依次判断是否值得冒险创业。通常,只有风险收益达到一定的程度,创业者才值得冒险去利用某个创业机会。一般而论,可按以下关系式测算特定机会的风险收益:

$$FR = \frac{(M_t + M_b) \times B \times P_s \times P_m}{C_d + J_d} \times S$$

其中,FR 代表特定机会的风险收益指数;M_t 代表特定机会的技术及市场优势指数;M_b 代表创业者的策略优势指数;B 代表特定机会持续期内的预期收益;P_s 代表技术成功概率;P_m 代表市场成功概率;S 代表创业团队优势指数。C_d 代表利用特定机会创业的有形资产投资总额;J_d 代表利用特定机会创业的无形资产投资总额。需要注意的是,当且仅当 $FR \geq R$(创业者的期望值)时,创业者才值得冒风险去利用特定的创业机会。

(二)提前准备风险管理预案

进行前述分析后,创业者即需要提前准备风险管理预案。这类预

---

① 张玉利、田新:《创业者风险承担行为透析——基于多案例深度访谈的探索性研究》,《管理学报》2010年第1期。

案要应对的重点包括:一是预期发生概率较大的风险因素及可能发生的问题;二是虽然预期发生概率不大,但如果发生,将会造成较大损失的风险因素及可能发生的问题;三是可能发生的团队风险。为应对可能发生的团队风险,团队成员需要就未来的创业目标、创业思路、行动纲领、行为规则、利益关系、风险分担、决策体制等进行反复讨论,力求达成阶段性共识,并作出相应的制度性安排。例如,形成相应的内部文件,甚至写入新创企业的组织章程之中。同时,还需要建立一套有效的激励和约束机制以及终极决策人和责任人机制。[1]

六、创业风险管理

(一) 识别风险

工商企业和个人都会面临许多潜在的风险。识别风险是管理这些风险的第一步,它是指对企业面临的现实以及潜在的风险加以判断、归类并鉴定风险性质的过程。存在于企业自身周围的风险多种多样,这些风险在一定时期和某一特定条件下是否客观存在,存在的条件是什么,以及损害发生的可能性等都是风险识别阶段应该回答的问题。识别风险主要包括感知风险和分析风险两个方面。风险的识别对传统的经营管理有至关重要的意义,识别像经营活动、财务活动、战略活动等风险暴露来源为主的企业风险,有助于企业目标的实现,也有助于创业企业的健康发展。识别方法主要有问卷分析、财务分析、运营流程分析等。

(二) 评估风险

风险评估是指在风险识别的基础上,通过对所收集的大量的详细损失资料加以分析。这一阶段可按照相关损失发生的频率进行分类,一般分为极其严重的风险、重要风险、一般风险,然后进行损失频率的评估,同时对损失的规模与幅度进行分析,从而使风险分析定量化。把风险发生的概率、损失的程度与其他综合因素结合起来考虑,确定系统发生风险的可能性及其危害程度,通过比较管理风险所支付的费用,决定是否需要采取风险控制措施,以及控制措施采取到什么程度,

---

[1] 郑晓燕、相子国主编:《创业基础》,西南财经大学出版社2013年版,第93—94页。

从而为管理者进行风险决策,选择最佳风险管理技术提供可靠的科学依据。

(三) 管理风险

在风险评估的基础上,为实现风险管理的目标,选择最佳的风险管理技术是风险管理的实质性内容。风险管理技术分为控制型与财务型两大类。前者的目标是降低损失的频率和减少损失的幅度。重点在于改变引起意外事故和扩大损失的各种条件。后者的目的是以提供基金的方式,消化发生损失的成本,即对无法控制的风险进行财务安排。对于有些情况,最好的计划是什么也不做,但在大多数情况下,可能要安排复杂的方法为潜在的损失融资。常用方法有风险控制(规避、转移、预防、抑制和承担)和风险融资。

表 3-6 创业分析管理策略

	高频率	低频率
高程度	风险规避 风险降低	自我保险 订立合同
低程度	风险降低 风险承担	风险承担

第三节 商业模式开发

价格和产出的竞争并不重要,重要的是来自新商业、新技术、新供应源和新的公司商业模式的竞争。

——约瑟夫·熊彼特

相对于商业模式而言,高技术反倒是其次的。在经营企业的过程中,商业模式比高技术更重要,因为前者是企业能够立足的先决条件。

——时代华纳前 CTO 迈克尔·邓恩

早在 20 世纪 50 年代西方经济学家已经提出了"商业模式"这一概念,但直到 90 年代才开始被广泛使用和传播。而"商业模式"在中国的启蒙,则是借了风险投资的东风,吸引风险投资的关键是要有清晰的商业模式。事实上,无论是偏僻山村的杂货店还是繁华都市的巨型企业;无论是传统的手工作坊,还是现代化的高科技公司;无论是最原始最简单的组织,还是最庞大最复杂的机构,都需要用于自己的商业模式。

一、商业模式的内涵和特征

(一)商业模式的内涵[①]

"商业模式"(Business Model)一词出现的频率极高,但关于它的定义仍然没有达成共识。归纳起来大致可以分为三类:

1. 营利模式论

此类理论认为商业模式就是企业的营利模式。商业模式是一个框架,用于明确如何创立公司、销售产品和获取利润。商业模式就其最基本的意义而言,是只做生意的方法,是一个公司赖以生存的模式,一直能够为企业带来收益的模式,商业模式规定了公司在价值链中的位置,并指导其如何赚钱。营利模式论主要揭示的是公司通过什么途径或方式赚钱。饮料公司通过卖饮料来赚钱;快递公司通过送快递来赚钱;网络公司通过点击率来赚钱;通信公司通过收话费赚钱;超市通过平台和仓储来赚钱等等。

2. 价值创造论

此类理论认为商业模式就是企业创造价值的模式,价值的内涵不仅仅是创造利润,还包括为客户、员工、合作伙伴、股东提供的价值,在此基础上形成的企业竞争力与持续发展力。阿米特和左特认为,商业模式是企业创新的焦点和企业为自己、供应商、合作伙伴及客户创造价值的决定性来源。帕维克等人认为,商业模式是一个通过一系列业务过程创造价值的商务系统。马格利·杜波森等人认为,商业模式是企业为了进行价值创造、价值营销和价值提供所形成的企业结构及其合作伙伴网络,以产生有利可图且得以维持收益流的客户关系资本。维伯勒等人认为,商业模式表现为一定的业务领域中的顾客核心价值主张和价值网络配置,包括企业的战略能力和价值网络其他成员(战略联盟及合作者)及其能力,以及对这些能力的领导和管理,以持续不断地改造自己来满足包括股东在内的各种利益相关者的多重目的。

---

① 张其翔、吕廷杰:《商业模式研究理论综述》,《商业时代》2006 年第 30 期。

3. 体系论

此类理论认为商业模式是一个由很多因素构成的系统,是一个体系或集合。马哈迪温认为商业模式是对企业至关重要的三种流量——价值流、收益流和物流的唯一混合体。托马斯认为商业模式是开办一项有利可图的业务所涉及流程、客户、供应商、渠道、资源和能力的总体构造。贝因霍克和卡普兰强调了商业模式的综合性、直觉和创造精神。翁君奕把商业模式界定为由价值主张、价值支撑、价值保持构成的价值分析体系,提供了商业模式创意构思和决策的一种思维方法。麦歇尔和库勒思认为商业模式是一个组织何时(When)、何地(Where)、为何(Why)、如何(How)和多大程度(How Much)地为谁(Who)提供什么样(What)的产品和服务(即"7W"),并开发资源以持续这种努力的组合。

三类理论从不同角度论述了商业模式的内涵。营利模式论从企业运营的角度切入,认为商业模式就是企业如何随环境的变化合理配置内部资源以实现营利的方式,比较浅显易懂;价值创造论则主要从价值创造的视角来考察商业模式,认为商业模式是企业创造价值的决定性来源;体系论强调了商业模式的综合性,研究视角更宽泛、更全面,能够从各个维度更系统地诠释商业模式的实质。

商业模式是指一个完整的产品、服务和信息流体系,包括每一个参与者和其在其中起到的作用,以及每一个参与者的潜在利益和相应的收益来源和方式。在分析商业模式过程中,主要关注一类企业在市场中与用户、供应商、其他合作办的关系,尤其是彼此间的物流、信息流和资金流。

商业模式本质上是若干因素构成的一组盈利逻辑关系的链条,即价值链,价值链是企业运营过程中一系列关键活动的组合,而企业的运营过程就是由若干条不同的价值链所组成的。通过对价值链的分析,我们不仅可以看到企业整体的价值是如何体现的,更可以看到企业内部每一项关键活动的价值。通过这种分析,我们能够明晰,企业在营销过程中创造了什么样的价值,这些价值能不能够推动企业的持续成长,抑或在竞争中赢得持续的优势。更为重要的是,通过价值链的分析,企业可以不断修正和提升价值链中的各个环节,从而使整条价值链能够很好地串起来,不至于因为某些点表现差而导致整条价值链的"断裂"。

（二）成功商业模式的特征

长期从事商业模式研究和咨询的埃森哲公司认为,成功的商业模式具有三个特征：

1. 成功的商业模式要能提供独特价值

有时候这个独特的价值可能是新的思想；而更多的时候,它往往是产品和服务独特性的组合。这种组合要么可以向客户提供额外的价值；要么使得客户能用更低的价格获得同样的利益,或者用同样的价格获得更多的利益。

2. 商业模式是难以模仿的

企业通过确立自己的与众不同,如对客户的悉心照顾、无与伦比的实施能力等,来提高行业的进入门槛,从而保证利润来源不受侵犯。比如,直销模式（仅凭"直销"一点,还不能称其为一个商业模式）,人人都知道其如何运作,也都知道戴尔公司是直销的标杆,但很难复制戴尔的模式,原因在于"直销"的背后是一整套完整的、极难复制的资源和生产流程。

3. 成功的商业模式是脚踏实地的

企业要做到量入为出、收支平衡。这个看似不言而喻的道理,要想年复一年、日复一日地做到,却并不容易。现实当中的很多企业,不管是传统企业还是新型企业,对于自己的钱从何处赚来,为什么客户看中自己企业的产品和服务,乃至有多少客户实际上不能为企业带来利润、反而在侵蚀企业的收入等关键问题,都不甚了解。

10亿美金估值以上的企业小时候的特点[①]

成功没有定式,每一个成功的故事都是独一无二的、前所未有的。但这并不意味着没有模式值得关注。

市面上已经有很多关于估值超过10亿美金公司的报道。出乎意料的是,很多这样的公司并非在一开始就表现出快速增长的业务。

---

① 《10亿美金估值以上的企业小时候的特点》,转引自微信公众号"品尚电商",2015年4月14日。

Shasta Ventures 研究了 32 家高估值的公司在 A 轮的状态。研究对象包括 25 家 250 亿美金价值的公司（评判标准包括上一轮估值、收购价格或公开市场价值超过十亿美金）以及 7 家发展迅速、具有 10 亿美金潜力的公司，评估内容包括资金历史、用户模型及增长、营利情况、网络效应、监管障碍、市场动态和团队在内的特征。发现许多重要的共同特征：

1. 10 亿美金俱乐部公司倡导的理念在早期也可能不被欢迎

一旦公司进入 10 亿美元俱乐部，它们的基本理念和主张是显而易见的，但在早期也许并不如此。

分析发现，许多价值数 10 亿美元的公司理念很容易不被赞同。有多少人真的在乘坐黑色轿车？想看视频直播流的人有多少在玩电子游戏？为什么人们需要关心新的云备份或同步服务，除非他们的照片信息消失了？有多少人有兴趣租住别人家的沙发？

Airbnb 的联合创始人 Brian Chesky 曾经在公开场合讨论过这种窘境：

当我们来到硅谷时，没有人想投资 Airbnb。原因之一是他们认为这个想法是疯狂的。人们认为他们从来不想待在一个陌生人的家里，这是令人毛骨悚然的。

但后来我们发现，人们第一次听说或看见好的想法，也许并不会有那么清晰的概念。要么因为这个想法看起来小、规定很多，甚至看起来基本假设是有缺陷的。但成功的企业往往从初始概念上就能执行得很好，这为它们后续的发展提供了动力。

2. 高度竞争的市场反而是 10 亿美金俱乐部的催化器

传统的想法会认为，成功的初创企业需要一片蓝海，并需要大胆的创新。然而，我们发现这并不是真的。大部分的 10 亿美金公司出现在高度竞争的市场。

以消息应用为例。在 Snapchat 或者 WhatsApp 之前，人们已经有非常多的联系方式。但是这些创业公司仍然在激烈的竞争中脱颖而出。在我们的分析中，社交领域其实有着极多的高估值公司。

另外一个非常能说明我们观点的例子是交易平台，比如 Uber、Airbnb、Eventbrite 和 Instacart。在这些公司出现之前，人们总是有办法找到出租车、住宿、门票售卖或是送货上门服务。但是这些公司提供了更好的服务,并且保持着高速发展的势头。

从这些例子中我们能看出,消费者总是愿意去拥抱更好的产品或者体验。有一个事情是非常清楚的,即使在发展相当成熟的领域,科技也能使公司给用户带去新的服务方式。

3. 它们往往是在重塑体验,而非颠覆市场

我们发现价值数10亿美元的公司,一般都在重塑现有行业,提供更为卓越的用户体验,而不是激进地为市场带来更多颠覆。

比如像Nextdoor、Square、Zulily或者其他公司正在致力于改变消费行为:与邻居交流、使用信用卡支付或是在线购买儿童产品。每个公司的成功都源于对用户的独特观察,催生出了一个更好的体验。

Dropbox较其他备份、存储、同步提供了更简单的解决方案,并远胜u盘。立足于社区内容的Tumblr,看上去不像是一件大事,但提供了真正差异化的产品。Nest建造了恒温器连接到互联网,在有效地节约能源的同时提供了更好的设计。Uber重塑了运输方式,使得出行更加方便和愉快。

4. 没见过"大世面"的创始人掌舵着大型企业,而非资深行业人士

令人惊讶的是,在我们的研究里,没有见过"大世面"的创始人比经验丰富的企业家更多地掌舵着大型且快速增长的公司。

在前述我们提到的32家公司里,有3/4的人是首次经历着这样的事。他们并没有非常资深的经验,但对自己的产品充满热情,对于如何服务目标用户也有着独特的视角。全新的视角非常有帮助,有行业经验的人反而容易被"这不可能"或者"这没有用"的思维所限制。

5. 伟大的公司早期通常没有营利

另外一个有趣的发现是,10亿美金俱乐部的公司处于A轮阶段时,并没有从用户身上赚钱,比如Twitter、Pinterest、Houzz和Nextdoor。在这个阶段,它们专注于建立一个用户壁垒而不是营利。这些初创公司更多是在关注用户建议及用户参与和获取。直到建立起市场壁垒,实现规模效应后,它们才开始考虑收入。

> 虽然大多数公司在早期没有收入，但我们发现它们在 A 轮就呈现出快速增长，这源自它们强劲的产品、市场机会或者巨大的网络影响。
>
> 如果这个观察能呈现出一个清晰的观点的话，那就是在 A 轮很多伟大的想法并没有表现出来。有很多公司开始看似走得慢一点，最后却能用胜利震惊所有人。
>
> 我们的分析清晰地揭示出了这个模式：
>
> 伟大的公司总是瞄准巨大的市场，并为客户提供变革性的、更佳的用户体验。竞争激烈的市场或是创始人的成功过去并非胜利的阻碍或促进因素。

二、商业模式与企业战略的关系

商业模式是商业战略生成的基础，商业战略是在商业模式基础上的行为选择。

企业战略是经理所采取的旨在达成一项或多项组织目标的行动，其目标就是实现优于竞争对手的绩效和竞争优势，它具有过程本质，包括战略制定和战略实施两大阶段。可见，企业战略的本质特性是时序化、纵向的行动和过程。商业模式作为企业价值创造方式，具有一定的结构，其组成要素有机联系在一起，共同作用，形成一个良性循环，其本质特性是空间化、横向的方式和状态。企业战略是面向未来的、动态的、连续地完成从决策到实现的过程，商业模式是面向现实的、（相对）静态的、（相对）离散的价值创造方式；企业战略关注外部环境和竞争优势，商业模式关注内部结构和价值实现。它们两者都具有全局性，都面向整个企业；都具有系统性，前者包含目标体系和行动体系，后者包括结构体系和价值体系。

一般来说，在某个时段，企业只有一个商业模式，但可能同时存在多个战略。商业模式作为企业价值创造的基础地位总是存在的，不管它是否被企业有意设计，而企业战略并不永远存在。捕捉商业机会的（初创）企业未必有战略，却一定要有商业模式；企业遇到重大情况需要采取行动时，则必定需要战略。从这个意义上讲，商业模式的重要性位居首位，而企业战略则位居第二。在商业模式趋同的情况，（战略)核心能力决定企业成败;在环境相同、资源相近的情况下,竞争胜负取决于商业模式。

企业战略和商业模式具有以下一些相反或相似的特性:企业战略是面向未来的、动态的、连续地完成决策到实现的过程,商业模式是面向现实的、静态的、离散的经营活动方式;企业战略关注外部环境和竞争优势,商业模式关注内部结构和价值实现;企业战略用于指导企业经营方向和远景目标的选择和行动计划的制定,商业模式用于企业价值目标的创造。企业战略和商业模式都具有全局性,都面向整个企业,都具有系统性;前者包含目标体系和战略体系,后者包括结构体系和价值体系。[①]

商业模式概念至少在以下三个方面和战略有区别[②]:

第一,商业模式首先从为客户创造价值开始,围绕如何提供这种价值展开,当然也涉及从所创造的价值中获取收益。相对而言,战略更重视当前和潜在的威胁,关注竞争优势,而商业模式强调获取价值及其可持续性。

第二,不同于战略,商业模式概念更强调为企业创造价值而不是股东。财务方面的因素在商业模式中经常被忽视,或默认早期创业资金来源于企业自有资金,或风险投资。

第三,商业模式概念假定,企业、客户及第三方的知识都是有限的,容易被早期成功惯性所影响。战略一般要求仔细分析、计算及选择,假定存在大量可获得的可靠信息。有些公司可能多年维持同样的战略和商业模式,比如西南航空;有的是战略常变,而商业模式保持不变,如福特公司;有的两者都经常在变。[③]

商业模式与企业战略的主要关联点在于:它们一定会共享某些要素,如波特的客户需求、产品或服务种类、接触途径三种战略定位。[④]

---

① 沈永言、吕廷杰:《商业模式与企业战略的关系与相互作用》,《经济研究导刊》2011年第18期。

② H. Chesbrough, and R. S. Rosenbloom, "The Role of the Business Model in Capturing Value from Innovation: Evidence from Xerox Corporation's Technology Spin off Companies," Harvard Business School, Working Paper, 2002.

③ 沈永言:《商业模式理论与创新研究》,北京邮电大学2011年博士论文,第70—75页。

④ M. E. Porter, "What is Strategy?" *Harvard Business Review*, 1996, 74(6): 61-78.

之所以如此,是因为从战略制定到战略实施必然要经历商业模式这个环节,商业模式是战略制定的结果,又是战略实施的依据。① 因此,两者之间存在一种客观的水平垂直式交融关系(如图3-4所示)。

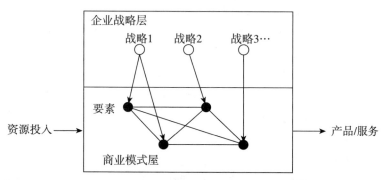

图3-4　商业模式与企业战略的交融关系②

商业模式与企业战略之间的交融关系决定了企业在制定战略的时候必须要考虑商业模式的配套,在战略实施的时候需要依据商业模式作为蓝图,在设计商业模式时候必须考虑企业战略的目标和意图。如果将图3-4中的商业模式视为在技术(资源)开发和经济价值创造之间起到媒介作用的关键装置③,那么企业战略则扮演着这个关键装置的调节器角色;如果将图3-4中的商业模式比作于一个"函数",那么企业战略无疑相当于起调节作用的各种"参数";如果将商业模式视作一架由不同部件组合而成、具有特定运行逻辑的机器,那么企业战略无疑相当于它的操作员。④

商业模式是一种工具和思维,明白了商业模式与企业发展的关系,你的内心就比很多人更有格局。我们通过四个小故事,深入浅出地给大家讲解四种能撬动企业发展的商业模式。

---

　　① 〔美〕C. W. L. 希尔、G. R. 琼斯:《战略管理》,中国市场出版社2007年版。
　　② 沈永言:《商业模式理论与创新研究》,北京邮电大学2011年博士论文,第70—75页。
　　③ H. Chesbrough, and R. S. Rosenbloom, "The Role of the Business Model in Capturing Value from Innovation: Evidence from Xerox Corporation's Technology Spin off Companies," Harvard Business School, Working Paper, 2002.
　　④ R. C. Masanell, and J. E. Ricart, "From Strategy to Business Models and to Tactics," Harvard Business School, Working Paper, 2009.

创业故事一:"空手套白狼"

A 跟张先生说:"我有 5000 万,你告诉我应该怎么办?"张先生说:"你有什么要求?"他说:"我这 5000 万存在银行存着,你别给我动。"张先生说:"你能把这 5000 万的存单给我吗?名字不变。"他说可以。拿到存单后,张先生找到 B,他拿这个存单到香港做抵押,贷出 5000 万。香港的贷款利率比内地低。张先生拿着这 5000 万到意大利去找 C,在意大利给 A 买了个酒庄,还在意大利申请到两个以上的移民资格。买了酒庄以后,C 把酒庄抵押给意大利银行贷出 5000 万,贷款利率比香港还低。张先生拿这 5000 万买红酒和橄榄油运回国内,交给 A 去卖。结果他一卖,赚了,5000 万变成了 8000 万,赚到了 3000 万(利率忽略未计),剩余了 5000 万从香港拿回了存单,又去意大利赎回了酒庄。到最后 A 得到了什么?3000 万的利润,一个酒庄,外加两个移民的机会。

资本真是神奇,最神奇的是资本的流动和运作,让 1 元钱变 10 元钱用。可见,真正的创业高手会玩空手套白狼,能帮你盘活资源,实现价值的提升。商业模式的一个作用就是能够使你充分把握机会,并把机会的价值充分地释放,然后通过好的商业模式引起资本的兴趣。就像做菜,你要做得好看还要好吃。如果你弄一篮子蔬菜,不做任何加工,那不叫商业模式,顶多可称为商业机会。商业模式可以包装商业机会,并把它变成一套运营体系,变成一套运营方法,然后告诉你,它能产生什么价值。

商业模式不仅使企业的资源得到最好的开发,还能使资本读懂你的企业,同时能够使资本进入你的企业,这必然会放大你的商业机会。

小结:商业模式就是帮你赚钱的工具。

创业故事二:"放长线,钓大鱼"

一个企业的价值链的每一个环节都能创造价值。比如说设计环节增加资源,比如说施工环节增加资源,比如说在拿项目环节增加资源。有了资源,就会产生竞争优势。

比如很多企业通过改革搞加工,你加工鞋我也加工鞋,你加工冰箱我也加工冰箱,你加工空调我也加工空调,于是,大家都变成了性质差不多的加工企业,同质化严重。这个时候谁做品牌谁厉害,这个时候谁做技术谁厉害,这个时候谁做渠道谁厉害。所以说价值链里面某一个环节重点增加资源,你就拥有优势,尤其是稀缺资源的开发和增长,打通产业链。

我们知道,红星·美凯龙是一个家具城,其实你只看到了表面。红星·美凯龙现在有三个身份。第一个是零售公司,就是卖家具的。第二个是地产公司,类似麦当劳占地为王,收租金。第三个就是金融公司,准确点叫类金融公司,有点跨界经营的性质。它的东西卖了钱不马上给客户付费,押你三个月,它用这三个月的钱去做房地产,做金融投资。所以,红星·美凯龙是一个类地产公司、类金融公司,最后才是零售公司,"醉翁之意不在酒"。从这个层面就可以看出来,它突破了专业化的概念。

理解这个时代在发生什么变化,你才能把握这个时代的脉络,至少你在思想的高度上可以俯视这个时代。企业家要具备这个能力,放长线,钓大鱼,预测变化趋势,提前抓住稀缺资源,逮着小猪养大好挣钱。

小结:商业模式就是帮你做产业链。

创业故事三:"风马牛,可相及"

一位做印刷的老板,印刷的行情已经不行了,他怎么做呢?他是用印刷的底子来做老鼠夹子,因为现在打老鼠都不让用药。他把两块板子做成夹子,两边分别抹上胶水,往中间一夹就像书一样,一分开就变成了一个张开的老鼠夹子。

老鼠有个特点,就是沿着墙角从哪走从哪回,所以在墙角放个夹子很容易夹住它。再一个,老鼠比较有团队精神,只要把一个粘住,它一叫,其他的跟着都会来,所以一粘就是一窝。而且只要粘上,它就跑不掉,所以这个老鼠夹子放到墙角,一会儿就粘一群。这个夹子对老鼠来说是灭绝性的。

一般印刷厂的利润不会超过10%,可能5%都不到,现在,他的净利润不低于20%,一年能做将近1亿元。其实一开始他也没想到,印刷行业和老鼠夹结合起来能这么赚钱。因为这看起来完全就是不相干的两个东西。这就叫商业模式。

这个时代要做多面手,多功能化也很吃香,再换句话叫功能组合。因为它已经打破了原有的行业特征,以前是专业化的纸板行业、印刷行业、灭鼠行业,它是把几个行业整合在了一起,来了一个混搭。

今后的商业模式整个都是混搭的概念,你能混搭得好,代表你身份的多元化,经营思路的多样化,千万别在一棵树上吊死。

小结:商业模式就是玩跨界,多种经营。

创业故事四:"做平台,唱大戏"

简单的物业是帮助楼盘打扫卫生,提供保安服务,但是一家给很多楼盘提供物业服务的公司服务49万家客户。他在传统的物业之上为居民提供家政服务,为整个楼盘提供农产品销售,在小区里做电视屏,给每家通网络,把网络电商的概念引到每家里去。

东北有三个卖大米的公司,第一个公司有本事,把大米送到中南海去了,第二个公司卖到全国,第三个公司的大米也很好吃,但它没有品牌。第三个公司原来走超市,进去的时候每500克1.5元,但是超市一包装每500克卖5元,差不多3元钱的利润就被超市拿走了。和第三个公司谈好后,我每500克加2毛钱把它拿过来,再加1毛钱的运费,1.8元直接放到我学生那个社区。大家看得到大米,可以拿回家品尝,尝了好肯定会来买。因特网上是陌生销售,我们是熟人销售,信任感建立起来了,一个新的社区服务和销售体系就建立起来了。

我们现在要建立一个基于电商网之上的人网,基于人网形成的资本网。综合起来,资本网、人网、电商网,再加物流网,四网合一会建立一个把马云的阿里集团都干掉的行业。马云只做到了电商网,他最缺的还是人网。

像这种对社区的改造,从保安到保洁,在保洁之上加家政、养老,加各种东西的销售,那就是一个新的商业模式——社区综合超市服务平台(不是传统的只卖东西的超市)。这个模式是可以在每个小区复制的,这可是未来的朝阳产业,因为房地产在中国四五线城市建成之后,迫切需要社区综合服务商。

> 平台思维是当前最先进的,构建好了平台,什么事都可以在上面做。现在,你有产品、资金、技术、人才,都只是一个方面,他们需要在平台上综合运作起来,才能产生效益。微软的视窗系统上做平台,电商网站是做平台,各种 App 软件都是平台。
> 小结:商业模式就是做平台,做综合服务。

三、商业模式因果关系链条的分解

近年来,许多商业模式研究者一直试图找到一套具有一般性和基础性的商业模式理论模型,设想用它作为通用工具去解释企业创造价值的一般机制,以消除商业模式分析中存在的随意性和盲目性,从而有效解决商业模式辨识和设计的问题。比较有代表性的理论模型有哈佛大学教授约翰逊(Mark Johnson)等人提出的三因素模型和亚历山大·奥斯特瓦(Osterwalder)提出的九因素模型。

(一)商业模式三因素模型

哈佛大学教授约翰逊、克里斯坦森(Clayton Christensen)和 SAP 公司的 CEO 孔翰宁(Henning Kagermann)共同撰写的《商业模式创新白皮书》认为商业模式由三个要素组成:

1. 客户价值主张

商业模式首先要帮助新企业确立初始市场定位,也就是客户价值主张。市场定位主要是指新企业在产品构成与顾客群体层面所确立的主张,包含面向哪些顾客,提供什么样的产品或服务等。明确了市场定位并不意味着真正的市场一定存在,或者一定能够获得市场的检验。有些新企业经营一段时间后发现难以与目标市场的需求相匹配,或自身的经营过程使其并不能从目标市场中营利,导致失败风险大幅提高。因此,市场定位勾画出了关于新企业市场前景的假设,只有当新企业的目标市场明确地确立,并能够在这一市场上实现一定规模的销售时,才能验证市场定位假设的正确性与稳定性。

2. 资源和生产过程

支持客户价值主张和营利模式的资源和生产过程,是确保新企业的新定位确立、新目标创造、新角色扮演得以实现的一组结构与流程,这与企业内部的价值链相似。新企业往往无法在创办初期就形成像既有企业那样复杂的价值链,但至少会形成一组能够支撑新企业市场定位的过程结构,只不过这种过程充满了不确定性。因此,新企业的资源和生产过程可被视为关于在市场定位的指引下以何种方式组织产品或服务的生产的假设。只有当新企业能够面向目标市场建立起稳定的采购、加工或服务提供以及销售过程,过程的不确定性明显降低时,才能证明资源和生产的假设成立。

3. 营利公式

企业用以为股东实现经济价值的过程。商业模式最终要落脚于为企业带来营利,因而营利公式作为商业模式架构中的基础环节,体现了企业在营利性方面的假设。更为重要的是,商业模式并不是帮助新企业赚取利润的"一次性"工具,为了保证新企业成长所需的稳定收益,商业模式需建构独特且稳定的利润模式,以促进新企业成长性与收益性的保持与连贯。当新企业能够凭借可重复的、结构化的经营过程逐步实现市场定位目标,并有效地控制成本,使盈利水平高于银行利率水平时,就意味着新企业建构了稳定的营利公式。

(二) 九模块商业模式框架

亚历山大·奥斯特瓦等人认为,商业模式描述了企业如何创造价值,传递价值和获取价值的基本原理。他们在综合了各种概念的共性的基础上,提出了一个包含九个模块的商业模式框架。这些要素包括:

1. 客户细分(customer segments)

企业或者机构所服务的一个或多个客户分类群体。客户构成是任何商业模式的核心。没有可获益的用户,企业就无法长存。我们可以定义一个或多个或大或小的细分群体。主要包括:大众市场、利基市场、区隔化市场、多元化市场、多平台或多边市场。

(1) 大众市场(mass)价值主张、渠道通路和客户关系全都聚集于一个大范围的客户群组,客户具有大致相同的需求和问题。

(2) 利基市场(niche)价值主张、渠道通路和客户关系都针对某一利基市场的特定需求定制。这种商业模式常可在供应商—采购商的关系中找到。

(3) 区隔化市场。客户需求略有不同,细分群体之间的市场区隔有所不同,所提供的价值主张也略有不同。

（4）多元化市场。经营业务多样化,以完全不同的价值主张迎合完全不同需求的客户细分群体。

（5）多边平台或多边市场。服务于两个或更多的相互依存的客户细分群体。

2. 价值主张(value propositions)

价值主张是指为特定客户创造价值的系列产品或服务。它要解决客户的困扰或者满足客户的需求。价值可以定量的(如价格、服务速度)或定性的(如设计、客户体验)。目前,主要的价值主张包括:新颖产品/服务、性能改善、定制化、设计、品牌、价格、成本削减、风险抑制等。

表3-7 价值主张简要要素

新颖	产品或服务满足客户从未感受和体验过的全新需求
性能	改善产品和服务性能是传统意义上创造价值的普遍方法
定制化	以满足个别客户或客户细分群体的特定需求来创造价值
把事情做好	可通过帮客户把某些事情做好而简单地创造价值
设计	产品因优秀的设计脱颖而出
品牌/身份地位	客户可以通过使用和显示某一特定品牌而发现价值
价格	以更低的价格提供同质化的价值满足价格敏感客户细分群体
成本削减	帮助客户削减成本是创造价值的重要方法
风险抑制	帮助客户抑制风险也可以创造客户价值
可达性	把产品和服务提供给以前接触不到的客户
便利性/可用性	使事情更方便或易于使用可以创造可观的价值

3. 渠道通路(channels)

通过哪些渠道可以接触目标用户群体？如何接触他们？哪些渠道最有效？哪些渠道成本效益最好？如何整合？渠道是把价值主张推向市场至关重要的环节。渠道可以分为5个不同阶段(认知—评估—购买—传递—售后),每个渠道都能经历部分或者全部阶段。我们可以通过自有渠道(线下销售、线上销售)、合作伙伴渠道(自有店铺、合作伙伴店铺、批发商)或者两个混合起来接触用户。

4. 客户关系(customer relationships)

企业要弄清楚我们要和每个细分客户群体建立和保持什么关系？哪些关系我们建立了？这些关系成本如何？通常来讲,客户关系可分为:个人助理、专用个人助理、自助服务、自动化业务、社区、共同创作等等。

- 个人助理。基于人与人之间的互动,可以通过呼叫中心、电子邮件或其他销售方式等个人助理手段进行。
- 自助服务。为客户提供自助服务所需要的所有条件。
- 专用个人助理。为单一客户安排专门的客户代表,通常是向高净值个人客户提供服务。
- 自助化服务。整合了更加精细的自动化过程,可以识别不同客户及其特点,并提供与客户订单或交易相关的服务。
- 社区。利用用户社区与客户或潜在客户建立更为深入的联系,如建立在线社区。
- 共同创作。与客户共同创造价值,鼓励客户参与到全新和创新产品的设计和创作。

5. 收入来源(revenue streams)

收入来源是商业模式的动脉。什么样的价值能让客户愿意付费？他们现在付费买什么？他们是如何支付费用的？他们更愿意如何支付费用？只有这样,我们才能挖掘一个或多个收入来源。目前,主要的收入方式包括:产品销售、使用收费、订阅收费、租赁收费、授权收费、经济收费(提供中介服务收取佣金)、广告收费等。针对不同的收入来源,有固定定价及动态定价两种方式。

6. 核心资源(key resources)

核心资源是商业模式有效运转的最重要的必需因素。每个商业模式都需要核心资源,不同的商业模式所需要的核心资源不一样。核心资源可以是实体资产、知识资产、人力资源、金融资产。核心资源可以是自有的,也可以是公司租借的或者从合作伙伴那里获得的。

具体而言,实体资产包括生产设施、不动产、系统、销售网点和分销网络等;知识资产包括品牌、专有知识、专利和版权、合作关系和客户数据库;在知识密集产业和创意产业中,人力资源至关重要;金融资产包括金融资源或财务担保,如现金、信贷额度或股票期权池。

7. 关键业务(key activities)

关键业务是为了确保商业模式可行,企业必须做的最重要的事情。我们价值主张需要哪些关键业务?渠道通路需要哪些关键业务?关键业务可以分为三大类:一是制造产品,与设计、制造及发送产品有关,是企业商业模式的核心;二是问题解决,为客户提供新的解决方案,需要知识管理和持续培训等业务;三是平台/网络,网络服务、交易平台、软件甚至品牌都可看成平台,与平台管理、服务提供和平台推广相关。

8. 重要合作(key partnerships)

企业会基于很多种原因打造合作关系,我们可以把合作关系分为四种类型:非竞争者之间的战略联盟;竞争者之间的战略合作;为开发新业务而构建的合作;供应商关系。

合作关系的作用是:第一,降低风险和不确定性,可减少以不确定性为特征的竞争环境的风险;第二,优化商业模式实现规模经济,优化的伙伴关系和规模经济的伙伴关系通常会降低成本,而且往往涉及外包或基础设施共享;第三,获取特定资源和业务,依靠其他企业提供特定资源或执行某些业务活动来扩展自身能力。

9. 成本结构(cost structure)

公司的成本有哪些?不仅包括固定成本,还包括营销和销售成本、日常开支和售后成本。在计算成本时,可以把预估的成本与同类公司发布出来的报告对比一下。成本结构包括两种类型:一是成本驱动,创造和维持最经济的成本结构,采用低价的价值主张、最大程度自动化和广泛外包;二是价值驱动,专注于创造价值,增值型的价值主张和高度个性化服务通常是以价值驱动型商业模式为特征的。

以上九个模块分别回答了四个关键问题。价值主张回答了提供什么的问题;重要伙伴、关键业务、核心资源回答了如何提供的问题;客户关系、客户细分和渠道通路回答了为谁提供的问题;成本结构和收入来源共同回答了成本与收益的问题。

(三)商业模式式样

1. 非绑定式商业模式

约翰·哈格尔(John Hagel)和马克·辛格(Marc Singer)提出了"非绑定公司"的概念,他们认为企业是由不同经济驱动因素、竞争驱动因素和文化驱动因素等完全不同类型的业务组成,可分为产品创新型业务、客户关系型业务和基础设施型业务。与此对应,企业应该专注于以下三种价值信条之一:产品领先、亲近客户或卓越运营。

哈格尔和辛格认为客户关系型业务的职责是寻找和获取客户并与他们建立关系。同样,产品创新型业务的职责是开发新的和有吸引力的产品和服务,而基础设施型业务的职责是构建和管理平台,以支持大量重复性的工作。他们认为企业应该分离这三种业务类型之一,因为每一种业务类型都是由不同的因素所驱动的,在同一组织中,这些业务类型可能彼此之间冲突,或者可能产生不理的权衡妥协。

表3-8 非绑定式商业模式——三种核心的业务类型

	产品创新	客户关系管理	基础设施管理
经济	更早地进入市场可以保证索要溢价价格,并获取巨大的市场份额;速度是关键	获取客户的高昂成本决定了必须获取大规模的客户份额;范围经济是关键	高昂的固定成本决定了通过大规模生产达到单位成本降低的必要性;规模是关键
竞争	针对人才而竞争;进入门槛低;许多小公司繁荣兴旺	针对范围而竞争;快速巩固;寡头占领市场	针对规模而竞争;快速巩固,寡头占领市场
文化	以员工为中心;鼓励创新人才	高度面向服务;客户至上心态	关注成本;统一标准可预测和有效性

近年来,移动通信运营商采用非绑定商业模式,分拆并聚焦新业务核心。以前,传统的电信运营商之间的竞争围绕着网络质量,但是现在它们更突出与竞争者共享网络,或将网络运营全部外包给设备制造商。为什么?因为它们意识到自己的核心资产不再是网络,而是它们的品牌及客户关系。因此,电信运营商应该根据上述业务不同而相对独立于不同的运营实体,分别为:电信设备制造商、业务分拆的电信运营商和内容供应商。

(1)电信设备制造商

电信运营商将它们一部分网络的运营和维护工作(基础设施管理)外包给电信设备制造商。电信设备制造商可以在同一时间服务多个电信运营商,并以此从规模经济中获益,它们可以更低的成本运营网络。

(2) 业务分拆的电信运营商

在将基础设施业务拆分后,电信运营商可以改进自己对品牌和客户关系以及服务的关注。客户关系则成为核心资产与核心业务,通过专注客户并提高现有客户的单客户贡献率,可以改善多年来花费在获取和维持客户上的投资。而最先采用这种战略分拆运营商中有一家是巴蒂电信(Bharti Airtel),它现在是印度电信行业的领先企业之一。

(3) 内容供应商

对于产品和服务创新而言,分拆业务的电信运营商可以转变成规模更小、更具创新性的公司。创新需要创意人才,而更活跃的小型公司具有独特的吸引力。电信运营商与大量第三方(内容供应商)在创新技术、新服务和媒体内容上合作,诸如地图、游戏、视频和音乐等。

2. 长尾式商业模式

"长尾"概念由克里斯·安德森(Chris Anderson)在 2004 年提出。最简单的例子来直观了解"长尾"概念:在一个 xy 的坐标系里面,y 对应销售收入,x 对应同一产业中不同品牌的产品或服务。一般会出现名列前茅的几个品牌占据大部分的部分,其他无数的小品牌占据小部分。

长尾概念描述了媒体行业从面向大量用户销售少数拳头产品,到销售庞大数量的利基产品的转变。而每种利基产品都只产生小额销售量。安德森描述了很多非经常销售的利基产品所产生的销售总额等于甚至超过由拳头产品所产生的收入。与此同时,安德森也证明了长尾理论在媒体行业以外的其他行业也同样有效。

Google 是一个最典型的"长尾"公司,其成长历程就是把广告商和出版商的"长尾"商业化的过程。

数以百万计的小企业和个人此前从未打过广告,或从没大规模地打过广告。他们小得让广告商不屑,甚至连他们自己都不曾想过可以打广告。但 Google 的 AdSense 把广告这一门槛降下来了:广告不再高不可攀,它是自助的、价廉的,谁都可以做的;另一方面,对成千上万的 Blog 站点和小规模的商业网站来说,在自己的站点放上广告已成举手之劳。

Google 目前有一半的生意来自这些小网站而不是搜索结果中放

置的广告。数以百万计的中小企业代表了一个巨大的长尾广告市场。这条长尾能有多长,恐怕谁也无法预知。

3. 多边平台式商业模式

所谓的多边平台,是将两个或者更多有明显区别但又相互依赖的客户群体集合在一起的平台。每个客户细分群体之间都是相互依存的,并且有自己的价值主张和收入来源。平台成为这些客户群体的中介来创造价值。事实上,多边平台对于某个特定用户群体的价值基本上依赖于这个平台千上万的 Blog 站点和小规模的商业常会通过为一个群体提供低价甚至免费的服务来吸引他们,并依靠这个群体来吸引与之相对的另一个群体。比如腾讯的 QQ 是免费的,但巨大的用户群,使得无论开发什么业务,都能找到收入来源。

整体模式的核心资源是平台,三个关键业务通常是平台管理、服务提供和平台推广。价值主张通常在三个方面创造价值:第一是吸引各用户群体;第二是作为客户细分群体的媒体;第三,则在平台上通过渠道化的交易降低成本。

苹果从 iPod 到 iPhone 的产品线演进突出了该公司向强大平台商业模式式样的转型。苹果 2001 年推出一款独立产品 iPod,2003 年推出 iTunes 音乐商店,并与 iPod 紧密集成到一起。该音乐商店允许用户以一种非常方便的方式购买和下载数字音乐。它是苹果在开拓平台效应上的第一次尝试。而 iTunes 本质上把"音乐版权商"和听众直接连接在一起。这个战略使苹果公司跃升成为当今全球最大在线音乐零售商。2008 年,苹果为十分流行的 iPhone 手机推出了自有应用商店(App Store)。应用商店允许用户直接从 iTunes 商店浏览、购买和下载应用程序,直接安装到自己的 iPhone 上。所有的应用程序开发商的应用程序都必须通过应用商店来渠道销售,苹果公司在每单应用程序的销售上提取 30% 的版税。

4. 免费式商业模式

在免费式商业模式中,至少有一个庞大的客户细分群体可以享受持续的免费服务。免费服务可以来自多种模式,通过该商业模式的其他部分或其他客户细分群体,给非付费客户细分群体提供财务支持。可行的免费式商业模式有三种不同式样,每种商业模式式样都有不同的潜在经济特征,但是它们都有一个共同的特点:至少有一个客户细分群体持续从免费的产品或服务中受益。这三种模式是:

（1）基于多边平台（基于广告）的免费产品或服务；广告是在免费产品或服务上应用非常广泛的收入来源。我们可以在电视、广播、互联网上，还有它的一个最复杂形式——Google定向广告里看到它的身影。用商业模式术语来说，基于广告的免费商业模式是多边平台的一个表现形式。平台的一边被设计成以免费的内容、产品或服务来吸引用户，平台的另一边通过销售广告位来产生收入。

（2）"免费增收"商业模式

免费增收主要代表了基于网络的商业模式，混合了免费的基础服务和收费的增值服务。免费增收模式中有大量基础用户受益于没有任何附加条件的免费产品或服务。大部分免费用户永远不会变成付费客户；只有一小部分，通常不超过所有用户的10%的用户会订阅收费的增值服务。这一小部分付费用户群体所支付的费用将用来补贴免费用户。只有在服务额外免费用户的边际成本极低的时候这种模式才成为可能。在免费增收模式中，关键的指标是为单位用户提供免费服务的成本和免费用户变成付费用户的转化率。

（3）"诱钓"模式

诱钓（bait & hook）指的是通过廉价的、有吸引力的甚至是免费的初始产品或服务，来促进相关产品或服务未来的重复购买的商业模式式样。这种模式也被称为"亏损特价品"（loss leader）或者"剃刀与刀片"（razor & blades）模式。"亏损特价品"指的是最初补贴甚至亏本提供，目的是从客户后续购买的产品或服务获取利润。"剃刀与刀片"指的是由美国商人金·吉列（King C. Gillette）广为传播的商业模式，他是一次性剃须刀片的发明者。我们使用术语"剃刀与刀片"式样来描述使用最初产品或服务引诱客户而从后续销售中赚取收入的普遍想法。移动通信行业预存话费送手机提供了一个使用免费产品的诱钓模式的好案例。运营商起初赔钱免费送出手机，但他们很容易通过后续按月服务费弥补损失，产生经常性收入。

5. 开放式商业模式

开放式商业模式是由亨利·切萨布鲁夫（Henry Chosbrough）提出的，是指将公司内部的研究流程开放给外部伙伴。他认为在一个只是分散为特征的世界里，组织可以通过对外部知识、智力资产和产品的整合创造更多价值，并能更好地利用自己的研究。此外，闲置于企业内部的产品、技术、知识和智力资产，可以通过授权、合资或分拆的方式向外部伙伴开放,并变现。

2000年6月,宝洁的股价不断下滑,长期担任宝洁高管的雷富利临危受命,担任CEO。为了振兴宝洁,他将宝洁的产品研发战略从过去依赖高能研发团队转变到利用一种新的模式,即"C&D"(Connect and Develop,联合开发)。雷富利制定了一个雄心勃勃的目标:在现有的接近15%的基础上,将公司与外部伙伴的创新工作提高到总研发量的50%。2007年,该公司完成了这个目标,与此同时,研发生产率大幅提升了85%,而研发成本仅比雷富利接任CEO前略微的提高。为了连接企业内部资源和外部世界的研发活动,宝洁在其商业模式中建立了三个高桥梁来连接企业内部资源和外部世界的研发活动互联网,已经成为主要的桥梁。任何人有问题或在某个领域有一个想法,都可以在24小时或48小时以内与全球任何一个地方的某人联系,他会有需要的答案或想法,无论以前是否认识。这样会促使员工去开发公司外的企业精神和巨大的知识才能。[1]

表3-8　商业模式式样一览

	非绑定式商业模式	长尾式商业模式	多边平台式商业模式	免费式商业模式	开放式商业模式
传统方式(之前)	一种包含了基础设施管理、产品创新和客户关系的整合型商业模式	价值主张仅针对大多数有利可图的客户	一种价值主张只针对一个客户细分群体	高价值高成本的价值主张仅提供给付费用户	研发资源和关键业务都被集中在企业内部
挑战	成本太高,多种相互冲突的企业文化被整合到一个实体中,带来不利的权衡取舍	针对低价值的客户细分群体提供特定价值主张成本太高	企业无法获得潜在新客户,这些客户感觉的是接触企业现有客户群	高价格挡住了用户	研发成本过高抑或生产率很低

---

[1] 〔美〕蒂姆·克拉克、〔瑞士〕亚历山大·奥斯特瓦德、〔比〕伊夫·皮尼厄:《商业模式新生代》,王帅、毛心宇、严威、毕崇毅译,机械工业出版社2011年版。

续表

	非绑定式商业模式	长尾式商业模式	多边平台式商业模式	免费式商业模式	开放式商业模式
解决方案（以后）	将业务拆分成三种独立但又相互联系的模型来处理：基础设施管理、产品创新、客户关系	针对低价值客户提供新的或附加的价值主张，所产生的累积收入同样可以有可图	增加"接触"企业现在客户细分群体的价值主张	针对不同的客户细分提供几个含有不同收入来源的价值主张，其中一个是免费的或极低成本的	通过利用外部合作伙伴来提高内部研发资源和业务效率。内部的研发成果被转化为价值主张，提供给感兴趣的客户细分群体
原理	IT和管理工具的发展允许以更低成本分拆并在不同商业模式中协作	IT和运营管理的发展，允许以低成本针对数量庞大的新客户发布量身定制的价值主张	在两个或多个客户群体之间搭建中介运营平台，这些客户细分可以给最初的模型增加收入来源	付费客户群体为免费客户细分群体提供补贴，以便最大限度吸引客户	从外部资源获取的研发成果成本会更小，并且可以缩短上市时间。未被利用的创新在出售给外部后可能带来更多潜在的收入
案例	私人银行；移动运营商	出版业（Lulu.com）；乐高	索尼、微软的家用游戏机；iPod,iTunes, iPhone	广告和报纸；开源；Skype（对决电信运营商）；吉列剃须刀和刀片	宝洁；葛兰素史克

四、商业模式设计方法、过程与分析工具

（一）商业模式设计方法

商业模式设计关注的是企业的价值实现，是企业的商业逻辑表达方式和产品/服务营利方式。商业模式是企业在给定的行业中，为了

创造卓越的客户价值而将自己推到获取价值的位置上,运用其资源执行什么样的活动、如何执行这些活动以及什么时候执行这些活动的集合。成功的商业模式设计应该以本企业为出发点,充分考虑社会资源的集约利用和设计安排,创造企业价值、客户价值、伙伴价值和社会价值。

商业模式的本质是以系统的方式创造价值,商业模式主要通过整合社会资源提高资源集约利用率;依靠技术创新或效率提高社会资源的单位产出;依靠社会资源节约降低社会的总成本。商业模式设计需要具备整合资源、思维创新、关注客户、双赢理念等,通过聚合网络群体、整合社会资源、增强系统功能等实现价值创造。商业模式设计应具有指导性、战略性、目的性。结合商业模式设计目标,提出以下商业模式设计原则:顾客价值最大化原则、利益相关者共赢原则、企业价值最大化原则、持续营利原则、核心能力延伸原则、价值要素匹配原则、系统资源整合原则、商业机会把握原则。

目前,对商业模式设计方法研究文献甚少,本书在参考组织设计等相关文献的基础上,提出了商业模式设计方法,主要包括:参考法、相关分析法、关键因素法、价值创新法。

1. 参照法

参照法是商业模式设计的一种有效方法。该方法是以国内外商业模式作为参照,然后根据本企业的有关商业权变因素,如环境、战略、技术、规模等不同特点的调整,确定企业商业模式设计的方向。采用参照法进行商业模式设计时一定要根据企业自身的情况加以调整和改进,创新地摸索出符合本企业的商业模式。许多企业的商业模式设计都是通过参照法进行的,如腾讯参照新浪等建立门户网站。

2. 相关分析法

相关分析法是在分析某个问题或因素时,将与该问题或因素相关的其他问题或因素进行对比,分析其相互关系或相关程度的一种分析方法。相关分析法需要根据影响企业商业模式的各种权变因素,运用有关商业模式设计的一般知识,采用影响因素与商业模式一一对应确定企业的商业模式。利用相关分析的方法,可以找出相关因素之间规律性的联系,研究如何降低成本,达到价值创造的目的。如亚马逊通过分析传统书店,在网上开办电子书店;eBay网上拍卖也来自传统的拍卖方式。

3. 关键因素法

关键因素法是以关键因素为依据来确定商业模式设计的方法。商业模式中存在着多个变量影响设计目标的实现,其中若干个因素是关键的和主要的(即成功变量)。通过对关键成功因素的识别,找出实现目标所需的关键因素集合,确定商业模式设计的优先次序。关键因素法主要有五个步骤:(1)确定商业模式设计的目标;(2)识别所有的关键因素,分析影响商业模式的各种因素及其子因素;(3)确定商业模式设计中不同阶段的关键因素;(4)明确各关键因素的性能指标和评估标准;(5)制订商业模式的实施计划。

4. 价值创新法

对一些从未出现过的商业模式设计,往往需要进行创新,即通过价值要素的构建、组合等设计出新的商业模式,这一点在互联网企业表现尤为明显,如盛大网络游戏全面实行免费模式,开创了网游行业营利新模式——CSP(come-stay-pay)。A8音乐公司通过网络原创音乐平台,将进行原创音乐的网民、网络音乐下载者、电信运营商、风险投资者、合作伙伴等进行了关联,从而设计出新的商业模式。

(二)商业模式设计过程

1. 基于价值的商业模式设计模型

近年来,商业模式设计成了商业界关注的新焦点。商业模式设计基于企业战略产生,从内外部环境、市场、资源、产品/服务、价值主张等开始,是基于企业的产品/服务能力、价值网络关系、价值要素等的一种资源整合和价值匹配,是企业的一系列价值活动过程,是从价值发现到价值实现的过程。商业模式设计过程包括价值主张、价值创造、价值配置、价值管理等环节。构建商业模式设计模型。本书结合大量互联网企业实例和价值理论,提出从价值发现(Value Find)、价值主张(Value Proposition)、价值创造(Value Creation)、价值配置(Value Configuration)、价值管理(Value Management)、价值实现(Value Realization)等6个要素角度进行商业模式设计,并构建商业模式设计模型,如图3-5所示。

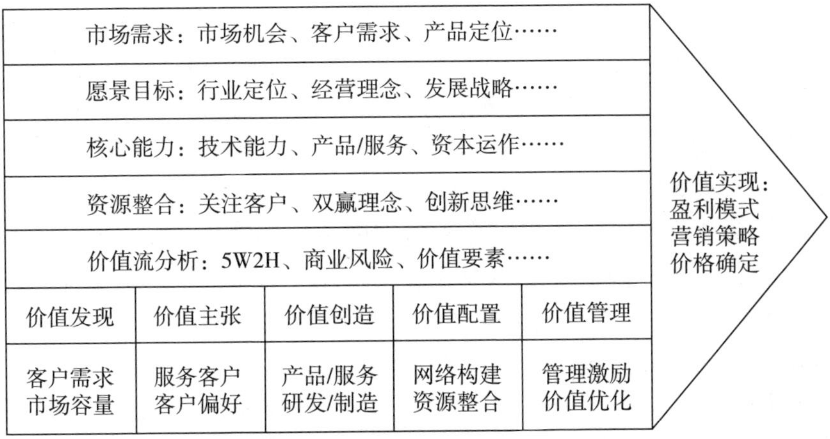

市场需求：市场机会、客户需求、产品定位……	
愿景目标：行业定位、经营理念、发展战略……	
核心能力：技术能力、产品/服务、资本运作……	价值实现：
资源整合：关注客户、双赢理念、创新思维……	盈利模式
价值流分析：5W2H、商业风险、价值要素……	营销策略 价格确定

价值发现	价值主张	价值创造	价值配置	价值管理
客户需求 市场容量	服务客户 客户偏好	产品/服务 研发/制造	网络构建 资源整合	管理激励 价值优化

图3-5 基于价值的商业模式设计模型

2. 基于价值的商业模式设计要素描述

（1）价值发现。价值发现是基于企业愿景目标，通过内外部环境的SWOT分析，对企业的战略进行定位，进而利用核心优势创造市场价值的过程。价值发现是建立在客户精准分析上的关注客户、思维创新、合作共赢、资源整合等一系列理念的应用。价值发现主要立足于发现市场需求，深入分析企业的价值链环节和客户需求，判定企业的利润区分布和市场容量，分析产品/服务的市场价值。正如和尚卖梳子一样，商业模式最核心的一部分就是它发掘了别人没有发现的顾客需求。客户需求的空间是无限的，因此，企业必须持续不断地发现市场需求，适时调整并设计商业模式，抓住并掌握企业发展的时机和机遇。

（2）价值主张。价值主张是公司通过其产品和服务所能向消费者提供的价值。一个能为参与者理解且接受的价值主张应该能使每一个参与者都增加其经济效用。价值主张的阐释必须清楚、准确。如果价值主张表述得太复杂，会使顾客在购买的时候产生犹豫。价值主张必须要对客户及其偏好深刻理解，必须是真实的、可信的、独特的、具有销售力。价值主张的渗透力越强，就越能打动消费者的心，通过产品或服务创造价值就越持久。戴尔公司成功的关键就在于"按订单制造和个性化定制"的价值主张。

（3）价值创造。价值创造研究的是价值是如何被创造出来的，即价值的源泉是什么。商务模式是企业创新的焦点和企业为自己、供应商、合作伙伴及客户创造价值的决定性来源。产品研发与制造或服务是公司价值创造的核心。越来越多的顾客开始参与公司的价值创造活动,无论对于产品开发还是服务提供,顾客参与都是价值创造的重要来源。商业模式价值创造主要在于便捷性、成本低廉、新颖性、用户黏性、锁定、创新性。亚马逊在图书市场能脱颖而出正是凭借其网络图书销售的方便快捷和成本低廉。此外,公司提供给顾客的往往既有产品也有服务,两者之间的区别正在逐步缩小乃至消除。正如自动取款机,取款业务的重新安排给顾客提供了一种新价值,顾客取款不再受时间和地点的限制。

（4）价值配置。价值配置是资源和活动的配置。价值配置是为了企业资源和能力的有效配置和协同发展。价值配置涉及价值链的各个环节,涵盖了企业的整个运营流程。价值配置能有效整合价值网络中的各种资源,实现资源的最佳利用,促进网络价值创造活动,实现优化产出。价值配置以利益相关者需求满足和合作共赢为目标,以利益相关者价值网络构建为核心,通过对资源和活动的有效整合与配置,建立合作共赢的价值网络体系。

（5）价值管理。詹姆斯·M.麦塔克于1994年在其《价值命令》一书中提出了价值管理(Managing for Value)的观念。价值管理本质上是一种管理模式、一整套指导原则,是一种以促进组织形成注重内外部业绩和价值创造激励的战略性业绩计量行动。价值管理能够传承落实公司的远景,设定员工守则、工作信条等方法,通过团队激励和价值优化等核心内容,沟通组织内外部,凝聚组织与个人目标成为共同信念,增加组织成员与顾客满意度,提高组织持续竞争力。价值管理取决于企业价值和企业的经营目的。

（6）价值实现。价值实现是指企业创造的价值被市场认可并接受,完成要素投入到要素产出的转化。价值实现主要依靠一系列商业策略来完成。微利时代的到来使得企业需要依靠独特的价值主张吸引更多的用户来获取利润。

3. 商业模式设计过程分析

商业模式设计过程是价值发现、价值主张、价值创造、价值配置、价值管理到价值实现的过程。价值发现是商业模式的起点,价值实现是商业模式的终点。商业模式设计通过分析找到未被满足的市场需求或发现新的市场机会,进行产品/服务的价值发现,确定核心盈利点和相关盈利点,实现产品/服务的战略定位,提出产品/服务的价值主张,以核心能力为基础,围绕着利益相关者的价值网络整合资源,通过价值配置和价值管理,并通过产品/服务构建商业营销策略和营利模式为客户提供价值的一系列商业创新过程。商业模式设计主要需要考虑:企业的价值主张是什么,客户是谁,直接营销对象和潜在营销对象是谁,如何营利,如何以合适的成本来把价值传递给客户,如何构建利益相关者的价值网络,如何进行产品和服务的定价,如何最大限度地提高收入,该模式能否为客户创造最大价值,客户为什么选择本公司的产品或服务而不是其他公司的,如何与客户进行沟通,企业有哪些特殊资源和能力可以增强模式的竞争力,如何实现商业模式的可持续营利等等。商业模式是价值创造过程的媒介,它通过筛选技术,包装成特定的形态提供给既定的目标市场来实现技术的经济价值。商务模式明确了一个公司开展什么活动来创造价值、在价值链中如何选取上游和下游伙伴中的位置以及与客户达成产生收益的安排类型。

段志刚等人[①]从顾客价值角度出发,通过系统分析,设计出七种盈利模式,并将其归并为价值创造类、提供类和附加类三种类型。商业模式设计应放在产业链价值环节中考虑,其核心是价值过程分析,价值链环节位置和分工对商业模式营利能力影响很大,也决定了商业模式创新空间的大小程度。商业模式设计需要考虑股东价值、社会价值、员工价值以及顾客价值的集合,并强调所有企业利益相关者的利益最大化。商务模式的设计类似企业建模,通过对业务过程重新设计和组合,来确保商务决策为利益相关者所接受。在商业模式设计过程中应充分考虑市场、客户和利益相关者网络以及各利益相关者间复杂的需求关系,形成一个基于网站的利益共生体。

商业模式是通过组成要素或其要素组合的改变而实现盈利,价值要素的数目变化、整合方式或功能结构方面哪怕一个微小的改变都会带来商业模式上巨大的变化。如设计新战略、发现新市场需求、利益相关者满足、减少运作成本、创新产品/服务、改进营销策略、吸引客户新措施(如提供额外价值、宣传)、构建新盈利模式(如广告、代理、佣

---

① 段志刚、李振华:《基于顾客价值的盈利模式设计》,《商业时代》2007年第2期。

金)、支付方式、订货方式、价格的改变等等。价值要素组合的不同和价值要素发挥程度的不同都会导致商业模式的差异。如迅雷社区延伸的下载搜索,就使迅雷顺理成章地介入了竞价排名业务。商业模式设计的目的是创造价值,而扩大用户规模和提高用户黏性是创造价值的关键。如何使不同产品或服务具有相关性,如何增加产品或服务的用户黏性和用户体验,成为商业模式设计的重点。商业模式的设计应该考虑更符合顾客偏好、满足用户体验,这是产品创新的趋势,也是商业模式设计的趋势。淘宝网采取的用户体验方式巧妙地迎合了中国人的心理和习惯,热闹喜气,它甚至将客服人员的称呼改为具有中国武侠色彩的"店小二",拉近了与用户的距离。

(三)商业模式设计分析工具

对商业模式运行的关键环节进行测评、跟踪,对商业模式的实施绩效进行评估,检测商业模式的竞争优势,发现问题及时采取措施,让企业的商业模式高效运行、持续成长,不断提升竞争优势。结合管理学理论方法,商业模式设计的分析工具主要有价值链分析、价值流分析、作业基础管理和流程管理。

1. 价值链分析

价值链模型是1985年迈克尔·波特(Michael Porter)在《竞争优势》一书中提出的。该理论认为:企业的任务就是不断地造价值,创造价值的过程就是由一系列互不相同但又相互联系的增值活动所组成。企业的运作是为了价值最大化,为此需要进行包括设计、生产、营销以及对产品起辅助作用在内的各种活动的综合,并用价值链表示,如图3-6。价值链分析可以评价企业竞争优势来源于哪些活动环节,有助于企业认清在运作活动链上的优劣环节,调整价值链结构,创造新的竞争优势。价值链是分析一个组织各个运作活动在创造价值贡献大小的有用工具,它从根本上将企业作为价值创造活动,包括生产操作、营销与分销、后勤等综合考虑。价值创造体现在生产过程的各个具体活动中,价值链的每一活动既增加消费者从企业产品中获得的收益(B),也增加企业在生产、销售产品过程中的成本(C)。价值创造是产成品的价值与生产成品所牺牲价值的差额。消费者在购买产成品时付出的货币价格(P)必须低于他的可察觉价值时,才会觉得合算,即消费者剩余(B-P)。企业要创造比竞争对手更多的价值才能获取竞争优势。

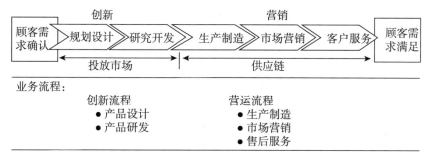

图3-6 商业模式设计的价值链分析

2. 价值流分析

价值流是指从原材料转变为成品并给它赋予价值的全部活动,包括从供应商处购买的原材料到达企业,企业对其进行加工后转变为成品再交付客户的全过程,企业内以及企业与供应商、客户之间的信息沟通形成的信息流也是价值流的一部分。价值流包括增值和非增值活动,如供应链成员间的沟通,物料的运输,生产计划的制订和安排以及从原材料到产品的物质转换过程等。价值流分析可以绘制价值流图,分析运作过程现状,从顾客需求开始,通过研究运作流程中的每一道工序,从下游追溯到上游,直至供应商,分析每个工序的增值和非增值活动,包括准备、加工、库存、物料的转移方法等,记录对应的时间,分析物流信息传递的路径和方法,分析判别和确定出问题所在及其原因,设计出新的价值流程,为持续改善提供目标。价值流管理是通过绘制价值流图,进行价值流图分析来发现并消灭浪费、降低成本,赢取最高的边际利润。

3. 作业基础管理

作业基础管理是帮助企业管理者制订企业战略以及为将战略落到实处所需要的行动及其与企业资源之间关系的一种管理方法。成功的企业能将外部的资源最大地整合到价值网络中实现价值拓展的最大化,为企业带来最大战略利益。作业基础管理的目标已扩展到对企业活动、业务流程、产品和服务的计量,从而对分配于上述这些企业活动和业务流程直至产品和服务上的企业资源予以定价。作业基础管理对这种战略的筹划和实施是至关重要的,它辨别了关键作业、成本动因及为降低成本而改善业务流程的途径。作业基础管理能帮助管理者发现价值增加的机会,提供卓越的顾客价值是实现竞争优势的一种经营战略。通过识别和分析关键作业、业务流程及改进方法，能够帮助发展客户战略、支持技术领先战略或者辅助支持定价策略的制定。作业基础管理关注的重点主要是在确定作业，找出成本动因，包括资源动因和作业动因，据此分配资源和作业成本。

4. 流程管理及其分析工具

流程管理理论认为，为客户创造价值的不是哪一个独立的部门或者个人，而是企业的流程，流程的变化或者通过"改进"或者通过"重组"，根据流程的增值性要求来配置资源、形成适应于流程需要的新的组织机构。业务流程是把一个或多个输入转化为对顾客有价值的输出的活动（迈克尔·哈默），或是一组将输入转化为输出的相互关联或相互作用的活动（ISO 9000）。"流程"的定义包括六个要素：输入资源、活动、活动的相互作用（即结构）、输出结果、顾客、价值。企业的流程具有多个层级，是从个体员工、工作团队、业务单位到企业全景的多层级过程。流程管理中的流程分析工具有助于对流程层次结构有一个更为清晰的认识和理解。国外学者威廉姆·J.凯婷（William J. Kettinger），詹姆斯·T. C.唐（James T. C. Teng），苏伯思·古哈（Subashish Guha）三人对流程重组的方法、技术和工具做了大量的研究工作，最终归集出可以用于流程重组的25种方法、72种技术和102种工具。其中，最具有流程管理代表性的技术工具为IDEF流程图分析法。

5. 价值链分析与作业基础管理的结合

价值链管理和作业基础管理都涉及流程（或者活动）。价值链管理是利益导向的战略思维观念；作业基础管理在思想理念上是属于成本导向的。价值链高度概括并抽象出了企业的经营活动，揭示出了这些活动的目标本质——价值增值；作业基础管理则为价值链分析和企业竞争战略的策划和实施提供了有效的分析方法。两者在分析方法上都将视野集中于企业的业务流程、经营活动（作业），可以将两者有机结合，互动有机地应用价值链管理和成本管理的优势，通过对企业所在产业链和企业内部整个价值链的分析，寻找出企业的优势和增值环节，通过对企业资源的战略性整合和集中配置实现价值增值，营造竞争优势，同时对微观作业活动进行成本价值分析，消除资源浪费，节省投入，实现投入/产出两个方面的价值增值。构成价值链的是企业运作中互有差异又相互联系的各种流程和作业，作业基础管理所针对的对象就是这些流程和作业。从流程管理及其分析工具当中设计商业模式的价值创造来源不失为一条有效方法。①

五、商业模式创新的逻辑、途径与方法

（一）成功商业模式背后的逻辑

成功商业模式应当有其自身的逻辑系统，否则，不会出现在同一商业模式下运作的戴尔、阿里巴巴等商界巨头。成功商业模式的创新是商业模式与企业核心竞争优势相互耦合的过程，以客户价值主张为商业模式研究的基础；以"产业链系统（下游供应链、企业内部运营价值链、上游分销链、客户链）其他相关利益生态链（包含企业治理结构关系、社会公共关系、企业宏观环境，即一组国家政治、经济、技术等环境系统）以及竞争链系统"组成的生态链系统作为商业模式创新的决策支撑；以强势企业文化构建作为商业模式创新执行的支持；产品与市场的创造作为成功商业模式的成果输出。如图3-7：

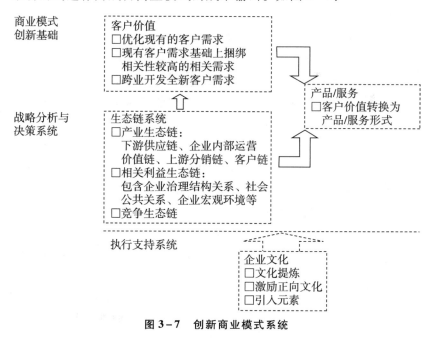

图 3-7　创新商业模式系统

---

① 纪慧生、陆强、王红卫：《商业模式设计方法、过程与分析工具》，《中央财经大学学报》2010 年第 7 期。

1. 客户价值的研究是商业模式研究的基础,商业模式设计的根本目的是为客户体验创造新的价值,促使客户愿意为之买单

任何商业模式都是为了持续优化客户在消费过程中的体验或是为客户创造新价值的体验(简单理解就是企业经常所说,持续为客户提供高效、优质的服务),倘若能寻找到实现这种提升客户体验价值的途径,也就形成了商业模式创新的原型。需要指出的是,处于产业链不同位置的企业对于"客户"这一概念的理解不能太过狭隘,制造企业或品牌企业对其上游的分销商、最终产品或服务的消费者都应当视为客户,而不仅是终端消费者。如,西南航空的低成本运作的商业模式,为客户提供高效的服务;Google 的关键字竞价服务;房地产行业的"地产+游乐""地产+运营"等商业模式,都是对客户价值优化和创造。

2. 组成商业模式创新的生态链系统是企业生存所必须面对的生态环境链,生态链系统的研究其实是一个完整的战略分析、决策的过程

通过对客户价值的研究,可以得到商业模式的原型,为了使商业模式更加具有竞争力,就必须围绕企业经营的内、外部环境(由供应者、企业内部运营价值链、分销渠道、客户、其他相关利益者以及竞争者组成的一组生态链系统)进行资源、能力的分析,从而确认生态链系统能否对客户价值主张进行很好的支持,最终确定生态链系统进行整合的方向。

分析生态链系统的关注点:(1)深入了解生态链系统中各相关者可获取的剩余价值;(2)与本企业优势资源能力相似的标杆企业(可跨行业选择)分析;(3)与客户价值主张的配比。通过上述的分析,确认生态链系统整合的方式。

生态链系统内部整合主要有四种方式:(1)产业链的内部整合,是一种纵向整合的方式,即增加本企业产业链条的长度,其中与竞争链的整合,是一种横向整合的方式,即增加本企业的运作规模;(2)企业运营价值链内的整合,提升企业内部的运作效益;(3)企业运营价值链内相关环节直接跨产业整合资源,突破资源发展的瓶颈;(4)分步进行有次序的整合,最终以实现客户价值主张。

戴尔依赖其对下游供应者的协调、管控以及上游客户的积极拉动,使得戴尔的直销商业模式在全球市场的成功;格兰仕依靠产业链

定位以及运营价值链的优化,最终实现了专业化、规模化的生产,获得了低成本的优势,成为"全球名牌家电制造中心";开心网、Facebook 等大型 SNS 网站能否保证持久的竞争力,在于对用户的黏着力度,如今开心网已经面对用户流失的困境,当开心网不能发挥其交友的强大功能时,用户被其吸引的只能是曾经疯狂的半夜"偷菜",但始终会因厌恶而放弃,但 Facebook 却在游戏上下足了功夫,整合了吸引力的网游制作公司,不断减少用户流失的风险,再图发挥强大的交友功能;腾讯 QQ 坐拥过亿的忠实用户就是其最具有优势的核心资源,QQ 介入的开心网模式、QQ 介入的网游产业等,这些都是其核心资源的延展;百度正准备全力打造的各类消费报告、行业报告等,便是对其核心资源的延展,利用其强大数据收集能力实现百度客户价值的扩张;这些生态链系统的整合,最终都是为了实现客户价值突破。

3. 企业文化是一种软实力,是企业进行各类活动执行的支持系统

通常,成功的企业一定存在着特定的文化,有时会隐含在企业日常的运作过程之中,此时,企业就应当努力提炼自身的文化,以不断强化企业的正向文化,配合企业未来战略发展的需要,鼓励更多的员工融合到组织中去,以提高组织的整体执行效力。在进行商业模式的创新研究过程中,必须要持续性强化企业在过去取得成功的文化基因,并引入新的文化元素,以保证商业模式创新过程的得以顺利进行。[①]

(二)企业商业模式创新的途径

商业模式创新的途径、方法必须是可操作的,并且能够产生充分增长的、比竞争对手更有优势的销量、收入和利润。商业模式需要对顾客进行定义,选择细分顾客,提出对顾客的价值主张,提供合适的产品和服务去满足顾客的需求。产品和服务通过一定的路径即渠道传递给顾客,企业通过一定的方法从顾客处获得收入,并发展与顾客的联系,对顾客提供支持。此外,企业在产业价值链中扮演一定的角色,与其他企业相互联系、配合,共同为顾客创造价值。而商业模式中其他的组成要素或环节是基础或者支持、辅助的部分。对商业模式中上

---

① 朱毅:《创新商业模式的逻辑》,《中国机电工业》2011 年第 1 期。

述主要的要素或环节作出改变,形成了六个商业模式创新的一般途径。六个途径可以单独使用,更多的时候是结合使用。创新企业的商业模式,可使企业更好地为顾客创造价值,持续地营利。

1. 重新定义顾客

洞察顾客的需求是企业经营的起点,企业根据目标顾客的需求提出对顾客的价值主张,通过合适的产品和服务去满足顾客。研究顾客是企业需要持续地做好的工作,其能够帮助企业更好地服务顾客,并发现新的市场机会。顾客需求不断发生变化,企业根据这种变化重新定义顾客,选择新的细分顾客,提出相应的顾客价值主张,可以帮助企业更好地适应顾客需求,获取潜在的利润,从根本上创新企业的商业模式。如中国民营航空公司——春秋航空,避开了与大航空公司的竞争,作出了特别的顾客定义,抓住了观光度假旅客和中低收入商务旅客的需求,仅仅对顾客提供最基本的服务,如在飞机上仅提供一瓶免费的矿泉水等,以此来实现降低机票价格,"省之于旅客,让利于旅客",创造了国内的"廉价航空"商业模式。

需要注意的是,企业重新定义顾客必须建立在对顾客需求的准确了解之上,仅仅依靠传统的市场调研、市场研究是不足够的,更重要的是跟顾客进行直接有效的沟通,对顾客需求进行动态的跟踪和反馈。

2. 提供特别的产品/服务

提供什么样的产品/服务是商业模式的重要组成部分。迈克尔·波特在《竞争优势》中提出,如果一个企业能够提供给顾客某种具有独特性的东西,那么它就具有了有别于其竞争对手的经营新异性。产品的差异化是竞争优势的一种重要来源,提供特别的产品/服务的商业模式是难以模仿的,能够为顾客创造独特的和附加的价值,更有效地保护利润流。企业提供特别的、更新、更好、更快、更全的产品和服务给顾客,具体的方法有开发先锋的产品,通过宣传、促销手段改变顾客的感知,新颖的设计,对产品/服务进行捆绑组合及提供综合的解决方案等等。如国内最大的葡萄酒生产商——张裕,率先在国内建立了酒庄,在庄内种植优良的葡萄品种,使用传统酿造工艺生产出名贵的"酒庄酒"。酒庄以欧式园林风格设计,吸引了大量顾客参观,并在现场出售葡萄酒,张裕还设立了国内首个酒庄俱乐部,产品的差异化使张裕转变为"酒庄文化"的商业模式。

3. 改变提供产品/服务的路径

改变提供产品/服务的路径就是要改变分销渠道，分销过程中的流通和服务提高了产品的附加值，企业可以通过增加/压缩渠道的层次和环节，改变与分销商的合作形式，或者采用全新的渠道，节省成本，提高分销的效率。分销渠道的调整和改变，最终目的是增加对目标顾客的覆盖，使顾客更便捷地得到产品和服务，创造更多的顾客价值。例如戴尔消除了分销商的环节，创造了直销商业模式。戴尔通过电话、邮件、互联网以及面对面与顾客直接接触，根据顾客的要求定制电脑。通过直接接触，特别是互联网，戴尔能够掌握第一手的顾客需求和反馈信息，为顾客提供"一对一"的服务。围绕直销，戴尔打造了整合采购、装配、输出的高效运转链条，将电脑送到顾客手中。戴尔的直销模式，去除了中间商所赚的利润，极大地降低了成本，取得了巨大的竞争优势。今天可供选择的分销渠道大大增加，其中电子商务对传统的商业运作过程和方式产生了巨大影响，企业通过互联网与顾客接触，完成交易，有助于了解顾客的需求，简化了购买过程，节约了大量费用。电子商务将成为未来首要的交易手段。

4. 改变收入模式

收入模式定义了企业的商业模式如何取得收入：(1)包括收入的介质：选择什么产品/服务获得收入；(2)交易方式：通过什么样的方法和渠道取得收入；(3)计费方法：怎样对收入介质定价。灵活地改变收入模式中的这些要素，可以刺激顾客的消费欲望，增加购买，或者提高单位产品的收入。企业通过改变收入介质，与竞争者形成差异，往往会获得新的利润来源，例如连锁快餐企业——麦当劳，令人惊讶地有90%的收入来源于房地产，麦当劳将租来的房产转租给加盟店，通过赚取租金差额来获得大量利润。改变交易方式可以考虑：是否采用信用交易，推行消费信贷，采用批发还是零售交易，是否实行竞标等；计费方法方面比如选择不同的计费单位，是否分期付款、折扣、捆绑定价等。例如 Google 创造了"竞价广告"的商业模式，依据客户购买的关键字，以纯文本的方式把广告安置在相关搜索页面的右侧空白处，只有有人点击广告时才付费，使搜索引擎变成企业推广的利器，给企业带来了高额利润。

5. 改变对顾客的支持体系

顾客需求越来越趋向于个性化,企业非常有必要建立对顾客的回应处理和支持体系,对顾客的要求和投诉作出处理,对顾客提供技术、服务等多方面的支持,帮助他们降低搜索成本,更好地消费产品和服务,获得更多情感上的满足。通过创新的客户支持体系,企业提供给顾客更多的额外价值,提高了顾客的转换成本,有助于提升顾客的忠诚度。国内对顾客支持做得最好的莫过于海尔,其依靠庞大而有效的信息化组织保障,海尔建立了闭环式的服务体系,服务创新每次都走在行业的前列,如顾客拨打"海尔全程管家365"的热线,就可以预约海尔提供的先设计后安装、清洗、维护家电的全方位服务。增值的服务已经成为海尔商业模式中不可缺少的部分,提到海尔,人们就会联想到优质服务。

6. 发展独特的价值网络

在高度竞争的环境中,价值和利润频繁地在产业价值链中移动,今天价值链中最赚钱的环节也许明天就陷入困境,并且价值链会发生断裂、压缩、重新整合。企业考虑利润产生的环节和自身实力,在价值链中选择合理的位置,发展与供应商、分销商、合作伙伴的联系,发挥协同效应,形成共同为顾客提供价值的网络。包含独特联系的价值网络,会给企业带来难以模仿的竞争优势,成为商业模式创新的重要思路。例如在全球家电产业链中,格兰仕自定位为"全球名牌家电制造中心",为国外知名企业进行微波炉贴牌生产,不断积攒实力,实现了超大规模和专业化生产,极大地降低了产品成本。在国内格兰仕以自有品牌为主,专注于研发和制造,将物流外包给专业公司,采用区域独家代理的经销商制度。格兰仕在价值链中选取了合理的定位,发展出独特的价值网络,创造了"低成本设计"的商业模式,将微波炉做到了全球市场占有率排名第一。①

(三)商业模式创新设计方法

商业模式的创新有四大目标:(1)满足被忽视的市场需求;(2)把新技术、产品和服务推向市场;(3)通过一个更好的商业模式来改进、

---

① 马君:《企业商业模式创新研究》,天津大学2008年硕士论文,第22—24页。

颠覆或变革现有的市场;(4)创造一个全新的市场。

亚历山大·奥斯特瓦提出了商业模式创新循环理论(如图3-8)。商业模式创新的循环包含四个阶段:环境设计—商业模式创新—组织设计—商业模式执行。

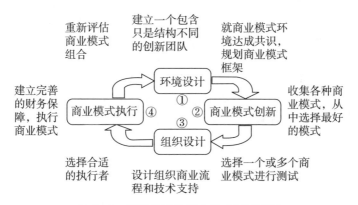

图3-8 奥斯特瓦的商业模式创新循环

1. 环境设计

商业模式创新的第一步是建立一个包含不同知识结构的商业模式创新团队,这个团队的成员应该来自业务、流程、技术、客户关系、设计、研发、人力资源等部门。

让团队成员就商业模式的环境(社会、法律、竞争、技术水平等)达成共识,然后规划商业模式的框架。

2. 商业模式创新

在既定的商业模式框架下,设计团队可以开始设计商业模式的原型。亚历山大·奥斯特瓦的商业模式九大组成元素可以很好地用于描述商业模式,可以作为商业模式创新的基础思想。

这个团队和其他的执行者可以选择一个或几个商业模式原型进行测试(就是Web 2.0中所谓的Beta)。像这样选择多个商业模式很像金融领域的投资组合(风险管理、投资和收益等),也就是所谓的商业模式组合。

3. 组织设计

完成了上面这些之后,在合适的商业模式组合的基础上,公司应该思考怎么能够将商业模式分解为业务单元和具体的流程。同时应该规划用于支持商业模式执行的基础信息系统(例如电子商务系统、平衡计分卡、数据挖掘等)。

4. 商业模式执行

最后是关键的将设计好的模式(商业模式、组织模型、流程、信息系统模型等)付诸实践的阶段。在有了外部(例如风险投资)和内部(预算)保证之后,商业模式就可以具体实施了。这是最具挑战性的阶段,也是经常被忽视的阶段。

但是,这个流程远远没有结束。商业模式创新是个不断循环的过程,在对商业模式的评估阶段结束后,然后在重新分析环境阶段再次开始,即使这个商业模式已经取得了成功……

第四章　创业资源

【学习目标】

通过本章学习,了解创业过程中的资源需求和资源获取方法,特别是创造性整合资源的途径,认识创业资金筹募渠道和风险,掌握创业资源管理的技巧和策略。

第一节　创业资源概述

俞敏洪创业故事①

俞敏洪毕业于北京大学英语本科专业,1993年创立新东方学校,现任新东方教育科技集团董事长兼总裁,全国青联常委、全国政协委员,被媒体评为最具升值潜力的十大企业新星之一、20世纪影响中国的25位企业家之一,社会兼职有第十一届全国政协委员、民盟中央常委、全国青联常委、北京大学企业家俱乐部理事长等。近年来,俞敏洪及其领衔的新东方创业团队已在全国多所高校举行上百场免费励志演讲,被誉为当下中国青年大学生和创业者的"心灵导师""精神领袖"。

俞敏洪出生于1962年10月,在江苏省江阴市第一中学上高中。两次高考失利后,于1980年考入北京大学西语系,其间患病

---

① 《俞敏洪创业故事》,http://www.zgcyzk.org/html/2013/cyal_0109/188.html,2013年1月9日。

(肺结核)休学一年,1985年北京大学毕业,然后留校担任北京大学外语系教师。1991年9月,俞敏洪从北京大学辞职,进入民办教育领域,先后在北京市一些民办学校从事教学与管理工作。1993年11月16日,担任校长,从最初的几十个学生开始了新东方的创业过程。2001年成立新东方教育科技集团,2006年9月7日新东方教育科技集团在美国纽约证券交易所成功上市。

"(在北大)我是全班唯一从农村来的学生,开始不会讲普通话,结果从A班调到较差的C班。进大学以前没有读过真正的书,大三的一场肺结核使我休学一年,结果练就了现在这副瘦削的魔鬼身材。"俞敏洪一打开话匣便不胜唏嘘。

"小时候父亲做的一件事情到今天还让我记忆犹新。父亲是个木工,常帮别人建房子,每次建完房子,他都会把别人废弃不要的碎砖乱瓦捡回来,或一块二块,或三块五块。有时候在路上走,看见路边有砖头或石块,他也会捡起来放在篮子里带回家。久而久之,我家院子里多出了一个乱七八糟的砖头碎瓦堆。我搞不清这一堆东西的用处,只觉得本来就小的院子被父亲弄得没有了回旋的余地。直到有一天,我父亲在院子一角的小空地上开始左右测量,开沟挖槽,和泥砌墙,用那堆乱砖左拼右凑,一间四四方方的小房子居然拔地而起,干净漂亮地和院子形成了一个和谐的整体。父亲把本来养在露天到处乱跑的猪和羊赶进小房子,再把院子打扫干净,于是,我家就有了全村人都羡慕的院子和猪舍。当时我只是觉得父亲很了不起,一个人就盖了一间房子,然后就继续和其他小朋友一起,贫困但不失快乐地度过我的农村生活。等到长大以后,才逐渐发现父亲做的这件事给我带来的深刻影响。从一块砖头到一堆砖头,最后变成一间小房子,我父亲向我阐释了做成一件事情的全部奥秘。一块砖没有什么用,一堆砖也没有什么用,如果你心中没有一个造房子的梦想,拥有天下所有的砖头也只是一堆废物;但如果只有造房子的梦想,而没有砖头,梦想也没法实现。当时我家穷得几乎连吃饭都成问题,自然没有钱去买砖,但我父亲没有放弃,日复一日捡砖头碎瓦,终于有一天有了足够的砖头来建造心中的房子。"

> "在后来的日子里,这件事情凝聚成的精神一直在激励着我,也成了我做事的指导思想。在我做事的时候,我一般都会问自己两个问题:
>
> 一是做这件事情的目标是什么,因为盲目做事情就像捡了一堆砖头而不知道干什么一样,会浪费自己的生命。
>
> 二是需要多少努力才能够把这件事情做成,也就是需要捡多少砖头才能把房子造好。之后就要有足够的耐心,因为砖头不是一天就能捡的。"
>
> 俞敏洪认为:"成功的创业跟他的身世和长相都没有任何关系,人生不要犯两个错误,一个是不要低估自己,二是不要低估别人。有人说我没资源怎么能成功,记住一个人现在的地位不决定他将来的成就。"

一、创业资源

资源基础理论(Resource Based Theory,RBT)源于战略管理理论。许多学者都在试图利用资源基础理论的观点来解释创业过程以及新企业的战略行为。资源基础理论的基本思想源于英国管理学家彭罗斯在《企业成长理论》[①]中阐述的资源集合体观点,认为企业是资源的集合体,将目标集中在资源的特性和战略要素市场上,关注企业内部资源对实现企业成长的重要性,并以此来解释企业的可持续的优势和相互间的差异。沃纳菲尔特里程碑式的研究宣告资源基础理论时代的到来,他认为应该从企业内部来寻找企业差异的原因,强调从资源角度来分析企业,提出企业成长战略是在利用现有资源还是开发新资源之间的一种权衡。[②]

资源基础理论认为,企业具有不同的有形和无形的资源,这些资源可转变成独特的能力,进而影响企业绩效。但是资源的通用性无法使企业获取高水平的绩效和持续竞争优势,无法实现真正的成长。那

[①] 〔英〕彭罗斯:《企业成长理论》,赵晓译,上海人民出版社 2007 年版。
[②] B. A. Wernerfelt, "Resource-Based View of the Firm," *Startegic Management Journal*, 1984,5(2): 171-180.

些异质性的、难以模仿和替代的资源对于企业的成长更加重要,这些异质性资源和能力才是企业成长的重要原因。资源在企业间是不可流动的且难以复制;这些独特的资源与能力是企业持久竞争优势的源泉。[1]

在前人研究的基础上,巴尼对形成企业持续竞争优势的战略性资源属性进行了分类,为资源基础理论的实际应用提供了一个分析框架(如图4-1所示)。企业有不同的资源起点(称为资源的异质性),而这些资源是其他企业难以仿效的(称为资源的固定性),创业者在创业过程中形成的有特色的创意、创业精神、愿景目标、创业动力、创业初始情景等,就是属于这类具有异质性和固定性的资源。持续竞争优势是指某企业目前的潜在竞争对手不仅无法与该企业同步执行现在所执行的价值创造战略,同时也无法复制并取得该公司在此项战略中所获得的利益;而竞争优势之所以能持久,是因为在企业拥有异质性以及不可流动性的资源中,有一部分的资源尚具有价值性、稀缺性、不可模仿性与不可替代等特性。[2]

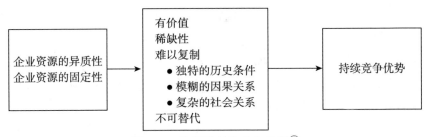

图4-1 资源特性和竞争优势[3]

(一) 创业资源及分类

1. 创业资源的内涵

创业的一个重要前提是资源,不同的创业活动具有不同的创业资源需求。

创业活动与人类历史一样悠久,人们发现在巴比伦楔形文字中就

---

[1] 王柏轩:《中小企业创业环境与政策研究:以武汉市为例》,中国地质大学出版社2009年版,第33—34页。
[2] 张玉利主编:《创业管理》,机械工业出版社2011年版,第127页。
[3] 同上。

记载了有关企业家的商业交易。美国著名创业专家蒂蒙斯教授将资源和机会、团队并列为创业三大要件。资源就好像画家的笔和颜料,只有当他们有了创作的灵感才会在画布上挥毫泼墨。成功的创业者能在有限的资源约束下创办企业并使之发展壮大。

美国加州大学伯克利分校 Lester 创业与创新中心主任 Jerome S. Engel 认为,创业就是本身永远在寻找那些机会,去发展、去成功,我们的目的不是在有资源的情况下去创业,而是在没有资源的情况下去寻找机会。调查显示:大部分大学生创办的公司或卖或并,一半以上的公司由于资金问题根本无法投产。大学生创业成功率不到 1%,被调查对象的创业项目的实施基本在"起步"阶段,即使已经实施,也基本在一年时间内。创业启动资金、实践经验、政策支持等创业资源的缺乏以及如何获取都是困扰大学生创业的难题。对于创业者而言,不管经济情况好坏,都必须要去寻找机会和资源。杰罗姆也鼓励大学生说,美国经济下降时就会孕育出伟大的公司,虽然没有资源和投资,但是对许多人来说这也是机会,"因为有许多时间,对学生来说,这就是创业的好时机"。该中心的执行主任戴维则建议,大学生创办的小公司应当要往外看,而不是内部,"因为他们的资源和经验并不多"①。

那么,创业资源到底是什么呢?可以说,创业资源是企业创立以及成长过程中所需要的各种生产要素和支撑条件。经济学把"为了创造财富而投入生产活动中的一切要素"均称为资源,将资源仅作为无摩擦流动的生产要素。在企业战略范畴中的资源,创业资源是新创企业在创造价值的过程中需要的特定资产,包括有形资产与无形资产,主要表现为创业人才、创业资本、创业机会、创业技术和创业管理等方面。如作业流程、员工的技能、知识、经验,以及商标、专利技术和销售渠道等无形资源。这里对新创建的企业来说,创业者是一种独特的资源,也是无法用钱买到的资源。因此,管理学意义上的"资源"逐渐倾向于知识和信息密集型的生产要素,本身并不是无摩擦流动的。将资源基础观引入创业研究后,企业资源可以定义为由企业所控制的能够

---

① 张耀辉等主编:《创业学导论:原理、训练与应用》,机械工业出版社 2011 年版,第 65 页。

使企业构建并实现可以改善效率和效果的战略要素存量。新创企业资源即为由新创企业所控制的使企业构建并实现能够改善效率和效果的战略要素存量。新创企业资源可用以为顾客提供有价值的商品、服务的要素,同时也是新创企业用以发挥、利用其资产效能的技术、知识、方法等能力,新创企业的资源决定了新创企业的竞争能力。

很明显,创业者一开始就要面临这样的决策:需要哪些资源?什么时候需要哪种资源?如何去获得这些资源?怎样掌控和分配这些资源?成功的创业者在识别机会、把握商机的过程中,在企业成长的各个阶段,都会努力争取用尽可能少的资源来推进企业发展。

那么,创业资源分为哪几种?创业过程中需要哪些资源呢?又应当如何去获取这些资源呢?下面我们将逐一进行探讨。

2. 创业资源分类

创业资源包括有形资源和无形资源,无形资源往往是撬动有形资源的重要杠杆。

资源是新创企业创建、成长和扩张的基础。一般来说,在创业过程中,我们往往需要树立一个关于项目的基本概念,这是我们创业的方向,或者今后依此建立事业的基础,由其开始我们的创业生涯;其次,我们需要有迅捷而准确的信息,当今社会是信息社会,海量的信息充斥于我们的学习和生活中,其中暗藏着许多商机与资源,但我们又往往难以找到自己需要的信息,这在创业过程中是一个挥之不去的阴影;最后自然还需要人力资源、资金资源、社会资源等等。如同绘画一般,画笔、画布、颜料、素材、灵感……绘画的过程中还要不断地调整、修改。但是,是否拥有这些资源就一定能创业?是否没有这些资源就不能创业?不一定。创业的关键在于发现机会,有效利用和整合自己拥有的或者别人拥有且自己可以设法支配的资源,才能发挥资源的效力。

综合国内外多位学者对创业资源的分类,创业资源按性质可以归纳为人力资源、市场资源、财务资源、物质资源、技术资源和组织资源等六种。

结合不同资源的特征划分创业资源的属性,可以分为以下几种①:

(1) 产权型资源和知识型资源

产权型资源指那些可以通过财产权(包括合同,所有者契约或专利)进行保护的资源,当企业独占一种有价值的资源,并保证在法律框架下不被其竞争对手模仿时,企业便控制了这种资源,并因此获得竞争优势;知识型资源是指通过建立知识壁垒使竞争对手无法模仿其流程或技能。这里我们将物质资源、资金和市场资源归属为产权型资源,将创业者的人力资源归为知识型资源,而技术资源则同属于这两类资源,这是根据技术资源包括有形和无形两类资源加以确定的。

(2) 离散资源和系统资源

离散资源的价值相对独立于组织环境,合同和专业技能属于这类资源。系统资源的价值则体现在这种资源是网络或系统的组成部分,比如分销网络或团队能力,其价值依赖于所处的系统环境。依附于个人的智力资源、声誉资源和社会网络属于离散型资源,物质资源、财务资源和市场资源也属于离散资源,而组织资源则属于系统资源,技术资源根据其性质不同可能属于离散资源,比如以专利形式存在的技术,也可能属于系统资源,其存在依赖于某个团队的技术能力。

(3) 生产型资源和工具型资源

生产型资源直接用于生产过程或用于开发其他资源,例如物质资源,像机器、汽车或办公室,被认为直接用于生产产品或提供服务;工具型资源则被专门用于获得其他资源。例如财务资源,因其具有很大的柔性而被用于获得其他的资源,如用来获得人才和设备。产权型技术可能是生产型资源,也可能是工具型资源,这要根据其所依存的条件,如果依赖于某个人则可能是工具型资源;如果是以专利形式存在的则可直接用于生产过程。需要指出的是,对于新创企业来说,个人的声誉资源和社会网络也属于工具型资源,有时市场资源也可用来吸引其他的资源,因此也将其归为工具型资源。表 4-1 汇总了创业资源的各种类型划分。

---

① 蔡莉、柳青:《新创企业资源整合过程模型》,《科学学与科学技术管理》2007 年第 2 期。

表 4-1　创业资源类型[①]

资源类型	定义	属性					
		产权型	知识型	离散型	系统型	生产型	工具型
人力资源	智力资源		√	√		√	
	声誉资源		√	√			√
	社会网络		√	√			√
物质资源	企业运行所必需的有形资产	√		√		√	
	工具和设备						
技术资源	由工艺、系统或实物转化方法组成	√	√	√	√	√	√
财务资源	企业创建和成长所需要的资金	√		√		√	
组织资源	组织关系和结构						
	规章和文化				√		
	组织知识						
市场资源	消费者或导向用户所提供的购买订单	√		√			√

3. 战略性资源

资源基础理论是提醒经营者关注那些能带来持续竞争优势的战略性资源:战略性资源的特点是能够创造竞争优势。所以,并不是所有资源都具有战略性,除了前面提到的异质性和固定性的特点外,根据资源和能力理论,战略性资源还应该具备以下特点[②]:

(1) 有价值

对创业者来说,有助于机会识别与开发的资源都具有价值。从管理角度讲,当一种资源对管理活动的效率和效果有帮助时,就可以被视为是有价值的。资源的价值性主要是提示创业者要注意挖掘资源

[①] 蔡莉、柳青:《新创企业资源整合过程模型》,《科学学与科学技术管理》2007 年第 2 期。

[②] 张玉利主编:《创业管理》,机械工业出版社 2011 年版,第 129—130 页。

价值,从价值创造的角度分析资源,而不是一味地追求资源占有的数量,因为资源获取本身也需要承担成本,占有资源而没有创造价值就是在浪费资源,必将为此付出代价。目前,有的企业上市的主要目的是筹集资金,筹集到的资金因为没有好的投资项目而闲置,造成了很大的损失。所以,战略性资源要有价值,还要具备其他一些特点。

(2)稀缺性

如果有价值的资源已经被多数竞争者所拥有,这种资源就不足以形成竞争优势了。"物以稀为贵"就是这个道理。稀缺性实际上是供求不平衡的状态。供应不足就意味着稀缺,有利的地段对于零售业就很有用。有人问麦当劳的经理:"麦当劳是一个什么样的公司?"该经理回答说是一家房地产公司,意思是麦当劳在很多好的地段设店。某些行业准入证也是稀缺性资源。资源的稀缺性也受需求影响,由于我国经济持续多年快速增长,对能源和原材料资源产生了巨大的需求,能源和原材料就变得稀缺了。资源到底需要稀缺到什么程度才能创造竞争优势?这是很难回答的问题,还要看其他一些条件。

(3)难以模仿

稀缺的资源很重要,但最好还是难以模仿的资源,或者是竞争对手需要付出极大的代价方能复制的资源。多林格(Dollinger)认为,企业的技术或资源难以模仿或复制的原因有三点。一是能力通常是在其独特的历史背景下养成的,创业者强烈的个人色彩也会融入其中,这种历史背景和个人色彩是无法复制的。二是企业累计的资源与持续竞争优势之间的关系通常是模糊且错综复杂的,即使是亲身参与创业与成长过程的经理人,也无法清楚地陈述其中的关键成功因素,其实这也是研究创业的意义所在。一旦因果关系清楚,也就可以模仿了。三是复杂的社会关系,社会关系指企业内部的人际关系、企业文化、顾客关系、供应商关系以及与社会的网络关系等。如果战略性资源是在复杂的社会网络关系中发展生成的,要想在不同的企业组织结构下复制同样的战略性资源,必然会有很高的难度。

(4)不可替代

管理的一项重要任务是做好资源之间的替代,追求更好的效果,而且大多数资源之间具有替代关系,例如,当人力成本过高时,可以考虑采购机器设备以减少人力工作。不可替代的资源是无法被一般性资源所取代的战略性资源。药品的核心原料就难以被替代,一旦替代,药品的核心功能也就不存在了。不可替代往往与稀缺性紧密相关。

二、创业资源与一般商业资源的异同

创业离不开创业资源,也离不开一般商业资源,两者之间紧密相连、密不可分,既有关系又有区别。

(一) 创业资源与一般商业资源的关系

从现代管理学的角度来看,企业的经营与管理既离不开创业资源,也离不开一般商业资源,它们共同促进企业的发展,两者都包括人力资源、知识资源、资金资源、信息资源、市场资源以及人脉资源等方面。

(二) 创业资源与一般商业资源的不同

1. 创业企业更加注重创业资源中的人力资源,孤家寡人是很难成就一番事业的。创业者必须具备爱惜人才的理念、重视人才的观念、宽容人才的肚量、举荐人才的美德、识别人才的慧眼、驾驭人才的能力和保护人才的魄力。

2. 创业资源是新创企业成立和运营的必要条件,主要表现为创业人才、创业资金、创业机会、创业技术和创业管理等方面,更加强调资源的创新性。而一般商业资源强调的是成长期企业经营和发展的必要条件,更加强调的是资源的稳定性和持续性。

3. 对于新创企业而言,创业资源比一般商业资源更为重要。创业资源是引导和配置一般商业资源的前提基础,是建立在一般商业资源诸要素基础上的新生产函数。①

三、创业资源在创业中的作用

当今企业之间的竞争,不是产品之间的竞争,而是商业模式的竞争。

——彼得·德鲁克

Google 公司对创新的敏感以及对建立新一代创新模式的渴望从根本上源自 Google 公司特有的文化。其实,每家公司的企业文化都会

---

① 《创业基础》编写组主编:《创业基础》,安徽大学出版社 2013 年版,第 144—145 页。

或多或少地影响该公司的行为模式,只不过在 Google,许多企业文化本身就有着极强的"创新"色彩。

——李开复

这种关注个别资源的直接影响为识别什么是创业相关资源提供了牢固的基础。新创企业在创建之初对各种资源都十分稀缺,而具体的某项资源对创业中的作用又有自己的特点。

(一) 人力资源方面

创业团队的规模和经验是最重要的资源。缺乏管理经验的创业者应该聘用有相关经验的人来补充管理团队,因此新企业在初创期应该考虑企业能否雇用到有十年以上经验的管理者。新创企业的社会网络不仅直接提供稀有的资源,这些资源能够直接解决相关的操作问题,也能够提供企业在市场中的合法地位。

(二) 声誉资源

企业在创建时不但要寻找原材料、市场和各种其他支持,也要尽力降低风险和交易成本。如果市场目标定位在国际市场,则企业可能需要更多不同的资源。

(三) 财务资源

新创企业的资金需求较大,但由于企业没有过去的经营记录,企业从银行获得贷款的可能性非常小,初始资本来自多种资源,包括储蓄、房屋抵押、个人财产、合作伙伴、朋友和亲人以及外界投资。影响新企业初始资金规模因素有两个:一是企业所在行业的需要或者工作环境的需要;二是资金和其他资源的可替代程度。

(四) 技术资源

新创企业的核心技术具有新奇和创新的特点,技术资源将成为新创企业区别于其他企业的重要资源,并且可能成为获得竞争优势的资源。技术的新事物是构成技术的知识组成部分,大部分技术是无形的资源。技术资源主要包括关键技术、制造流程、作业系统、专用生产设备等。技术资源与智慧等人力资源的区别在于,后者存在于个人身上,随着人员的流动会流失,技术资源大多与物质资源结合,可以通过法律手段予以保护,形成组织的无形资产等资源。①

Facebook 最大收购:10 亿美元买下 Instagram②

Facebook 于当地时间 4 月 9 日宣布,将以 10 亿美元的现金和股票收购照片共享应用服务商 Instagram 公司。

免费的 Instagram 应用程序是 Instagram 公司唯一的产品,这一移动客户端应用程序于 2010 年 10 月在苹果 App 商店中上线——距今不足两年——加上上周才上线的 Android 版应用,Instagram 已有逾 3000 万注册用户。

更令人震惊的是,这家公司只有十余名员工。

值得一提的是,Facebook 尚未进入中国,可 Instagram 却已捷足先登。Instagram 今年 3 月 1 日加入了新浪微博分享功能,目前绑定用户超过 5 万。

与 27 岁的 Facebook 首席执行长马克·扎克伯格类似,Instagram 也有一位年轻的当家人。

Instagram 首席执行长希斯特罗姆(Kevin Systrom)年仅 28 岁,2010 年与其斯坦福大学同学克里格(Mike Krieger)联合推出了 iPhone 应用程序 Instagram。希斯特罗姆目前持有 Instagram 公司约 40% 的股份。

就在 4 月 9 日收购决定宣布的当天,一个名为 Keegan Jones 的 Facebook 设计师,利用 Instagram 程序拍摄了一张 Instagram 团队的照片,包括希斯特罗姆在内的 12 名员工,均着休闲打扮,出现在了 Facebook 总部。

在该笔交易宣布之前,Instagram 的创始人凯文·希斯特罗姆已两次拒绝了 Facebook。

马克·扎克伯格在公开信中说,"这是重要的里程碑,因为这是我们首次收购一家产品有这么多用户的企业……我们不打算有更多类似的收购。"

尽管 Instagram 坐拥 3000 万名用户,但 Facebook 高价收购的举

---

① 张玉利主编:《创业管理》,机械工业出版社 2011 年版,第 128 页。
② 《Facebook 最大收购:10 亿美元买下 Instagram》,《东方早报》2012 年 4 月 11 日。

动依然有些意外。《经济学人》评论道，即便是久经风雨的硅谷老将，都因 Facebook 收购这家成立仅两年的企业而感到震惊。

值得注意的是，就在上周，Instagram 刚刚获得了一轮 5000 万美元的风险投资，对其估价达到 5 亿至 10 亿美元，但仅仅数天后，这些"聪明"的投资者们便获得了一倍的回报，尽管有评论认为，Instagram 接受风投是为了向 Facebook 开出更高的价码。

硅谷观察家的普遍观点是，Instagram 对于 Facebook 的价值不容置疑：在收购了以移动用户群体为主的 Instagram 后，将进一步壮大 Facebook 在移动领域的运营结构，完善其以电脑用户为主体的用户体系。

基于简单快捷的操作方式，以及多种多样的滤镜（用来实现图形特殊效果的功能），加上与 Facebook 和 Twitter 等社交网络分享同步，免费的 Instagram 在推出后迅速受到消费者热捧，每天用户上传照片数量超过 500 万张，甚至被苹果评为 2011 年度最佳应用程序。

谷歌前全球副总裁李开复通过微博表示，Instagram 利用 iPhone 平台作出照片和滤镜，吸引摄影爱好者用手机拍照分享，加上 Facebook 社交产品的移动性能不足，而 Twitter 则是移动产品中图片功能不足，这些因素给了 Instagram 生存的空间。

触控科技 CEO 陈昊芝告诉早报记者，拥有巨大用户规模和用户高度活跃的摄影＋滤镜模式的应用程序，对于 Facebook 来说，要么是补充要么就是对手，而且目前 Facebook 也正受到移动平台的冲击，收购 Instagram 可以完善 Facebook 用户体系。

Facebook 的确需要移动平台来吸引更多的在线用户，《纽约时报》称，Facebook 诞生于电脑时代，并尝试逐渐适应以移动平台为中心的时代，而 Instagram 则是一个纯粹的手机软件。

Altimerer Group 分析师丽贝卡认为，收购可以满足 Facebook 最为迫切的需求之一，即吸引更多的移动用户。

Facebook 之所以被看好，是因为其超过 8 亿的用户高参与度，据研究公司 ComScore 数据，用户在 Facebook 上平均用时 7.5 小时，是所有社交网站当中最高的。不少上 Facebook 的用户都是为了浏览以及评论好友的照片，但 Facebook 本身却很少提供照片修饰功能，而这也是 Instagram 快速成长的原因之一。

> 社交巨头 Facebook 正逐步扩大其版图,从原先的电脑网络延伸至移动平台,10 亿美元对 Facebook 而言不算多,仅仅是其估值的百分之一,但对于一个仅有 10 多位员工的公司而言,这是一个充分的肯定,也正是数以千计的硅谷创业者所梦想的,终有一天自己创立的小公司能够获得大企业的青睐。

(五)组织资源方面

包括组织结构、作业流程、工作规范、质量系统。组织资源通常指组织内部的正式管理系统,包括信息沟通、决策系统以及组织内正式和非正式的计划活动等。一般来说,人力资源需要在组织资源的支持下才能更好地发挥作用,企业文化也需要在良好的组织环境中培养。① 组织资源是系统,是程序,是深植于企业内部的关系。组织资源代表企业整合及转变初始资源的途径,其特征是无形的、稳定的并难以模仿,因此该资源为企业提供了竞争优势。组织资源不容易被新创企业获得,往往需要经过长时间形成。

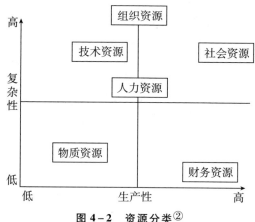

图 4-2 资源分类②

---

① 张玉利主编:《创业管理》,机械工业出版社 2011 年版,第 128 页。
② C. G. Brush, P. G. Greene, and M. M. Hart, "From Initila Idea to Unique Advantage: The Entrepreneurial Challenge of Constructing a Resource Base," *Academy of Management Executive*, Feb. 2001, 15(1): 64-78.

（六）物质资源方面

这是指创业和经营活动所需要的有形资产，如厂房、土地、设备等，有时也包括一些自然资源，如矿山、森林等。在拥有财务资源的情况下，新创企业很容易取得物质资源。

四、影响创业资源获取的因素

影响创业资源获取的因素可以概括为以下几种：

（一）创业导向

创业导向是一种态度或意愿，这种态度或意愿会导致一系列创业行为。创业导向会通过促进机会的识别和开发来促进对资源的获取。新创企业的创建过程通常是通过机会与资源的整合来实现的。创业导向可以称之为一种决策驱动型资源识别过程。这种资源识别方式中创业者首先形成创业决策，目的在于满足其自身的成就需要，然后再通过开发商业机会得以实现。形成新企业是其创业目标，而机会是实现这一目标的手段。由于这类创业者只拥有一种愿景，因此创业者将努力地挖掘自身现有的资源禀赋，并从中发现可以实现其创业目的的可行性商业机会。这一过程是一种自上而下的过程，创业者首先将建立企业作为其创业目标，因此创业者的初始资源将决定其能够识别的商业机会，在这一过程中通过创业者对自身禀赋资源的反复评价，也将会对创业愿景进行不断的修改，这是一个反复的过程，直到找到适合自己创业的商业机会为止，因此通过这一过程确定的商业机会是以创业初始资源为基础的。

（二）有价值的商业创意

有价值的商业创意可以称之为机会驱动型资源识别过程。这种资源识别过程是创业者已经发现了可行的商业机会，然后决定创建企业并进一步开发机会，因此与决策驱动型创业不同的是，这种创业类型是将创办企业作为机会实现的手段，其目的是提供一种产品或服务。在机会驱动型资源识别过程中，创业者对资源的识别和评价都是围绕商业机会来进行的，相对于决策驱动的识别过程来说，这种资源识别过程更注重机会开发所依赖的核心资源和独特能力，其他资源都是围绕这些基础资源来识别和利用。

(三) 资源的配置方式

前述我们曾提及各种资源的不同特征,以及不同资源对创业的作用。成功的创业者在把握商机过程中所需要的资源,以及对这些资源的所有权和管理权有着自己独特的看法;对于每个创业者和创业团队而言,先前知识、先前经验不一样,所能获得的要素禀赋不一样;而每个创业过程与创业需求、市场需求不一样,这些种种因素都会导致创业者或创业团队在资源的配置方式上往往不尽一致,这也导致了对创业资源的理解和获取不一样。

(四) 创业者的管理能力

创业者和管理者这两个概念有着很密切的联系,很难在小企业中将两者分离,因为许多企业创建时规模都很小,创业者既是创始人、拥有者,又是管理者,创业者在企业中承担着多种角色。创业者在管理过程中展现出的计划、组织、领导和控制、资源的整合能力等,都会影响到企业的发展、创业资源的使用以及对创业资源的渴求,进而影响到创业资源的获取。

(五) 社会网络

一些学者在对小企业创立过程进行专门的研究后提出:社会关系网络的提供和发展可以用来解释为什么一些人建立了公司,而另一些人没有。这种研究推断认为,社会关系网络的大小决定了创业的潜力和表现。伯利(Birley)开展了第一项实证研究,来观察创业者的个人关系网络行为对新创企业成功的作用。她在印第安纳州做了160份问卷,来确定新创企业的创业者是如何在当地环境下与他们的个人关系网络成员进行互动的。伯利发现,创业者的新创企业所需原料、供给、设备、空间、雇员及订单,主要都来自他们的非正式网络,来源于个人关系网络:家庭、朋友和同事。如伯利曾写道:"对网络的选择是理解公司本质的关键,因为公司的各个元素是在新创立阶段就设置好了。新创立是最不确定的阶段,需要用更多时间来搜寻和建立一些关系,来建立初次创业行动集。"[1]

---

[1] S. Birley,"The Role of Networks in the Entrepreneurial Process," *Journal of Business Venturing*, 1985, 1(1):107.

种蘑菇带动村民致富——记北京大兴大学生村官胡建党[①]

他是一名普通的大学生,2007年毕业后成为一名大学生村官,2010年高票当选新一届村党支部书记。在创先争优活动中,他积极发挥带头示范作用,投资15万元租下村里的10亩土地发展蘑菇种植,发起成立北京爱农星食用菌专业合作社,协调争取多方资金300万元,建设了16个蘑菇大棚,建起保鲜库、采菇房、发菌室、接菌室和拌料场,建设蔬菜育苗和新品种实验推广基地,年生产销售瓜菜60多万斤;带动40多户村民加入合作社,促进80余名劳动力就业,在合作社帮工的村民,月工资收入超过2000元。曾获全国农村青年致富带头人、北京青年五四奖章、北京市优秀大学生村官等荣誉称号。他就是北京市大兴区庞各庄镇王家场村的村支部书记——胡建党。

2007年5月,23岁的胡建党毕业于北京体育大学。同年7月参加北京市"大学生村官"计划,成为大兴区庞各庄镇王家场村村支书助理。

从村里到胡建党在镇政府的宿舍有20多公里,唯一的交通工具是自行车。虽然每天骑几十公里自行车对武术专业毕业的胡建党来说不算什么,但是没有电脑、没有电视的乡村生活却让这个已经习惯了城市生活的年轻人苦闷起来,"单调!每天晚上看着月亮,听着蛐蛐的叫声,很孤独。"胡建党回忆说。

彷徨不仅来自内心,还有家庭的压力。"我家是山东的,也是农村孩子,父母辛苦供我上学,就是希望我能跳出农村,所以,他们开始也不太理解我当'村官'的选择。"胡建党说。

而王家场村的村民们似乎也不买他的账,虽然大家都对他很客气,但客气里多少透着"见外","村民们很朴实,表达也就特别直接。很多人心里都认为大学生就是来这里锻炼锻炼,不会留在这儿,更不会把心放在这儿。"

---

① 李春海、翟硕明:《胡建党:种蘑菇带动村民致富》,http://jiaoliu.12371.cn/jcgs/bjhjd/,2012年6月25日。

经过一段时间的适应,胡建党的心态也开始有了变化:"想那么多没用的,还不如脚踏实地做好眼前的事。"对一个"空降"来的大学生村官而言,还有什么比熟悉这个村子更实际的事情呢?

融入乡村

王家场村地处庞各庄镇东南角,是一个只有60户200人的小村庄。为了更好地融入村民的生活,胡建党从镇上搬到了村里,挨家挨户跟村民们聊天;短短一个月,胡建党就走遍了全村56户农家。慢慢地,村民们对这个敦实的大学生的看法有了改变。这个年轻稳重的"学生官"很快成了村民们信得过的自己人。

2009年,村里有四户西瓜种植户因为买了假种子,损失巨大;可销售商却拒不认账,村民们又缺乏相关的法律知识,想打官司又不知道怎么打,眼看就要血本无归的时候,胡建党站了出来。他一边学习法律知识,一边和村民们一起收集证据,按照法律程序做鉴定、公证;然后又想法子请来免费律师,帮忙打官司,最终为村民们挽回经济损失5.8万元。"开始我们都以为没希望了,没有胡建党,我们的官司打不赢。"种植户王强说。

为什么能对村民们的事情这么上心?"我想把村官的事业当做人生的事业来做。"胡建党说。在和村民的深入接触中,胡建党发现了他们最迫切的需求:致富。

体现真正价值

和瓜乡其他的村子一样,王家场村的村民们主要靠种植西瓜、蔬菜过活,利润微薄,靠天吃饭,赚得少,干得苦;致富是村里人共同的愿望。庞各庄镇家家都种西瓜,王家场村的瓜怎么样才能脱颖而出呢?

2008年北京奥运会举办在即,胡建党忽然来了灵感:在西瓜上印字!主题就叫"瓜农对奥运的期盼与祝福"。主意有了,他又自费到河北学技术,回到村里反复实验。2008年5月,王家场村带有奥运体育图标的"印字西瓜"得了奖,这个小村子头回上了报纸。

可是只种西瓜很难让村民们走上致富的路,在一次农业技术讲座中,胡建党注意到了食用菌栽培技术,这也许是个好思路;和他想法一致的还有庞各庄镇的另一个大学生村官陈墨。两个年轻人带着村民到河北灵寿、遵化一带的蘑菇种植基地参观学习。一亩西瓜最好的收成也不过 6000 元,还是毛利。种植食用菌,收入能增加三四倍。当时他们在一份"食用菌种植可行性报告"中写道,可是回来之后却没有一个村民愿意干,从没种过蘑菇的村民们觉得这事风险太大,两个二十出头的"大孩子"也难让人放心。

胡建党和陈墨决定自己动手给乡亲们耕出一块"试验田",让大家看到切实的成果,自然就会有信心跟他们一起干。2008 年 8 月,胡建党和陈墨拿着七拼八凑的 15 万元钱,成立了爱农星食用菌专业合作社,创业之路由此开始。

功夫不负有心人,2009 年春天,爱农星合作社的第一批蘑菇挣了 9 万元。看到成果的村民们对种蘑菇有了信心,7 户村民加入了进来。现在,合作社的投资已经达到 80 万元,建起了 16 个大棚,还有保鲜库、采菇房、发菌室、接菌室和拌料场地,年出菇 25 万公斤,而且也有了自己的蘑菇专卖店。"我们就是要做一个产销一条龙的经营模式。"胡建党说。而直接在合作社帮工的农民,每月的工资收入上千元。

附近的乡亲们也知道"瓜乡"庞各庄居然出了个"蘑菇村",在王家场村民们的眼里,胡建党也从下来锻炼的"大学生村官"变成了懂知识、能带大家致富的"能干人",胡建党自己总结出了带领农民致富"三步走"计划:做给村民看,带动村民干,帮助村民富。"农民最缺的就是带头人,国家派我们来,就是需要年轻人来充实村干部的队伍!"胡建党说。

可以说,创业者将从不同的驱动因素出发,对已掌握的禀赋资源进行识别,并加以归类,确定资源的不同用途,然后进入新创企业资源获取阶段。

五、创业资源获取的途径

创业资源获取途径包括市场途径和非市场途径。

创业资源获取的关键往往取决于软实力。

新创企业要保证其顺利发展,就需要广泛地获取外部资源。由于资源所有者有限的先验知识,再加上新创企业的技术和产品上存在着不确定和信息不对称问题,因此对于新创企业来说在获得资源方面存在着很大的困难。新创企业将会面对由于其缺少法律和外部主体(如顾客、供应商和政府部门)在制度上的支持所导致的不确定性。因此,资源所有者倾向于延迟资源投入,直到企业暴露更多的信息。除了不确定性,创业资源获取过程中也存在着复杂的信息不对称现象,因为相对于外部评估者来说,创业者占有较多的企业层面、产品技术层面和团队能力层面的信息,这种信息不对称导致了两方面的问题使得资源所有者不愿对新企业进行投资。因此,面对以上的问题,新创企业在资源获取的过程中要灵活地利用资源获取方式来建立与外部资源所有者之间的联系。一般来说,创业者不是先有资源才去创业,新创企业不可能拥有创业过程中需要的所有资源,这些资源往往都需要在创业的过程中寻找、有效整合。大量事实表明,是否拥有资源并不是关键,关键在于如何对其他人的资源进行控制和影响,即资源的有效整合。在资源的整合中,有的企业像盛大网络、比亚迪等很快做大做强,成为现代企业的典范。各个企业所需的资源不尽相同,当整合资源的途径基本是相同的,那就是合作。在合作中寻找资源,在合作中加快发展。

我们可以把资源获取途径分为以下两种:

(一)通过市场途径获取资源

新创企业可以从外部资源所有者手中获得资源的使用权,由市场途径获取资源的方式包括购买、联盟和并购等。例如:创业者可以通过购买或者租赁来获取所需资源,这种方式要求创业者掌握一定的资金或所有权性资产作为抵押。具有共同利益且在资源掌握上存在异质性的创业者或者创业团体可以选择联盟等形式获取各自所需的相关资源。同时,新创企业可能占有一定的生产型资源(如技术和市场资源等),创业者可以通过披露这部分资产的期权价值,利用实物来吸引其他资源所有者。这种途径通常是与资源所有者进行直接交易或签订期权合约,通过出让占有的资源或披露资源的期权价值来获取资源。

(二)通过非市场途径获取资源

新创企业占有和控制的资源必定是有限的,因此还需要通过其他的方式来获取资源。非市场途径就是另一种方式。非市场途径获取资源的方式主要有资源吸引和资源积累等。在资源获取阶段,创业者可以通过个人的网络关系和声誉等资源,吸引资源并进行资源积累,与资源所有者之间建立联系,从而获得资源。例如:社会网络对于新企业来说是一种异质的、有价值的资源,它可以作为获得其他类型资源的途径。在新企业形成的早期阶段,创业者经常利用由个人关系建立的社会网络来获得财务资源、关键的技术和管理人才以及顾客的购买订单。同时组织理论发现,创业者的社会网络和声誉共同构成缓解不确定性和信息不对称问题的一种机制,能够促进资源获取过程。

创业者在资源获取阶段可以同时利用这两种途径,由于创业者个人声誉和社会网络的积累是一个长期的过程,因此非市场途径往往只能发挥单向作用,即通过无形资源(如个人声誉等)来获得所需资源。因此,新创企业有效合理地利用这两类资源杠杆,能够提高新创企业的资源获取效率。

张松江创业故事①

一个年轻人开拓出了一种叫做"小管家"的新家政商业模式。凭借新模式,这位创业者在北京,仅一个社区就年收入170万元。面对我国汹涌而来的社区经济,"小管家"铺就的是一条"沃尔玛"式的道路,一扇虚掩的财富大门正在徐徐打开……

张松江,出生于1978年,土生土长的北京人,如今是新理念保洁服务有限公司的总经理,公司注册商标为"小管家"。

尽管人们还都把他的公司称之为"家政公司",但在张松江看来,他的"小管家"从开始就已经背离了传统家政。在极短的时间内,离经叛道使得"小管家"由穷困潦倒转而获取巨额利润,并因此搭建起一个面向未来的庞大商业帝国架构。对于传统的家政行业来说,"小管家"的成功模式所产生的影响很可能是颠覆式的。

10年前,20岁出头的北京男孩张松江从大学毕业,他的同学有的进了外企,有的进了机关,可是他却令人不解地干起了涮马桶这样的工作;10年后,而立之年的他凭着经营智慧独创"管家服务",

---

① 《张松江创业故事》,http://www.zgcyzk.org/html/2013/cyal_0130/220.html,2013年1月30日。

在家政行业闯出了一片广阔的天地,在全国拥有近百家连锁店,成为涮马桶起家的千万富翁。

1999年,张松江从北京联合大学毕业,到择业时他才发现,自己怀里的一张大专毕业证书几乎没有任何用处。他与其他3个朋友商量,决定一起创业。

谈起创业之初的经历,张松江感慨当时可称狼狈万状,从家政服务起步的创业之路竟然开始于一次受骗上当的经历。他们在报纸上看到了一个美国品牌保洁公司招加盟商的广告,在对方一番"专业"的讲解后,他们相信了"保洁市场利润空间无与伦比"。于是,4个人立即凑了3.9万元加盟金,交给了那家公司,随后接受了为期两天的保洁清洗培训。

几个小伙子创业热情高涨,租了一间10多平方米的破旧办公室,招聘了7名员工准备大干一场。可是等他们跑去谈生意时,却到处吃闭门羹,整整两个月他们没有做成一笔生意。碰壁次数多了,张松江渐渐明白了保洁行业到底是怎么一回事。在原来做培训的时候,那家"美国品牌"公司告诉他们,做保洁清洗,市场的价格绝不低于每平方米10元钱。但在现实中,市场行情是每平方米1元钱。不仅如此,如果没有人脉,就算凭1元钱的价钱也休想拿下一个仅有微薄利润的保洁工程。感觉受骗上当的几名学生想找加盟的公司讨个说法,谁知道那根本就是一个皮包公司,早已经人去楼空。

艰难的处境让张松江的几位合伙人打了退堂鼓,但是张松江坚持看好保洁行业的前景,他不停地思考,怎样才能独辟蹊径把生意做活,他想到了北京有很多高档小区,需要更高标准的室内保洁服务,这方面的市场似乎还无人占领,但这时他们已经没钱了,同伴决定退出。当时,张松江郁闷到极点,最后,还是父亲拿出10万元钱支持他继续把事业做下去。

当时北京的户内保洁也有人做,但是服务没有特点,更无标准。张松江认为,像SOHO现代城这样的高档社区,肯定需要一种更高档次的服务。麦当劳、肯德基走遍全球,凭的不就是一个严格的操作规程与标准嘛!对于保洁来说,这个标准应该是对卧室、卫生间、厨房等不同性质房屋进行分类,然后确定不同的服务标准。他用了十多天的时间完善自己的方案,写好计划书,然后鼓起勇气去找 SOHO 现代城物业公司的经理,物业经理最终被眼前的年轻人打动了,把小区的保洁工作包给了他,张松江在 SOHO 现代城的地下室租了一间屋子开始了二次创业。

回忆那段日子,张松江称"非常艰苦",没有椅子办公就坐在地上,每天吃 2.8 元一份的盒饭,更糟糕的是他那一套精心计划的关于保洁的标准化服务竟然得不到员工的认可,因为他太年轻了,他手下的员工很多人孩子都比他大,根本不拿他的理论当回事,还是按照原来的习惯做。最后,张松江决定以身作则,他按照自己制定的涮马桶的标准一丝不苟完成后,对大家说,他敢喝自己涮过的马桶里的水,大家一看果然非常干净,对这位年轻的老板才心服口服。

张松江非常自豪自己第一个创立家政服务业标准化的品牌运作模式。这一模式首先表现在服务的标准化上,他要求员工整理卧室必须在半个小时内完成;清洁卫生间必须在 45 分钟之内完成,其中马桶 12 分钟、手盆 10 分钟、浴盆 10 分钟等,这些都是以每平方厘米为标准来检查的。张松江要求员工进入客户家中,自带全套清洁剂、便携式吸尘器、消毒后塑封的防止掉毛木浆毛巾,这些设备的费用,全部包含在每小时 15 元的收费里。这些标准最终使他和传统的家政服务方式区别开来。

建立起标准化的家政服务模式之后,张松江的家政公司很快在 SOHO 现代城树立了口碑,第一个月就赚到了 3 万元钱,创业有了一个良好的开局,但是张松江并不满足,他脑海中构想的新型家政服务应该还有更广阔的内容。一位在酒店做高级主管的客户提醒他,在国外社区,有一种"管家服务"非常流行,可以为小区内顾客提供各种需求,这让张松江茅塞顿开。

张松江进行详细的了解和调查后发现,传统家政公司所提供的单一保姆服务存在着不可克服的巨大缺陷,住家保姆工作效率低下,请来的保姆通常要花半年左右的时间才会使用各种家用电器等,不方便的同时,危险性与损坏物品的概率也很高,还会与主人不可避免地产生矛盾。而且，一般的家政公司仅仅相当于一个中介，挣的是中介费，怎么可能把服务做到符合客户需求呢？

张松江发现，经常会有小区住户打来电话，除了要求保洁服务，还有请人做饭、看护、购物等要求，张松江当即抽调擅长这些工作的员工上门进行服务，并对他们进行专门培训，强化他们的技能，那些传统住家保姆忙碌一天的工作，他的员工在2至3个小时内即可完成。

根据客户的要求，张松江的家政公司还不断添加新项目，例如干洗衣物、皮革保养、换桶装水和插花，甚至预订机票等等，远远超出了传统家政服务的范畴，不但令客户满意，还成为新的利润增长点。"举一个简单的例子，我们现在给客户提供了干洗服务，员工从客户家里拿几件需要干洗的衣服，我们交给签约的干洗厂干洗，按照合约，我们分得收益的55%，刨去每件衣服分给员工的1块钱，10块钱干洗费可以赚到将近5块钱，这几乎是没有成本的。"张松江介绍道，在客户拿着衣物走出家门，选择干洗店之前，生意实际上已经被他们提前拿走了。

这种以前无人尝试的新型家政服务取得了惊人的成效，在SOHO现代城这个1000多户的社区，不到一年的时间，570人先后办理了服务卡，成为忠实客户，服务收入超过170万元。张松江正式把自己的家政公司注册了"小管家"的品牌商标。

在SOHO现代城创立成功样本之后，张松江不再满足仅仅服务于这一个小区，他以加盟连锁的方式把这种成功模式不断复制，很快"小管家"就在北京遍地开花，开了近百家门店，甚至开到了山东、江苏等地。

"根据国家统计局公布的数据，中国年收入10万以上的家庭已达到8000万个以上，如果这些家庭中20%需要家政服务，而其中又有20%的客户选择小管家，那么小管家的客户将达到320万个家庭，如果每个家庭平均年消费500元计算，将会有16亿人民币的年收入。"张松江这样分析着中国家政市场的前景，他希望能够吃到这块大蛋糕。

> 如今,在家政行业打拼10年的张松江已经不满足于不断扩张门店,占领新的小区,他心中有更大的理想:"家政的服务场所并不在店面,而是在客户的家里,在做好物流配送的情况下,门店其实并不是必需的。"他提出了"家政工厂"的概念,这意味着小管家可以将直营店从市区搬到郊区,在五环以外设立基地,将所有的人、物的配送集中在基地里,小管家的服务单位也从直营店变为流动车。这样可以让资源的配置更加合理,成本也相对更好控制,按照张松江的话说,就是更适合做"整个城市的生意",而不是局限在某个小区。
>
> 张松江说,他的目标是成为第一家上市的家政公司,要做就做行业中最好的那一个。

第二节　创业融资

钱是有的,关键是到哪里去找。

——〔美〕斯卡泊莱等《小企业的有效管理》

> **思科系统公司的创业融资**[①]
>
> 思科系统公司(Cisco Systems, Inc.),简称思科公司或思科,1984年12月正式成立,是互联网解决方案的领先提供者,其设备和软件产品主要用于连接计算机网络系统,总部位于美国加利福尼亚州圣何塞。其创始人是斯坦福大学的一对教师夫妇——计算机系的计算机中心主任莱昂纳德·博萨克(Leonard Bosack)和商学院的计算机中心主任桑蒂·莱纳(Sandy Lerner),他们二人设计了叫做"多协议路由器"的联网设备,用于斯坦福校园网络(SU-Net),将校园内不兼容的计算机局域网整合在一起,形成一个统一的网络。这个联网设备被认为是联网时代真正到来的标志。

---

① 〔美〕布鲁斯·R.巴林格、R.杜安·爱尔兰等:《创业管理:成功创建新企业》,张玉利等译,机械工业出版社2006年版,第220—222页。

> 但是,思科公司在创业初期,它的创业者们也同样面临着与多数创业者相同的挑战,特别是在筹资领域。
>
> 起初,博萨克和莱纳设法把产品卖给现有的计算机企业,但是没有企业感兴趣。因此,他们决定创办自己的企业。他们在自家屋子里设立了商店,雇用了一些朋友,将自己的信用卡透支到了最大额度,并通过新生的网络来承接最初的订单。经过不懈的努力,思科公司在1986年卖出了第一台路由器,因为没有钱做广告或者雇用销售人员,公司通过口耳相传来发展它的顾客基础。由于产品的优越性,思科公司在头两年内快速成长。然而,即使它每月赚到25万美元,公司也极度短缺现金。为了帮助弥补财务缺口,莱纳返回岗位工作了一段时间,以获得部分资金。到了1988年,创建者们认识到,如果思科公司想要快速成长并繁荣起来,超越他们自己能提供的融资是必需的。
>
> 为了获得资本,夫妇二人博萨克和莱纳开始与风险投资家进行商谈。他们一次次地被拒绝,直到遇到了堂·瓦伦丁,这是第77位投资者。瓦伦丁和他的公司(水杉创投公司)同意向思科投资,但附带了许多苛刻的条件,包括思科公司将近1/3的股权,瓦伦丁为思科公司的董事会主席,以及招募人员和构建新生企业管理结构的能力。1988年,瓦伦丁雇用了经验丰富的经理人约翰·P.莫里奇担任思科公司的首席执行官。此后,思科公司飞速发展。

一、创业融资分析

创业融资是创业管理的关键内容,在企业成长的不同阶段具有不同的侧重点和要求。

(一) 创业融资的重要性

大多数时候,直到人们意识到需要为自己的企业筹资时,他们才设计筹资投资资本的过程。创业者可能有好的技术或者创意,并且愿意承担创业风险,但是他们依旧会在融资过程中面临很多挑战。许多创业者不知如何从事筹资任务,毫无方向可言,因为他们缺乏这方面的知识与经验。这种知识与经验的匮乏造成企业所有者对某些资本来源过于依赖,而对其他资本的来源利用则很少。企业需要筹资资本以求生存的同时,它的创建者通常不喜欢与那些不能理解或者关心他们长期目标的人打交道。

许多创业者抱着自行解决所有资金需求的想法,创建他们的企业。随后,他们会发现,没有投资资本或者借贷资金运营的企业,要比有这些资本参与其中的困难许多。大多数创业者坦言,创业最难的地方就是缺乏资金,创办新企业最关键的是"筹资"。有研究表明,在制约大学生自主创业的最主要因素中,缺乏资金占65%。在企业创立及以后的过程中,多数人认为最有价值的帮助是资金上的帮助。

创业融资是重要的。资金是企业的血液,没有资金,新创企业就无法运转。新创企业伊始,资金需求巨大。企业研发、制造产品或者提供服务,或者通过一系列营销努力扩大市场规模,均需要大量资金支持,融资关系到企业的存亡。合理融资有利于降低创业风险,科学的融资决策有利于企业可持续发展。

(二)创业融资难的理论解释

不确定性和信息不对称是创业融资难的影响因素。

创业融资为什么这么难?因为投资者对创业者一开始并不信任。创业者识别的不确定创业机会是建立在别人无法拥有也无法识别的基础之上的,因此,投资者必须在信息较少的情况下决定是否向未来前景极不明朗、价值极不确定的新企业提供资金。这种不确定性和信息不对称导致了新企业融资的困难,创业者需要在有限透露项目信息的前提下,向投资者解释并说服投资者进行投资,并不是容易的事情。而且创业企业的平均风险水平较高,即使是在创业活动相当活跃、融资渠道更为通畅的美国,新创企业的失败率也非常高。根据美国的一项长期研究:24%的创业企业在2年内失败,52%的创业企业在4年内失败,63%的创业企业在6年内失败。据统计,我国新创企业的失败率在70%左右。国外有关学者估计新创企业在2年、4年、6年内的消失率分别是34%、50%、60%。创业企业的高失败率给投资者带来很大的风险,导致了创业融资难度增加。[1]

---

[1] 张玉利主编:《创业管理》,机械工业出版社2011年版,第149页。

1. 创业企业的不确定性大

第一,从创业活动本身来看,新企业有着非常大的不确定性,投资者也面临着各种各样的问题。由此产生"信息悖论"和"担保悖论"。创业企业的不确定性比既有企业的不确定性要高得多,创业企业缺少既有企业所具备的应付环境不确定性的经验,尚未发展出以组织形式显现出来的组织竞争能力。这使得投资者常常难以判断机会的真实价值和创业者把握机会的实际能力。通常投资者投资创业项目的前提是:一个好项目,一支好团队。为此,投资者会尽量收集项目有关的信息,看此项目是否有前景,投资回报率如何,同时还要考察团队,特别是团队负责人,这就存在着创业投资中的"信息悖论"。一方面,投资者希望得到以下信息:产品需求如何,市场反应怎样,财务能力如何,多久可以收回成本,创业者的管理能力怎么样;另一方面,所有上述内容在投资前无从知晓,因为没有资金投入,那些所希望得知的问题就无法由市场给出答案。这就增加了投资者的投资风险。

第二,由于项目的不确定性,投资者希望能够有投资担保。这就是"担保悖论"。一方面,投资者为了减少可能出现的损失,希望新创企业在没有价值时或者价值尚未体现时,创业者能够偿付全部融资;另一方面,如果新创企业失败,创业者实际上难以偿付投资者的投资。因此新创企业失败后,将没有后续资金。也许投资者要求创业者提供类似房产等不动产担保,但是大多数创业者难以提供不动产作为担保,否则他们就可以为自己提供一定的资金了。

第三,创业者和投资者对新创企业的认识常常不一致。正因为新创业具有不确定性,没有人可以准确估计新创企业的未来发展情况,局限于种种客观与主观因素,投资者的判断依据主要基于创业者商业计划书的陈述,创业者此时处于创业的亢奋期,对新创企业前景过于乐观,创业者与投资者双方也常常因对企业的发展前景和盈利能力判断的不同而导致对企业价值评估的巨大差异,双方难以就此达成一致,创业者往往会展开艰苦的谈判,而投资者极有可能放弃投资。

2. 企业和资金提供者之间的信息不对称

信息不对称是指一些成员拥有其他成员无法拥有的信息,它将会产生交易关系和契约安排的不公平或者市场效率降低问题。在市场经济活动中,各类人员对有关信息的了解是有差异的;掌握信息比较充分的人员，往往处于比较有利的地位，而信息贫乏的人员，则处于比较不利的地位。不对称信息可能导致逆向选择（Adverse Selection）、道德风险。从信息不对称发生的时间上来看，可能发生在当事人签约之前，也有可能发生在当事人签约之后，分别称为"事前信息不对称"和"事后信息不对称"。事前信息不对称容易产生逆向选择问题，售后信息不对称往往存在道德风险。

创业者和外部潜在的投资者之间常常存在严重的信息不对称，一般基于以下三个原因。

首先，创业者通常更了解自己的创意、技术或者商业模式的情况，而外部投资者并不了解。创业者常常不愿意过多告诉投资者相关的信息，因为创业者需要对有关商业机会及其开发方法保密，如果他人得知，很有可能他们也会追逐同样的机会，但这使得投资者难以深入了解，这要求投资者在有限的信息下决策，难以判断创业者项目的优劣。

其次，创业者拥有的项目信息优势，可以使他们利用投资者。创业者可能利用其信息优势从投资者那里获得资金，用来谋取自己的利益，而不是公司的利益，如果公司不是创业者一个人拥有的话，创业者有可能将获得的资金挪为他用，存在道德风险。

最后，投资者关于创业者及其商业项目的信息可能导致逆向选择。由于事前信息不对称，创业者可能会夸大自己的能力，或者伪装自己，或者夸大市场前景，从而骗取投资者的信任。即创业项目的可行性、创业团队的素质和创业企业的财务状况等方面，创业者和外部投资者之间都可能存在严重的信息不对称，投资者为了有效地保护自己，不得不收取适当的保证金，以弥补他们可能的损失，而有能力的创业者往往不愿意支付这笔保证金，因而他们退出了融资市场，而那些没有能力的创业者却留在了市场上，从而出现"劣币驱逐良币"的逆向选择现象。

（三）做好融资前的准备

创业融资不只是一个技术问题，还是一个社会问题，应从建立个人信用、积累社会资本、写作创业计划、测算不同阶段的资金需求量等方面做好准备。

为了顺利获得融资，在融资前，我们需要做好以下几项功课：

1. 建立和经营个人信用

投资者希望创业者足够成熟、可信赖和值得托付,期望的创业者应该是有诚信的,有丰富的社会经验,有成熟和正常的心智,注重个人信誉,具备未来成为企业家的潜力。而大多数创业者都很年轻,几乎没有什么社会阅历,能力的配比并不均衡,基本上没有企业管理的理论和实践经验,只是想当然地夸夸其谈,并不注重个人信誉,过度夸大自己的能力、项目前景,责任心不强,对自己说过的话没有负责的意识。当投资者遇到这样的创业者时,投资者基本上会判定该创业者未达到要求。

2. 积累人脉资源

人脉资源会发展成一种个人关系网络,而这种个人关系网络会给创业者带来许多方面的帮助,如人才、资金、购销渠道等等。斯坦福大学研究中心的一份调查显示:一个人赚的钱,12.5%来自知识,87.5%来自关系——基于正常社会经历建立的关系。梁漱溟认为,比之于西方,中国社会不是个人本位,也不是社会本位,而是一个关系本位的社会。费孝通用"差序格局"来解释中国社会以个人为中心的社会关系网络。他认为,社会关系网络以自身为中心,以血缘、亲缘和地缘等五缘为纽带,就像把一块石头丢在水面上所产生的一圈一圈的波纹一样,不断扩展。

创业者的关系网络形成了新企业的社会资本。边燕杰等人认为,企业社会资本是指企业通过社会关系采取稀缺资源(是指资金)并由此获益的能力。许多研究表明,创业者的人脉对创业融资和创业绩效有直接的促进作用。我们不应该把人脉等同于所谓的"拉关系""走关系"等寻租行为,而是基于正常的社会经历建立的诸如师生、同学、朋友、同事等人际关系,这些关系在创业过程中会带来有用的信息、资源。因此,在校的大学生要善于建立良好的同学关系和师生关系,勤于参加社团活动和社会实践,广结善缘,建立健康、有益的人脉,创造和积累基于同事关系、师生关系和亲友关系的社会资本,为创富人生、实现自我奠定好基础。[1]

---

[1] 张玉利主编:《创业管理》,机械工业出版社 2011 年版,第 166 页。

3. 了解融资渠道

通过各种信息来源,来了解新创企业所能获得的政策扶持以及融资的途径,思考新创企业是否符合融资的标准,为了获取融资还有哪些方面需要完善,应该做什么,如何去做,自己有哪些资源可以利用,自己从中又可以获得多少帮助,获取多少融资,而不是毫无目的、毫无目标地选择融资渠道。

4. 准备创意和计划

第一,新创企业要有独特的技术或者商业模式,这种独特的技术或者商业模式是竞争对手难以模仿的,而且能够通过知识产权制度得以保护。只有这样,新创企业才能通过技术壁垒将竞争对手阻隔在外,获取长期的高额利润。第二,新创企业要有足够大的市场,并且竞争者短期内难以进入或者占领,这样才能保证被投资企业的高成长性与增长的潜力。一些创业者从网上下载了商业计划模板,自制的商业计划内容非常空洞,缺乏可信而翔实的数据支撑。碰到此种情况,投资者只能放弃为这样的项目提供服务。创业者的想法和计划以及模式将被专业投资者详细分析和评估,任何不切实际的打算都很难获得资金方的认同。与其在此种情况下盲目地找资金,不如脚踏实地地完善创业计划,做好创业准备,待机而动。

京东商城的商业模式[①]

每一次公开演讲或者面对媒体,刘强东总是快人快语,从不拐弯抹角:"京东这样的公司,一定是我的文化就是企业的文化,不可改变。"

创业十几年来,刘强东在中国电商行业乃至整个互联网行业,都是颇具争议的人物。因为他犀利的言辞往往直刺竞争对手的软肋,因为他总是快意恩仇地挥刀而战,不管招来怎样的褒贬。

刘强东堪称中国互联网第二代创业者的缩影——焦灼、痛苦始终伴随,终日迅速奔跑却难免九死一生。他最终创造了属于自己的时代,关注点总是聚焦用户,把握了中国电商行业的真实脉搏。

[①] 《京东刘强东创业故事:"杀手级"创业者进化史》,《中国经营报》2015年1月4日。

用户体验 VS 商业模式

2014年,对刘强东来说是里程碑式的一年。5月22日,京东成功在纳斯达克挂牌上市。这离京东商城创办刚好过去了10年。这10年,是中国电子商务飞速发展的10年,刘强东的每一步都踩在了电子商务发展的正确节点上。

创办京东之前,刘强东在中关村卖光磁产品。网上卖数码产品的电商企业,京东并非第一家,当年,曾有一家名为搜易得的数码商城,刘强东还在上面开过店,搜易得关门之时,刘强东的京东商城也上线了。

作为混中关村的小老板,刘强东深谙中关村数码卖场里的"猫腻",搜易得倒掉也给后来者以警示:不以用户为中心,不注重用户体验的商业模式,最终都会被淘汰。

京东商城上线时商品种类并不多,但刘强东坚持正品经营,他相信,正品低价才是用户核心的价值诉求。为此,他整天趴在网上发帖,与网友互动,慢慢地,京东积累了第一批忠实用户。

信任和口碑的推动力让京东商城快速成长,不过,刘强东开始就做自营,一方面需要应对IT数码行业快速的价格波动,另一方面还要应对业务快速扩张所需要的前端运营成本。到了2007年,京东开始缺钱。机缘巧合,京东一个客户将今日资本的徐新介绍给刘强东。徐新出手就给京东投了1000万美元。

拿到钱的刘强东作出的一个重要战略决策就是自建物流。一位京东高管曾经觉得"这简直是疯了",因为明眼人都可以看出,物流是个重资产行业,是极其烧钱的。事实证明,后来京东在物流上一年最多烧掉人民币十几亿元。刘强东曾对《中国经营报》记者解释自己的意图:"用户投诉个案中,有80%来自物流体验。"当时刘强东每天都会看用户评价。他认为,解决用户体验问题,就能创造价值。

后来,京东物流又搞了GIS系统,用户可以在京东网站上看到自己包裹传送的轨迹。这仍然是缘于刘强东对用户体验的深切关注,因为"用户打来的电话中,有32%是问货到什么地方了,但客服人员往往说不清楚"。

疯狂烧钱惹来诸多争议,但刘强东不管这些,"211限时达""当日达",京东不断刷新着快递时效纪录。

"我们一直不为外界,甚至不为我们的投资人而改变我们的决策,只要做的事情有价值,营利一定不是问题,"刘强东表示,"我不相信在这个世界上有一种商业模式,为你的合作伙伴创造很多价值,为你的用户创造很多价值,结果你倒闭了,失败了,如果有的话,那一定是执行出了问题,或者是我们管理团队出了问题,并不是商业模式出了问题。"

二、创业所需资金的测算

正确测算创业所需资金有利于确定筹资数额,降低资金成本。

创业融资既有成本又有风险,资本并非越多越好。负债过多会给企业发展带来一定的伤害。创业者在融资之前必须预估自己所需的资金,什么时候需要,需要多少。合理测算资金需求,有利于提高融资的成功率和降低融资风险。

(一) 创业资金的分类

1. 资本成本

资本成本是指企业为筹集和使用资金而付出的代价,也称资金成本。广义地讲,企业筹集和使用任何资金,不论短期的还是长期的,都要付出代价。但是,由于短期资金是指临时性资金,需要经常偿付,不够稳定,也不如长期资金重要。所以,这里的资金是指企业筹集和使用的长期资金,包括自有资金和借入长期资金。资本成本包括筹资费用和使用费用两部分内容。

(1) 筹资费用。它是指企业在筹措资金过程中为获取资金而支付的各种费用,如向银行支付的借款手续费,发行证券的注册费、代办费、广告费,筹资机构的办公费。

(2) 使用费用。它是指企业在生产经营、投资过程中因使用资金而支付的代价,如向债权人支付的利息、向股东支付的股利等。相比之下,使用费用是筹资企业经常发生的,而筹资费用通常在筹措资金时一次性支付。①

2. 营运资本

营运资本又称为营运资金,是指投入日常经营活动的资本。

---

① 秦月琴主编:《财务管理》,吉林大学出版社2007年版,第87页。

广义的营运资本又称为毛营运资本或总营运资本,通常是指企业流动资产的资金来源,如短期借款、应付账款等。流动资产是指营运资本的各种占用形态,如现金、应收账款和存货等。因为营运资本等于流动资产,所以有时广义的营运资本与流动资产作为同义语使用。

狭义的营运资本又称为净营运资本或营运资本净额,是指企业的流动资产减去流动负债后的差额。其表达式为:

净营运资本 = 流动资产 – 流动负债

当流动资产大于流动负债时,净营运资本是正值,表示流动负债提供了部分流动资产的资金来源,另一部分是由长期资金来源支持的,这部分金额就是净营运资本。净营运资本也可理解为长期筹资用于流动资产部分。其相关表达式为:

流动资产 + 长期资产 = 权益资本 + 长期负债 + 流动负债

流动资产 – 流动负债 = 权益资本 + 长期负债 – 长期资产

净营运资本 = 长期筹资 – 长期资产 = 长期筹资净额

流动资产 = 流动负债 + 长期资产净值

上述公式说明,流动资产投资所需资金的一部分是由流动负债支持,另一部分是由长期筹资支持。尽管流动资产和流动负债都是短期项目,但绝大多数企业的净营运资本是正值。所以,长期债务与短期债务有着必然的内在联系。[1]

(二)估算创业资金

运营前支出是指企业开始运营(做贸易、生产或提供服务)以前必须支出的资金。

运营前支出包括:购买土地、建设厂房、购买机器、购置办公设备、登记注册费、通水通电、开业前的广告宣传等费用。运营前支出主要指投资资本。

投资资本 = 权益资本投入额 + 债务资本投入额
   = 股东权益 + 全部利息债务
   = 营运资本 + 长期资产净值 – 无息长期负债

运营前期支出主要是指营运资本,指企业开始运作直到产生的销售收入能弥补相应的开支的期间发生的支出。

营运资本管理主要为以下两点:第一,企业应该投资多少在流动

---

[1] 胡爱荣主编:《财务管理学》,科学出版社2012年版,第204—205页。

资产上,即资金运用的管理,主要包括现金管理、应收账款管理和存货管理;第二,企业应该怎样来进行流动资产的融资,即资金筹措的管理,包括银行短期借款的管理和商业信用的管理。可见,营运资金管理的核心内容就是对资金运用和资金筹措的管理,包括预计利润表、资产负债表,计算营运前期资金需求。

某超市成本预算[①]

小张看到居民社区周边超市前景好,准备联合几个朋友一起创业,开办一家中等规模的超市。他们先对创业启动的成本进行了预算,以便更好地筹集资金。小张对超市未来3个月内的各种费用进行了估计,得出未来3个月的创业成本为95340元,如下表所示:

预算项目	1月支出	2月支出	3月支出	总支出
创业者工资	3000	3000	3000	9000
员工工资	4000	4000	4000	12000
房屋租金	4500	4500	4500	13500
广告费	1000	1000	1000	3000
用品支出	4500	1500	1500	4500
电话费	300	300	300	900
水电费	300	300	300	900
保险费	30	30	30	90
税收	400	400	400	1200
设备费	20000	—	—	20000
设备安装维修费	50	50	50	150
初始库存	10000	—	—	10000
营业执照	100	—	—	100
押金	2000	—	—	2000
现金	15000	—	—	15000
其他	3000	—	—	3000
总计	65180	15080	15080	95340

---

① 赵淑敏主编:《创业融资》,清华大学出版社2009年版,第39页。

三、创业融资的渠道

创业融资的主要渠道包括自我融资、亲朋好友融资、天使投资、商业银行贷款、担保机构融资和政府创业扶持基金融资等。

新创企业存在多种融资方式与融资途径,因新创企业需求、融资性质、融资方式等特征不同而不同,具体到个别项目、个别阶段,因为运作需求以及运作方式等不同,可以采用的融资渠道也不同。新创企业常见的融资渠道如图4-3所示。

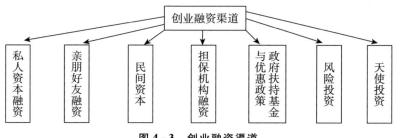

图4-3 创业融资渠道

根据美国《财富》杂志调查的500强企业(Inc 500)的创业资金主要来源,我们可以直观地看到各种融资途径的来源情况。

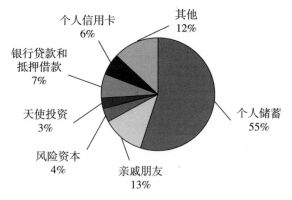

图4-4 融资路径

(一)私人资本融资

因为创业企业具有的融资劣势,使它们难以通过传统的融资方式如银行借款、发行债券等获得资金,所以,私人资本成为创业融资的主要组成部分。图4-5是我国2012届、2013届本科毕业生自主创业的资金来源。

根据世界银行所属的国际金融公司(IFC)对北京、成都、顺德、温州4个地区的私营企业的调查表明:我国的私营中小企业在初始创业阶段几乎完全依靠自筹资金,90%以上的初始资金都是由主要的业主、创业团队成员及家庭提供的,而银行、其他金融机构贷款所占的比重很小。

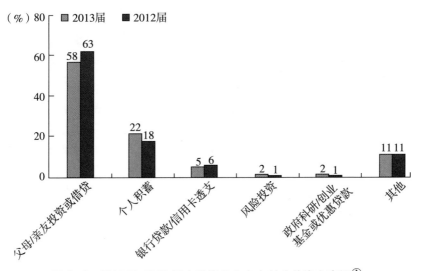

图4-5　2012届、2013届本科毕业生自主创业的资金来源①

1. 个人储蓄为创业资金第一来源

我们说创业者缺乏资金,并不是说创业者一点资金都没有。个人积蓄是一种直接投资的融资方式,它是个人对新创企业的投资。直接投资的融资方式是新创企业进行融资方式,是一种成本最低、手续最简、效益最大、回报最高的融资方式。直接投资的融资方式是建立在个人积蓄充足的前提下,一般采用这种形式的比较少。但可以个人积蓄为基础,获得其他投资,这是一种常见的方式。因为每个人都不想损失自己的资产,因此创业者在经营企业时会更加小心谨慎,不愿意

---

① 麦可思研究院:《2014年中国大学生就业报告》,社会科学文献出版社2014年版,第147页。

冒险失败后倾家荡产。这将成为吸引其他投资的关键所在。它的作用在于分享投资成功的喜悦；将投资者与创业者捆绑在一起是对债权人资金的保障，是对自己日后投入时间和精力的保障。虽然创业者使用个人积蓄融资能缓解新企业的资金压力，但这并不是一个根本解决办法，尤其是当企业所需资金比较大时，还需要其他的融资方式。

2. 亲友融资

这是指从家人、亲戚或朋友那里借来的资金，这是资金第二来源，也是常见的启动资金来源，因为他们不像专业投资者那样要求快速的回报，有人称为"爱心资金"，是一种亲情和友情，是一种爱心，而不是单纯为了利润。对于生存型创业而言，亲朋好友出于对创业者生活的帮助，提供部分资金以支持创业，缓解生存之急；对于机会型创业而言，亲朋好友出于对事业的支持和帮助，在他们创业起步阶段借贷部分资金予以帮助。其优点是快速、灵活，创业者自我激励和约束大，但现实中私人借贷有限，也存在一些问题。通常情况下，这些亲朋好友并没有对市场做细致的研究，也不熟悉商业风险，他们更多的是听从创业者的一面之词，忽略了对项目风险的严谨调查就借款。事实上，资助创业者大多是出于亲情和友情，即使进行项目审核也不能起到真正的项目把关作用（有时候，这种调查还会被认为是对创业者的不信任，从而引发矛盾）。因此，为了降低创业风险，创业者应当将项目的真实情况告诉亲友，请他们出谋划策，也提醒他们要对风险有所认识，私人借贷应注意必须明确所获资金的性质，对债权约定还款利率和期限规定；股权则不能约定支付股息时间。

3. 天使投资

最早是指在19世纪为纽约百老汇戏剧提供资金的投资人，当时投资于戏剧风险很大，很多出资者是出于对艺术的支持，而不是为了获得超额的利润，因此，人们尊称他们为"天使"。今天我们所说的天使投资特指自由投资者对有发展前途有创意的创业小企业进行一次性前期投资的一种民间投资方式，是一种非组织化的创业投资形式。他们通常在项目构思阶段就进入，重在获取高额的回报率，投资人可以在体验创业乐趣的同时获得投资回报。

天使投资人可以分为以下五类：(1)公司型投资天使：是指已提前退休或辞职的《财富》1000家公司的高级经理人员。（2）企业家型投资天使:这是天使投资人中最多的一种投资者,他们中大多拥有和成功地经营过企业。(3)狂热型投资天使:企业家型投资者在某种程度上总是在算计,而狂热型投资者仅仅喜欢参与而已。(4)微观管理型投资天使:这是一种非常谨慎的天使投资者。他们中有些天生就富有,但大部分是通过自己的努力获得财富的。(5)专家型投资天使:这里的"专家"是指投资者的职业,如医生、律师、会计,而不是说这类投资天使是投资方面的专家。我国的天使投资人主要有两类:(1)企业的高管或者高等院校和科研机构的专业人员,他们拥有丰富的创业知识和洞察能力;(2)成功的创业者,主要基于自己的经验提携后来者。

天使投资的特点在于:直接向企业进行权益投资;提供资金及专业知识和社会资源方面的支持;程序简单,短时间可以到位。

首届"中国最活跃的天使投资人"有:邓峰、雷军、刘晓松、钱永强、杨宁、沈南鹏、张向宁、张醒生、周鸿祎、朱敏。①

(二)机构融资

1. 向银行贷款

银行借款是企业根据借款合同向银行(以及其他金融机构)借入的需要还本付息的款项。银行是创业者获得资金的重要来源。向银行贷款需要企业具有进行抵押的资产,那些已经开始生产经营,而且经营比较正常的企业,可以采取这种融资方式。银行很少向初创企业提供贷款,因为风险太高。提供充分的创业计划书,是创业企业获得银行贷款的最好办法。

银行贷款按提供贷款的机构,可分为政策性银行贷款、商业银行贷款和其他金融机构贷款。银行贷款按有无担保,可分为信用贷款和担保贷款。信用贷款是指以借款人的信誉或保证人的信用为依据而获得的贷款,企业取得这种贷款,无须以财产做抵押。担保贷款是以有关方面的保证责任,质押物或抵押物为担保的贷款,它包括保证贷款、质押贷款和抵押贷款。票据贴现也是一种抵押贷款,它是商业票据的持有人把未到期的商业票据转让给银行,贴付一定利息以取得银行资金的一种借贷行为。银行贷款按贷款的用途,可分为基本建设贷

---

① 《首届中国最活跃的天使投资人评选揭晓(附名单)》,http://tech.sina.com.cn/i/2007-03-21/14571426936.shtml,2007年3月21日。

款、专项贷款和流动资金贷款。

> **麦当劳巧妙筹措资金**①
>
> 　　麦当劳在最初推行连锁经营时,创业融资计划需要100万美元的资金来增设50家连锁店。麦当劳为此绞尽脑汁。当时,麦当劳还没有与大型金融机构建立联系,因此只能从中小银行入手。麦当劳派遣形象气质佳的工作人员,穿着笔挺的西装,彬彬有礼地去找小银行的总裁面谈。那时一般的贷款利息为5%,而麦当劳开口就给7%,并承诺把当地麦当劳快餐店的所有收入都存入这家银行。就这样,麦当劳顺利地渡过了创业之初的财务危机。

2. 向非银行类金融机构借款

非银行金融机构主要有租赁公司、证券公司、创业投资公司等,它们的业务包括融资融物、承销证券、发行债券,以及向企业提供资本和专业化服务。对于处于起步期、成长期的中小企业而言,随着我国金融体制改革的不断深入,非银行金融机构将能够为其提供范围更广的融资方式。

3. 企业间互助借款

企业在生产经营过程中,往往会形成部分暂时闲置的资本,有的企业处于提高资本使用效率、拓展经营范围、进行战略性投资等目的的考虑,直接对新创企业进行投资,或者对技术成果转化提供资本支持,或者独资(或者与社会其他资本联合)设立创业投资机构。

4. 风险投资(Venture Capital,简称 VC)

风险投资也叫"创业投资",广义的风险投资是指对一切开拓性、创新型经济活动的资金投放,狭义的风险投资是指对那些新兴的现代高科技产业的投资活动。风险投资多来源于金融资本、个人资本、公司资本以及养老保险基金和医疗保险基金等。它常常投资于成熟市场以外、风险极大的领域,如高科技领域。就各国实践来看,风险投资大多采取投资基金的方式运作。我国对风险投资的定义为:风险投资

---

① 〔美〕约翰·道格拉斯:《创业箴言》,杨水秀编译,哈尔滨出版社2004年版,第10页。

是指向主要属于科技型的高成长性创业企业提供股权资本,并为其提供经营管理和咨询服务,以期在被投资企业发展成熟后,通过股权转让获取中长期资本增值收益的投资行为。风险投资与一般金融投资的区别见表4-2:

表4-2　风险投资与一般金融投资区别[①]

	风险投资	一般金融投资
投资对象	用于高新技术创业及其新产品开发,主要以中小型企业为主	用于传统企业扩展、传统技术新产品的开发,主要以大中型企业为主
投资审查	以技术实现的可能性为审查重点,技术创新与市场前景的研究是关键	以财务分析与物质保证为审查重点,有无偿还能力是关键
投资方式	通常采用股权式投资,其关心的是企业的发展前景	主要采用贷款方式,需要按时偿还本息,其关心的是安全性
投资管理	参与企业的经营管理与决策,投资管理较严密,是合作开发的关系	对企业经营管理有参考咨询作用,一般不介入企业决策系统,是借贷关系
投资回收	风险共担、利润共享,企业若获得巨大发展,进入市场运作,可转让股权,收回投资,再投向新企业	按贷款和合同期限收回本息
投资风险	风险大,投资的大部分企业可能失败,但一旦成功,其收益足以弥补全部损失	风险小,若到期不能收回酬金,除追究企业经营者的责任外,所欠本息也不能豁免
人员素质	需要懂技术、经营管理、金融、市场,有预测风险、处理风险等能力,有较强的承受能力	懂财务管理,不懂技术开发,可行性研究水平较低
市场重点	未来潜在市场,难以预测	现在市场,易于预测

风险投资具有三定律:一是绝不选取含有超过两个以上风险因素的项目(研发、产品、市场、管理、创业成长);二是以 $V = P \times S \times E$(产品、市场、团队)公式来评判新创企业;三是投资V值最大的项目。

---

① 张丽华主编:《投资银行实务》,东北财经大学出版社2007年版,第104页。

(三) 政府扶持基金

近年来,各级政府为了鼓励创业,相继出台了一系列资助政策,甚至是一些无偿资助,部分解决了大学生创业的资金燃眉之急。政府扶持基金包括科技创新基金、国际市场开拓基金、地方性优惠政策、特定群体的创业基金。如上海市政府人才发展资金向创业大学生开放,新创企业中的法人代表和专业研发人员,将有机会获得5万—20万元的资助,用于开发核心技术和自主知识产权。上海市大学生科技创业基金会还启动了"创业见习"项目,鼓励大学生进入新创企业现场进行观摩学习。优秀见习人员在申请市大学生科技创业基金时,可获得加分。此外,上海市大学生科技创业基金为了更准确地反映大学生新创企业的实际情况和孵化效果,还特邀专业投资咨询公司根据企业信息动态及实地调研情况,给大学生创业企业打分,对于经营情况好、发展潜力大的A类企业,重点关注和推荐,为它们提供担保基金、投融资推荐等更大的发展平台,而对于B、C、D类企业,则及时与经营者会面,帮助他们找出发展中的问题,在各个方面扶助他们。

(四) 中小企业银行融资创新产品

银行为中小企业融资开辟的新型融资创新产品对于中小企业来说也是一个不错的选择。表4-3选取了部分金融产品来进行分析。

表4-3 部分中小企业融资产品对比[①]

创新产品	贷款方式	银行
知识产权质押贷款	银行要求中小企业以合法有效的知识产权作质押向银行申请贷款	北京银行
"创意贷"文化创意企业贷款	银行支持文化创意企业及文化创意集聚区建设量身定制的特色金融组合产品	北京银行
存货质押贷款	银行要求中小企业以自有或第三人合法拥有的动产为质押的授信业务	深圳发展银行北京分行
银保物流通	银行与担保公司、物流公司合作为中小流通企业提供贷款,担保公司为借款人提供担保,物流公司起到第三方监管的作用	北京农村商业银行

---

① 张玉利主编:《创业管理》,机械工业出版社2011年版,第154—155页。

续表

创新产品	贷款方式	银行
应收账款质押贷款	银行要求中小企业以借款人经营中形成的应收账款为质押向借款人发放贷款	北京农村商业银行
融信达	出口企业凭借各项出口单据、投保信用保险的有关凭证、赔款转让协议等从中国银行得到资金融通的业务	中国银行北京市分行
集群联保授信业务	由四个(含)以上互相熟悉、产业关联、具有产业集群特性的企业,自愿组成联保体,共同为联保体成员提供连带责任保证的授信业务	民生银行总行

五、创业融资的选择策略

(一)股权融资与债权融资

有一定基础和实力的企业,可以通过发行股票或债券获得资金,这无疑是最好的融资方式。但必须是经营优异的企业才有可能,而对于初创的企业而言可能性较低。

表4-4 股权融资与债权融资比较[1]

比较项目	股权融资	债权融资
本金	永久性资本,保证企业最低的资金需要	到期归还本金
资金成本	根据企业经营情况变动,相对较高	事先约定固定金额的利息,较低
风险承担	高风险	低风险
企业控制权	按比例或约定享有,分散企业控制权	无,企业控制权得到维护
资金使用限制	限制条款多	限制少

---

[1] 贺尊主编:《创业学概论》,中国人民大学出版社2010年版,第200—201页;张玉利主编:《创业管理》,机械工业出版社2011年版,第161—162页。

（二）筹资决策①

筹资决策是指为满足企业融资的需要，对筹资的途径、筹资的数量、筹资的时间、筹资的成本、筹资风险和筹资方案进行评价和选择，从而确定一个最优资金结构的分析判断过程。筹资决策的核心，就是在多种渠道、多种方式的筹资条件下，如何利用不同的筹资方式力求筹集到最经济、资金成本最低的资金，其基本思想是实现资金来源的最佳结构，即使公司平均资金成本率达到最低限度时的资金来源结构。筹资决策是企业财务管理相对于投资决策的另一重要决策。

筹资决定需要考虑创业阶段、企业自身特征、成本和风险、资金可得性、资金期限、创业者对控制权的态度。通常包括：确定筹资的数量、确定筹资的方式——债务筹资或股权筹资、确定债务或股权的种类、确定债务或股权的价值。

企业要谋生存求发展，就必须拓宽思路、更新观念、加强管理、提升企业的国际竞争力。企业的财务管理工作，特别是筹资决策，起着连接金融市场和实业投资市场的桥梁的作用。投资决策与筹资决策密不可分。投资决策一旦做出，理财人员必须进行筹资决策，为企业投资筹措所需要的资金。企业的筹资决策主要要解决这样几个问题：利用权益资本还是债务资本？通过什么渠道筹措哪种权益资本或债务资本？以及权益资本与债务资本之间的比例多少？利用长期资金还是短期资金？它们之间的比例又是多少？而企业营运资金管理的重点，则在于保证企业生产经营过程中资金的正常周转，避免支付困境的出现。筹资决策所影响和改变的是企业的财务结构或资本结构。筹资的目的是投资，筹资策略必须以投资策略为依据，充分反映企业投资的要求。

---

① "筹资决策"，维基 MBA 智库百科。

第三节　创业资源管理

陈欧创业故事[①]

陈欧，聚美优品 CEO 及联合创始人。16 岁留学新加坡就读南洋理工大学，大学期间曾成功创办在线游戏平台 Garena，26 岁获得美国斯坦福大学 MBA 学位。其一手创办的化妆品 B2C 网站聚美优品先后获得徐小平天使投资，险峰华兴创投，及红杉资本千万投资，在短短一年的时间内注册用户超 300 万，总营业额突破 4 亿，书写了 80 后创业传奇。2010 年，陈欧牵手人气小天王韩庚推出聚美优品地铁广告，其新颖的"双代言"模式受到热烈追捧。此外，他亲自出镜为公司拍摄的"为自己代言"的广告视频引起 80 后强烈共鸣，在新浪微博掀起"聚美体"模仿热潮。

16 岁之前，他和大多数孩子一样读书、生活。直到他以全额奖学金，考上了新加坡南洋理工大学。"这是一块很好的跳板。"陈欧说，他大学读的是计算机，业余爱好是挣钱。怎么挣？打游戏比赛。大学期间，颇有天赋的陈欧经常参加游戏比赛，别的参赛选手把打魔兽当成生活，而陈欧只是在参赛前的三四天才抽空练习一下。那时，他的最好成绩是曾获新加坡《魔兽争霸》第四名。玩游戏并没有让陈欧过瘾，发掘创造新游戏就成了他的业余生活。大学四年级时，陈欧仅靠着一台笔记本，创办了全球领先的在线游戏平台 Garena（原 gg 平台，全球拥有超过 2400 万用户）并吸引了数量庞大的游戏玩家，成为中国之外最大的游戏对战平台之一。就在为 Garena 得意之时，在父母的压力之下，他不得不面对一个现实的问题——攻读美国斯坦福大学 MBA。2007 年，陈欧顺利考入斯坦福，重心再次转向学习。在这期间，陈欧结识了第二位创业伙伴戴雨森。在陈欧眼里，就业是根据老板的思路去完成工作，仅是自己

---

① 《陈欧创业故事》，http://www.zgcyzk.org/html/2013/cyal_0313/294.html，2013 年 3 月 13 日。

的职责；而创业不同，它是创造价值，可以按照自己的想法去做自己喜欢的事情。陈欧称，自己是一个想法很多的人，喜欢去创造并将想法付诸实践。2007年，陈欧经斯坦福校友介绍，认识了徐小平。两人在北京翠宫饭店喝了一次茶，徐老师便决定投资他的游戏对战平台。但陈欧这一次没有拿徐老师的钱。因为他当时正面临毕业后是继续读书还是回国的抉择，"如果拿了徐老师的钱又继续读书，就很不好意思了。"2009年，由于读MBA的距离感，陈欧发现自己与Garena的公司氛围已经不那么合拍，有一种"命运不在自己手里的感觉"，于是，他不得不忍痛卖掉曾让他得意的游戏平台Garena。虽然父母希望他拿到博士学位后再回国，但已经创业上瘾的陈欧心思早已不在校园。他在毕业后的第三天便杀回国，开始第二次创业。

陈欧回到北京，注册了北京创锐文化传媒有限公司，刘辉、戴雨森便是公司的联合创始人。徐小平联合险峰华兴的创始合伙人陈科屹给了他钱，公司开始做游戏广告生意。"当时有个东西在美国很火，就是网页游戏通过内置广告获利。比如你是游戏用户要买游戏币，以前是花钱去买，现在可以去注册账户或者安装软件，我们会送你游戏币。"但是，陈欧很快便觉察到这个模式在中国水土不服。作为一个善于观察生活的男人，他发现，中国的广大女性消费者对于线上购买化妆品的信心不足，线上化妆品行业没有领头羊企业存在。对于他来说，化妆品就是新大陆。他总结出了三个"可行条件"。首先，电子商务在中国正在高速发展是不争的事实；其次，化妆品需求很大，但市场上还没有一个可信的化妆品网站；最后，做这个别的男人不好意思做的行业反倒给了自己机会。转型的过程是陈欧20多年人生中第一个难题。"我非常强势，你可以理性地说服我，但我也会用强势的理性方式说服你。"公司想要转型，就必须和投资人有个交代，还得告诉团队新的故事。问题是，陈欧对自己即将要做的事也没底。三个合伙人有了激烈的争吵。陈欧要做电商，戴雨森提议做社区。"我和他说，社区不靠谱，因为需要长时间培育市场。""而雨森觉得电商环节太复杂，没做过采购又不懂零售，三个大老爷们还要做化妆品。"他们这边争执不休之际，国内刮起了团购热。陈欧提议先借着团购的方式做着玩，凭感觉一步一步来。由于公司的流动资金只剩下30万，他们只好一面继续着游戏广告业务，一面用了两天时间，在技术上让团美网（聚美优品前身）上了线。产品方面，陈欧找来了做过多年化妆品采购的朋友"江湖救急"。这就是聚美优品的雏形。上线第二天，团美有了第一个顾客。大家都很兴奋，但开心了没多一会儿就发现，后面的事儿超级麻烦："要打包，要发快递，都得自己来，快递单都是大家手写的。"现在的聚美优品，刘辉负责技术研发，戴雨森负责产品体验。

说起三个人的友谊，陈欧说："大家各有所长，惺惺相惜。"他认为，找创业伙伴比找老婆麻烦，因为得全方位互相认可才行，包括能力、人品和事业激情，三方面缺一不可。"我们三个人有一个共同的特点——不是特别看重钱。"刘辉曾经说过一句让陈欧很感动的话："我宁可错过拥有金钱的机会，也不能错过和陈欧一起创立伟大公司的机会。"当年，刘辉放弃了对战平台价值百万美金的期权，戴雨森放弃了还有3个月时间即可拿到的斯坦福大学学位，追随陈欧回国创业。团美发展顺利，每一天都比前一天增加些用户，网站越做越好，团队有了信心，陈欧说服了大家开始专注做化妆品。2010年9月，团美网正式更名为聚美优品，有"聚集美丽、成人之美"的含义。陈欧说，对于销售模式的本质，公司在团美时期就有着B2C基因。目前，中国在线化妆品行业痼疾很多，比如渠道商、供货商可能以次充好，客户对产品规格档次的需求不同，有些供货商还可能先发订单再买货。"在企业创立初期，我们就已经考虑到了物流和渠道的问题，所以建立了自己的仓库，并且拥有自己的买手和商品质检团队。"陈欧初期的物流体系建设和买手储备行为，为聚美优品的转型奠定了基础。这些作为传统B2C才有的元素一直都渗透在聚美优品的血液中。"我们对于买手和质检团队的要求也很专业，我们有这样的规定，质检人员一旦发现所购商品有质量问题可以得到高额的奖金。"为了给予消费者更多的安全感，聚美优品提出了"三十天拆了也无条件退货"等服务条款。"我们就是一个迷你的B2C商城，只是用限时特卖的方式呈现。"尽管聚美的商品价格要比其他一些网店高一些，但是聚美的注册用户数量却在持续增加，如今已经突破了 100 万。请来韩庚为公司做代言，也能为网站吸引来更多女性消费者。对于同行间的竞争，陈欧提倡靠产品质量和对用户提供的服务体验，非常不屑于恶性竞争。"在线化妆品公司的机会都很大，毕竟现在信任线下消费的顾客还是绝大多数，这些都是在线化妆品网站的潜在客户。"陈欧说。2011 年半年的成绩来看，陈欧把公司 2011 年的目标设立在五到六个亿销售额，而已完成的 B 轮的融资亦将正式公布。陈欧与两位学弟一起于 2010 年 3 月创办，首创了"化妆品团购"概念：每一天在网站推荐十几款热门化妆品，并以远低于市场价折扣限量出售。从创立伊始，陈欧便坚持以用户体验为最高诉求，承诺"100% 正品"和"30 天拆封无条件退货"政策。

  2010 年 9 月，中国互联网协会（商务部和国资委批准评级机构）授予聚美优品所属公司北京创锐文化传媒有限公司 A 级信用认证。2010 年 12 月，由《互联网周刊》举办的中国互联网经济论坛上，聚美优品获颁"2010 年度最受女性欢迎的团购网站"。国际一线品牌法国兰蔻（Lancome）也选择和聚美优品进行官方合作，共同开展团购活动。2010 年，聚美优品犹如一匹从团购领域杀出的黑马，从一天销售额不足百元到销售总额过亿，用了不到一年的时间。2011 年，聚美优品优雅转身，自建渠道、仓储和物流，自主销售化妆品。以团购形式来运营垂直类女性化妆品 B2C，抽离混乱的团购战场。已经发展为拥有 3000 平方米仓库和专业客服中心、百万用户真诚信任、月销售额达数千万的中国顶级的女性购物平台，成为 2010 年中国电子商务当之无愧的最大奇迹。

  聚美励志广告词：你只闻到我的香水，却没看到我的汗水；你有你的规则，我有我的选择；你否定我的现在，我决定我的未来；你嘲笑我一无所有，不配去爱，我可怜你总是等待；你可以轻视我们的年轻，我们会证明这是谁的时代；梦想是注定孤独的旅行；路上少不了质疑和嘲笑；但那又怎样，哪怕遍体鳞伤，也要活得漂亮！我是陈欧，我为自己代言！

一、创业资源的利用

创业是否拥有资源就能马上成功？显然不是。关键是对这些资源的利用，从而发挥其最大效用。事实上，成功与否与资源投入多少并没有很大的关联，更重要的是，组织如何运用创意来投入、配置资源。成功的创业者希望能投入更多的资源，但是如果资源不够，他们会量力而为，以较少的资源做更有效能的事。

（一）利用自有资源

创业者可以利用自有资源步步为营，进行有效利用，包括创业者的先前经验、先验知识等，都属于创业资源。

（二）创造性拼凑资源

创造性拼凑资源可以有效地将资源利用、整合起来，减少资源浪费，还可以开拓创业思路，将潜在的创业资源挖掘出来，获取更多的创业资源。

（三）利用杠杆效应

尽管存在资源约束，但创业者并不会被当前控制或支配的资源所限制，成功的创业者善于利用关键资源的杠杆效应。

利用他人或者别的企业的资源来完成自己创业的目的：用一种资源补足另一种资源，产生更高的复合价值；或者利用一种资源撬动和获得其他资源。大公司也不只是一味地积累资源，它们更擅长于资源互换，进行资源结构更新和调整，积累战略性资源，这是创业者需要学习的经验。

对创业者来说，容易产生杠杆效应的资源，主要包括人力资本和社会资本等非物质资源。创业者的人力资本由一般人力资本与特殊人力资本构成，一般人力资本包括受教育背景、以往的工作经验及个性品质特征等。特殊人力资本包括产业人力资本（与特定产业相关的知识、技能和经验）与创业人力资本（如先前的创业经验或创业背景）。

调查显示，特殊人力资本会直接作用于资源获取，有产业相关经验和先前创业经验的创业者能够更快地整合资源，更快地实施市场交易行为。而一般人力资本使创业者具有知识、技能、资格认证、名誉等资源，也提供了同窗、校友、老师以及其他连带的社会资本。相比之下,社会资本有别于物质资本、人力资本,是社会成员从各种不同的社会结构中获得的利益,是一种根植于社会关系网络的优势。

在个体分析层面,社会资本是嵌入、来自并浮现在个体关系网络之中的真实或潜在资源的总和,它有助于个体开展目的性行动,并为个体带来行为优势。外部联系人之间社会交往频繁的创业者所获取的相关商业信息更加丰裕,从而有助于提升创业者对特定商业活动的深入认识和理解。使创业者更容易识别出常规商业活动中难以被其他人发现的顾客需求,进而更容易获得财务和物质资源——这正是其杠杆作用所在。①

二、创业资源的整合

资源是大学生创立企业和企业运营的必要条件,而这些资源散存于企业和个体之中。创业资源的共同作用就是形成创业产品和创业市场,并决定新创企业的利润水平以及创业资本的积累能力,进而左右着新创企业的成长和发展。创业企业最理想的条件是能够同时拥有这些创业资源,但国内外许多实践表明,只有极少数的创业企业能够同时拥有这些资源。因此,我们必须能够准确识别这些资源,并将它们有机整合起来为我所用。

资源整合的过程,是在资源获取后,将所获取的资源进行绑聚,以形成能力的过程。即资源可以看做是形成企业能力的原材料,而能力则可看做是资源经过整合后形成的产出品。通过上述对创业资源分类的整理,我们不难发现,一些资源具有产权特征,在保护和交易方面具有显著的特征,而一些资源是知识型的,在保护和交易上比较复杂;一些资源直接用于组织的运作,来创造新的资源,而有些资源并不直接用于生产过程,而是用来获取其他资源;一些资源是离散性的,不依赖于组织的存在,而一些资源是系统性的,要与其他资源相互协调才能发挥作用。

(一)识别利益相关者及其利益

根据一项来自美国的统计资料显示,自行创业的中小企业中,有

---

① 《创业者需善于发挥资源杠杆效应》,http://www.cy580.com/content/2013/03/19/show158573.html,2013年3月19日。

40%的小老板,在创业的第一年就不得不面临关门大吉的命运,而存活下来的60%中,约有八成无法欢度五周年庆,更令人惋惜的是,能够熬过5年的中小企业主,其中只有20%能继续走完第二个五年。① 这些创业成功后能守住成功的企业的"看家本领"就是其卓越的资源整合能力。

资源整合对创业的存进作用是通过创业过程展开来体现的。企业需要明确自身的企业战略,并识别利益相关者及其利益。只有清晰定位企业战略,明白战略的制定和实施需要一定的资源,利益相关者和其利益又是什么,才能准确寻找资源,在共同利益的基础上获得更多的支持,减少资源获取阻力,并合理配置资源。核心竞争力不明确是其发展的主要障碍。因此,新创企业拥有的创业资源越丰富,企业战略也越有保障。

(二) 构建共赢的机制

在识别利益相关者及其利益的基础上,构建与利益相关者的共赢机制,有助于形成企业的核心能力。精明的创业者之所以成功就在于能对其创业资源进行有效的整合,借用别人的力量为自己所用。杜邦公司因开发尼龙等纤维产品而一举成名,它的成功很大程度上得益于公司长期与其他公司合作,在纤维品染色方面积累的特殊能力。

(三) 维持信任长期合作

在识别利益相关者及其利益和构建共赢机制的基础上,维持与利益相关者的信任长期合作关系,有利于创业者获取更多帮助,提高资源整合程度。创业者创办新企业固然缺乏资源,但是任何创业都面临同样的问题,只不过创业资源约束是否明显罢了。利益相关者会给创业者提供更多的帮助,减少资源束缚的压力。

三、创业资源的开发

(一) 人脉资源

人脉已成为专业的支持体系。对于个人来说,专业是利刃,人脉

---

① 《创业要有的看家本领》,http://cn.sonhoo.com/info/shownews.aspx? newsid = 61377&page = 0,2006 年 4 月 26 日。

是秘密武器,如果光有专业,没有人脉,个人竞争力就是一分耕耘,一分收获,但若加上人脉,个人竞争力将是一分耕耘,数倍收获。因此,开发和经营人脉资源,不仅能为你雪中送炭,在"贵人"多助之下更能为事业发展锦上添花。根据美国人力资源管理协会与《华尔街日报》共同针对人力资源主管与求职者所进行的一项调查显示,95%的人力资源主管或求职者透过人脉关系找到了适合的人才或工作,而且61%的人力资源主管及78%的求职者认为,这是最有效的方式。根据自己的人脉发展规划,可以列出需要开发的人脉对象所在的领域,然后,就可以要求你现在的人脉支持者帮助寻找或介绍你所希望认识的人脉目标,创造机会采取行动。①

一般来说,人脉资源的拓展方法包括:熟人介绍、参与社团、利用网络,平时还应当处处留心人脉资源等等。

(二) 客户资源

客户资源对企业销售的重要性不言而喻,如何开发客户资源显然成为了创业者需要考虑的问题之一。那么,开发客户资源的途径有哪些呢?

1. 由客户介绍,口口相传式

在已有的客户中挖掘新客户。客户如果对你信任并认可你的业务能力,那么他可能会向他的同行好友谈及你甚至推荐你。这是因为,客户长期处于某一地区某一行业,他对自己的同行很熟悉。

2. 工作和生活中积累

工作中,你碰到的每一个人都可以试图向其询问并得到一些信息。比如,你的同事可能曾经在某公司工作过,而这个公司、这个同事可能就是你的潜在助力。因为,相对陌生拜访来说,有人引荐或是给你指点到关键人,往往可以事半功倍。生活中比如朋友圈子、校友圈子,甚至是坐车坐在你旁边的乘客,都可以从有效的交流中挖掘潜在资源。

3. 个人魅力等

如果你的个人魅力很高,打动了许多人,那么你就可以获得那些人的相关帮助;如果你与行业中有影响力的企业成为合作伙伴,新的潜在

---

① 宋振杰:《开发人脉资源的六大方法》,《培训》2006年5月26日。

客户可能更容易接纳你。客户希望通过你已拥有的客户判断你公司作为一个供应商的素质和能力。

4. 网络搜寻及展台等方式

可以迅速向市场介绍自己,但这需要对客户行业的情况做一个详细了解,比如市场前景、发展趋势、客户群体、产品类别,然后对行业客户做一个梳理,找出匹配度高的准客户,再详细查询有关该准客户的相关信息,找到联系人。这个过程中,比较难的是有效甄别高匹配客户,难以找到关键人。

张兰创业故事①

张兰,俏江南创始人,现任俏江南集团董事长,早年留学加拿大,1991年从加拿大回国后进入餐饮业,经过为期十年的餐饮经验与资金积累,于2000年创办了俏江南品牌餐厅。据最新一期《胡润百富榜》估算,其个人资产达到15亿元,成为中国三大餐饮富豪之一。

小时候,张兰的梦想是当外科医生。多年后,当童年的梦想渐渐远去,没做成医生的张兰却"抢了大勺"扎进了餐饮业。

张兰是满族,父亲曾是天津老美华鞋店的老板。尽管老一辈人都没落了,但传统贵族式的生活方式对她的影响却根深蒂固。

"家里人个个好吃,而且也吃得讲究。"张兰说。在那个中国人缺吃少穿的年代,张兰家的饭桌也照样有模有样,即使只有三样咸菜,也得摆上三个碟,切出不同的叶和花,搭配上采来的花瓣。那时生活清苦,被下放劳动的父母心情经常是苦闷的,那样做能让父母开心。

循着那个时代惯常的生活模式,后来张兰跟随父母回到北京,上了大学,毕业后成家生子,过着两点一线的生活,单调而安逸。虽然单调但安逸,然而按部就班的工作,并没有锁住年轻的张兰。1989年,渴望已久的财富梦想使她毅然辞职到加拿大打工。在加

---

① 《张兰创业故事》,http://www.zgcyzk.org/html/2013/cyal_0314/297.html,2013年3月14日。

拿大的生活，被张兰称为"就是挣钱"，第一份打黑工的工作是洗盘子，一小时3.5美元，她一天干4家餐馆，连续干16个小时。"一天挣的钱相当于国内一个月的工资。"

但地位低下、寄人篱下的生活远非张兰的性格，所以哗哗挣钱的日子就显然不是张兰心中的目标了，她早已打定主意：挣够钱就回国去做点事。张兰伺候过一大家子台湾人，在美容美发店帮过工，甚至扛过猪肉。"在餐馆打工，每天进店就有无数的事情等着你，甭想抬头，卸车扛猪肉，一扇就有上百斤。其中的辛苦常人无法体会。"

张兰至今还清晰地记得回国的日子，1991年的圣诞节快到了，她终于拿到了移民纸，同时，她也挣够了2万美元。决定命运的抉择通常只在一念之间，张兰当时心里清楚：只要过完圣诞节，回国的决心就会动摇。就这样，在国外没休过一个圣诞节的张兰，没有和家里任何人商量，踏上了回程的飞机。此时，距圣诞节只有4天。这一年，张兰已经34岁。

刚刚回国的日子，张兰也曾经茫然过、失落过，当时国内落后，和国外有天壤之别，但张兰毕竟还是那种"要做点事"的女人。掂量手里的资金量，再加上"民以食为天，这个行业总有机会"的直觉，半年后，张兰投资13万元在北京东四开了家川菜馆，名叫"阿兰酒家"。

阿兰酒家一开始，是张兰掌厨。她还当过跑堂，当掌柜，开票，采购，什么都做。那时有个朋友要张兰做好思想准备，说干上餐饮后女人会变得很丑，因为柴米油盐酱醋茶事事要操心，而且离油烟很近，是个很辛苦的活儿。

张兰至今也总这样说，餐饮是个"勤行"，做这行就该像头老黄牛，勤勉、勤俭。身体要勤，头脑也要勤。张兰一个人跑到四川郫县，带了一帮当地的竹工上山砍竹子，用火车把13米长碗口粗的竹子运到了北京。随后，"阿兰酒家"就变成了南方的竹楼。她亲手在竹墙上画画做装饰，装修和菜品相结合让她的酒店很快有了知名度。这也算是她把开餐馆当作艺术活动的开端。到2000年，张兰已经积累了600万元的资金，但人生的瓶颈问题也随之出现了。

"这就是自己的价值吗？当初放弃绿卡仅仅是要当一个饭店的老板吗？一定不是！"张兰像生活中很多到达这个阶段的人一样，在重新考虑自己的定位：自己到底要追求什么？她毅然卖掉了自己苦心经营的阿蓝酒家。

半年后，张兰有了自己的结论："我觉得我此生的至爱还是餐饮！"

这一次的上路，张兰决心要干大事——打造一个国际化的中餐品牌。在国外的两年，张兰已深知国外人们对中餐的评价：法国大餐，中国小菜。"唐人街里的东西根本不能称之为中餐，中国餐饮有着五千年的历史，老祖宗的宝库一辈子都挖掘不完，可为什么到现在地位不高，我就要作出一个品牌来。"进入了这个行业，张兰才发现自己是餐饮业的"虫"，干大事的决心已定，这条已钻进去的虫子就认定了一个市场空缺。当时北京的很多高档写字楼里只有粤菜餐厅，价位偏高，把很多普通白领拒之门外。多年做餐饮的经验告诉张兰，这批有强劲消费能力的人对餐厅的要求是要有舒适有格调的环境，有色香味俱全的卫生食品，而且价格要适中。

张兰开始创建"俏江南"，专攻写字楼商务人群市场。当时不少人劝她，高档写字楼租金高，投资大，客源少，风险太大了。然而张兰有自己的想法：白领消费者最具理性，如果这个地方确实符合他们的口味，他们会带朋友来。"俏江南不靠大肆广告宣传，靠的是消费者的理性选择。"

定位白领市场的同时，俏江南也开始了觊觎全球商务人士的认同。首家店选址在国贸，张兰要选择一个高起点，让全球的商务人士在最快的时间之内了解中国的饮食文化；起名"俏江南"，意在要创建的是一个代表中国特色的国际品牌，让人一听就知道来自中国。"很多外国人的眼中，江南的小桥流水最具中国特色，所以，我们就叫'俏江南'。"

张兰清晰地记得进国贸开首家店的不容易：没有名气、没有背景，她就把计划书做得专业漂亮，让国贸一看自己就是个行家里手，赢得信任。但就是这样，原来谈好的位置还是给了别人，最后只给了她600平方米的小位置；开业后的4个月里，俏江南的收入不够支付租金和员工的工资，就这么硬挺过来，很多人开始知道国贸有个别具一格的俏江南，俏江南悄然地火了。如今的俏江南已经在北京、上海等地有了30多家直营店，而作为一家本土餐饮企业，俏江南要在海外上市的蓝图就更加引人关注，当年的一家小餐馆到底要成多大的气候呢？在张兰的蓝图中，2008年将发展特许经营方式，再开30家加盟和直营的门店。除此之外，还将依据主业需求，收购原材料加工基地和酒厂。

未来两到三年时间内，俏江南集团计划让连锁餐厅在全球的数量发展到100家，同时完成俏江南集团的重组及境外上市。"与日本东京一家大规模的上市航空公司已经签约合作开店，与美国一上市公司的合作谈判也将开始，可以说2008年也将是俏江南在国际市场扩张最快的一年。"

一个小女子，一个小店，干成了国际连锁，她的秘诀确实无数人想探究。张兰对此付之一笑："看似复杂的事情其实原因往往简单。通向宏大梦想的路就是脚踏实地地工作。"

为实现连锁中餐的标准化、规范化，张兰已启动了庞大的培训计划：跟外地旅游学院挂钩、与25所大学合办俏江南班，培训服务员、厨师，然后再集中到俏江南自己的培训中心，进行军事化培训，这个培训周期要一至两年；张兰要求每道菜的选料、火候都要实现量化的标准。"要让全世界的消费者吃到的都是一个味道，如果做不到，我们就开不了世界连锁店。"

为了让俏江南更加规范化，张兰从麦当劳、可口可乐、宝马等国际知名公司引进了职业经理人，充实俏江南的管理队伍，学习经验，加强对国际市场的了解。此外，俏江南还雇用了多名外籍留学生作为自己的市场推广人员，让他们作为拓展国际消费群体的触角伸出去。

"我要做餐饮业的路易·威登，要把店开到纽约、巴黎、米兰、伦敦、瑞士、东京……我希望有路易威登的地方就有俏江南。"

第五章　创业计划

【学习目标】

通过本章学习,认识创业计划的作用,了解创业计划的基本结构、编写过程和所需信息等,掌握创业计划书的撰写方法。

一旦他们将商业计划写到纸上,那些希望改变世界的天真想法就会变得实实在在且冲突不断。因此,文件本身的重要性远不如形成这个文件的过程。即使你并不试图去集资,你也应当准备一份创业计划书。

——盖伊·卡韦萨基

柳传志"布道"　20名成都CEO当学生[①]

2011年6月2日,"联想之星创业大讲堂暨天府创业论坛"在成都拉开帷幕。来自成都及周边地区的1500多名中小企业家和创业者参加了此次活动。联想控股董事长兼总裁柳传志与观众近距离互动,分享其20多年来的创业、经营之道。据了解,此次是"联想之星"和"天府创业论坛"首度联手。除柳传志外,联想投资首席管理顾问王建庆和科大讯飞公司董事长兼总裁刘庆峰也分别从投资人和创业者的角度,与大家分享了他们的创投经验。

---

① 许凤婷:《柳传志"布道"　20名成都CEO当学生》,《成都商报》2011年6月2日。

柳传志抛 20 年心得　创业者要常"复盘"

"创业之前要尽量想清楚。"柳传志在接受成都商报记者专访时,反复强调了"想"的重要性。围绕着看似普通的"想"字,柳传志讲述了他 20 多年来积累下来的创业心得。谈创业从"蒙着做"到"想着打"。

《成都商报》:20 多年前,你通过创业开启了联想的大幕,现在,你对即将创业或者正在创业的人有哪些建议?

柳传志:创业之前要尽量想清楚。我强调"尽量"两个字,是因为不可能在一开始都想清楚。但如果不重视"想"的话,上来就动手创业,是很容易"牺牲"的,比如会遇到资金链断裂等问题。

《成都商报》:创业者要想的是哪些问题?

柳传志:根据我们创业时候的经验,大致有三点得想明白。

第一点,你所做的这个事本身,能不能赚到钱,行业的发展空间多大。

第二点,进入的领域有多高的门槛,比如说资金需要多少,技术状况,还有对管理的要求等。

第三点,要考虑到竞争对手的状况,你凭什么跟人竞争?

这三个方面看似简单,但是没有经验的人实际上是想不清楚的。上来就创业,其实是"蒙着做",我们要逐渐变成为"想着打"。

谈反思,及时"复盘"避免灭顶之灾

《成都商报》:既然"想"很重要,如何才能做到有效、高效地"想"?

柳传志:联想常用的"想"的方法是复盘。复盘原来是围棋中的术语,但应用到创业中很有启发,是指把做过的事情重现一遍,总结、讨论出经验和教训。

在联想的方法论中,复盘时通常要提四个问题:原定目标是什么?现在状况和原定目标比较,是否有所超越?边际条件发生了哪些变化?能总结出什么规律?

联想后来复盘做汉卡的过程,发现太有意思了!最早做汉卡是为了营利,但后来汉卡彻底消失了,因为电脑的 CPU 更强大,不需要额外加汉卡进去。如果当时联想一个劲只做汉卡,就有可能突然失去市场,遭遇灭顶之灾。

创业是一项涉及面广、影响因素复杂、多变的事业，要想取得创业的成功，就必须事先对创业进行周密策划与计划。创业计划，也称商业计划，是一份大约25—35页的陈述，它描述了新企业意图达成的目标，以及如何实现这些目标。对于大多数企业而言，一份优秀的创业计划书是新创企业获得投资、建立合作关系的敲门砖，同时也指引和规范着新企业的发展。

创业计划是创业主体向潜在投资者递交的一份重要文件，它不仅充分提供了关于投资项目的信息，还为创业计划未来的经营活动提供了基本数据和指导原则。虽然一个好的创业项目是由某种具有竞争力的产品或服务、可行的商业模式和优秀的创业团队等重要因素所决定的，但如何将创业者的计划清楚地告诉创业投资人及其他利益相关者，如何使计划书指导和规范创业者的思维与行动达到目标是十分重要的。

第一节 创业计划概述

创业计划不仅仅是一个执行计划，它更像是一张新企业的"名片"，一方面用来吸引外部的利益相关者从而获得融资和合作的机会，另一方面为新企业内部人员的工作做指导。

一、创业计划的作用

创业计划，是对特定创业活动具体筹划的全方位描述，形成与创建新企业有关的内、外部环境条件和要素的书面文件，是各项职能计划，如市场营销、财务、制造、人力资源计划的集成，是成功创建新企业的行动导向和路线图，既为创业者行动提供指导和规划，也为创业者与外界沟通提供基本依据。它具有以下作用：

（一）创业计划是创意转化为创业的加速器

1. 强化创意

撰写创业计划书的过程使得创业者的创意逐渐成熟，使创业者以及创业团队的想法更加系统化，对项目的各个环节都心中有数，通过对创业计划中各个部分的分析，可以从商业模式、市场、管理、财务、营销等各个方面更加深入地了解企业的优势和劣势。"知己知彼，百战不殆。"同时，创业计划书也是对创意可行性的一个证明，它将为创建新企业提供强有力的保证。

2. 创建和凝练团队

一般来说，创业团队的创建是在商业计划写作之前的事，创业团队本身就是创业计划的重要内容之一。但是，一份有效的创业计划，可以吸引潜在的创业团队成员，发挥"诱饵"的作用。而且创业计划将创业团队中的各个成员有序地串联起来，同时也是创业团队沟通的"语言"和凝聚团队力量的重要工具。

朗斯洗涤剂公司（Laundress）的创建[①]

格温·怀廷（Gwen Whiting）与林塞·维贝尔（Lindsey Wieber）在康奈尔大学研究纤维织物时相遇，毕业后两人决定共同创建一家企业。她们谈到当时的情况：

格温：林塞和我在康奈尔大学上学，一起研究纺织品并想着共同创办企业。我们清楚，这很快就能成为现实。我们总在谈论各种创意。当我们谈论起现在的概念时，合适的时机成熟了。我们的第一件事是撰写商业计划，而后是现金流分析。我们打算在开发产品之前，尽可能多地做些调研。

林塞：我们利用阵亡将士纪念日（2003）完成了商业计划，又利用国庆日进行了现金流分析。我们把创意写在纸上后，回到康奈尔大学拜访一位教授，接受了一次化学方面的速成教育。她与我们一起工作，开发产品的合成配方。

格温：我在哥伦布纪念日的时候，找到一家制造商。每当我们有零星空余时间，就全身心致力于企业事务。我们从来没有和朋友到海边度过假。

这一案例告诉我们在创业项目可行性分析基础上完成的创业计划书能够让创业者们明白需要做什么以及如何去做，计划书成为她们实现想法的工具。

[①] 〔美〕布鲁斯·R.巴林格、R.杜安·爱尔兰等：《创业管理：成功创建新企业》，张玉利等译，机械工业出版社2006年版，第62页。

创业计划是对创业理想和希望的进一步具体化。对于初创企业来说，创业计划说明创业项目的基本思想和目标，描述创业起点以及达到目标的方法；对项目的产品、市场、财务及管理团队进行进一步的分析和调研，及早发现问题以进行事前控制，进一步完善项目的可行性，从而提高创业成功率。

（二）创业计划是创业过程的蓝图设计和行动指南

首先，企业创建之后，创业计划书对企业内部的作用是告诉企业员工的工作目标以及工作的"游戏规则"，帮助企业普通员工协调工作，并通过一致行动向目标前进。对新企业职能部门经理来说，创业计划更是非常有用。例如，假设你是一家快速成长的企业新雇来的副总裁，负责管理信息系统部门的业务，那么获得一份分析企业各个方面和未来战略与目标的正是创业计划，能够使你确保所做的事情与企业整体计划和方向一致。

其次，一项比较完善的创业计划能客观地帮助创业者分析创业的主要影响因素，使创业者保持清醒头脑，坚定创业目标，并且兼具说服他人的功用。通过编制创业计划，有助于创业者系统"诊断"企业，掌握企业优势和缺点，及早发现项目的风险，以便制定降低风险的办法。因此，创业计划是创业行为过程的"导航图"，它能够帮助创业者：提高企业经营的成功概率；明确成功经营企业需要采取的各种措施；识别经营中所需各种资源，及最佳的资源整合方式；针对不同的业务部门，制定操作性强的绩效标准，以确保经营运作有条不紊。

（三）创业计划为创业企业寻求融资与合作提供基础文件

创业计划书是新创企业的"营销工具"。它为新企业提供了一种向潜在投资者、供应商、商业伙伴和关键职位应聘者展示自身的机制。创业计划详细陈述所提实施方案的可操作性及项目商业价值的研究论证，是创业者未来投资的行动纲领和执行方案，同时也是说服潜在投资者的重要商务活动指南。创业计划书从各个方面对创业项目进行可行性分析及筹划，为企业向潜在的投资者、供应商、重要的职位候选者和其他人介绍本公司提供了一种方法，是投资商审慎筛选项目的重要依据。事实上，向企业索要创业计划书的组织数量正在上升。例如，越来越多的由大学及社会团队主办的商业孵化机构会主动索要候选企业的创业计划书。它为其他的利益相关者呈现新企业的远景和活力。作为企业发展的蓝图,创业计划书记录市场需求所带来的机会,并向利益相关者展现创业者能够提出解决方案,证明该解决方案在市场上具有可行性,以及在合适的时间内能够为所有的利益相关者带来经济回报。

同时,创业计划书也是取得政府政策和资金支持的提交文件。不同的政府资金支持项目有着相应的内容和格式撰写要求,按照特定要求编制的创业计划书将更容易取得政策和资金支持。

二、创业计划书的分类

根据创业计划书的功能,它的审阅对象可分为内部与外部两大类,对不同的审阅对象我们需要提供不同类型的创业计划书。

(一)内部审阅者——企业员工

对于企业内部员工,应该重点明确每个部门的工作目标、工作重点以及量化绩效考核标准。这一类创业计划书更多的是在企业运营过程中撰写的,作为企业经营的蓝图,这种计划长达40—100页,其特点在于包含大量细节信息。设计良好的企业运营计划,为新创企业管理者提供运营指导。

(二)外部审阅者

外部审阅者又可分为风险投资者、商业合作伙伴以及政府或公共部门三类。

1. 吸引风险投资商的商业计划

如果创业计划主要是面对风险投资商,那么,商业计划就要对产业和市场、产品和技术、风险和盈利、创业团队及竞争战略等问题进行重点描述,并对资金需求、资金使用、回报和退出措施等加以说明,力求吸引投资者的眼球。然而,对于不同创业阶段,创业者也要为投资者提供侧重点不同的计划书。在种子期,创业者可以提供一份简略的创业计划,要突出创意的可行性以及商业模式,从而来测试投资者是否对创意感兴趣,同时,投资人也会从这一刻起开始考察创业者的各方面能力;在创业发展期,需要提供详尽的创业计划,这一阶段的计划书才真正能够用于融资。

2. 吸引商业合作伙伴的创业计划书

这一类型的创业计划在内容上和第一类类似。不同点在于,还要明确说明合伙人的出资方式以及利益分享机制,对需要双方共同探讨的问题,商业计划也应该留有适当的弹性和余地可供变通。

3. 获取政府或公共部门支持的创业计划

在这类型创业计划中,要对创业活动的经济和社会意义加以说明,这是政府或公共部门较为看重的。同时对于希望给予的具体支持也应尽可能详细说明。

创业者在撰写创业计划书时一定要避免这种错误的认识,即认为只有一种创业计划书才是最完美和最理想的。创业者们要根据自身项目的特点以及发展阶段,再结合以上不同类型来完成适合自身的计划。同时,对于创意阶段的创业者来说,创业计划书不是用来获取融资的,几乎没有任何投资人会投资于想象,而是用来获得被投资人关注与观察的机会。

三、创业计划信息搜集

准备创业计划的过程实质上是信息的搜集过程,是分析并预测环境进而化解未来不确定性风险的过程。

我们处在信息时代,创业离不开信息的收集,创业者必须从市场中收集有用的信息以便激发创意,寻找和正确评价创业机会,进行创业决策。在千变万化的市场经济中,如不能及时地、完备地得到创业所需信息,创业者必然会是"盲人摸象",处处碰壁。同时,如果各种来源的信息离散度大、层次浅,缺乏完整性、准确性、及时性和有效性,无疑会影响到创业者的决策,甚至直接导致创业的失败。

在创业计划准备中,最重要的是市场数据的支持,因此创业团队必须要进行市场研究。市场研究的含义是比较广泛的,它包括市场信息的收集,以确定潜在消费者和潜在市场的规模等,还包括定价策略、最合适分销渠道的考虑,以及最有效的促销策略设想等。这里我们仅讨论市场信息的搜集渠道及其信息调查方法。

(一)信息搜集渠道

1. 互联网的利用

随着互联网技术的迅猛发展,互联网已经成为全球性的能够相互交流、相互沟通、相互参与的信息互动平台。创业企业通过网络进行创业项目的各个方面信息搜索和研究,可超越省市、国界,获取有用的信息与数据。另外,还可以通过微博、QQ、电子商务网站等建立网络营销方式在互联网进行信息交流和试营销创业。

2. 图书馆和行业协会

图书馆的一些市场研究报告、一定时期的消费数据汇总、同类企业的资料文献汇编可供创业者使用。

行业协会能够向创业者提供技术开发与研究成果、新技术或新管理手段教育和培训计划、新技术推广会议和咨询服务,并通过简讯、杂志和特别报告传播有用信息。创业者从中发现新技术、新创意,结合自身的资源确定创业方向。

3. 传统媒体

传统媒体如行业报纸和杂志也是很好的信息来源渠道。创业者应该在编制计划书之前,花费一定的时间和精力,阅读行业报纸和杂志中的相关有用信息,从中了解与企业相关的新的发展趋势,这对企业确定发展目标非常重要,对于信息的搜集进行分类整理,以备必要时方便使用。

(二)信息搜集方法与技巧

市场信息搜集是一项非常值得花精力去做的重要工作。要做好这项工作:一要有专人负责;二要记录下来进行分类整理并做动态调整;三是要全方位地推行。信息搜集主要有调查法、比较法和观察法三种方法。

1. 调查法

市场调查是收集市场信息最常用的方法之一。通过与被调查对象进行直接交流来获取信息的方法被称为调查法。在市场研究中,调查法是使用较为普遍的一种信息收集方法。该方法主要用于了解观念性或概念性的信息。根据交流方式的不同,调查法可以分为访谈调查和问卷调查两大类。前者属于口头交流,而后者是文字交流。两种方法各有优缺点,适合了解不同的信息。

2. 比较法

比较法在信息收集中的运用主要是借鉴其他相关企业相同或者相似的情况,对本企业在生产、采购、财政等方面的信息情况进行总结分析。换言之,信息收集的比较法只是为了获得相关信息。比较法的优势在于能够在较短时间内收集其他企业相同或者相似的信息情况,包括企业组织结构、运行、销售方式等。通过收集这些企业相同或者相似的信息,新创企业可以进行相互比较,从而明确本企业存在的不足和需要改进的方面。应该说,比较法是比较直观、客观、中立的一种信息收集方法,也是最为简便、迅速的信息收集途径。

3. 观察法

观察法是信息收集人员亲自到经济活动现场或借助一定的设备对信息收集对象的活动进行观察并如实记录的收集方法。这种方法既可以用来收集消费者信息,也可以了解竞争对手。观察法的应用包括:(1)消费环境的观察。在开发新产品前,了解消费环境可以提高产品的适应性。日本汽车进入美国市场前,汽车商派出大量调查人员去了解美国人的生活,如车库大小、出行距离、携带物品量、座椅高度等,这些数据为日本汽车商设计适合美国人需求的汽车发挥了关键作用。(2)商品的使用情况。使用情况不仅反映消费者对商品的态度、消费习惯,而且有助于发现产品的新用途,对于企业改进产品、宣传产品都有帮助。如海尔工作人员发现在农村地区很多农民用洗衣机来洗菜、洗地瓜,于是开发了"地瓜"洗衣机,在农村市场很受欢迎。(3)了解消费者需求和购买习惯。在西方国家,顾客观察已成为调查机构提供的一种特殊服务。调查人员装扮成顾客或工作人员,跟踪和记录顾客的购买过程,货架前的停留时间,顾客的性别、年龄、服饰、观察商品的顺序,顾客行进的路线等。通过观察和分析有助于企业改进服务,比如确定商品最佳的摆放位置,了解某种商品的购买者的特征、商店存在的死角、消费者的关注重点等。

四、市场调查内容和方法

市场调查是制订创业计划的一个环节。通过对产品或服务所在市场的客观调查,创业者能够了解到诸如行业特点、市场供求、行业竞争、市场容量、增值潜力等有关的重要信息,为创业计划的制订提供必要的资料和依据,也为企业今后的发展收集资料。

(一)市场调查的内容

市场需求调查。调查现有市场的购买需求和趋势,了解市场规模、分析市场前景。不同产品的市场规模、市场潜力均不相同,创业者在作出创业决策之前,要充分分析产品、品牌或服务的市场需求,评价潜在市场的规模、潜力,以决定在该市场投资是否有价值及投资规模大小。调查市场潜力通常要考虑人口数量、购买力和购买欲望,同时也要调查当前市场的饱和度以及各产品或服务的市场占有率等。

经营环境调查。搜集经营环境方面的信息,以对市场环境进行分析。经营环境分析的目的是对现有市场条件、创业者所不能控制的外部环境因素可能带来的影响有一个深刻的认识。经营环境调查主要包括宏观环境、行业环境和竞争对手的调查等。

1. 宏观环境

企业的生产经营者是处于一定的宏观环境之中,宏观环境因素对企业的影响是一种客观存在,而且是企业难以驾驭和改变的。宏观环境因素包括:政治环境、经济环境、文化环境、气候与地理环境等。企业应进行这方面的调查,了解宏观环境的各种有关因素及其对企业的影响,找出积极主动且与之适应的措施,避免与周围环境相冲突,以保证生产、经营活动的顺利进行。

2. 行业环境

与某一行业有关的需求信息通常可以从各种相关的信息源中获得。对于市场是增长型还是衰退型、新的竞争者的数量以及消费者贸求可能的变化等重要问题,创业者都必须认真考虑,以便预测创业企业所能达到的潜在市场规模。

3. 竞争对手

竞争对手调查主要是调查竞争对手的数量、竞争是直接竞争还是间接竞争、竞争者的生产能力、对竞争渠道的控制程度、所占的市场份额,以及竞争者的促销手段和新产品的开发情况。掌握了竞争对手的有关资料,企业就可以判断出自身具备的与竞争对手相抗衡的能力与条件,从而决定竞争策略;或是以企业自身的实力,采用不同的竞争手段获得优势。

(二) 市场调查方法

市场调查方法主要有询问法、观察法、抽样法和实验调查法。

1. 询问法

询问法是调查人员采用询问方式向被调查者了解市场情况的一

种调查方法。具体方式有：人员访问、电话访问、问卷调查、小组座谈等。

2. 观察法

观察法是由调查人员到各种现场进行观察和记录的一种市场调查方法。在观察时，既可耳闻目睹现场情况，也可利用照相机、录音机、摄像机等仪器对现场情况做间接的观察，以获取真实的信息。

观察法的优点是被调查者往往是在不知不觉中被观察调查的，总是处于自然状态，因此所收集到的资料较为客观、可靠、生动、详细。但这种方法一般只能观察到事实的发生，观察不到行为内在的因素，所需费用也较大。

3. 抽样法

抽样调查就是从调查对象中选择部分作为样本，加以调查，从调查结果推断出总体情况的调查方法。根据抽样原则的不同，抽样方法可分为两类：随机抽样和非随机抽样。

（1）随机抽样法。这是指按照随机抽样原则从总体中抽选样本的抽样方法。它又可分成简单随机抽样法、分层随机抽样法、分群随机抽样法等。

（2）非随机抽样。它不是遵循随机原则，而是调查人员根据自己的主观选择抽取样本。它主要包括任意抽样法、判断抽样法和配额抽样法。

4. 实验法

实验法是指先在一定小范围内进行实验，然后再研究是否大规模推广的市场调查方法。具体做法是从影响调查对象的若干因素中选出一个或几个因素作为实验因素，使其他因素处于不变的状态；在这种条件下，了解实验因素变化对调查对象的影响。对实验结果进行总结分析后，决定是否大规模推广。在展销会、试销会、订货会等场合，均可采用这种方法进行调查。这种方法比较科学，结果准确，但调查成本高、实验时间长。

五、创业计划书的撰写要求与注意事项

（一）基本要求

了解创业计划书的基本要求是获得审阅者关注的前提条件。

1. 力求准确

向投资者全面披露与企业有关的信息,无论是优势还是困难都要讲到位,体现出与投资合作的诚意,隐瞒实情、过分乐观甚至夸大其词往往会适得其反。投资人往往会关注创业者现阶段的难题,以此为切入点来考察创业者与创业团队解决问题的能力,这是考评创业者的重要指标。

2. 简明扼要

投资者常常每天要阅读几十份甚至上百份的创业计划书,他们不可能通读计划书的所有内容,因此创业计划书首先要简洁,能够一句话表述清楚的就一个字也不要多加,最好开门见山,直书主题,让投资者觉得阅读每一句都是有意义的。许多创业者常犯的毛病是把创业计划书写得像一部企业管理大全,面面俱到,忽视了应有的侧重点。所以,要根据项目的发展阶段,结合所要获得投资的目的来突出"我有什么""我做了什么"以及"我需要什么",让投资者一目了然。

3. 条理清晰

创业计划书看起来似乎是很高深很复杂的东西。实际上,无论创业企业是做高科技还是传统产业,投资者真正关心的问题都是一样的:做的是什么产品?怎么赚钱?能赚多少钱?为什么?在制订创业计划书之前,能够清晰地就这几个问题解释清楚:商业机会;所需要的资源;把握这一机会的进程;风险和预期回报。

4. 强调可行性

创业计划书要明确自身的能力以及身边的资源,分析自身能够创造出的差异价值,真实地阐明产品与服务占领目标市场的可行性。创业计划描画的前景可能很动人,但是真正打动投资者,还要让他们确信这幅图景是可实现的。要做到这一点,需要在创业计划书完成之前和之后进行反复的市场调研,调研受众群体、竞争对手、市场前景等问题,然后在调研数据的基础上进行财务方面的分析,来说明企业将获得的收益。要知道数据是计划书中最让人产生信任的内容之一。

(二)撰写创业计划书的注意事项

1. 查漏补缺

如果计划不完善、不缜密,很容易让投资者猜测创业者没有做好充分的思考和准备。创业者要反复阅读计划书来查漏补缺,要重点考

虑计划是否出现有"危险信号"如表 5-1 所示:

表 5-1　创业计划中的"危险信号"①

危险信号	解释
创建者没有投资	如果创建者都不愿投资给新创企业,为什么别人要投资
引注不明	创业计划应该根据现实证据和周密调研,而不是臆测和想当然。所有一手资料和二手资料研究都要注明引用来源
市场规模界定过宽	市场界定过宽表明,真正的目标市场还没找到。新创企业若将每年 5500 亿美元的医药行业视为目标市场,那是毫无意义的。市场机会需要更精细地界定。显然,新创企业瞄准的是行业内的细分市场或某个特定市场
过于激进的财务数据	许多投资者会直接翻阅商业计划的财务部分。推理不足或过于乐观的计划,会失去可信度。与此相反,基于合理研究与判断的冷静陈述,能很快得到信任
随处可见的疏忽	让读者艰难阅读文稿、审看不平衡的资产负债表或面对随处可见的粗心失误,绝对不是件好事。这些错误被认为不注重细节,从而损害对创业者的可信度

2. 不断调整创业计划

创业计划不是完成之后一成不变的,创业者要意识到计划通常会伴随书写、调研、谈论等情况而变化。尤其是创业初期,一个好的创意总会有不足之处,在与专家们、创业团队之间的交谈中会使创业者们产生新的认识和想法,甚至会使产品结构、目标市场、商业模式发生改变,这个过程是相当重要的。

第二节　创业计划的结构框架

创业计划书的结构框架是完成计划书的前提,它能够反映出创业者现阶段的思路、发展过程中的侧重点以及自身的不足。

---

① 〔美〕布鲁斯·R.巴林格、R.杜安·爱尔兰等:《创业管理:成功创建新企业》,张玉利等译,机械工业出版社 2006 年版,第 62 页。

一、了解创业计划书的基本框架

明确创业计划的结构框架能够使创业者在撰写创业计划书形成一套系统的思维模式使思路更加清晰。尽管各类创业计划书的结构和格式会很不相同。但是事实上仍然有章可循。企业最好是根据创业企业的特点来编制适应自己企业特征的创业计划书,以下给出的两种创业计划书结构框架可供参考。其中表5-2适用于生产型企业,特点是对企业技术与生产管理要有可行性和操作性的说明。一般说来,生产型企业要比服务型企业的资本金数额较大。表5-3适用于服务型企业,而服务型企业也可能涉及一部分的产品制作,在计划书中要说明是自己制作还是采用外加工。至于创业计划书中的其他要素,无论是何种形式的企业均要作出准确的描述。

表5-2　创业计划书结构类型(1)(适于生产型企业)

一、前言
　　1. 企业名称和地址
　　2. 负责人姓名及简介
　　3. 企业的性质
　　4. 对所需筹措资金的陈述
　　5. 报告机密性陈述
二、计划执行概述(对创业计划书进行的概括性综述)
三、行业分析
　　1. 对将来的展望和发展趋势
　　2. 竞争者分析
　　3. 市场划分
　　4. 行业预测
四、创业企业的描述
　　1. 产品
　　2. 服务
　　3. 企业的规模
　　4. 办公设备和人员
　　5. 创业背景

续表

五、生产计划
    1. 制造过程
    2. 厂房
    3. 机器和设备
    4. 原材料供应商情况

六、营销计划
    1. 定价
    2. 分销
    3. 促销
    4. 产品预测
    5. 控制

七、组织计划
    1. 所有权的形式
    2. 合作者或主要股权所有者的身份
    3. 负责人的权利
    4. 管理团队的背景
    5. 组织成员的角色和责任

八、风险的估计
    1. 企业弱点的评价
    2. 新技术
    3. 应急计划

九、财务计划
    1. 损益表预测
    2. 资产负债表预测
    3. 现金流量表预测
    4. 盈亏平衡分析
    5. 成本费用的预测

十、附录（必要补充材料）
    1. 市场调查数据
    2. 租约或合同
    3. 供应商的报价单
    4. 相关重要资料

表5-3 创业计划书结构类型(2)(适于服务型企业)

一、执行总结(对创业计划书进行的概括性综述,起到创业计划书的摘要作用)
  1. 公司概述(对创业公司的目标、任务和关键因素等描述)
  2. 市场机会和竞争优势
  3. 产品(服务)前景
  4. 投资与财务
  5. 团队概述
二、公司背景描述
  1. (国内外)发展历史及现状
  2. 公司所处的环境及创立背景
  3. 创业立项的重要性及必要性分析
  4. 创业公司经营业务及内容
  5. 创业公司设立程序及其日程表
  6. 预计资本金
三、产品服务介绍
  1. 产品服务描述
  2. 产品服务优势
四、市场调查和分析
  1. 市场容量估算
  2. 预计市场份额
  3. 市场组织结构
五、公司战略
  1. SWOT分析报告
  2. 公司总体战略
  3. 公司发展战略
六、营销策略
  1. 目标市场
  2. 产品和服务
  3. 价格的确定
  4. 分销渠道
  5. 权力和公共关系
  6. 政策
七、产品制作管理
  1. 工作流程图以及生产工艺流程图
  2. 生产设备及要求
  3. 质量管理措施及方法

续表

八、管理体系
    1. 公司性质及组织形式
    2. 部门职能
    3. 管理理念及公司文化
    4. 团队成员任职及责任

九、投资分析
    1. 股本结构与规模
    2. 资金来源与运用
    3. 投资收益与风险分析（对报酬率、回收净值、回收期等的计算）
    4. 可以引入的其他资本

十、财务分析
    1. 财务预算的编制依据分析
    2. 未来3年的预计会计报表及附表
    3. 财务数据分析（主要财务指标分析、敏感分析和盈亏平衡分析等）

十一、机遇与风险
    1. 机遇分析
    2. 外部风险分析
    3. 内部风险分析
    4. 解决方案和应对措施

十二、风险资本的退出
    1. 撤出方式
    2. 撤出时间

十三、附录（必要补充材料）

无论是哪种类型的结构框架，执行概要是整个计划的灵魂，它可以向忙碌的读者提供他必须了解的新企业独特性质的所有信息，是最能吸引到读者的部分，务必要谨记：执行概要并非创业计划书的引言，它是整个创业计划的高度凝练。更加重要的是，执行概要应该是在创业计划之后完成的，如果你首先写完执行概要，你就可能会冒着根据执行概要来撰写创业计划的风险，而不去详细思考创业计划各个独立部分。

二、设计适合自身的结构框架

创业计划书如何组织相关信息，并没有一个通用的结构模式。可以说，创业计划书各主要部分的顺序安排及其具体内容，应该由创意的性质以及创业者试图在计划中传达的信息来决定。因此，构建创业计划框架前，首先要考虑以下几个问题：

（1）投资者想要了解本企业的哪些方面？对本企业的兴趣点是什么？如何向投资者清楚描述本企业独特性或者与众不同的特征？说明创业企业未来的潜力和发展能力？

（2）企业的产品或服务是什么？产品或服务的独特之处及其市场定位在哪里？例如，假设要开一家咖啡馆，应该解释清楚该咖啡馆与其他咖啡馆有什么不同，它在提供的产品类型、地理位置、价格等方面的市场定位是什么？还应该明确客户群是谁？他们为什么不去星巴克或其他咖啡馆而要到你的咖啡馆消费？

（3）企业的生产方式、生产能力与设备情况、日常管理方式、质量标准和服务流程。

（4）如何翔实地反映自己以及创业团队的从业经历，说明过去所取得的成绩以及相关的技术资格。

（5）如何做好市场调研，明确本企业能够解决什么问题，或者实现哪些未被满足的需求；存在适宜的目标市场及哪类的顾客很可能花钱买这种产品或服务；设定基本的销售预期。

（6）如何识别当前竞争者、潜在进入者和评价竞争强度，构建竞争优势；如何展示新产品和技术的竞争与当前市场动态的匹配性，产品潜在销售额和市场份额。在这一过程中，存在两方面的挑战。一是计划书必须说明企业在潜在顾客并未真买单的情况下，新企业如何有效竞争；二是在现有企业用现有产品构筑竞争屏障的情况。

（7）描绘企业股本结构，设计创业企业组织结构图，描述企业资产状况、股东背景等。

（8）如何描述目标市场、市场定位和市场份额，使投资者相信企业有能力实现销售策划、有能力应对竞争。影响营销策略的主要因素有消费者的特点；产品的特征；企业自身的状况；市场环境方面的因素。在创业计划书中，营销策略主要包括市场结构和营销渠道的选择；营销队伍和管理；促销计划和广告策略；价格决策。

（9）作出适合实际的财务分析，资金的需求和使用预测，编制预计财务报表，对投资收益率、风险、投资回收期等关键财务数据进行预算，这些指标是对将要付诸实施的创业计划的最好支撑。如果有风险投资，要说明风险投资的退出方式。

当外部环境变化时，创业企业可能会面临因行业调整和同业间的竞争而导致的产品销价、生产和服务成本以及研发成本的提高，不能完成生产计划或销售计划、升级产品品质等风险。在创业计划书中要对上述风险的应对措施或方案给予预测和分析。

这些问题都是创业者在创业过程中必须直面的问题。一份精心设计的创业计划书要回答所有这些问题，而且要以有序、简明、具有说服力的方式回答这些问题。在对以上问题做了充分思考之后，便要根据自身的实际情况理顺思路，明白哪一部分能够体现出差异价值，哪一部分的不足会带来风险，创业者只有意识到这一点才能合理地安排计划书的结构，设计出符合自身特点的计划，同时也能够让自己明白需要去做哪方面的努力。

三、创业计划书的内容

创业计划书的内容根据创业者的经验、知识及目的的不同而有所不同。但是，计划书的内容应尽可能充实，以便为潜在投资者描绘一个完整的企业蓝图，使他们对新的风险企业能有所理解，并帮助创业者深化对企业经营的思考。创业计划书可根据需要适当添加条目，例如，政府当局可能更关心该计划对当地失业率的影响，那么创业者可以就这一方面的内容作出专门介绍。

经过长期不断的实践，创业计划书制定内容也逐步形成了约定俗成的基本格式。一般来说，一份完整的创业计划书主要包括企业概况、产品与服务、商业构想与市场分析、选址、营销方式、法律形式、组织结构与创业团队、成本预测、现金流管理计划、营利情况预测、资产负债表等内容，这些都是整个创业过程中不可或缺的元素。

（一）封面和目录

一份优秀的创业计划书一定会有一个令人印象深刻的封面，封面的设计可以直接吸引审阅者的眼球。对于发展期的新创企业来说，计划书的封面应该体现出产品或服务的特色与企业文化。此外，封面应该有基本的企业信息包括公司名称、地址、联系电话、日期以及核心创业者的联系方式等内容，如果公司有网站还应包括网址。联系信息应该包括固定电话、电子邮件地址和移动电话号码,并应放在封面顶端中间位置。封面底部可以放置警示阅读者保密等事项信息。如果公司已经注册有商标,应该把它放在靠近封面中心的位置。目录页紧接着封面,它列出了创业计划书和附录的组成部分以及对应页码。

（二）执行概要

前文已经提到了执行概要的重要性,这一部分是计划书开篇的精华之处,也是需要在创业计划之后完成的。它应该以创业计划中各部分相同的顺序来描述,基本应包括企业定位、所要进入的行业、产品与服务描述、市场分析、可行性分析、营销策略、管理团队与组织结构、财务分析、融资方案与风险投资的退出策略这几个方面。

执行概要部分应重点向投资者传达五点信息:(1)创业企业的理念是正确的,创业企业在产品、服务或技术等方面具有竞争对手所没有的独特性;(2)商业机会和发展战略是有科学根据和经过深思熟虑的;(3)企业有管理能力,企业团队是一个坚强有力的领导班子和执行队伍;(4)创业者清楚地知道进入市场的最佳时机,知道如何进入市场,并且预料到什么时候该适当地退出市场;(5)企业的财务分析是实际的,投资者不会把钱扔到水里。

（三）企业概况

企业概况是对创业企业或创业者拟建企业总体情况的介绍,其主要内容包括企业组织结构、业务性质、企业类型、业务展望、企业的投资比例结构与额度、供应商等。重点描述公司未来业务发展计划,并指出关键的发展阶段、本企业生产所需原材料及必要的零部件供应商。它向创业计划审阅者展示了你是如何将创意变成一家企业的。

在企业概况描述中,要让审阅者清楚企业的当前状况,即发展到何种程度。可以根据企业实现的重大事件来划分阶段,例如何时产生了创意,何时注册了企业名称,何时进行了可行性分析、创业计划等。此外,要真实地描述企业现有的商业资源,包括供应商、分销商、商业合作伙伴等。是否拥有或者是否在争取合作伙伴是投资者关注的一个重点,因为一个项目所涉及的利益相关者越多,其发展速度会相对较快,风险较低,投资者会更愿意进入。

（四）产品与服务

在产品服务介绍部分，创业者对产品与服务的说明要详细、准确、通俗易懂，明确产品优势，同时对开发工作的进展程度以及需要推进的其他工作进行简要的说明。内容主要包括：(1)产品或服务的名称与用途：产品的概念、性能及特性。(2)产品或服务的市场竞争优势。(3)技术优势、功能优势、产品的品牌优势，以及优势的保护。(4)产品或服务的发展：产品的前景预测、技术与功能的变化、产品的系列化、新产品计划、风险与困难。(5)产品或服务的理念。(6)产品的技术开发状况。

在进行投资项目评估时，投资人最为关注创业企业的产品或服务的现实实用性，或者说创业企业的产品或服务能否帮助消费者节约开支，增加收入或节约能源。因此，产品服务介绍中通常要回答以下问题：

（1）消费者希望产品或服务能解决什么问题？消费者能从企业的产品或服务中获得什么好处？

（2）与竞争对手相比创业企业的产品具有哪些优势？消费者为什么会选择本企业的产品？

（3）企业为自己的产品或服务采取了何种保护措施？拥有哪些专利、许可证，或与已经申请专利的厂家达成哪些协议？

（4）为什么产品定价可以使创业企业产生足够的利润？为什么消费者会大批量购买本企业的产品？

（5）创业企业采用何种方式改进产品性能？企业对发展新产品有哪些计划？

企业产品或服务的市场前景和潜力是决定一个企业价值的重要因素，风险投资者对于企业价值的评估首先是从企业的产品和服务开始的。因此在创业计划中，一定要提供所有与企业的产品或服务有关的细节，包括企业所进行的有关产品和服务的调查。

（五）行业与市场分析

1. 行业分析

本部分是对所进入产业的整体分析，包括产业规模、整个产业每年所产生的价值，分析如何使自身在产业中生存与发展。在分析过程中,你应该向创业计划书审阅者提供你所在行业参与者的情况。行业主要企业是以什么为导向,它们对环境的变化是如何反应的。同时,你的企业如何做好竞争准备,或者能否填补行业空隙。

此外,还要分析行业的发展趋势,包括环境趋势和业务趋势,环境趋势是经济趋势、社会趋势、技术进步和政治与法规变革。业务趋势包括产业利润率的增减、投入成本的升降等方面。行业分析结尾部分,应该对行业长期前景进行简单陈述。

2. 市场分析

市场分析是创业计划书的重要内容,因为产品或服务只有有市场才会有前景,企业的价值才能够不断提升。市场分析应当包括:(1)产品的需求、需求的程度,企业所预计利益,新的市场规模,未来发展趋向及其状态,影响需求的因素等;(2)市场竞争情况,企业所面临的竞争格局,主要竞争者,利于本企业产品的市场机会,市场预计占有率,本企业进入市场引起竞争者反应预期及其影响等;(3)市场现状,目标顾客与目标市场,本企业的市场地位、市场价格和特征。

市场是使企业潜在价值得以实现的舞台,没有市场,再好的产品或服务也无法实现其价值,再好的企业也无法提升其价值。从这个意义上讲,产品是虚的,市场才是实的。创业计划深入分析市场的潜力、目标市场的定位、市场目标,要细致而深入地分析经济、地理、职业、年龄以及心理等因素对消费者选择购买本企业产品的影响,以及各个因素所起的作用。

创业者要通过反复多次的调研来确定目标市场,并且对市场进行细分。大多数成功企业都是从细化的目标时候做起来的,也只有这样才能做到专业化与品牌化。创业者可以按照多维度划分市场,并逐步选出适合自身能力的特定市场。例如,蒂丝·瑟维罗(Tish Ciravolo)开创戴西摇滚吉他公司(Daisy Rock guitars)之前,吉他行业从来没有按照性别进行细分。而戴西公司专门为女性制作吉他,其竞争优势在于生产符合女性纤巧身形和手掌的吉他产品。当然,生产这一产品是在充分调研的基础上,如果没有或者很少有女性弹吉他,这一市场细分是没有任何意义的。

企业必须进行准确的市场定位,这也是产品或服务能否在市场上生存的关键。创业者需要根据产品(服务)的特性和企业的情况在细分市场中选择一个或几个目标市场,结合企业的目标、产品、优势、劣势、竞争者的战略等因素说明为何选择这种市场定位,顾客为什么会愿意并购买企业的产品(服务)等。

在市场分析中,一定要结合调研报告来做分析,用数据说话,一定要避免主观臆断。如果企业已经掌握了一些订单或合同意向书,可以直接出示给投资者,因为这些材料会有力地证明产品的市场前景。

(六)选址

这部分通常由描述新企业位置开始。选址需要考虑合适可用劳动力、工资率、供应商和消费者、社区支持等。此外,当地的税负和地区需求量、当地银行对新企业的支持也应在考虑之中。其他考虑因素包括供应商的数量和距离远近,有关装运材料交通费用等。另外,还应提及劳动力供给、需要的技术配置。

(七)营销计划

营销计划主要描述产品或服务的分销、定价以及促销,是创业计划中的一个重要组成部分。本部分内容包括价格定位、促销手段、销售计划(如渠道、方式)等。主要侧重于阐明产品进入目标市场方式、广告渠道以及销售方式。应简述企业销售策略,如何使用销售代表或内部职员,使用代理商、分销商或是特许商。

1. 总体营销战略

这一部分在具体营销战略完成后再写。它需要反映出如何使产品(服务)创造出预期的目标,是一套系统的营销理念,而非具体策略。要从战略的高度将产品(服务)进入目标市场、获取市场价值的思路理清。要结合产品(服务)的特点,找出进入市场的切入点,选择产品的"渗入"方向。把握好这一点才可能有后面的定价、销售策略、分销、促销以及广告战略。

总体营销战略应该分为三部分。第一部分,结合前面的市场分析说明企业定位,突出企业的自身特色。第二部分是对四个具体战略的提炼——在市场营销中成为"4P",通过各个具体战略来展现创业企业如何展示自身的特色给顾客。第三部分,可以对"4P"未能涵盖的内容进行说明,比如公关关系战略。

2. 产品战略

产品是营销"4P"的第一要素,是通过产品(服务)满足客户的需要并从中获取利润的重要方式。产品战略是整个营销战略的基础。与前文的"产品(服务)"部分相比,这部分着重关注产品战略的"营销"方面。

(1)设计与产品定位相匹配的营销策略

产品在进入市场之前,创业者需要考察清楚受众群体能够接触到产品信息的任何场所,再利用自身资源进行成本收益分析选择最优的营销策略,同时要将产品(服务)进行分层分类,这样可以创造出不同的吸引力。在核心产品层次,能给客户提供哪些基本效用和利益;在稀缺产品层次,能为优质客户带来多大的额外价值和附加利益。明确了这些之后就要选择与之相匹配的营销策略。具体营销策略在这里不做说明,可以参看市场营销方面的书籍,或请教营销专家。

(2)产品组合策略

向投资者说明企业的产品组合策略,主要是企业将经营的产品类别,有多少产品线,产品线内有多少组产品项目,各种产品在功能、生产和销售方面的相互联系是否紧密,等等。对产品组合的阐述要着重让投资者确信能够满足市场上的不同需求,同时也符合企业自身的效益。

(3)品牌策略

品牌策略的目的是使产品(服务)在顾客心中形成一种品牌文化,例如提到耐克想到的是活力和大气、提到海底捞想到的是它优质的服务。因此,如何形成这种品牌文化是策略的核心。在策略的选择上要思考:使用品牌的策略;使用何种品牌策略;个别品牌策略,统一品牌策略,分类品牌策略,延伸品牌策略还是多品牌策略?

(4)产品开发策略

这一部分要向投资者说明将采取怎样的新产品开发方式,要让他们相信,企业的开发策略是符合企业自身的实力和经济效益的。

3. 定价战略

价格是营销策略中非常重要的方面,因为价格决定了企业能赚多少钱。价格也向目标市场传递着重要信息。例如,斯普瑞玩具公司生产教育类儿童玩具,它将自己定位于向富有家庭销售优质产品的玩具公司,如果斯普瑞玩具公司宣传其产品是高品质玩具却定价很低,目标市场顾客就会感到迷惑。他们会想:"定低价没什么意义。斯普瑞玩具到底是不是高品质呢?"此外,低价格难以使斯普瑞公司继续开发产品所需的利润。

4. 分销战略

这一部分需要说明两个问题:销售渠道的长度和宽度。关于长度,要说明在产品和顾客之间经过多少环节——有代理商、批发商,零售还是直销。结合创业企业、市场、产品的特征来说明作出这种选择的原因。关于宽度,要说明企业的市场销售窗口到底有多大,销售点的分布是怎样的以及为什么要这样做。

5. 促销战略

促销就是促进销售,作用在于企业和顾客之间的信息交流和对销售或购买行为的促进。主要分为促销战略和促销方式两个层面。

在战略层面上,需要从促销的目标、产品的性质、生命周期以及市场等角度进行思考。要清楚地说明向谁促销——中间商还是顾客?根据产品的性质、产品所处的生命周期阶段以及市场特征,应采取怎样的促销方法才适合?

在战略层面的基础上要说明促销的方式。是采取人员促销,还是求助于推销员或者营销机构;如果产品推销、市场开拓、信息沟通、市场调研或者提供咨询服务采取的是非人员促销方式,那么是否要做广告,用什么方式做广告,是否要做营业推广,如何做推广,是否要通过新闻宣传、展览会或者公益活动进行公关促销。

(八)法律形式

企业决定是要自己创业,还是合伙创业。如果选择合伙创业,公司的起始资本额要如何分配等。选择哪种法律形式并没有一套可依循的准则,需要根据实际情况加以判断。因此,企业必须先了解各种公司法律形式的利弊及运营方式,再选择最适合的组合模式配合企业创业计划。虽然各种企业运营架构存在细微差异,但是需要注意的焦点是企业运营出现状况时,企业内部将由谁负起最后法律上的财务责任。无论选择哪一种经营模式,都不代表公司的经营体制已经定型不变,而是要依据公司的发展与未来潜力做适当的变更。

(九)组织结构与创业团队

绘制企业组织结构图,明确部门职责分工,企业报酬体系,企业股东名单和董事会成员,职工工作绩效考核方式及企业的激励机制等内容。

科学精细的组织结构和人力资源管理设计标志着创业管理团队的精干和素质水平,是投资者最为关注的重点之一。企业管理的好坏,直接决定了企业经营风险的大小,而高素质的管理人员和良好的组织结构则是管理好企业的重要保证。一般而言,创业团队应该是互补型的,一个企业必须同时具备产品设计与开发、市场营销、生产作业管理、企业理财等方面的专门人才。这部分内容包括描述创业者团队所具备的才能、关键管理人员及其主要职责、董事会、所有其他投资者的股权状况、专业顾问和服务机构等。

另外,最好详尽展示企业创业团队的战斗力和独特性,包括职业道德、能力与素质;与众不同的凝聚力和团结战斗精神;人才济济且结构合理,在产品设计与开发、财务管理、市场营销等各方面均具有独当一面的能力,足以保证企业成长发展的需要等。

(十) 财务计划

1. 成本预测

一般来说,新创企业要把成本分为不变成本和可变成本两大类分别加以描述。不变成本是指一定时期,一定业务范围内固定不变的成本,包括固定场所租金、企业开办费、保险费、工商管理费、折旧费等。可变成本是指随着生产或销售量的变动而变动的成本,包括原材料费、水电费、燃料费、销售费用等。预测成本时,可以先按类别划分测算,然后相加求得总成本。

2. 现金流量管理计划

给出特定时期计划销售和资本支出水平,现金流量管理计划将突出定时额外融资需要,表明营运资金的最高需求。详细说明预期现金流的进出金额和时间;预测必需的额外融资和时间,并指出营运资金需要的高峰期;指出如何通过股权融资或银行贷款等方式获得额外融资,以及获得的条件和偿还方法;讨论现金流对各种企业因素假设的敏感度。

3. 营利情况预测

预测产品或服务的销售收入,成本费用及净利润;描述未来若干年资产损益表,表明为补偿所有成本所需要的销售和生产水平,包括变动成本(制造、劳动力、原材料、销售额)和固定成本(利息、工资、租金等),这是创业企业实现营利的现实检验。

4. 资产负债表

提供新企业拥有的资产和负债等方面的估价,反映在某一时刻的企业状况,投资者可以用资产负债表中的数据得到的比率指标来衡量企业的经营状况及可能的投资回报率。表明未来不同时期企业年度或半年度的财务状况。

第三节　创业计划书撰写与展示

创业计划书一般包括封面、目录、执行概要、主体内容和附件等。

撰写创业计划书之前,首先要确定实际的目标,有助于创业者利用这些目标持续、及时地评估企业的发展状况;其次,要留有空间,使创业者能够考虑潜在的障碍以制定战略预案;最后应该是所有创业者团队成员集思广益、齐心协力、分工合作的结晶。

一、研讨创业构想

(一) 研讨产品或服务

产品或服务可行性研讨是指对将要推出的产品或服务的总体吸引力进行评估。尽管创建新企业要考虑许多重要事情,但最要紧的是产品或服务能否销售出去。产品或服务可行性研究包括两个部分:产品或服务吸引力、产品或服务需求。

1. 产品或服务吸引力

产品或服务吸引力研究旨在确认产品或服务的受欢迎程度,以及在市场中满足的需求。为了确定产品或服务的吸引力,创业者应该研讨以下问题。

(1) 产品或服务有价值吗？合乎情理吗？

(2) 产品或服务利用了环境趋势、解决问题.还是填补了市场空隙？

(3) 当前是将产品或服务引入市场的良好时机吗？

(4) 在产品或服务的基本设计或概念中,存在重大缺陷吗？

在分析阶段,正确的思维态度是获得对上述问题及解答的总体认识得到最终结论的关键。概念测试是达到这种目标的工具之一。概念测试包括向行业专家、潜在顾客提交产品或服务的基本描述,并征求反馈意见的活动,称为概念陈述。概念陈述通常是一种单页文件,包括如下部分:

(1)产品或服务描述。详细说明产品或服务特征,包括产品略图。

(2)目标市场。列举预期会购买产品或服务的消费者或企业。

(3)产品或服务的益处。描述产品或服务所能带来的好处,包括产品或服务如何增值或解决问题的叙述。

(4)相对于竞争者,产品或服务如何定位的描述。企业定位描述了产品或服务相对于竞争对手的地位。

(5)企业管理团队的简要描述。

表5-4提供了一家虚构企业健康饮品公司的概念陈述示例。健康饮品公司销售一系列富有营养的保健饮料,运动爱好者是它的目标市场。公司战略是在本市体育设施附近开设小的餐饮店。为了提高概念陈述的阅读可能性,陈述一般不超过一页。

表5-4 健康饮品公司的概念陈述示例[①]

新的商业概念
健康饮品有限公司

产品

健康饮品公司将向体育爱好者提供美味可口、营养丰富的健康饮料。饮料准备通过小型沿街店面出售,规模类似与当前流行的冷饮店。饮料配方由世界著名营养学家威廉·彼得斯(William Peters)博士和运动医学专家米歇尔·史密斯(Michelle Smith)博士共同开发,确保健康饮品公司及顾客的利益。

目标市场

在经营的前三年,健康饮品公司计划开办三四家餐饮店,餐馆位置紧邻拥有橄榄球场和垒球场的大型体育中心,目标市场是体育爱好者。

为什么成立健康饮品公司?

---

① 〔美〕布鲁斯·R.巴林格、R.杜安·爱尔兰等:《创业管理:成功创建新企业》,张玉利等译,机械工业出版社2006年版,第47页。

续表

运动饮料行业正在持续增长。健康饮品公司将销售一种每瓶 16 盎司、售价 1.5—2.5 美元的全新运动饮料。同时,餐饮店也出售能量棒以及柜台销售的运动快餐。每个餐馆都配备舒适的桌椅(包括室内和室外)供体育爱好者赛后聚会,营造一种轻松、愉快和热烈的气氛。

特色——其他餐馆所不具备的

健康饮品公司的独特之处在于,餐馆将有选择地把毗邻体育场内的体育赛事录制下来,并通过餐馆内的电视重播比赛精彩部分。餐馆会把前一天体育赛事的"精彩片段",编辑成 30 分钟的录像循环播放。这一独特之举会吸引踢足球的男孩和垒球联盟的成年人等体育爱好者涌入餐馆,从电视里观看自己所支持的球队。

管理团队

健康饮品公司由杰克·贝蒂和佩吉·维尔斯联合创办。杰克具有在全国连锁餐馆工作 16 年的经验,而佩吉作为一名注册会计师,拥有在全球四大会计师事务所工作 7 年的经历。

2. 确定产品或服务需求

产品或服务可行性研究的第二要素是确定市场对该产品或服务是否有需求。通过购买意愿调查可以初步了解产品或服务需求情况。购买意愿调查是用来评估消费者对产品或服务兴趣的工具,由理念陈述书或类似的产品或服务描述与简短调查表组成。陈述书和调查表应分发给 15—30 名潜在顾客,并完成调查表。

(二)研讨行业或目标市场

对产品或服务进入的行业与目标市场整体吸引力进行评估。企业所处行业与其目标市场是完全不同的概念。行业是指生产相似产品或服务的企业总体,如计算机产业、汽车产业、飞机产业、服装行业。企业目标市场则是指被企业选定为服务对象或试图吸引的部分市场。大部分企业不试图服务于整个市场,而是选择特定目标市场并全力以赴为该目标市场提供服务。

行业或目标市场研究包括两个部分:行业吸引力和目标市场吸引力。

1. 行业吸引力

各行业总体吸引力不同。一般来说,最有吸引力的行业只具备

表 5-5 所描述的特征,其中前三项因素尤其重要。如果行业具有新兴产业、处于生命周期早期阶段、分散化等特征,那么它更容易接纳新企业进入,而具有相反特征的行业对新企业的进入则比较苛刻。人们也希望选择一个具有结构吸引力的行业,这意味着新创企业能顺利进入市场并开展竞争,有些行业具有很高的进入障碍,或者行业内存在一两家主导企业,能将潜在新企业最终逐出市场。

对其他因素的研讨也很重要。例如,环境和商业趋势有利于行业发展的程度,对行业的长期健康、孕育新市场或利基市场的能力都很重要。

表 5-5 有吸引力行业特征[1]

- 新兴产业,而非传统产业
- 行业生命周期早期阶段,而非后期阶段
- 行业分散化,而非结构集中
- 行业正在成长,而非收缩
- 出售顾客"必定"要买的产品或服务,而不是"可能想买"的产品或服务
- 行业空间不拥挤
- 具有较高营业利润
- 不依赖关键原材料的历史低价来维持营利,如汽油、面粉

2. 目标市场吸引力

目标市场是市场空间的一部分,拥有相同需求的顾客群体。大多数初创企业,没有足够资源进入广阔的市场。通过关注较小的目标市场,企业通常能避免与行业领导者的正面竞争,并能很好地专心服务于特定市场。通常来说,初创企业向新市场引入全新产品是不太现实的。在大多数情况下,充当某领域的开拓者,对新创企业而言太昂贵。

识别有吸引力的目标市场所面临的困难是:目标市场对未来业务要足够大,同时规模还要足够小,至少在新创企业成功起步之前避免吸引较大竞争者。尽管全行业吸引力信息容易获取,但是评价行业内较小目标市场的吸引力比较困难(尤其当初创企业是目标市场的开创者)。在这种情况下,需要收集、综合多个行业或市场的信息,并作出

---

[1] 〔美〕布鲁斯·巴林格、杜安·爱尔兰等:《创业管理:成功创建新企业》,张玉利等译,机械工业出版社 2006 年版,第 49 页。

有见识的判断。

（三）研讨创业团队及组织管理

拟建企业对其初创企业管理团队进行评估。在评估管理团队时，需要关注两个重要因素，一是个体创业者或管理团队对商业创意所抱有的激情；二是管理团队或个体创业者对将要进入的市场的了解程度。综合考虑多种因素，有助于明确企业的管理团队。拥有广泛职业和社会网络的管理者有较大优势，他们能够向同事或朋友求援以弥补自己经验或知识的不足。

（四）研讨创业资源

确定新创企业是否拥有或能够获得充足资源推进事业发展。研究非财务资源，目的在于识别出最重要的非财务资源并评估它们是否可以得到。一般来说，新创企业可能需要只有专业技能的员工。如果企业所在地区没有所需要的技术人才市场，那么就会存在严重的资源缺乏问题。

（五）研讨财务

在这个阶段，需要研究的最重要问题是创业的启动资金、同类企业的财务绩效和拟建企业总的财务吸引力。

1. 启动资金

财务分析首先要涉及企业为达成第一笔交易所需要的总现金量。一份现实可行的预算，应包括企业开业和运营所需的所有预期资产购买项目和经营费用。在确定启动资金后，企业要对现金获得渠道进行解释。尽管企业最终可能涉及投资者或借款人，但要对如何提供启动资金作出更合理的解释。

2. 同类企业财务绩效

通过与已经营业的同类企业对比分析，评估拟建企业的潜在财务绩效。

3. 拟建企业总的财务吸引力

许多要素与评估拟建企业的财务吸引力密切相关。这些评估主要根据新创企业的预计销售额和回报率来进行。在研讨阶段，预计回报是主观判断的结果。更为精细的评价，要通过预计财务报表来计算，包括1—3年的预计现金流量表、收益表和资产负债表。

二、分析创业可能遇到的问题和困难

目前,我国创业者仍处于较低水平。"幸福的家庭都是相似的,而不幸的家庭各有各的不幸",列夫·托尔斯泰的这句名言同样适用于创业企业。不论是取得初步成功的创业企业,还是那些基业长青的百年老店,大都具有非常接近的特质;而失败的企业,每一家则都有其特别的原因。但当我们审视了大量创业遇到困境的案例后,发现这些困境或错误也是有集体性的。尤其在中国这个变化迅速,机遇和困境、成功和失败都能被快速制造出来的市场上,错误和困境的集体性更加明显。

创业者如何避免陷入这些集体性的困境和常态化的危机?我们认为,必须把对错误、困境、危机和失败的分析研究常态化,因为环境变化太快,每一个阶段都会有其共性问题,谁对这些潜在的危险认识更深刻,就有可能避免之。失败,往往不是一个具体错误造成的,而是一连串错误和多重困境叠加导致的。

(一)创业面临的问题

1. 创业项目选择是创业者首先需要解决的问题,是根据自己的特长与爱好选择创业项目,还是根据市场的冷热程度选择项目,困惑着很多创业者,如果能够理性认识分析自己具备的实际条件并结合市场需求与地区经济特色,是可以找到适合创业运作的项目的。

2. 创业资金筹措是创业者最难解决的问题。创业资金的来源主要有家里提供、同学合伙、借贷等形式,因此在创业项目的筛选时更要量力而行,不要选择超出自己资金实力太大的项目进行创业。

3. 创业项目实施是决定创业是否成功的关键。由于很多创业者并没有真正地接触过市场,缺乏相关行业的实际经营经验,因此在实施创业项目前制定一个切实可行的创业学习与项目实施方案是必不可少的,通过学习可以熟悉了解拟定的创业项目相关市场情况,并及时调整完善自己的创业项目实施方案,能够有效减少可能发生的项目运作失误,因为任何的失误都有可能给自己带来无谓的直接经济损失,从而影响到创业项目的正常经营运作。

(二)创业可能的风险

1. 创业项目中途下马

由于创业者缺少对市场的真正熟悉了解,项目实施前制定的方案又脱离市场实际情况而变得不可行,凭借创业的激情盲目实施创业计划而缺少充分准备,市场环境发生的突然变化令创业者措手不及,这些都极有可能造成创业项目运作时的举步维艰,迫使创业者放弃继续经营而使创业计划中途流产。

2. 经营失误项目夭折

任何创业项目要想成功都是需要创业者去认真经营的,成熟稳健的投资理念、正确规范的经营思想、灵活机动的经营方式、谦虚谨慎的经营态度、投入忘我的创业精神,这些是一个创业者走上成功之路需要具备的基本素质,刚刚走入社会的大学生在创业初期却很有可能欠缺这些素质,没有掌握到正确的经营之道;创业者如果在创业项目实施中不能够及时学习提高并自我完善,创业之路会变得更加崎岖和漫长,是否能够创业成功也就更加难以把握。

3. 创业失败背负重担

任何企业或个人的创业项目都存在失败的可能性,创业失败后使自己及家庭背负上沉重的经济负担,是那些没有做好创业项目风险防控准备的创业者比较突出的问题,毕竟创业项目是需要投资经营运作的,选择超过自己资金承受能力很多的创业项目实施运作,这方面的问题就会更加明显;还有创业失败后可能使创业者背负上一定的心理负担,并且可能会影响到创业者以后的生活与工作。

三、凝练创业计划的执行概要

执行概要是商业计划中一个独立部分,不能与创业计划书封页中的导论或内容摘要混为一谈。概要要尽可能准确、清楚、简洁,并且有力描述企业的创业理念。执行摘要是一种简短而热情洋溢的陈述,人们把它的作用比拟为"电梯行销",即要求在很短时间内激起别人的兴趣,并使他们的兴趣足够浓厚以至想要获取更多的信息。

执行摘要的长度通常不超过 2—3 页为宜,内容力求精练有力,重点阐明公司的投资价值,尤其是相对于竞争对手的优势差异之处。企业良好的净现金流入预算、广泛的客户基础、市场快速增长的机会、背景丰厚的团队都是可能引起投资人兴趣的亮点。在创业计划中,执行概要应该包括:企业概况、管理团队、目标市场分析、营销策略、财务计划、资金需求及风险分析。这部分的目的是抓住潜在投资者的注意力,向他们解释创业者对企业的远景规划。通常,执行概要的结尾部分还应该简略地介绍企业的资金需求以及投资者可以获得的股权。概要主要包含:

(1) 企业概况:主要包括企业名称、地点、企业投资比例结构与额度、企业的组织形式与结构、组织的规模、发展计划等。要尽可能用简练的文字简要介绍企业的历史和现实,适当介绍企业的基础和背景,阐明企业优势。其基本目的在于促使对方对本企业产生兴趣。

(2) 产品及业务范围:产品的功能、与其他产品的不同之处、产品的技术特性、产品理念。

(3) 管理团队:企业主要成员的经历和能力,特别是过去的成功经验。

(4) 目标市场分析:市场的潜力、目标市场的定位、市场目标(数量与份额)、实施计划、机会与风险等。特别要清楚阐明市场分析结果,市场竞争及市场开放情况。竞争优势和特点。列出可以表现产品或服务的优势,如:专利、大宗合同、用户的意向性信件。如果是新的企业,还要列举影响进入市场的障碍。

(5) 营销策略:价格定位、促销手段、销售计划等。主要侧重于阐明产品进入目标市场方式、广告及销售方式。

(6) 财务计划:预测未来的收益与损失和风险。

(7) 资金需求:项目需求资金总数、资金来源、筹集资金方式、投资者如何得到回报等。

(8) 风险分析:内外部风险、盈亏平衡及敏感性分析。

执行概要示例(PAF 创业计划书)[①]

简介

从 2001 年起,健身产业成长迅猛,至 2006 年本产业价值已超过 210 亿美元。本产业增长很大程度上受中老年人口驱动,这部分人口越来越关注自身健康。本产业缝隙之一是缺乏专业为 50 岁以上人口

---

① 〔美〕布鲁斯·R.巴林杰:《创业计划:从创意到执行方案》,陈忠卫等译,机械工业出版社 2009 年版,第 73—75 页。

服务的健身中心,他们与年轻人的健身需求类型不同。PAF将填补该市场缝隙——它是一家专为50岁以上人口服务的健身中心,位于佛罗里达中部。

企业介绍

PAF计划营业面积21600平方英尺,位于佛罗里达州奥兰多市郊的奥维多。奥维多是开本健身中心的理想地点——该地区中老年人口比例及其收入水平都高于全国平均水平。本中心的特色是健身器材、课程、训练都专门针对老年人,并开设营养、睡眠、大脑体操等专题讲座与讨论会。设计经营为老年人服务的健身中心是独特的挑战,需对他们的生理与心理需求高度敏感。因此本中心经营方向为:①为会员提供舒适愉悦的环境;②提供高品质课程与设施;③鼓励会员间交往,使PAF成为他们的生活中心之一。

产品和业务范围

本健身中心填补市场缝隙,专为50岁以上人口服务。根据中老年人的健身需求,量身定做预制匹配的健身器材、课程和训练。

管理团队

公司现有5人管理团队,由杰里米·瑞安(46岁)和伊丽莎内·西姆斯(49岁)领导。瑞安曾在南佛罗里达成功开办过一家健身中心,并在3年内发展到38家连锁店,后来他的健身中心被一家大型连锁俱乐部收购,他还有14年的本行业从业经验。西姆斯是瑞安上一个健身中心的合伙人,且有19年注册公共会计师工作经验。

PAF现有5人董事会、4人顾问委员会和10人顾客咨询委员会。

产业分析

PAF将在"健身与休闲运动中心"产业(NAICS 71394)内竞争。该产业竞争价值210亿美元,处于成长期。成长驱动因素主要是人们对健康与锻炼重要性的认识不断加强。该产业最大的挑战是争夺消费者的闲暇时间。该产业是竞争性产业。健身中心平均净利率9%左右。成功关键因素包括:选址、合理的课程与活动组合、鼓励会员参与、一批能干而积极的员工。

市场分析

PAF的营业场所将选在佛罗里达州塞米诺尔县,奥维多就在该县境内。市场分析表明该县约有65400名50岁以上人口,其中9800名现已是健身中心会员。

PAF 的会员人数与盈利目标如下：

年份(年)	会员数目标(个)	总计划盈利(美元)
2009	2100	1690398
2010	2226	2416514
2011	2360	2561955
2012	2502	2716124

通过焦点小组调查和本企业顾问委员会研究，我们认为本企业独特的理念能够吸引到的会员有：50%的会员来源是其他健身中心的现有会员，另外50%为新会员。如果50%的收益来自现有市场，则意味着PAF需争取到福罗里达州塞米诺尔县11.44%的50岁以上现有健身中心会员。我们相信能够实现这一目标。

营销策略和计划

PAF营销策略的总体目标是让50岁以上人士意识到锻炼身体的益处，使他们认为PAF就是他们开始或继续锻炼的最佳场所。

企业差异化要点如下：
- 唯一的目标市场是50岁以上人口。
- 着重强调健身中心的社交功能，强调会员对健身中心的归属感。
- 专业工作人员，关注老年人的需求与生活。

本企业采取传统营销与草根营销方式相融合的促销措施。本企业已与Central Florida Health Food和奥多维的Doctor's and Surgeon's Medical Practice建立起合作品牌关系，并正在进行进一步洽谈，以巩固此合作关系。

财务计划

本创业计划书包含有整套预计决算表、资产负债表和现金流量表（5年期决算表和资产负债表、4年期现金流量表）。预计2009年（营业第一年）企业为亏损经营，之后稳步营利。预计2010年投资收益率为13.1%，2011年为10.5%，2012年为11.3%。预计2010年净收益为317740美元，2011年为269670美元。从创业期起，本企业将一直保持正现金流量。

资金需求

本企业现寻找515000美元投资。

在概要部分,应该重点说明以下几点信息:

(1) 说明创业的思路,新思想的形成过程以及创业的目标和发展战略。向投资者传达企业的经营思想是正确的且是合乎逻辑的信息。

(2) 企业的经营计划是有科学根据的和充分准备的。

(3) 企业有一个坚强有力的领导班子和执行队伍。

(4) 企业清楚地知道进入市场的最佳时机,并且预料到何时适当地退出市场。

四、把创业构想变成文字方案

创业计划书编制起始于好的商业想法,将创业构想酝酿为创业行动需要经过复杂的和长时间的准备,完整记录这一过程,层次化分析产品或服务、团队与技术资源、市场竞争、企业战略、投资与财务分析等问题,准备过程一般经过以下几个阶段:

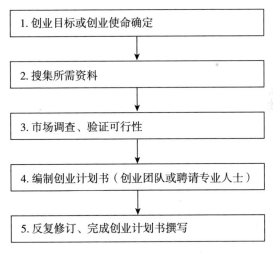

图 5-1 创业计划书编制过程

编制完成并装订成册的创业计划书,基本结构由封面、目录、执行概要、核心内容、附录几个部分组成。

表 5-6　完整的创业计划书纲要[1]

封面
目录
1. 执行摘要
2. 企业描述 　　企业简史 　　使命陈述 　　产品与服务 　　当前状况 　　法律状况与所有权 　　关键合作关系（如果有）
3. 行业分析 　　行业规模、成长速度和销售预期 　　产业结构 　　市场参与者特征 　　关键成功因素 　　行业趋势 　　长期发展前景
4. 市场分析 　　市场细分与目标市场选择 　　购买者行为 　　竞争对手分析
5. 营销计划 　　整体营销战略 　　产品、价格、促销和分销
6. 管理团队和企业结构 　　管理团队 　　董事会 　　顾问委员会 　　企业结构

---

[1] 〔美〕布鲁斯·R.巴林格、R.杜安·爱尔兰等：《创业管理：成功创建新企业》，张玉利、杨俊、薛红志等译，机械工业出版社 2006 年版，第 68 页。

续表

7. 运营计划
运营的总方针
企业选址
设施与装备

8. 产品（服务）设计、研发规划
研发情况和任务
挑战与风险
知识产权

9. 财务规划
资金的来源与使用陈述
假设清单
预计收益表
预计资产负债表
预计现金流量表
比率分析

附录

第四节　创业计划书撰写与展示技巧

一、创业计划撰写技巧

一份好的创业计划往往能够引起潜在投资者的特别关注。如果创业计划语言流畅、充满激情和睿智，有严密的调查数据支撑，少见外行话，那么阅读者很容易把这些优点和创业者本人的能力联系起来。为了使创业计划书脱颖而出，并最终获得风险投资的青睐，创业者应认真做到：(1) 确保新企业创意的价值性，并拥有高素质的管理团队；(2) 认真负责、睿智地按适当的商务格式进行编排和准备计划；(3) 商业计划书的执行摘要要简洁，论之有据。[1] 因此，在将创业计划递交投资者或其他利益相关人员审阅前，要求做到简明扼要、条理清晰、内

---

[1] 张玉利主编：《创业管理》，机械工业出版社2011年版，第118—119页。

容完整、文字通畅、表述精确。①

（一）计划力求简洁清晰

阅读创业计划的人往往都惜字如金，他们可能会有意无意地通过你对自己企业的描述做判断。因此创业者对新创企业的介绍务必做到简洁、结构清晰。一般创业计划的篇幅内容（不包含附录）不超过 50 页 A4 纸为宜。

（二）排版装订尽量专业

目录、实施概要、附录、图表、正确的语法、各部分的合理编排及美观整洁，是高质量的创业计划的表现之一。也就是说，装订和排版印刷不能粗糙，用订书钉装订的创业计划看上去很业余，要尽量做到专业。切记不能出现语法、印刷及拼写错误。

（三）捕捉读者兴趣点

要想在五分钟内激发阅读者的兴趣，让投资者产生欲罢不能的感受，就要在扉页和实施概要上下功夫，把它们写好。

（四）让计划充满憧憬

创业者在撰写计划时要善于使用鼓舞人心的词汇，描述企业的发展趋势和前景，描绘未来的打算，说明产品所蕴含的巨大潜力和即将带来的较大财富。

（五）避免言过其实

销售潜力、收入预测估算、增长潜力都不要夸大，好的创业计划以其客观性说服阅读者。一份计划写得像一份煽情广告，会大大降低计划的可信度。最好的、最差的、最有可能的方案都要在计划中体现出来。实际上，许多风险投资者常使用一种"计划折扣系数"，认为"成功的新创企业通常只能达到他们计划财务目标的大约 50%"。

（六）突出关键风险因素

创业计划中涉及的关键风险是投资者、银行家以及其他投资者敏感、最关注的部分。在创业计划中，既要陈述创业者的危机管理能力，

---

① 〔美〕库拉特克、霍杰茨：《创业学：理论、流程与实践》，张宗益译，清华大学出版社 2006 年版，第 275—277 页。

也要让他们察觉到这些风险,同时对这样的创业者团队来讲这些风险是可以驾驭的。

表 5-7　新创企业面对的潜在风险[①]

1	不愿向新企业"俯首称臣"的竞争对手所进行的削价
2	使新企业产品或服务的吸引力降低或销售减少的不能预见的产业动向
3	由于各种原因没有完成销售计划,因而减少了现金流量
4	超过预期的设计、制造或运输成本
5	产品开发或生产进度安排没能按期完成
6	由于高层管理团队缺乏经验而引起的问题(例如,缺乏与供应商或顾客进行合同谈判以争取有利条款的能力)
7	在获取零件或原材料方面,比预期的前置时间长
8	在获得额外且必需的融资方面发生困难
9	不可预测的政治、经济、社会或技术趋势或发展(如新的政府立法或严重经济萧条的突然降临)

(七) 发送优秀创业者团队的信号

撰写创业计划的管理部分,一定要让阅读者接收到创业者团队具有较强管理能力和资源整合能力的信号,这个信号是潜在投资者最想收到的信息。

(八) 准确描述目标市场

撰写目标市场评估分析时,应把如何区分目标市场的情况描述清楚,目标市场是企业利润的来源,这部分计划是营销、财务等计划能否表达清楚的关键。

(九) 不断检查修正

好的创业计划书的秘诀在于不断的修改,很少有人能够一气呵成。在修改过程中,应该认真征求创业计划小组以外人士及专业顾问意见以增强计划的可读性和规范性。

[①] 张玉利主编:《创业管理》,机械工业出版社 2011 年版,第 115 页。

表 5-8　创业计划的常见缺陷及解决方法[1]

常见缺陷	表现	解决方法
无实际发展目标	●缺乏可达到的目标 ●缺乏完成的时间表 ●缺乏优先权 ●缺乏具体行动步骤	●建立在特殊时期完成特殊步骤的时间表
未预计到路障	●没有清醒识别将来的问题 ●没有重视计划中可能的瑕疵 ●没有应急或变通计划	●列出可能遇到的障碍 ●变通计划,阐明越过障碍需要做哪些事情
无投入或贡献	●对企业要办的事过分拖延,不严肃 ●没有投入个人资金的意愿 ●不及时聘任关键职位人员 ●从非主业或奇思异想中获利	●快速行动 ●保证所有关键职位人员任命 ●准备并愿意投入游戏本钱
无先期商业经验	●没有商业经营经验 ●没有专业领域经验 ●缺乏对拟建行业的了解 ●忽视企业描述	●给出针对企业的个人经验和背景证明 ●积极寻找"谁对企业有帮助谁就是有用"的人才
无细分利基市场	●不能证明此产品有市场需求 ●一厢情愿推测消费者的购买能力	●细分特定市场,阐述产品为何满足及怎样满足目标群体期望需求

二、创业计划书的展示技巧

对大多数创业者而言,寻求资金是一个艰苦的过程,在拼毅力和热情的同时,也需要讲究技巧。创业者向潜在的风险投资者或银行家口头展示创业计划时,一般要准备好幻灯片(PPT),而且内容要以会议规定的陈述时间为限。除了掌握一般演讲的通用技巧和原则外,还应结合创业计划演讲的具体内容,把握制作幻灯片的一些技巧。具体而言,包括:

（1）企业介绍:用 1 张 PPT,说明企业概况和目标市场。

（2）商机:用 2—3 张 PPT,陈述尚未解决的问题和未满足的要求。

---

[1] 〔美〕库拉特克、霍杰茨:《创业学:理论、流程与实践》,张宗益译,清华大学出版社 2006 年版,第 270—271 页。

（3）解决方式：用1—2张PPT，解释企业将如何解决问题或填补需求。

（4）行业、目标市场和竞争者：用2—3张PPT，介绍企业即将进入的产业、目标市场以及直接和间接的竞争者，重点陈述企业如何在目标市场中与现有企业展开竞争，获得丰厚的利润。

（5）创业者团队：用1—2张PPT，简要介绍每个创业者团队成员的互补优势。

（6）企业营利前景：用2—3张PPT，简要陈述财务问题，重点强调何时营利，需要多少资金。

（7）企业现状：用1张PPT，介绍企业现有的投资情况以及所有权结构。

一般来说，口头陈述只需使用10—15张PPT来展示创业计划的核心内容。若PPT页数过多，想在30分钟内陈述完这些内容，势必产生走马观花的效果。显然，这样的展示效果不是我们所希望看到的结果。①

宇通公司创业计划书框架②

一、宇通公司创业计划书目录

1. 前言
2. 创业投资项目公司基本资料
3. 公司组织
4. 股权结构
5. 业务内容
6. 技术与生产
7. 财务预测
8. 投资报酬率分析
9. 风险分析与投资管理

---

① 〔美〕布鲁斯·巴林格、杜安·爱尔兰等：《创业管理：成功创建新企业》，张玉利、杨俊、薛红志等译，机械工业出版社2006年版，第212页。
② 樊一阳、叶春明、吴满琳主编：《大学生创业学导论》，上海财经大学出版社2005年版，第334—337页。

附表一：公司成立后拟设的组织系统图表

附表二：未来5年产品销售收入预测表

附表三：主要产品及质检流程表

附表四：工厂员工人数、职工工资一览表

附表五：未来12个月现金流量表

附表六：未来5年按年度的现金流量表

附表七：未来5年损益表

附表八：未来5年资产负债表

二、宇通公司创业计划书正文

1. 前言（不超过两页，供决策者阅读）

1.1 创立公司后简介

包括公司经营项目及产品内容、技术来源等，创立后公司经营团队介绍，经营团队所占股权多寡。

1.2 资金需求与股金预计用途

包括筹备期间费用、技术转让费用、土地及重要固定资产、设备、周转金等。

1.3 投资条件

包括投资金额、股款缴纳时间，多少董、监事席位，非现金出资股东如技术作价、专利作价、资产作价等。

1.4 投资者投资报酬率预测

包括回收期间，未来各年投资报酬率，各年净值内部报酬率，以年利率计算的各年度净现值，投资者退出年度股价预测并算出退出时间内部报酬率。

1.5 其他值得介绍的项目

如重大采购或销售合约、损益平衡点，管销手段，产品与市场等。

1.6 风险所在

如技术开发风险，产程开发风险，市场变化的风险，集中于经理层的管理风险。

2. 创业投资项目公司基本资料

2.1 创设公司的缘起

2.2 创设新公司的营业内容
2.3 预计资本额
2.4 设立公司的各项手续及其日程表
2.5 联络人及地址
3. 公司组织
3.1 筹备期间筹备处组织
3.2 公司设立后组织系统图
3.3 预定担任主要经理人资料
包括主要学(经)历,目前担任其他公司的职务,应聘条件。
4. 股权结构(此部分草拟时资料较少,在引资过程中会渐渐充实)
4.1 技术、资产、专利等作价的安排
4.2 现金股股东的权利义务
现金股股东现金出资金额,主要股东预计现金出资金额。
4.3 董事令、监事令人员的安排
包括所有股东的董事会名单,监事令人员名单。
5. 业务内容
5.1 产业市场分析
5.1.1 国内市场现状及其增长率预测
5.1.2 世界市场现状及其增长率预测
5.1.3 特殊地区目标市场及其增长率预测
5.2 行业的竞争状况
5.2.1 国内竞争厂商概况
5.2.2 世界竞争厂商概况
5.2.3 特殊地区目标市场竞争厂商概况
5.3 营销策略介绍
包括营销手段与定价策略,重要销售契约的缔结。
5.4 未来5年的产品销售收入预测表(包括各项假设)
5.5 为拓展业务的营业预算
包括参加国内外展览费用,样品费用,媒体广告预算等。
6. 技术与生产
6.1 关键技术说明与来源

包括重大技术合作契约,如自行开发时,研究开发经费预算。

6.2 生产与制造

6.2.1 主要产品及产制流程

包括进料质量管制流程表、生产流程及质检流程表。

6.2.2 主要产品原料来源及其成本

6.2.3 工厂员工人数,学(经)历要求,工资水准一览表

6.2.4 厂房设备

包括预计工厂设置地区,土地与厂房面积,主要机器设备,工厂最大生产能力,以及上述购建经费预算一览表。

7. 财务预算

7.1 未来12个月按月分别预测的现金流量表(包括假设条件)

此部分在投资计划书草拟初期可能因资料不齐或不确定因素大多,无法正常草拟,但筹备处成立后就可提供较具体较确切的数字。

7.2 未来5年按年度预测的现金流量表(包括假设条件)

7.3 资金需求汇总

7.4 未来5年预测损益表(包括假设条件)

7.5 未来5年预测资产负债表(包括假设条件)

7.6 敏感性分析

8. 投资报酬率分析

8.1 依据7.4计算投资回收期间

8.2 依据7.4计算本年度预测投资报酬率及净值报酬率

8.3 依据7.4以年利率计算未来5年净现值(按各年度分别累计两行并列)

9 风险分析与投资管理

9.1 技术开发风险,对于6.1关键技术开发风险的分析

9.2 产品开发风险,对于6.2生产与制造开发风险的分析

9.3 市场风险,对于5.4有关销售收入各项假设条件的分析

9.4 投资管理,拟请投资者参与的程度

第六章 新创企业成长与管理

【学习目标】

通过本章学习,对企业本质、建立企业流程、新企业成立相关的法律问题和新企业风险管理等有所了解,进而认识到创办企业所必须关注的问题。

第一节 成立新企业

一、企业组织形式选择

在创建企业时,如何选择一个适宜的企业组织形式?这个问题常常使创业者感到困惑。适合任何情境的企业组织形式并不存在,创业者应结合自己的偏好、中长期需求、税收环境,来权衡各种企业组织形式的利弊。如果创业者最初选择的形式不再适合企业的发展,也可以在企业经营过程中择时变更企业的法律形式,关键是创业者应仔细地思考当前与未来的需求以及相关成本。对于新企业而言,精心挑选企业组织形式至关重要,因为每种组织形式本质上是在各因素之间作出的权衡。

一家新创企业可以选择的组织形式有多种,主要有:个人独资企业、合伙企业、有限责任公司(包括一人有限责任公司)和股份有限公司。

(一)个人独资企业

个人独资企业(sole proprietorship)是由一个人所有并由其经营管

理的企业,其特点是个人出资,并由出资者个人所有、个人经营和控制,出资人以其个人财产对企业债务承担无限责任,其经营成果归出资者个人支配。这就意味着投资者个人享受全部的收益权并承担企业的所有债务和其他义务。投资者负有无限责任,即用企业资产和个人资产为企业的所有债务承担法律上的责任。当企业不能偿还债务时,投资者不得不变卖其私家车、房产、收藏品,甚至一切可以偿还债权人债务的资产。

个人独资企业一般属于自然人企业,不具有法人资格。它是一种最古老、最简单、最普遍的企业组织形式,它的出现最早可以追溯到古埃及和古罗马时代。目前,它仍然是在数量上占绝对优势的组织形式。我国法律规定,设立个人独资企业除了应具有投资人主体(自然人)外,还必须具备合法的企业名称,有投资人申报的出资,有固定的生产经营场所和必要的生产经营条件,以及必要的从业人员。具备这些条件后,投资者就可到所在地工商行政管理登记机关申请登记,经核准,领取营业执照后,方可营业。2000年1月1日开始施行的《中华人民共和国个人独资企业法》第八条规定了设立个人独资企业的条件:(1)投资人为一个自然人;(2)有合法的企业名称;(3)有投资人申报的出资,国家对其注册资金实行申报制,没有最低限额;(4)有固定的生产经营场所和必要的生产经营条件;(5)有必要的从业人员。只要满足以上五种条件,就可以申请设立个人独资企业。

1. 个人独资企业的优点

首先,创业制约因素较少。开设、转让与关闭企业等,一般仅需向工商部门登记即可,手续简单。创业者在企业管理、经营上有很大的自由度和灵活性。由于是个人独资,有关企业销售数量、利润、生产工艺、财务状况等均可保密,有助于企业在竞争中保持优势。其次,开办个人独资企业,只需交纳个人所得税,无须双重课税;税后利润归创业者个人所有,不需要和别人分摊。此外,对创业者来说,创业成功带来的收获,不仅仅是经济利益,更是自我价值的充分体现与肯定。

2. 个人独资企业的缺点

独资企业最大的缺点是创业者个人承担无限财产责任,即当企业资产不足以清偿企业债务时,法律规定企业主不是以投资企业的财产为限,而是要用企业主个人的其他财产来清偿债务。也就是说,一旦经营失败,创业者有可能倾家荡产。企业所有权和经营权高度统一的产权结构,虽然使企业拥有充分的自主权,但这也意味着企业是自然人的企业,业主的病、死,他个人及家属知识和能力的缺乏,都可能导致企业破产。此外,个人业主投资的流动性非常低,同时,因为企业所有权不能分散,个人独资企业几乎不能获得投资。无限责任和难以筹资是创业者放弃个人独资企业而选择公司制或有限责任制的两个主要原因。

(二) 合伙企业

合伙企业(partnership)是两个或两个以上的个人为了获益而作为共同的企业所有者形成的企业。合伙企业是依照《中华人民共和国合伙企业法》设立的、由各合伙人订立书面合伙协议、共同出资、合伙经营、共享收益、共担风险,并对合伙企业债务承担无限连带责任的营利性组织。每位合伙人可以用货币、实物、知识产权、土地使用权或者其他财产权利出资,也可以用劳务出资。对出资的评估作价可以由合伙人协商确定,无须验资。合伙企业不是法人,它与个人独资企业一样要承担无限责任,由合伙人分别缴纳个人所得税。按每个合伙人所负担的责任差别,合伙企业分为一般合伙(general partnership)和有限合伙(limited partnership)两种形式。

1. 一般合伙制

一般合伙制(general partnership)是两个或更多人汇集各自技能、能力和资源来共同管理企业的组织形式。一般合伙人每人均可代表企业,以企业的名义签订合同。每人都负有无限责任,即当企业的资金不足以抵债时,每个合伙人都有连带责任,要以自己的个人财产承担企业的债务。《中华人民共和国合伙企业法》(中华人民共和国主席令(第五十五号)第十四条规定设立普通合伙企业,应当具备下列条件:(一)有二个以上合伙人。合伙人为自然人的,应当具有完全民事行为能力;(二)有书面合伙协议;(三)有合伙人认缴或者实际缴付的出资;(四)有合伙企业的名称和生产经营场所;(五)法律、行政法规规定的其他条件。

(1) 一般合伙企业的优势

与个人独资企业相比,一般合伙制的最大优势在于企业的成败并不取决于某一个体,通常情况下,对于企业的经营问题,各合伙人有同等的发言权。此外,合伙企业较之独资企业,资本来源扩大了,信用能力增强了,可能比较容易从若干投资者手中集中较多的资金,企业可以进一步扩大。同时,由于两个或更多合伙人参与经营,合伙企业比独资企业的管理能力要强,且可能进行某种程度的专业分工。合资企业的灵活性较强,合伙企业能针对市场的需求变化,快速作出是否投资的决策,且企业组织简单,具有适应市场变化经营灵活的特点,其设立和解散比较容易。从税收上看,一般合伙企业与个人独资企业类似,其利润和损失计入合伙人的个人报税单。

(2) 一般合伙企业的劣势

一般合伙企业的最大劣势在于所有合伙人都对合伙企业的债务和义务负责。在涉及合伙企业利益时,所有合伙人可能会因为某位合伙人的过失而遭受损失,且合伙人有了分歧时不易取得一致。合伙企业一般与较低的生产力水平和较低的分工协作程度相联系,它比较适合单一、小规模的商品经营,而不适合较大规模和多样化的商品经营。合伙企业有多个投资者时,各投资者之间根据合伙协议确定企业的管理方式和企业的利益分配。但是,通常情况下,合伙人之间要承担连带责任,债权人可以向合伙企业的任何合伙人申请清偿债务,该合伙人不得以合伙协议的有关约定对债权人提出抗议理由,即如果合伙协议中约定:合伙人根据合伙时的投资比例承担合伙企业的债务和享有合伙企业的利益,那么该约定只对合伙人有效,而对债权人不发生效力。

2. 有限合伙制

有限合伙制(limited partnership)是一般合伙制的改进形式,两者最大的区别在于有限合伙企业有两种不同的所有者:一般合伙人和有限合伙人。与一般合伙制相同,一般合伙人对合伙企业的债务和义务负责,但有限合伙人仅以投资额为限承担有限责任,即有限合伙企业的一般合伙人负有无限责任,其他人则负有限责任,但企业只能由负有无限责任的合伙人经营,其他合伙人不得干预。有限合伙人类似于一般投资者,他们不参与企业经营,仅以自己投入的资本对企业的债务负责。通常而言,有限合伙制是筹集资金的好途径,也是在不组建公司制企业的条件下分散风险的有效方式。

(三) 公司制企业

公司制(corporation)是在克服独资企业和合伙企业的缺陷的基础上产生的,是指由两个或两个以上的出资者以一定形式共同出资(出资者的最低数量由各国公司法规定,各国规定不尽相同)而组成的法人企业。出资者可以是法人,也可以是自然人。公司制企业是依照公司法组织、登记并成立的营利性的社团法人。公司是法人,在法律上具有独立的人格,这是公司制企业与个人企业、合伙企业的重要区别。根据《中华人民共和国公司法》,我国的公司可分为有限责任公司(包括一人有限责任公司)和股份有限公司两种类型。

有限责任公司的股东以其认缴的出资额为限对公司承担有限责任,公司以其全部资产对公司的债务承担责任。《中华人民共和国公司法》(中华人民共和国主席令第四十二号)第二十三条规定,设立有限责任公司,应当具备下列条件:(一)股东符合法定人数;(二)股东出资达到法定资本最低限额;(三)股东共同制定公司章程;(四)有公司名称,建立符合有限责任公司要求的组织机构;(五)有公司住所。

股份有限公司,其全部资本划分为等额股份,股东以其认购的股份为限对公司承担责任,公司以其全部资产对公司的债务承担责任。《中华人民共和国公司法》(中华人民共和国主席令第四十二号)第七十七条规定,设立股份有限公司,应当具备下列条件:(一)发起人符合法定人数;(二)发起人认购和募集的股本达到法定资本最低限额;(三)股份发行、筹办事项符合法律规定;(四)发起人制订公司章程,采用募集方式设立的经创立大会通过;(五)有公司名称,建立符合股份有限公司要求的组织机构;(六)有公司住所。

1. 公司制企业的优势

公司股东的个人财产与其投入公司的财产彻底分离,股东以其出资额为限,对公司承担责任,即负有限责任。此外,有限责任公司可以吸纳多个投资人,促进资本的有效集中,这种多元化的产权结构有利于创业企业决策的科学化,从而促进企业稳定经营并逐步扩张。随着规模的扩大,企业需要更多的专业管理知识和技能,企业对专业管理的依赖性随之增加,从而能够提高管理效率。与独资企业和合伙企业不同,公司制企业可以无限期地存在于市场中。如果一位主要股东死亡,所有权会简单地转移至继承人手中。如果这些继承人不想持有该股票,他们就会将其出售。简而言之,只要股票交易市场存在(且企业经营状况良好),股东就可转让企业所有权,但企业仍存在于市场中。

2. 公司制企业的劣势

开办公司制企业,首先需要双重纳税,即公司营利要上缴公司所得税,创业者作为股东还要上缴企业投资所得税或个人所得税。其次,组建难度大,限制条件比较多且费用高,这些费用包括注册成立公司缴纳的注册费和向当地政府缴纳的管理费。此外,当公司规模达到一定程度时,其内部控制又将成为一个难点。为了配合政府的监管,公司制企业必须对种种数据进行记录,且企业必须向每位股东提供年度报告,因此其运营的机密性要大大低于其他组织形式。

表 6-1 不同企业组织形式的比较[①]

	优势	劣势
个人独资企业	手续非常简便,费用低 所有者拥有企业控制权 可以迅速对市场变化作出反应 只需交纳个人所得税,无须双重课税 在技术和经营方面易于保密	承担无限责任 企业成功过多依赖创业者个人能力 筹资困难 企业随着创业者退出而消失,寿命有限 投资流动性低
合伙企业	手续比较简单,费用低 经营上比较灵活 企业拥有更多人及其技能和能力 资金来源较广,信用度较高	承担无限责任 企业绩效依赖合伙人的能力,企业规模受限 企业往往因关键合伙人死亡或退出而解散 投资流动性低,产权转让困难
有限责任公司	创业股东只承担有限责任,风险小 公司具有独立寿命,易于存续 可以吸纳多个投资人,促进资本集中 多元化产权结构有利于决策科学化	创立的程序比较复杂,创立费用较高 存在双重纳税问题,税收负担较重 不能公开发行股票,筹集资金的规模受限 产权不能充分流动,资产运作受限
一人公司	设立比较便捷,管理成本比较低	缺乏信用体系,筹资能力受限,财务审计条件严格,运营较难

---

① 张玉利主编:《创业管理》,机械工业出版社 2011 年版,第 176 页。

续表

	优势	劣势
股份有限公司	创业股东只承担有限责任,风险小 筹资能力强 公司具有独立寿命,易于存续 职业经理人进行管理,管理水平较高 产权可以股票形式充分流动	创立的程序比较复杂,创立费用较高 存在双重纳税问题,税收负担较重 股份有限公司要定期报告公司的财务状况、公开自己的财务数据,不便严格保密 政府限制较多,法规的要求比较严

二、企业注册流程

明确了企业基本组织形式的优缺点之后,接下来要做的是:到企业登记机关办理登记手续,取得营业执照;刻制企业印章,申办企业组织代码证;选择一家商业银行,办理企业基本账户及一般账户;办理税务登记,领取税务发票。下面将主要介绍创建新企业的工商、银行、税务等方面的企业运营事务。

(一) 企业办理工商注册登记

1. 企业名称的预先核准

俗话说:"人靠衣装,佛靠金装。"创建一个新企业,其名称也需要有好的设计,引起顾客美好的想象,才能有利于新创企业树立良好的形象。

(1) 企业名称的构成

一般而言,企业名称是由"行政区划+商号+行业+法律组织形式"依次构成的,应使用符合国家规范的汉字,不得使用汉语拼音字母、阿拉伯数字。如武汉天勤信息技术有限公司,"武汉"为行政区划,即确定在中国的哪个省、市、县创建一个新企业;"天勤"为商号,主要解决创建的新企业区别于其他企业的标识问题;"信息技术"主要传递企业经济活动性质(即从事什么行业或经营什么行当);"有限公司"为法律组织形式,主要传递企业投资人法律责任的信息。

下面简要阐述一下企业名称的构成要素。

① 行政区划

企业名称中的行政区划是指企业所在地的省(包括自治区、直辖市)或市(包括州)或县(包括市辖区)行政区划名称。也就是说,创业者一旦决定选择某个城市创办一家企业,企业中的行政区域地就确定了,即使将来想改,也只能以成立子公司的名义另择某一城市创办一家有独立法人资格的公司。

② 商号

企业名称的区别主要体现在商号上。商号作为企业的标识,代表着企业产品的一种形象。睿智的创业者给自己的企业起一个好名字,不仅预示着企业的成长和发展有好兆头,而且该名字还可以直接注册为产品的商标,成为企业的无形资产。例如,马化腾给公司起名为"腾讯",可谓独具匠心。"腾"字一方面使公司与其本人密切相关,另一方面有腾飞、发达的意思。"讯"字缘于原工作单位"润迅"对马化腾的影响。英文名"Tencent"则参考了著名的通信公司朗讯(Lucent)。后来,腾讯公司在中国香港上市,"Tencent"的英文名被香港人称为"十分钱"(ten cent),恰好那时腾讯公司是短信内容提供商,用户所发的短信,腾讯收费一角钱一条,正好十分钱,很是贴切、形象。① 因此,给企业起名也蕴含着较深的学问。俗话说,千金易得,好名难求。何为好名? 好名字要做到:新颖、典雅、含蓄、响亮。由于文字的发展也遵循成本最小化的规律,给企业起名,切忌生僻古怪和谐音不雅,力求做到易认、易记、易写、易读、易懂。考虑到企业成立后的商标注册事宜,最好能够把企业的商号与商标整合到一起。

③ 行业

一般而言,创业者应根据自己的经营范围或经营方式确定企业名称中的行业或经营特点的字词。创办者选定的字词应当具体反映企业生产、经营或服务的范围、方式或特点。依据国家工商行政管理总局颁布的《企业名称登记管理实施办法》的规定:"企业经济活动性质分别属于国民经济行业不同大类的,应当选择主要经济活动性质所属国民经济行业类别用语表述企业名称中的行业。"当然,企业为反映其经营特点,可以在名称中的字号之后使用国家(地区)名称或者县级以上行政区划的地名。例如,武汉××四川火锅有限公司,北京××巴

---

① 林军、张宇宙:《马化腾第一桶金:传言启动资金来自炒股》,《证券时报》2009 年 8 月 19 日。

西烧烤有限责任公司。这些地名就不视为企业名称中的行政区划,这类字词(如"四川火锅""巴西烧烤"等)均属企业的经营特点。同时,给企业起名时,不得有明示或者暗示有超越其经营范围的业务之嫌。

④ 法律组织形式

目前,我国企业使用的法律组织形式大体有两类:法人公司类和其他企业类。其中法人公司类有"有限责任公司"和"股份有限公司"。建立股份有限公司注册资本不低于 500 万元,因而不在创业者考虑的范畴之内。创业者一般以"有限责任公司"作为新企业的法律组成形式,而创建独资企业或合伙企业一般以"厂""店""馆""所""社""堂"等字词冠名,以区分两类不同企业的法律组织形式。

(2)企业命名的方法和途径

企业命名的方法和途径有很多种,这里主要简单介绍下较为常用的方法和途径①:

① 段式命名法。具体包括"一段式(姓氏,如周记)""二段式(姓氏+行业,如王氏车行)""三段式(地名+序号+行业,如天津第一棉纺厂)""四段式(行政区划+字号+行业+组织形式,如北京义利食品有限公司)"。

② 吉利命名法。主要是用字图吉利、读音讨口彩,例如兴隆有限公司等。

③ 幽默命名法。借用幽默的词汇或民间口语化用字作为名称,如傻子瓜子。

④ 历史或人名命名法。主要是利用突出的著名历史事件或者借用古人名、创始人等名人效应命名,如孔府酒家、戴尔电脑、希尔顿酒店等。

⑤ 典故命名法。例如狗不理包子等。

⑥ 价格命名法。主要是暗示价格幅度,如一元店、十元店等。

此外,常用的企业命名法还包括联想命名法、对象命名法、特征命名法等。

(3)企业名称预先核准方法

明确了企业名称的构成要素后,创业者需进行名称的预先核准。

---

① 张玉利主编:《创业管理》,机械工业出版社 2011 年版,第 182 页。

按照《企业名称登记管理实施办法》的规定,按照企业名称预先核准提交材料的规范要求,拟将自己起好的企业名字予以核准,可按以下方法进行:

- 准备好全体投资人签署的《企业名称预先核准申请书》。
- 准备好全体投资人签署的《指定代表或者共同委托代理人的证明》及指定代表或者共同委托代理人的身份证复印件(本人签字);并标明具体委托事项、被委托人的权限、委托期限。
- 直接到工商行政管理机关办理企业名称预先核准的,工商行政管理机关一般当场就可以对申请预先核准的企业名称,作出核准或驳回的决定。予以核准的,发给《企业名称预先核准通知书》;予以驳回的,发给《企业名称驳回通知书》。通过邮寄、传真、电子数据交换等方式申请企业名称预先核准的,按照《企业登记程序规定》执行。

2. 企业注册验资报告的获取

验资是指注册会计师依法接受委托,对被审验单位注册资本的实收情况或注册资本及实收资本的变更情况进行审验,并出具验资报告。企业(个人独资企业、合伙企业等工商登记机关不要求提交验资报告)在申请开业或变更注册资本前,必须委托注册会计师对其注册资本的实收或变更情况进行审验。当企业与一家会计师事务所签订验资业务委托书后,该会计师事务所依次验明以下资料的原件(留存复印件)后,一个工作日后即可获得会计师事务所出具的验资报告。具体验资流程如下:

- 验明公司名称核准通知书。
- 验明由各股东签字(章)确认的公司章程。
- 验明股东身份证明,即个人股东提供身份证原件及复印件,法人(公司)股东提供营业执照原件及复印件。
- 查阅验资临时账户(凭企业名称核准通知书到商业银行开设)的资金情况,即验明股东投资款缴存银行的进账单(支票头)或现金缴款单。各股东全部以现金出资的,应根据公司名称核准通知书及公司章程规定的投资比例及投资金额,分别将投资款缴存公司临时账户,缴存投资款可采用银行转账或直接缴存现金两种方式。
- 协助会计师事务所到公司开户银行询证股东投资款实际到账情况。

3. 营业执照的申办程序

申办企业营业执照是实施创业活动过程中的里程碑。只有取得了营业执照,新创企业才能开始合法的生产经营和服务活动,正式开始创业旅程。

(1) 企业登记材料的准备

创业者要创办一家有限公司,需按有限责任公司设立登记提交材料规范的要求,认真备齐材料,然后到所在地的工商行政管理局企业登记注册处正式提交申请。具体材料如下:

- 公司法定代表人签署的《公司设立登记申请书》。
- 全体股东签署的《指定代表或者共同委托代理人的证明》及指定代表或委托代理人的身份证件复印件;标明指定代表或者共同委托代理人的办理事项、权限、授权期限。
- 全体股东签署的公司章程。
- 股东的主体资格证明或者自然人身份证件复印件。
- 委托验资的会计师事务所出具的验资报告。
- 股东首次出资是非货币资产的,须提交已办理财产转移手续的证明文件。
- 董事、监事和经理的任职文件及身份证件复印件;法定代表人任职文件及身份证件复印件。
- 住所使用证明。
- 《企业名称预先核准通知书》。
- 公司申请登记的经营范围中有法律、行政法规和国务院决定规定必须在登记前报经批准的项目,提交有关的前置审批文件或许可证书复印件。

(2) 登记机关的审查、受理和决定

审查是注册审批工作的关键环节,主要由工商行政管理局关来完成。在审查过程中,申请材料不齐全或者不符合法定形式的,企业登记机关会当场或者在 5 日内一次告知申请人需要补正的全部内容。如果企业登记机关作出不予登记决定,会出具《登记驳回通知书》,注明不予登记的理由。一般而言,申请人或者其委托的代理人到企业登记机关提交申请予以受理的,会当场作出准予登记的决定,并出具《准予设立登记通知书》,大概 3 个工作日后可领取营业执照。

（3）营业执照的颁发

营业执照是企业法人营业执照的简称，是企业或组织合法经营权的凭证。营业执照的登记事项有：注册号、名称、住所、法定代表人姓名、注册资本、实收资本、公司类型、经营范围、成立日期、经营期限十项内容。营业执照分正本和副本，二者具有同等法律效力。正本应当置于公司住所或营业场所的醒目位置，营业执照不得伪造、涂改、出租、出借、转让。

4. 企业刻制印章

企业印章又称企业公章，是指刻有企业规范名称的印章，主要包括企业规范名称章以及冠以规范名称的合同、财务、税务、发票等专用章。企业印章非常重要，它盖在文件、合同、票据等书面材料上就代表着企业的意志，具有法律效力。国家对公司公章的权威性也给予保护，企业没有按照国家有关规定刻制、使用和保管印章，给他人造成伤害的，应承担相应的法律责任。因此，企业印章必须依法刻制，妥善保管和正确使用。

（1）新创企业印章刻制规定

新创企业刻制印章，须凭工商部门的《刻制公章通知书》和营业执照副本、公章样式等材料到公安机关指定的刻字社（部、门市）刻制公章。企业规范名称章只能刻制一枚，若有必要，可再刻制一枚规范名称的钢印；合同专用章、发票专用章可以刻多枚，但每一枚须用阿拉伯数字予以区分。企业印章刻好以后以及每年年检期间，还须将公章、合同专用章印鉴连同《年检报告书》报送工商行政管理机关备案。

刻制企业内设机构章、法定代表人章、财务会计出纳专用章的，可直接凭本企业的介绍信、营业执照副本及所刻人名章的居民身份证到刻字社刻制。企业内设党、团、工会等机构，按有关组织法的规定，须报上级机关批准后，持有关批准文件到机关指定的刻字社刻制印章。

（2）企业重新刻制印章规定

因变更名称或印章损坏原因，需要重新刻制公章和其他业务专用章的，拿营业执照副本和企业公函到公安机关办理准刻手续，企业应将旧印章送公安机关指定的刻字社销毁后，方可启用新的印章。

企业公章或业务专用章丢失，需要重新刻制的，应先在公开发行的报刊上刊登印章丢失作废公告，公告刊载后，企业持公告及营业执照到原批准刻制的公安机关办理印章丢失备案登记和补刻印章的准刻手续。重新刻制的印章在式样等方面应当与丢失的印章加以区别。

5. 企业办理组织机构代码证

组织机构代码是国家质量技术监督部门根据国家有关代码编制规则编制，赋予国家机关、事业单位、社会团体及其他组织机构在全国范围内唯一的、始终不变的法定标识，其作用相当于单位的身份证号。组织机构代码书包括正本、副本、和电子副本（IC卡）。目前，组织机构代码已在工商、税务、银行、公安、财政、社会保障、统计、海关等40多个部门广泛应用，成为连接各行政职能部门之间信息管理系统的桥梁和不可替代的信息传输纽带。

办理组织机构代码要选择相应的代码中心进行办理。具体的规定是：不同行政级别批准成立的公司到其相应的代码中心办理代码证书。新创企业应自成立之日起30日内到所在地的质量技术监督部门申办组织机构代码，申请时必须准备好以下材料：

- 填写好组织机构代码申请表。
- 提供企业法定代表人的身份证原件及复印件。
- 提供委托书、委托人身份证原件及复印件。
- 提供营业执照副本原件及复印件。

质量技术监督部门在受理申请后将对申请企业提交材料的真实性、合法性、有效性进行审核，符合条件的核准登记，发给代码证书；不符合条件的，退回申请或告知补齐有关资料。

6. 企业办理国税、地税登记

税务登记是纳税人履行纳税义务向税务机关办理的必要的法律手续，是税务机关依据税法之规定对税务单位和个人的生产经营活动进行登记管理的一项制度。依法纳税是企业的基本义务。新创企业须在领取营业执照之日起30日内申办税务登记，取得税务登记证。纳税人应把税务登记证悬挂在营业场所，亮证经营。

（1）税务登记材料的准备

我国税务登记实行属地管理。新创企业应当到生产、经营所在地或者纳税义务发生地的主管税务机关申报办理税务登记，如实填写税务登记表，并按照税务机关的要求提供有关证件、材料。申报税务登记须准备以下材料：

- 填写好《税务登记表》。
- 提供营业执照(副本原件、正本复印件)。
- 有关合同、章程、协议书复印件及验资报告。
- 法定代表人的身份证原件及复印件。
- 财务负责人会计证、身份证复印件。
- 组织机构代码证书副本原件及复印件。
- 生产经营场所的所有权证明或租赁合同。
- 主管税务机关要求提供的其他材料。

(2)税务机关的核查

主管税务机关对纳税人的申请登记报告、税务登记表、营业执照及有关证件审核后,即可准予登记,并发给税务登记证。新创企业在领取税务登记证件后,就可以向主管税务机关申请领购发票。设立税务登记业务流程如图6-1。

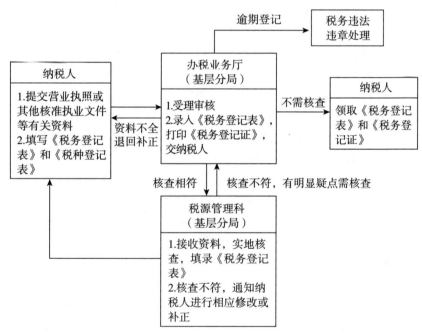

图6-1 设立税务登记业务流程

7. 企业开设银行账户

企业银行账户是企业为办理存贷款业务和进行资金收付活动在

银行开设的户头。根据国家现行有关制度的规定,每个独立核算的经济单位之间的资金往来,除了按照规定可以使用现金的以外,均需通过银行办理转账结算。

新创企业一般都要开立银行结算账户。银行结算账户是指银行为存款人开立的办理资金收付结算的人民币活期存款账户,按用途分为基本账户、一般账户、临时账户和专用账户。其中,基本账户是企业办理日常转账资金收付和现金收付的账户,企业工资、奖金等现金的支取,只能通过此账户办理。企业只能在银行开立一个基本账户,其他银行只能开立基本账户以外的银行借款、转存业务。当然,新创企业也可以根据企业经营发展需要,开通网上银行。

开设银行账户的基本程序如下:
- 填写开户申请书,即企业要在银行开立账户,须向选定的开户行提出申请,填写开户申请书。
- 提交企业法人营业执照正本原件及复印件。
- 提供法定代表人身份证原件及复印件。
- 提供企业组织机构代码证本原件及复印件。
- 企业税务登记证正本原件及复印件。
- 经办人的身份证原件及复印件。
- 提交与留在银行的印鉴卡,并加盖今后签发支票凭证时使用的印章。
- 开户银行审查,即开户银行对开户企业提交的开户申请书,有关证明、印签卡等文件,根据银行有关规定进行审查。经审查同意后,银行确定账号、登记开户、发证,企业就可以领取有关现金及转账支票,开展各种往来结算业务。

三、创办企业必须考虑的法律与伦理问题

创业涉及的法律和伦理问题相当复杂。对于创业者而言,最重要的是认识到这些问题并避免代价昂贵的失误。

(一)必须考虑的法律问题

1. 新创企业涉及的法律因素

一个社会的法律规定,为其公民能做什么或不能做什么建立了一个框架,这个法律框架同样在一定程度上允许或禁止创业者所做的某些决策和采取的行动。显然,新创企业会受到所在地法律的影响,创

业者在创建新企业之前必须清楚地了解所涉及的法律因素。

创业者在创建新企业的组织形式之前必须了解到影响新企业创建的法律问题。因为在每一个创建活动中,创业者的活动都会受到特定的法律和规定的限制。在企业的创建阶段,创业者面临的法律问题包括:确定企业的法律形式、设立税收记录、进行租赁和融资谈判、起草合同、申请专利等。当企业创立起来,在实际运营中,也会遇到一些法律问题,如人力资源管理(劳动)法规、安全法规、财务和会计法规等。表6-2指出了影响创业企业的一些基本法律问题。

表6-2 创业企业不同阶段的法律问题[①]

创建阶段的法律问题	经营现行业务中的法律问题
确定企业的法律形式	人力资源管理(劳动)法规
设立税收记录	安全法规
进行租赁和融资谈判	质量法规
起草合同	财务和会计法规
申请专利、商标和版权保护	市场竞争法规

尽管上述这些影响可能在某一企业达到一定规模时才会发生,但事实上,新创企业都追求发展,意味着创业者必将面临这些不可回避的法律问题。

2. 新创企业涉及的重要法律法规

创业者在创建和经营企业的过程中,必须了解和遵守有关法律法规,以确保自身和他人的利益没有受到非法侵害。与创业有关的法律主要包括《专利法》《商标法》《著作权法》《反不正当竞争法》《合同法》《产品质量法》《劳动法》等。

知识产权是人们对自己通过智力活动创造的成果所依法享有的权利。知识产权包括专利、商标、版权等,通常是企业中最有价值的资产。《知识产权法》使拥有它们的企业具有专有性权利,而且知识产权可以通过许可证经营或出售,带来许可经营收入。实际上,几乎所有的企业,当然也包括新创企业,都拥有一些对其成功起关键作用的知

---

① 张玉利主编:《创业管理》,机械工业出版社2011年版,第174页。

识、信息和创意。而企业运营的每个方面都可能拥有应该加以保护的知识产权,表6-3 提供了中等规模创业企业各个部门的知识产权的例子。

表6-3 中型创业企业各部门中典型的知识产权[①]

部门	典型的知识产权形式	常用保护方法
营销部门	名称、标语、标识、广告语、广告、手册、非正式出版物、未完成的广告拷贝、顾客名单、潜在顾客名单及类似信息	商标、版权和商业秘密
管理部门	招聘手册、员工手册、招聘人员在选择和聘用候选人时使用的表格和清单、书面的培训材料和企业的时事通讯	版权和商业秘密
财务部门	各类描述企业财务绩效的合同、幻灯片、解释企业如何管理财务的书面材料、员工薪酬记录	版权和商业秘密
管理信息系统部门	网站设计、互联网域名、公司特有的计算机设备和软件的培训手册、计算机源代码、电子邮件名单	版权、商业秘密、注册互联网域名
研究开发部门	新的和有用的发明和商业流程、现有发明和流程的改进、记录发明时期和不同项目进展计划的实验室备忘录	专利和商业秘密

从表6-3 中列示的各种典型的知识产权可以看出,知识产权是人类智力的产物,是无形的,但拥有市场价值。与传统观念中的物质资产如土地、房屋和设备等有显著区别。事实上,现在这种凝结了人类想象力、创造力和独创能力的知识资产已逐渐成为企业中最具价值的资产。因此,对于新创企业的创业者来说,了解知识产权的内容和相关法律法规,以避免无意中违反知识产权法律,意义更加非比寻常。

(1) 专利

专利是由政府授予的禁止其他人在专利期内制造、出售或使用发明的权利。专利制度主要是为了解决发明创造的权利归属与发明创

---

① 〔美〕布鲁斯·R.巴林格、R.杜安·爱尔兰等:《创业管理:成功创建新企业》,杨俊、薛红志等译,机械工业出版社2010年版,第204页。

造的利用问题。《专利法》可以有效保护专利拥有者的合法权益。创业者对其个人或企业的发明创造应及时申请专利,以寻求法律保护,使自己的利益不受侵犯,或者在受到侵犯时,有法律依据提出诉讼,要求侵害方予以赔偿。专利保护在美国历史悠久,最早可以追溯到 1790 年,是《美国宪法》中唯一明确提到的知识产权形式。我国自 1984 年 3 月 12 日颁布《中华人民共和国专利法》后,先后进行了三次修正。1992 年 9 月 4 日进行第一次修正,2000 年 8 月 25 日进行了第二次修正,2008 年 12 月 27 日进行了第三次修正,并于 2009 年 10 月 1 日起施行。

(2) 商标

商标是生产经营者在其生产、制造、加工、拣选或者经销的商品或服务上采用的,为了区别商品或服务来源、具有显著特征的标志,一般由文字、图形或者其组合构成。商标是企业的一种无形资产,具有很高的价值,这种价值体现在其独特性和所生产的经济利益上。商标包括注册商标和未注册商标,经国家核准注册的商标为"注册商标",受法律保护。商标注册人享有商标专用权。注册商标的有效期为十年,可以申请续展,每次续展注册的有效期也是十年。目前我国只对人用药品和烟草实行强制注册。我国自 1982 年 8 月 23 日颁布了《中华人民共和国商标法》后,1993 年 2 月 22 日进行了第一次修正,2001 年 10 月 27 日进行了第二次修正,并于自 2002 年 9 月 15 日起施行。

(3) 著作权

著作权,又称为版权,是指文学、艺术和自然科学、社会科学作品的作者及其相关主体依法对作品所享有的人身权利和财产权利。我国的著作权制度包括发表权、署名权、修改权、保护作品完整权、复制权、发行权、出租权、展览权、表演权、放映权、广播权、信息网络传播权、摄制权、改编权、翻译权、汇编权、应当由著作权人享有的其他权利,共计十七种人身权和财产权。著作权的保护期限为作者有生之年加上去世后 50 年。我国实行作品自动保护原则和自愿登记原则,即作品一旦产生,作者便享有著作权,无论登记与否都受法律保护;自愿登记后可以起证据作用。国家版权局认定中国版权保护中心为软件登记机构,其他作品的登记机构为所在省级版权局。我国于 1990 年 9 月 7 日颁布了《中华人民共和国著作权法》,于 2001 年 10 月 27 日进行了第一次修正,2010年2月26日进行了第二次修正,并于2010年4月1日起施行。此外,计算机软件属于版权保护的作品范畴,我国根据《著作权法》,于1991年6月4日颁布了《计算机软件保护条例》。

除了与知识产权相关的法律法规外,还有《反不正当竞争法》《合同法》《产品质量法》《劳动法》等法律法规也是创业者及其新创企业所必须关注和了解的。

3. 必须考虑的伦理问题

所谓的伦理是指处理人、群体、社会、自然之间关系的行为规范。企业伦理(又称为企业道德)就是企业经营本身的伦理,是企业在处理内部员工之间以及企业与社会、企业与顾客之间关系的行为规范的总和。伦理是企业赖以生存的基石,是企业一种极为宝贵的无形资产,会对人的经济行为发生作用,从而促进对企业经济目标的实现。近年来,国内外企业频发的伦理问题引起了很多企业的重视。尤其对于新创企业而言,在其企业制度建设中,必须加强伦理建设。

创建新企业时应注意伦理问题,包括创业者与原雇主之间、创业团队成员之间、创业者和其他利益相关者之间的伦理问题等。

(1) 创业者与原雇主之间的伦理问题

① 职业化行事

雇员恰当地表露离职意图十分重要。同时,在离职当天,雇员应处理完先前分配的所有工作。急不可耐的离职会让雇主十分恼火,而且雇员不应该在最后几天的工作中忙于安排创办企业事宜,这些非职业化的行事风格,也是对当前雇主的时间与资源的不恰当使用。

如果雇员打算离职后在同一产业创业,至关重要的是,他不能带走属于当前雇主的资料信息。雇主有权利防止商业机密失窃(如客户清单、营销计划、产品原型和并购战略等),或阻止商业机密从办公室向雇员家里的非正当移动。此外,雇员还必须了解忠诚于雇主-雇员关系相关法律的精髓。根据所谓的公司机会原则,关键雇员(如高级职员、董事和经理)和技术型雇员(如软件工程师、会计和营销专家)负有对雇主忠诚的特殊责任。当雇员把属于雇主的机会转为己有时,公司机会原则通常会直接出面干预。在职期间,雇员可以利用下班时间策划如何与雇主进行竞争,但绝不允许盗窃雇主机会;只有当雇佣关系终止后,雇员才能说服其他同事到新公司工作,或真正开一家与雇主竞争的企业。

要轻松合理的辞职，要避免任何不恰当行为的嫌疑，打算辞职的雇员必须参照以下实践：

- 至少提前两周表明辞职意图。
- 对你目前的工作负责到辞职那一天，不要占用工作时间安排创业的事宜。
- 在已辞职并得到律师许可前，不要说服同事加入你的新企业。
- 在你仍受雇于雇主时，不要把雇主的机会转移到新公司去。
- 在你仍受雇于雇主时，不要着手创办企业，当你的新企业与雇主存在某种程度的竞争关系时，更不要这样做。
- 除了私人物品，不要带走任何东西。无论你有多么清白，不要在复印机旁停留太久，也不要下班后在办公室逗留。
- 不要用雇主提供的电子邮箱来安排创业事宜，包括下班后。
- 尽可能避免给他人造成从雇主那里获取信息的印象，不要染指本职工作以外的任何事情。

② 尊重所有雇佣协议（保密协议、非竞争协议）

对雇员来说，充分知晓并尊重他曾签署的雇佣协议至关重要。在大多数情况下，关键雇员都签署了保密协议和非竞争协议。保密协议（nondisclosure agreement）是雇员或其他当事人（如供应商）所做的不泄露企业商业秘密的承诺，或者要求雇员在职期间甚至离开公司以后，都必须严格遵守该协议。一些雇员还签署了非竞争协议（noncompete agreement），它规定了在特定时段内，个人禁止与前雇主相竞争。如果签订了非竞争协议，要合理地离开公司，雇员就必须遵守它。

有时，无论个人多么谨慎地寻求合理的离职途径，非议都会接踵而来。现举一例，某人离开一家个人理财软件公司后，开创了设计小企业财务软件的新企业，这家个人理财软件公司就起诉这位前雇员违背了非竞争协议，前雇主辩护的理由是小企业往往采用个人理财软件，而非更昂贵的商业软件。实际上，律师能帮助创业者先发制人以避免这种纠纷的发生，如有必要还能帮助准备辩护词。

（2）创业团队成员之间的伦理问题

创建者之间就新企业的利益分配以及对新企业未来的信心达成一致非常重要。对创业者团队来说，易犯的错误就是因沉迷于开办企业的兴奋之中而忘记订立有关企业所有权分配的最初协议。创建者协议(founders' agreement)(或称股东协议)是处理企业创建者间相对的权益分割、创建者个人如何因投入企业"血汗股权"或现金而获得补偿,以及创业者必须持有企业股份多长时间才能被完全授予等事务的书面文件。

通常,创业者协议的重要议题涉及某位创业者逝世或决定退出带来的权利处理问题。大多数创业协议都包含一个回购条款,该条款规定,在其余创建人对企业感兴趣的前提下,法律规定打算退出的创建人有责任将自己的股份出售给那些感兴趣的创建者。在大多数情况下,协议还明确规定了股份转让价值的计算方法。回购条款的存在至关重要,这是因为:第一,如果某位创建者离开,其余创建者需要用他的股份来寻求接替者;第二,如果某位创建者因为不满而退出,回购条款就给其余创建者提供了一种机制,它能保证新企业股份掌握在那些对新企业前途十分执着的人手中。表6-4列出了创建者协议所包含的主要内容。

表6-4 创建者协议的主要内容[①]

主要内容
未来业务的实质
简要的商业计划
创建者的身份和职位头衔
企业所有权的法律形式
股份分配(或所有权分割)方案
各创建者持有股份或所有权的支付方式(现金或"血汗股权")
明确创建者签署确认归企业所有的任何知识产权
初始运营资本描述
回购条款,明确当某位创建者逝世、打算退出或法院传票逼迫其出售股份时的处理方案

---

① 〔美〕布鲁斯·R.巴林格、R.杜安·爱尔兰等:《创业管理:成功创建新企业》,杨俊、薛红志等译,机械工业出版社2010年版,第120页。

4. 创业者和其他利益相关者之间的伦理问题

(1) 人事伦理问题

人事伦理问题与公正公平地对待现有员工有关。不符合伦理的行为范围非常广泛,从招聘面试中询问不恰当问题到不公平对待员工的方方面面,其根源可能是因为他们在性别、肤色、道德背景、宗教等方面有所不同。

(2) 利益冲突

利益冲突与那些挑战雇员忠诚的情境有关。例如,如果公司员工出于私人关系以非正当商业理由将合同交给其朋友或家庭成员,这就是不恰当的行为。

(3) 顾客欺诈

这个领域的问题通常出现在公司忽视尊重顾客或公众安全的时候,如误导性广告、销售明知不安全的产品等。

三鹿奶粉事件中的伦理问题

石家庄三鹿集团股份有限公司是"中国名牌产品",先后荣获全国"五一劳动奖状"、全国先进基层党组织、全国轻工业十佳企业、全国质量管理先进企业、科技创新型星火龙头企业、中国食品工业优秀企业等省以上荣誉称号二百余项。"三鹿奶粉,今天你喝了吗?""更多三鹿,更多健康!"等是其曾经用过的广告语。然而,就是这样一个庞大的企业,在2008年发生了让国人震惊的大事。

2008年6月28日,位于兰州市的解放军第一医院收治了首例患"肾结石"病症的婴幼儿,据家长反映,孩子从出生起就一直食用河北石家庄三鹿集团所产的三鹿婴幼儿奶粉。7月中旬,甘肃省卫生厅接到医院婴儿泌尿结石病例报告后,随即展开了调查,并报告卫生部。随后短短两个多月,该医院收治的患婴人数就迅速扩大到14名。

9月11日晚卫生部指出,近期甘肃等地报告多例婴幼儿泌尿系统结石病例,调查发现患儿多有食用三鹿牌婴幼儿配方奶粉的历史。经相关部门调查,高度怀疑石家庄三鹿集团股份有限公司生产的三鹿牌婴幼儿配方奶粉受到三聚氰胺污染。卫生部专家指出,三聚氰胺是一种化工原料,可导致人体泌尿系统产生结石。

中国国家质检总局公布对国内的乳制品厂家生产的婴幼儿奶粉的三聚氰胺检验报告后,事件迅速恶化,包括伊利、蒙牛、光明、圣元及雅士利在内的多个厂家的奶粉都检出三聚氰胺。三鹿奶粉事件震惊国内外,如此强大的"中国名牌产品"竟因产品质量问题引发了中国奶制品业的强大"地震",国民一时谈奶色变,我国的企业管理面临巨大的挑战,这不仅是我国企业管理的危机,也是我国企业社会责任的缺乏、社会道德的缺失。

四、新企业选址策略和技巧

企业竞争力的内容具有复杂性和多层次性,对于新创企业而言,所在地区商业环境质量的影响更加突出。从世界各地新创企业成功和失败的经验来看,选址的重要性不言而喻。据香港工业总会和香港总商会的统计,在众多开业不到两年就关门的企业中,由于选址不当所导致的企业失败数量占了总量的50%以上。新企业选址需要综合考虑政治、经济、技术、社会和自然等影响因素。其中经济因素和技术因素对选址决策起基础作用。

肯德基赢在选址上[①]

选址,对于餐饮店而言,是取得成功的关键。在这一点上,肯德基绝对拥有领先的特殊经验。

肯德基选址成功率几乎能够达到100%,这是这家餐饮巨头的核心竞争力之一。一般来说,肯德基选址会按照以下两步来进行:

第一步:商圈的划分与选择

1. 划分

肯德基计划进入某城市,就先通过有关部门或专业调查公司收集这个地区的资料。把资料收集齐了,才开始规划商圈。

---

① 《肯德基选址两大策略:商圈划分与选择 聚客点测算》,http://news.winshang.com/news-389619.html,2014年9月24日。

商圈规划采取的是计分的方法，例如，这个地区有一个大型商场，商场营业额在1000万元算1分，5000万元算5分，有一条公交线路加多少分，有一条地铁线路加多少分。

这些分值标准是多年平均下来的一个较准确的经验值。通过打分把商圈分成好几大类，以广东为例，有市级商业型、区级商业型、定点消费型，还有社区型、社、商务两用型、旅游型等等。

2. 选择

即确定目前重点在哪个商圈开店，主要目标是哪些在商圈选择的标准上：一方面要考虑餐馆自身的市场定位；另一方面要考虑商圈的稳定度和成熟度。

餐馆的市场定位不同，吸引的顾客群不一样，商圈的选择也就不同。例如马兰拉面和肯德基的市场定位不同，顾客群不一样，是两个"相交"的圆，有人吃肯德基也吃马兰拉面。

而肯德基与麦当劳市场定位相似，顾客群基本上重合，所以在商圈选择方面也是一样的。可以看到，有些地方同一条街的两边，一边是麦当劳，另一边是肯德基。

第二步：聚客点的测算与选择

1. 确定这个商圈内，最主要的聚客点在哪儿

肯德基开店的原则是：努力争取在最聚客的地方和其附近开店。人流动线是怎么样的，在这个区域里，人从地铁出来后是往哪个方向走等等。这些都派人去掐表，去测量，有一套完整的数据之后才能据此确定地址。

肯德基选址人员将采集来的人流数据输入专用的计算机软件，就可以测算出，在此地投资额不能超过多少，超过多少这家店就不能开。

2. 选址时一定要考虑人流的主要动线会不会被竞争对手截住

人流是有一个主要动线的，如果竞争对手的聚客点比肯德基选址更好，那就有影响。如果是两个一样，就无所谓。

3. 聚客点选择会影响商圈选择

聚客点的选择也影响到商圈的选择。因为一个商圈有没有主要聚客点是这个商圈成熟度的重要标志。

> 为了规划好商圈,肯德基开发部门投入了巨大的努力。以广东肯德基公司而言,其开发部人员常年跑遍广东各个角落,对这个每年建筑和道路变化极大,当地人都易迷路的地方了如指掌。
>
> 有了店址的评估标准,快餐连锁企业就可以开发出一套店址的评估工具,它主要由下面几个表格组成:租赁条件表、商圈及竞争条件表、现场情况表、综合评估表。它们就成了进行连锁经营店址评估的标准化管理工具。

（一）选址步骤

新创企业选址是一个复杂的决策过程,一个科学而行之有效的选址过程,一般应遵循市场信息的收集和研究、多个地点的评价、最终厂址的确定等步骤。

1. 市场信息的收集和研究

对新创企业而言,市场信息非常重要。创业者需要收集上面分析的五方面影响因素的信息,作为选址决策的基础。创业者应广泛收集相关的一手和二手资料,包括通过观察、访谈、试验、问卷调查等获得一手资料;通过商贸杂志、图书馆、政府机构、互联网、大学或专门的资讯机构等获取二手资料。创业者需对收集的大量信息进行汇总、整理,作出初步的简单的定性分析,确定若干个候选地。

2. 多个地点的评价

在第一步的基础上,借助科学的定量方法进行评价。目前常用的有关选址的评价方法有:量本利分析法、综合评价法、运输模型法和引力模型法等。其中量本利分析方法是从经济角度进行选址的评价,但实际上影响选址的因素是多方面的,同时各种因素也不一定完全能用经济利益来衡量,因此采用多因素的综合评价方法是选址评价中常用的一个。多因素评价就是先给不同的因素以不同的权重,再依次给不同选择下的各个因素打分,最后求出每个方案的加权平均值,选择加权平均值最高的方案为最佳方案。运输模型主要应用于物流运输系统问题,即将选址对象的输入与输出成本作为决策变量,选择整个物流运输系统的运输成本最小的生产或服务地址。主要适合于运输成本对企业利润影响巨大的行业。引力模型法主要应用于当市场因素是主要的选址变量时,考察企业对于消费者的吸引力,主要适用于服务业选址。

3. 确定最终地点

创业者依据已经汇总整理的市场信息,根据其所进入的行业特点及自己企业的特征,借助上述方法进行评估,最终完成选址决策。

(二)新企业选址的影响因素

新创企业选址所涉及的因素很多,归纳起来主要包括以下五个方面:

1. 经济因素

考虑地区经济竞争力因素,在聚集多家优质企业的区域内,更易形成一种竞争合作的关系。对于新创企业而言,在这样的关联企业和关联机构相对集中的地区发展更容易成功。具体来说,选择接近原料供应或能源动力供应充足地区的新企业具有相对成本优势;选择接近产品消费市场的地区具有客户优势;选择劳动力充足、人工费用低且劳动生产率高的地区具有人力优势。新创企业可根据自身情况进行选择。

2. 技术因素

对于高新技术产业企业来说,技术市场的变化往往是最具不确定性的因素。因此,为了能够了解和把握技术变化的趋势,很多新创企业在选址时考虑将企业建在技术研发中心附近,或建在新技术信息传递比较迅速、频繁的地区。这样不仅有助于新创企业了解技术进步、市场需求等信息,也有助于新创企业以技术为依托进行融资。例如美国加州的硅谷是美国电子工业基地,同时也是高科技创业企业的摇篮。

3. 政治因素

政治因素主要体现在政府的政策性支持方面,新创企业考虑现有的及将来有可能出现的影响产品或服务、分销渠道、价格以及促销策略等法律和法规问题。当新创企业准备到国外时,更应该关注不同国家的政治环境的稳定性,有何优惠或限制政策等。

4. 社会文化因素

由于人们生活态度不同,对安全、健康、营养及环境的关心程度也不同,这些会影响创业者所生产产品的市场需求,特别是当创业者准备生产的产品与健康或环境质量等有密切关系时,应优先考虑将企业建在其企业文化与所生产产品得到较大认同的地区。

5. 自然因素

诸如地质状况、水资源的可利用性、气候的变化等自然因素也是新创企业选址时需要考虑的因素。结合企业的生产特点,需考虑上述因素的制约作用。

同时,一般企业厂址都要在都市、乡间、工业区中进行选择,其优缺点比较如表6-5所示。

表6-5 企业所在地之优缺点差异比较①

比较	都市	乡间	工业区
优点	1. 接近市场,产销联系紧密 2. 劳动力来源充足 3. 交通运输系统健全 4. 各类用品购置容易 5. 公共设施良好,员工的教育、娱乐、住宿、交通、医疗等设备可由市区供应 6. 消防保安服务到位 7. 与银行保持良好关系 8. 卫星工厂及提供劳务的机构易寻找 9. 高级人才及顾问易聘任	1. 地价低廉,土地容易取得 2. 劳动力成本较低 3. 厂房易于扩充 4. 建筑成本较低 5. 污染噪音管制较少 6. 人员流动率低 7. 交通不致拥挤	1. 公共设施完备 2. 建地开发完整,建筑成本低 3. 工业区内厂商易于合作 4. 员工的教育、娱乐、住宿、交通、医疗等设备可由社区供应 5. 卫星工厂及提供劳务机构容易寻找
缺点	1. 劳动力成本高 2. 人员流动率大 3. 场地不容易获得 4. 厂房扩充受很大的限制 5. 建筑成本高 6. 交通拥挤,噪声污染管制严格	1. 交通不便 2. 员工教育、娱乐、住宿、交通、医疗等设备需由企业自行供应 3. 保安消防需由企业自行负责 4. 高级人才顾问不易聘任 5. 零星物品不易就近购买 6. 卫星工厂及提供劳务机构不易就近寻觅	1. 人员流动率高 2. 雇员工资高 3. 厂房不易扩充 4. 交通拥挤 5. 与消费者距离较远,不易建立知名度

---

① 张玉利主编:《创业管理》,机械工业出版社2011年版,第180页。

续表

比较	都市	乡间	工业区
适合产业	1. 各种服务业 2. 加工销售业	1. 大型企业 2. 制造或初级加工业 3. 噪声污染不易控制的工业 4. 占地较多的工厂	视工业区专业规则状况而定

（三）选择具体位置的程序

第一，列出"必需的"和"希望的"选址条件。

第二，对照选址条件确定被选地点。

第三，造访被选地点，挑选三处较好位置。

第四，按照"必需的"和"希望的"选址条件，对选上的几个地点进行比较。

第五，在每天白天、晚上的各个时段到各个地点实地观察，计算客流量。

第六，咨询有经验人士，获得帮助。

第七，综合分析各种信息和意见。

第八，作出选址决策。

邦图化学品公司在印度设厂[①]

近年来，厂商在国外设厂的兴趣越来越浓。原因很多，第一，一些不发达国家的土地、劳动力和原材料的成本低廉；第二，为了开拓国际市场，就近生产可以节约运输和其他费用，如关税等；第三，通过与当地企业合作建厂，可以避免一些贸易限制。

作为世界上最大的化工企业之一，邦图公司也把跨国经营作为发展的重要战略之一。对于邦图公司来说，不够发达但拥有7亿人口的印度是个不容忽视的市场。但对邦图公司希望在印度销

---

① 陈荣秋、马士华编著：《生产与运作管理》，高等教育出版社2005年版，第141—145页。

售的产品,印度政府规定必须与当地企业合资才能够生产,生产的地点也必须获得政府的许可。为了进入印度市场,邦图公司决定在印度设立合资企业。公司选择了一家印度企业作为合作伙伴,并对未来厂址提出如下要求:接近市场、接近港口、便于原材料运输、地方政府稳定、合作伙伴与当地政府有良好的合作关系、容易通过许可审查、便于与其他企业联系、劳动力便宜、地价低、能源供应充足、便于处理污染、投资政策和环境良好、接近基础设施、接近首都新德里(因为邦图公司和其伙伴的总部都在那儿)。

根据以上条件,首先排除一些明显不具备条件的地点,如不接受政局动荡的地区。经过几番的筛选,最后选择了位于喜马拉雅山脚下的 Uttar Pradesh 州作为候选地区。这个地方离最近的海港有 1700 公里,沿途有许多地方的道路都很危险。邦图公司的合作伙伴历时两年才获得了在这个州生产的许可,其过程真可谓漫长而艰辛。而另外三家公司也获得了在印度生产同类产品的许可。所以时不我待,邦图公司必须尽快作出决策。

为此,邦图公司成立了一支由各方面专家组成的选址小组,深入印度,对候选地点进行考察和评价。其核心任务就是考察该地是否存在严重不符合投资建厂条件的因素。邦图公司的选址小组包括各方面的专家。房地产专家确保在计算土地成本时将所有占地包括进去,并且负责场地获得方式的选择。另外,他们还要调查建造公司派驻人员的住所和其他辅助设施的可能性,如仓库、办公场所等。土木工程师负责考察土质稳定性,工厂建筑的方式、公共设施,风向、环境因素等。后勤人员研究和评价将原材料运入和产品运出的可行性。制造和生产方面的代表对劳动人口、劳动纪律、劳动力的素质以及该地是否适合生产进行整体上的评价。选址小组的一些人员到该地区的其他工厂调查劳动力的素质、当地政府的态度和政策、电力供应情况;还对公共服务设施以及当地的学校进行了调查,因为这对公司派驻到当地的员工和他们的家庭成员十分重要。

（四）不同类型企业的选址问题

1. 零售商选址主要考虑的因素

（1）销售产品的类型。

（2）租金多少与支付形式。

（3）尽可能地接近客户。

（4）与其他企业的关系（时装和杂货店往往靠近百货公司，餐馆、理发、糖果、烟草、珠宝店常位于电影院附近，油漆、家庭用品和家具店通常彼此靠近）。

星巴克如何选址[①]

自 1999 年星巴克登陆北京后，目前在中国的分店数量已超过 600 家，且有持续增长的势头。一个从美国西雅图发家的咖啡店利用不到 10 年的时间便在中国大部分一线城市开有门店，这样的开店速度让其他咖啡店难以匹敌。之所以能够如此，除了星巴克刻意宣传的企业理念和咖啡文化，正确的选址策略成为其迅速扩张的保障。

咖啡店的经营能否成功，很大程度上依赖于选址是否合理。在哪里开店、开什么样的店直接影响经营业绩。格林兰咖啡创始人王朝龙先生曾经为星巴克开创了咖啡连锁经营的传奇，带动了中国市场对咖啡事业的特别关注。从 2001 年接手星巴克到 2006 年离开，王朝龙在北京美大星巴克咖啡有限公司从首席财务官一直做到总裁，全面负责星巴克在北京、天津的拓展事宜。在他看来，合适的店铺是投资经营咖啡店获取成功的必要条件，而消费人群是咖啡店在选址过程中考量的唯一指标。

在旅游景点、高档住宅小区、写字楼、大商场或饭店的一隅，目前大都能发现咖啡店的身影。为何咖啡店通常会选择在这些地方开设店铺？"有无喝咖啡的消费人群成为咖啡店在选址过程中的唯一指标，在遵循这个指标的基础之上才会衍生出选址的各种参考

---

① 《星巴克选址标准——消费人群是考量的唯一指标》，http://www.cyzone.cn/a/20081106/59880.html，2008 年 11 月 6 日。

条件。类似高档写字楼、商场和旅游景点等地方,自然会有很多喝咖啡的人群。"王朝龙说道。从 2001 年进入咖啡行业以来,王朝龙每次在开设新的咖啡店时都有着这样的习惯思维。

消费人群是考量的唯一指标。以星巴克为例,当市场开发部门通过一系列考量列出备选的项目之后,实地考察各个项目周边有无喝咖啡的人群便是王朝龙着重需要做的事情。

显然,如何在人流中判断出喝咖啡人群的大致数量显得至关重要。通常而言,可以从项目地理位置和周边物业的档次来推算。基于有喝咖啡习惯的人们大多有一定经济实力,因而在高档写字楼集中的商务区域、休闲娱乐场、繁华的商业区等地方喝咖啡的人群一定会比城市其他地方数量多。

2. 批发商选址主要考虑的因素

(1) 建筑设备、公共设施等能处理大量货物。

(2) 便利的交通条件。

3. 服务商选址主要考虑的因素

(1) 服务的类型:干洗店靠近食品杂货店和药店,较大的客流和便利条件有利于干洗店取得成功却不一定适合牙科诊所。

(2) 与其他企业的关系:可偏僻一点,最好靠近大型购物中心。

4. 制造商选址主要考虑是因素

(1) 与供应商的接近程度,保证生产要素(劳动力、电力)充足供应。

(2) 制造成本最小化。

(3) 税收和政策规定。

(4) 与市场的接近程度。

宝马公司工厂选址[①]

高成本的德国似乎是个最不可能建汽车厂的地方。比起东欧同行,德国汽车工人的平均收入要高 7 倍,但工作时间却要少 10%。

---

① 王晶主编:《生产与运作管理核心理论及习题集》,机械工业出版社 2013 年版,第 94—95 页。

但德国总理格哈德·施罗德（Gerhard Schroder）为宝马（BMW）在莱比锡的一家新工厂剪彩时，我们的想法可能都要有一些变化。该工厂投资达13亿欧元。

眼下，其他欧洲和亚洲汽车生产商都在把生产转移到东欧的低成本国家，因此，将生产宝马最畅销3系车型的莱比锡车厂看来像个巨大的赌注。

经过竞争激烈的选址过程，宝马舍弃捷克而选择在莱比锡设厂，该决定令许多业内分析师震惊。一些分析师认为，这可能是最后一家建在西欧的大型汽车厂，标志着德国政府对汽车业发挥的影响力。在德国，每七个人就有一个在汽车业工作。

德国的失业率现已处在战后创纪录的高水平，假如将更多工作移出这个国家，那会是件非常敏感的事。"毫无疑问，这在很大程度上是个政治决策，"法兰克福私人银行梅茨勒（Metzler）分析师尤根·皮珀（Jugen Pieper）说。

宝马的举措突出表明，德国汽车制造商是多么难以接受"东进"。宝马、梅赛德斯（Merccdcs）或保时捷（Porsche）没有一家在东欧拥有大型工厂，即使是欧洲的产量最大的汽车生产商大众，它在斯洛伐克工厂的汽车产量也比它在德国其他工厂的产量少很多。相比之下，菲亚特（Fiat）、丰田（Toyota）和起亚（Kia）等汽车制造商均已在东欧大举投资。"如果大家（德国汽车商）对于在何处设厂采取另一种策略，那它们也许都能赚更多钱。"皮珀先生说。

但宝马首席执行官赫穆特·庞特（Helmut Panke）认为，莱比锡工厂是有关德国制造业生存之道的蓝图。他坦承，即使把欧盟为支持在莱比锡投资所提供的3.63亿欧元补贴考虑在内，在捷克设厂也要比在莱比锡设厂更加便宜。但区别意义在于"质的因素"。

比起宝马现有的那些工厂，莱比锡工厂具有更高的劳动力弹性，而且既靠近现有工厂，又靠近宝马的供应商。莱比锡工厂有个很大的优势在于如下简单的事实，即所有工人都讲德语，省却了棘手且成本高昂的翻译费。

莱比锡倍受失业问题的困扰，当地失业率为22%，接近全国平均水平的两倍，而宝马的新厂最终将雇用5000名员工，是这座城市未来的希望。"这笔投资……使莱比锡时来运转,"工程工会 IG Metall 的当地代表西格林德·默比茨(SiglindeMerbitz)表示,"该厂给这座城市的未来带来了真正的希望。"

宝马投资建厂之前,保时捷和敦豪(DHL)也已在该地区投资建厂。同时,宝马投资使得原东德投资促进机构柏林工业投资理事会(Berlin's Industrial Investment Council)的史蒂芬·亨宁(Steffen Henning)预言,这项投资将帮助改变原东德在德国西部和国际上的不良形象。"大牌公司进行这类投资表明,问题确实可以解决。"他说。

就连工厂的设计也会带来益处。工厂办公楼由在伊拉克出生的获奖建筑师扎哈·哈迪德(Zaha Hadid)设计。在这些未来主义风格的办公楼之间,布满了纵横交错的传送带,让工人和来访者看到汽车在生产设施间移动穿梭。

但对宝马来说,最大的创新在于该厂的劳动力方面。长期以来,高工资令德国汽车业在竞争中处于很大的劣势。尽管莱比锡工厂位于远东的地区,但该厂工人的报酬将接近行业正常水平。

不过,该厂的工作时间将更加灵活。工厂已从 2005 年 3 月开始生产,但要到 2006 年才会开足产能。工人每周工作时间将是 38 小时而不是 35 小时,同时这座工厂每周的生产时间可以从 60 到 140 小时不等,且不需提前通知。

这一得到 IG Metall 工程工会认可的安排异常宽泛,允许宝马对需求的涨落作出反应。当某些车型的需求大于其他车型时,宝马还能在莱比锡和其他德国工厂之间转移工人。

当地失业水平长期居高不下,反映了 1990 年两德统一以来原东德地区遭受的严重经济问题,所以 IG Metall 作出让步是很实际的做法。

但即使在这方面,宝马也希望通过一项创新的招募政策来提供帮助。这项政策积极面向失业者和年老的工人。1/4 的工人将来自那两类人群中的每一类,目前最年长的新工人为 61 岁。

随着供应商们跟保时捷(它在莱比锡也有一家工厂)和戴姆勒-克莱斯勒(Daimler Chrysler)等公司进入原东德地区,一个汽车

> 业聚集地在那里成长起来,对宝马来说,这也是吸引它的一个方面。戴姆勒表示,当选择在哪里为 Smart 和三菱 Colt(Mitsubishi Colt)建一家合资发动机工厂时,它考察了 49 个地方。最终,它选定在原东德图林根的 Kolleda 与匈牙利之间的地方建厂。

五、新企业的社会认同

企业注册成立后,除遵纪守法外,还需要主动承担社会责任,才能获得社会认同。

(一)企业的社会责任

在经济全球化的市场环境下,企业作为重要的市场主体,与社会发展密切相关,因此企业在创造利润或实现股东财富最大化的同时,还应该履行企业的社会责任。

企业社会责任的内涵十分丰富和广泛,除法律规定的企业行为规范以外,所有可能影响社会福利的企业行为都应纳入企业社会责任之内。大体上可以体现在以下五个方面。

1. 办好企业,把企业做强、做大、做久

努力增强企业的竞争力,不断创新,向社会提供更好、更新、更多的产品和服务,使人民的物质和文化生活更美好。

2. 企业一切经营管理行为应符合道德规范

包括企业内部管理、产品设计、制造、质量保证、广告用语、营销手段、售后服务、公关工作等等。

3. 社区福利投资

对企业所在社区或其他特定社区的建设进行福利投资,包括医院、学校、幼儿园、老人院、住宅、公共娱乐设施、商业中心、图书馆等有关社区人民福利的一切设施的投资,均不应以赚取商业利益为目的,因为社区为本企业的发展已经作出了太多牺牲和贡献。

4. 社会慈善事业

对社会教育、医疗公共卫生、疾病防治、福利设施及对由于特殊的天灾人祸所引起的一切需要帮助的人,企业应根据自身优势适当定位,及时伸出援助之手,尽到应尽的社会责任。尤其对那些突发性社会灾难。例如,地震、海啸、飓风与恐怖袭击等造成的巨大灾难,企业应给予特别的关注,并争取在第一时间作出快速而适当的反应。

5. 自觉保护自然环境

主动节约能源和其他不可再生资源的消耗,尽可能减少企业活动对生态的破坏。积极参与节能产品的研究开发,参与地球荒漠化和地球变暖引发的各种灾难的研究和治理。

社会对上述活动一般都不用法律的形式来规范企业的行为,而是由企业的管理者根据企业的价值观、道德观以及企业内部治理的规章制度自愿作出抉择。企业主管应十分敏感地关注消费者和社会舆论对本企业产品或行为的反应和法律可能变更的趋势,并迅速作出必要的合理的响应。任何过度的澄清、辩解、否认或抗拒都可能进一步扩大事态,使企业遭受不必要的损失,甚至引发一场危机。如果处理得当,企业所尽的社会责任,不仅会赢得社会公众的尊敬,更重要的是由此所激发起员工的道德力量将成为企业最宝贵的财富。

(二) 新企业的社会道德

1. 管理者的道德法则

在竞争激烈、瞬息万变的市场经济社会里,利润关系到每个企业的命运,因此有的经营者为了追求利润,不把经营事业的目标放在持续经营上,而着眼于短线操作,为了实现利润的最大化,不惜采取各种非法途径去达到经营目的,如假冒仿制、商业贿赂、行业垄断、欺诈行骗等不正当竞争行为,扰乱了市场秩序最终也毁灭了企业自身。

无视道德准则,违反法律法规,不讲职业道德的不正当竞争,不仅损害了诚信经营和广大消费者的权益,企业本身也失去了公众的信任。20 世纪 70 年代起,在美国、西欧各国的一些优秀企业,就已经在组织内部建立起严格的伦理道德制度和监管制度,企业不再认为企业之间的竞争是赤裸裸的斗争,不再认为打垮对手就是赢得了自己。这些认识促使企业改变旧有的经营观念,把企业定位在追求利润与推动良性的社会变迁上,追求企业的长久生存。

2. 雇用最合适的人员

不管你经营的是什么样的企业,雇用到合适的人是成功的关键。你需要好的员工,而且如果你一开始就拥有一批合适的员工队伍,你的企业将比通过不断雇用和解雇员工才获得合适的员工人选的企业更容易获得成功。

为某一项工作招聘最合适的员工,要确定的第一件事是这个工作是什么样的。只有对工作进行认真分析,才能了解我们实际上希望员工做的是什么工作。一旦了解了某项工作的要求,就可以确定适于这一工作的员工需要具备的技巧、能力以及个性特点。德鲁克曾说:"做得好的都是经过评估的事。"所谓评估,就是根据一定的原则和标准对选聘人才工作进行定性与定量的评价。通常根据职位的特征向应聘者实施不同的选人方法。目前最常用的选人方法主要有:职位申请表、个别会谈、推荐信、心理测试、结构化面试、模拟生产能力信号测试等。从企业招聘者的角度看,由于测试是针对"适合干什么或不宜干什么"的具体工作情况开展的,因而对应聘者在签约前进行工作能力摸底审查,可以减少招聘风险,因为把不合适的人选在招聘环节就淘汰出局,远比聘任后再辞退,成本和风险都要小得多。

3. 建立标准,而不是规定

成功的企业应该是一个呵护高标准伦理道德的企业,在劳资关系、尊重知识产权、遵纪守法、承担社会责任等方面都很进步。当年,张瑞敏自己拿起铁锤砸掉了 76 台冰箱,在家电行业里以"挥大锤的企业家"著称,也正是这把大锤,为海尔走向世界立了大功。如今,"精细化、零缺陷"变成海尔全体员工的心愿和行动,那把大锤依然摆在展厅里,让每一位新员工参观时都能记住它。

创业企业要想获得持久的发展,得到社会认同,必须建立企业伦理道德的标准。初创企业可以从以下四个方面入手:一是确立伦理目标;二是制定并执行企业伦理守则;三是加强员工企业伦理教育;四是由团队成员开始推动伦理建设。

4. 不要孤立自己

目前,我国众多企业已经从追求做大做强阶段逐步发展到追求做久阶段,开始追求"基业长青""永续经营"和"可持续发展"。企业不是孤立存在的,也不可能孤立存在和发展。企业要做到"永续经营",不仅要处理好内部关系,而且要处理好外部关系,包括与消费者的关系,与国家、社会的关系,与自然环境的关系等。只有这样,企业才能得到社会的认同和支持,实现发展壮大。从一定角度说,企业"永续经营"的过程也是企业从自身能力出发持续履行社会责任的过程。同时还要看到,面对经济全球化的浪潮,企业社会责任问题已经同国际贸易问题紧密地交织在一起,强化企业社会责任成为中国企业走向世界、参与国际竞争的必然选择。

5. 要作出榜样,在任何时候都不犯道德错误

企业道德作为一种群体意识,通过确立共同的价值目标和行为导向,以舆论评价和监督的形式,促使人们形成积极的信念,追求正确的行为取向,从而使道德成为一种强大的群体凝聚力和自觉的内在约束力。企业道德像一种黏合剂,在共同的价值指向、理想目标和善恶认知的基础上,使企业与员工成为一种利益共同体和价值共同体。另一方面,企业道德又像一个控制系统,通过舆论和信念的作用,实现企业行为的自我监督、自我约束、自我控制,以确保企业行为的公正性和合理性,防止企业行为的越轨和失范。因此企业要作出榜样,在任何时候都不犯道德错误,通过造成社会舆论、形成企业风气、树立道德榜样等方式,深刻影响企业群体的道德观念和道德行为,从而形成扬善弃恶的道德环境。

宝洁捐助小学拓展商业舞台①

宝洁公司始创于1837年,是世界最大的日用消费品公司之一。2003—2004财政年度,公司全年销售额为514亿美元。在《财富》杂志最新评选出的全球500家最大工业/服务业企业中,排名第86位。宝洁公司全球雇员近10万,在全球80多个国家设有工厂及分公司,所经营的300多个品牌的产品畅销160多个国家和地区,其中包括织物及家居护理、美发美容、婴儿及家庭护理、健康护理、食品及饮料等。

截至2009年11月,宝洁已累计向希望工程捐款5300万元人民币,其中包括宝洁全球公益基金捐赠的1226万元;在中国28个省、市、自治区援建宝洁希望小学180所,是国内援建希望小学最多的企业。展望未来,宝洁将秉承公司的根本宗旨,成为并被公认为

---

① 李岷、刘建华:《探索与创新:宝洁公益慈善模式解析》,《中国企业报》2010年3月3日。

> 全球最优秀的日用消费品公司。宝洁将以"亲近生活,美化生活"为本,努力向中国的消费者提供更多、更好的品牌产品及服务,使他们的生活日臻完美。
>
> 宝洁在资助希望小学上建立了一套成熟模式。宝洁的很多商业合作伙伴也和宝洁一同建立希望小学。比如,正大旗下的易初莲花和宝洁也合作建立了易初莲花希望小学,宝洁(中国)公司对外事务部经理王成仓认为,这是从另一个模式上开拓了他们商业合作的舞台。

第二节　新创企业成长管理的技巧和策略

一、新企业管理的特殊性

新企业成立初期应以生存为首要目标,其特征是主要依靠自有资金创造自由现金流,实行充分调动"所有的人做所有的事"的群体管理,以及"创业者亲自深入运作细节"。

(一) 以生存为主要目标

创立初期的企业首要任务是在市场中生存下来,让消费者认识和接受自己的产品。也就是说,创立初期是以生存为首要目标的行动阶段。① 在创立初期,企业的定位是从无到有,把产品或服务卖出去,掘到第一桶金,在市场上找到立足点,使自己生存下来。在这一阶段,生存是第一位的,一切围绕生存运作,一切危及生存的做法都应避免。

"别再跟我谈对产品的构想,告诉我你能推销出去多少现有的产品"是这一时期的典型独白。重要的不在于想什么,而在于做什么,一切以结果为导向。企业里的大多数人,包括创业者在内,都要出去销售产品,这就是所谓的"行动起来"。正因为如此,企业往往缺乏明确的方针和制度,也没有严格的程序或预算,企业的决策高度集中,不存在授权,是创业者的独角戏。此时企业不清楚自己的能力和弱点,只是开足马力全速前进。

---

① 张玉利、李新春主编:《创业管理》,清华大学出版社 2006 年版,第 222—223 页。

在创立初期,企业是机会导向的,有机会就作出反应,而不是有计划、有组织、定位明确地开发利用自己创造的机会。这使得企业不是去左右环境而是被环境所左右,不是创造和驾驭机会而是被机会所驱使,导致企业不可避免地犯很多错误,促使企业制定一套规章制度以明确该做什么和不该做什么。

(二)依靠自有资金创造自由现金流

就传统行业初创企业而言,有可能创立初期是主要依靠自有资金创造自由现金流的阶段。现金对企业来说就像是人的血液,企业可以承受暂时的亏损,但不能承受现金流的中断。所谓企业的自由现金流就是不包括融资,不包括资本支出以及纳税和利息支出等经营活动的净现金流。一旦自由现金流出现赤字,企业就将发生偿债危机,可能导致破产。因此,自由现金流的大小直接反映企业的赚钱能力。它不仅是创业初期考虑的重点,也是成长阶段管理的重点。对创业初期的管理来说,由于融资条件苛刻,只能依靠自有资金运作来创造自由现金流,从而使管理难度更大,所以它要求经理人必须千方百计增收节支,加速周转、控制发展节奏,像花自己的钱那样花企业的钱。[1]

(三)分工不够明确

企业的创立初期是充分调动"所有的人做所有的事"的群体管理阶段。新企业在初创时,尽管建立了正式的部门结构,但很少能按正式组织方式运作。通常是,虽然有名义上的分工,但运作起来是哪里需要,就往哪里去。这种看似的"混乱",实际是一种高度"有序"的状态。有时甚至因人手较少,没有建立起团队,连正式的组织分工还不明确。创立初期的企业很有人情味,相互之间都直呼其名,没有高低之分。每个人都清楚组织的目标和自己应当如何为组织目标做贡献,没有人计较得失,没有人计较越权或越级,相互之间只有角色的划分,没有职位的区别。这种在初创时期锻炼出来的团队领导能力,是经理人将来领导大企业高层管理班子的基础。[2] 许多中小企业的初创期都是由几个核心团队的人负责,每个人都承担了多重责任,分工的界

---

[1] 张玉利、李新春主编:《创业管理》,清华大学出版社2006年版,第222—223页。
[2] 张玉利、李新春主编:《创业管理》,清华大学出版社2006年版,第223页。

限有时并不清楚,尤其是带有家族企业色彩的企业更是如此,只有当企业达到一定规模,需要过渡到现代企业管理的阶段时,才会谋求职业经理人或专业团队的建设。而一开始就由懂技术、懂管理的合理团队构成的创业团队的情况并不多见。除非这一团队的领导者本身就有丰富的管理从业经验,对某一行业的企业特点有清楚的了解,在此基础上才能建立自己需要的团队。如蒙牛在初创期就有了从伊利分离出来的几个高中层管理人员。这种情况对大多数中小企业来讲只是理想状态。

(四) 创业者参与每一个细节

创立初期是一种"创业者亲自深入运作细节"的阶段。经历过创立初期的创业者大都有过这样的体验:曾经直接向顾客推销产品;亲自与供应商谈判折扣;亲自到车间里追踪顾客急需的订单;在库房里卸货、装车;跑银行、催账;策划新产品方案;制订工资计划;曾被经销商欺骗;遭受顾客当面训斥等等。由于创业者对经营全过程的细节了如指掌,才使得生意越做越精。方太集团的董事长茅理翔曾说:"我从1985年到1995年是第一次创业,董事长是我,总经理是我,供销科长和推销员都是我自己——我一个人包打天下。"[1]

当然,随着企业的逐渐发展,创业者不可能再深入到企业的各个角落,去亲自贯彻自己的领导风格和哲学,授权和分权则成为必然。由于企业缺乏相应的控制制度,集权不可避免地转向分权,这容易导致创业者对企业失去控制,从而重新走向集权之路。这样反反复复,最终创业者必须由直觉型的感性管理转变为职业化的专业管理。[2] 能人的经验、人治管理必须向专业管理或制度管理的转变才是初创企业不断走向成熟的关键环节。

二、新企业成长的驱动因素

企业成长的推动力量包括创业者(团队)、市场和组织资源等。

---

[1] 何志毅主编:《成长,突破,超越——著名企业家在北大的演讲》,北京大学出版社2007年版,第7—8页。

[2] 张玉利、李新春主编:《创业管理》,清华大学出版社2006年版,第222—223页。

（一）企业家的生存欲望和能力

无论何种情况下进行的创业，创业者的激情往往是企业在成长期和成熟期都不具备的。无论是由家庭自有资金进行的家庭或家族创业和由合伙人组成的团队创业，还是股份制基础上的公司创业，都有一个共同的创业观念为核心，有一种共同的价值取向。基于成就需求和追求独立价值的精神动机，或基于改善经济条件，得到更多经济回报的物质满足，这都体现为创业者对创业目标设计、战略执行等过程行为。创业行为都具有较强烈的生存和成就动机，这些动机是支撑初创企业战胜困难的坚强后盾。创业者能在艰难困苦中坚持，关键在于他们都有一种不认输的精神和超出常人的毅力。如有些创业者"白天做老板，晚上睡地板"；有的创业者在长途考察新产品的过程中，由于高速公路边没有旅馆而只好在路边的小树林里过夜。初创过程中的种种磨炼在精神追求的感染下并没有如此凄凉，只是小插曲而已。这与成熟企业为了维护企业形象而规定员工出差必须入住星级饭店所表现出来的官僚化和机械化倾向形成鲜明的对比。创业的困难在某种程度上塑造了企业精神，转化成企业面对困难时的坚持与顽强意志。

宜家创始人：英格瓦·坎普拉德[①]

瑞典将这个"小气又吝啬"的怪老头视为"孤独英雄"。并且相信他才是世界的首富，其财富超过比尔·盖茨。这个瑞典人就是家具制造商宜家公司的创始人英格瓦·坎普拉德。

善于观察、思考，在任何时候都能找到商机可以说是坎普拉德成功的又一个原因。1948年的一天，坎普拉德看到了一直在做家具大买卖的人的广告，心里不由怦然一动："现在我住的莫科恩附近有许多小家具商，我为什么不试试也搞家具经营呢？"而在这之

[①] 改编自《宜家创始人：我小气但我自豪》，2006年12月5日，http://www.china.com.cn/info/txt/2006-12/05/content_7459790.htm。

前,坎普拉德卖的不过是圣诞卡、种子、自来水笔、相框、手表、钱包、尼龙袜等。开始卖家具的坎普拉德同所有的零售商一样,非常注意对成本的控制。为了降低成本,坎普拉德从不惜在设计上花工夫。宜家的邦格咖啡杯至今已进行了三次重新设计,其目的只是为了能在一个货盘上多装一些。经过三次设计后,能装数量分别为 864 只、1280 只和 2024 只。由此而诞生的自组式家具,成了宜家成功的秘密之一。这种模式如今越来越多地被国内企业家所效仿。阳光 100 集团董事长易小迪不止一次地对《时代人物周报》坦承,最值得他学习的人是坎普拉德,他的成本意识看似更"费劲",可是"磨刀不误砍柴工"。

今天,宜家已经发展成为一个在全球拥有 180 多家连锁商店、7 万多名员工、在 33 个国家拥有 42 个贸易分支机构、与 55 个国家 1800 个供应商合作、平均每年有 15000 万顾客光顾、年销售额为 122 亿美元的庞大跨国企业。与其他零售商不同,宜家并不满足于仅仅控制哪怕是全球最大的家居产品渠道,它更希望自己的品牌和专利产品能够最终覆盖全球,宜家首创了"一体化品牌"的模式,实现了制造商品牌和零售商品牌完美融合。基于这种理念,宜家一直坚持由自己亲自设计所有产品并拥有其专利。每年,有 100 多名设计师在夜以继日地工作,以保证"全部的产品、全部的专利",以实现所有产品均由"宜家制造"的目标。甚至,宜家市场一般都是自己买地建造。这样,就与沃尔玛不同。沃尔玛本身不生产产品,只能赚取销售利润,而宜家自己制造产品,就保证了产品利润与销售利润等统统都归自己所有,所有的肥水均"不流外人田"。

从某种意义上讲,宜家是世界唯一一家既进行渠道经营又进行产品经营并且能取得成功的机构,它的一体化品牌战略在很大程度上是顺利整合产业链的关键。

(二)产业和市场

由于已有公司的销售战略目标定位和供应能力问题,总是有市场的空白或供应不足的情况出现。这些领域就是初创企业所瞄准的市场,也就成了初创企业生存发展的外部优势。如沃尔玛在创业初期就能够快速扩张,实际上就得益于市场的优势。

沃尔玛创业初期的市场定位就显得与众不同。沃尔玛最初的发展战略可称为小城镇战略。刚起步时,对任何超过 1 万人的城镇,山姆·沃尔顿都不考虑在此设店。在以后将近 20 年里得以不断发展的最初的小城镇战略,几乎确定了公司今后的发展进程。一些大的百货公司是不屑于在少于 1000 人的小城镇开店的,而山姆·沃尔顿的信条是:即便是少于 500 人的小镇也照开不误,因为扩展的机会很多。沃尔玛的扩展方式是先向外抢占据点,再向内填满,最后全面占领市场。当时创始人山姆·沃尔顿认为:"当这些零售业的大公司从一个大城市发展到另一个大城市时,它们变得太过于分散,并且陷入了不动产、分区规划和地方政治的漩涡之中,反而把大城市以外的大好机会拱手让给了我们。我们的发展战略就这样应运而生,但我们确实很早就认识到这一点。我们沃尔玛开店的原则是必须有分销中心,或叫仓库,可以照顾到有关的分店,而总公司也要确实能掌握每家分店的运转情况。我们希望每家分店都在地区经理以及总公司的控制之下,这样我们随时都可以到那里去向他们提供必要的照料和支援。每家分店与仓库之间的距离不能超过一天的车程,这样商品的供应和补充才不会发生问题。我们就是这样,以州为单位,一县接一县地去填满,直到整个州的市场饱和之后才向另外一个州继续发展。"①从开第一家店的很长一段时间内,沃尔玛并不打算真正往大城市里发展,其做法是在大城市周围一定距离内先发展分店,静候城市向外发展。这个策略在实际使用中被证明十分管用。这种渗透战略除了有利于分销和控制外,还有其他各种好处,那就是不需要对广告花太多的财力。人们最初只是驱车经过,接着开始认识沃尔玛商店,最后便成为沃尔玛的顾客。

(三)资源整合状况

当人类迈入信息时代时,信息资源的获得就显得更为容易。无论是市场统计信息等宏观方面的数据,还是竞争者发展状况等微观的信息,都可以通过网络传输的方式得以迅速传递。资料和信息的迅速获

---

① 〔美〕萨姆·沃尔顿、约翰·休伊:《富甲美国:零售大王沃尔顿自传》,沈志彦等译,上海译文出版社 2001 年版,第 66 页。

得有利于初创企业及时地调整自己的战略和营销策略。信息技术的利用使企业能够与其他企业在同一水平上竞争,同时又要尽可能地实现后发优势。信息技术已经成为大小商业企业之间一个重要的平衡器。小型创业企业必须为用于会计、人力资源、运营、供应链管理、客户关系管理和营销管理的最新的硬件和软件做预算。随着其成本的下降和能力的提高,信息技术和通信网络使得小企业像大企业一样运作,以便满足客户对信息、服务以及更低的人力资源成本的需要。初创企业正因为规模较小,所以灵活性较高。与大的竞争对手相比,小企业决策速度快,因而它们能够更早采取行动。在引入新产品或改变客户方针或企业内部程序时,小企业不像大企业要经过层层官僚组织的认可。大企业如同一头大象,拥有过于丰富的战略。小规模的创业企业像瞪羚,强调战术和战术实施的速度。为利用这一优势,创业者需要建立横向组织结构并赋予所有层级的人员以权力以便于作出适当决策。①

此外,"规模小"这一特点使创业者能够瞄准细分市场和利基从而获利,而这些市场和利基对于大企业来说过于狭小。小企业能够创造正现金流,能创造利息、税收、折旧、摊销前收益,还能创造利息、税收前收益,其收入并不多。大企业需要规模经济,因而拥有更多固定成本的大规模成熟企业无法在如此小的市场中获得正现金流。

因此,创业企业的灵活性使得它们可以为客户定制产品和服务来反映不同细分市场的需要,并通过上述方式为客户提供更好的服务。而为客户定制个人服务能够与客户建立起亲密的关系,这种亲密关系无疑是一种竞争优势。初创企业必须理解和有效利用这些核心竞争优势。

三、构建新企业的合法性

(一)新进入缺陷

新进入缺陷是指新企业的运作需要一个从无到有的展开过程,包

---

① 〔美〕罗伯特·J. 卡尔文:《创业管理》,郑兴山、杨晓玲、霍婕译,中国财政经济出版社 2011 年版,第 3 页。

括开始建立相应的内部流程并获得外界认可,该过程中的任何环节出问题都会带来难以估计的麻烦,导致企业遭遇更高的失败率。

新进入缺陷的产生主要有四个方面的原因[①]:

第一,在执行新的任务和角色中,新企业容易犯较大的错误,因而需要支付一定的学习成本。

第二,新企业在界定新角色、建立员工关系和建立薪酬制度体系中需要花费大量的时间和精力,而且采取新的企业运作方法会受到现有资源和创造力的限制,这就会导致新企业的暂时无绩效和稳定性不足等问题。

第三,新企业成员之间的信任基础较为薄弱,使得组织建立新的价值体系、组织目标和行为规范的交易成本较高。

第四,新企业在获取外部市场资源等方面力量薄弱,无力与既有企业展开竞争。新企业往往尚未与顾客、供应商等利益相关者建立稳定的关系,而既有企业的外部利益相关者资源丰富。

总之,缺乏稳定的企业内部流程和建立企业内部流程的高昂成本是"新进入缺陷"的根源。

(二) 合法性

在企业初创阶段,新企业获取生存和发展所需的资源的关键并不在于企业的实际财务绩效,而是在于利益相关者对企业的主观感知,即创业构想和新企业在资源持有者看来是否有意义、有价值、值得信赖和富有吸引力,亦即创业构想和新企业是否具有"合法性"。合法性对新企业的生存和发展至关重要,克服新进入缺陷的关键在于塑造利益相关者对新企业的合法性感知。

合法性是指可以代替经营业绩记录向利益相关者表明新企业是值得信赖的一种重要资源。反映的是外部环境对于组织特征或行为是否符合外界价值观、规范、要求和期望的一种判断和感知。

初创阶段新企业的合法性主要体现为:管制合法性、规范合法性和认知合法性三类:

---

① 张玉利主编:《创业管理》,机械工业出版社2011年版,第198页。

（1）管制合法性。管制合法性主要是来源于政府、专业机构、行业协会等相关部门所规定的规章制度。这些规章制度要求企业必须遵守,这样企业才能获得相应的管制合法性,企业也才能够通过合法的途径来获取其所需的资源。管制合法性强调社会公众对企业"正确地做事"的判断。

（2）规范合法性。规范合法性也称为道德合法性,强调社会公众对企业"做正确的事"的判断,而这种判断主要是基于企业的行动是否有助于增进社会福利,是否符合社会价值观和道德规范。新企业的经营活动符合社会的共同价值观和道德规范,就会获得顾客的心理认可,愿意购买企业的产品和服务。

（3）认知合法性。认知合法性代表着人们对特定的社会活动的边界和存在合理性的共同感知,来源于有关的特定事物或活动的相关知识的扩散。当某种产品或技术成为大众所普遍接受并认为是"理所当然"时,企业的认知合法性表现得越强,就越难以被改变。如1995年马云开创黄页网站时,几乎所有的人都认为其是骗子,因为当时大多数消费者的消费观念是商场或者超市,而不是电子商务、网上交易等虚拟消费方式,这时的互联网创业者所面临的合法性问题就是如何建立起包括消费者、供应商和投资者在内的利益相关者对互联网及其商业模式的理解和认识,即如何为创新活动和新企业赢得合法性的问题。

（三）合法性获取战略

鉴于新企业的合法性问题对于新企业的生存和发展具有重要的意义,如何获取合法性成为新创业者需要思考的问题。一般而言,新企业至少可以通过以下两种途径来主动获取合法性:其一,对新企业自身进行不断地修正和完善,建立完善的组织架构、管理团队和操作流程等;其二,对外部环境进行改变,如通过公关来改变管制环境等。具体而言,新创企业主要有四种策略来获取合法性:依从、选择、操纵和创造。

表 6-6　合法性获取战略的类型与特征①

类型	含义	特征
依从	新企业完全依从制度	制度环境难以改变,改变自己服从环境
选择	选择更有利的制度环境	有可以选择的更有利的环境
操纵	影响制度环境	现有制度不能完全接受新企业,需要影响制度管制、规范或认知以使其接纳新企业
创造	创造新的制度环境,建立认知基础	现有制度没有和企业相匹配的认知基础,需要创造新的模式、实践和认知信仰等

虽然上述四种合法性获取战略能够帮助新企业获得利益相关者的认可,但是不同的合法性获取战略对企业的能力要求不同,而且需要消耗大量的时间、人力和财力,新企业还面临着资源的限制,因此,在这种资源限制的情况下,新企业为了获取合法性往往采取的是象征性行动。

象征性行动是指并不实际改变企业的做事方式,而只是将自己描绘或表现得似乎与利益相关者的期望相一致。如很多大公司一般会采用公众通告的方式向外宣布对管理层采用长期激励计划,但是绝大部分企业并不会真正实施这些计划,只是让利益相关者感觉到它们在实施此类计划而已。而股票市场对企业采用长期激励计划的反应是非常正面的,也不会考虑这些计划是否实施。这就是一种象征性行动,一种独特形式的印象管理。印象管理是指人们试图管理和控制他人对自己所形成的印象的行动。强调通过符合当前的社会环境或人际背景的形象来确保他人对自己作出好的评价。象征性行动类似于经济学中的信号效应,即由于信息不对称,人们判断一个陌生事物总要通过其外在的标志。新企业可以通过"创业者个体层面""新企业组织层面""新企业与其他企业间关系层面"等三个层面采取"花小钱办大事"的象征性行动来获取合法性。

（1）创业者个体层面：由于在创业初期,创业者基本承担了企业中的大部分工作,创业者的能力在一定程度上代表了企业的能力。因

---

① M. A. Zimmerman, G. J. Zeitz, "Beyond Survival: Achieving New Venture Growth by Building Legitimacy," *Academy of Management Review*, 2002, 27(3): 414-431.

此，为了获得新企业的利益相关者的认可，创业者必须具备两个条件：创业者是值得信赖的；创业者有能力来完成组织任务。即创业者应该向利益相关者传递创业者的特殊人力资本和社会资本信息，以表示创业者的能力，改变外部利益相关者对新企业的合法性认知。

（2）新企业组织层面。组织层面主要是传递新企业的先前成就、技术能力、市场能力以及组织化等信息来改变利益相关者对新企业的合法性认知。

（3）新企业与其他企业间关系层面。这一层面主要是通过建立担保关系、战略联盟等传递象征性行动来获取广泛的认可。

四、新企业成长管理的技巧和策略

创业初期是一种从无到有的过程。因此，创业初期的企业就必然经历一个从形成、震荡、成熟到成功的过程，对于创业初期的管理而言，新企业的初期运营确实与成长期和成熟期有着不同的特征，也就需要有不同的管理策略与重点。

（一）营销管理

创业之初，企业如果不能完成把产品卖给顾客的"惊险一跳"，那么企业就很难收回成本赚取利润。因此，初创企业的首要任务就是做好营销，把自己的产品卖出去，从而在市场上找到立足点，使自己生存下来。

营销架起了价值创造和市场回报之间的桥梁，当企业为客户创造更多价值的时候，客户会用它的购买力为企业带来回报。初创企业要以客户为导向，大力开拓市场，尽快培养自己的核心客户群。切不可泛泛地制定市场开发策略，因为小微企业营销网络不健全、人员不够、资金不足，没有资源打市场大战役，不应一开始就试图建立全国性市场。初创企业需要有符合自己资金、人员、能力、发展阶段的营销策略，初创企业市场开发策略需要有很强的针对性：一是要开发满足客户独特需要、客户价值显著、效果立竿见影的产品或服务，用高品质、高客户价值的产品赢得客户。二是要集中力量管理好核心客户群体，并在稳住核心客户群体的基础上拓展新客户。

（二）员工管理

一个优秀的人才能够帮助企业发生战略性的改变。企业的发展，归根到底是依赖于人的推动,依赖于团队智囊的发挥。初创企业要通过待遇激励、感情激励、事业激励、环境激励等措施吸引和留住优秀人才。

在员工的管理方面,应该注重培养员工的忠诚度和责任感,稳定员工的职责分配。员工忠诚度和责任感的培养是新创企业成长中至关重要的管理因素。只有增强员工的责任感和使命感,才能建立起一支团结进取、爱岗敬业、献身企业发展的创业团队。培养员工的忠诚度和责任感,有助于员工在工作中发挥更大的主动性和创新性,有助于促进新创企业又好又快发展。此外,员工间要有稳定的职责分配。团队成员职责分配的基本原则是依据团队成员的才能优势分工,但还要结合创业企业发展阶段的实际情况来确定。对于初创企业,职能部门设置很少或没有,团队成员都在一线工作,分工比较粗。待创业企业步入正轨,团队成员从一线退出,需明确每个团队成员分管的职能部门,比如,核心创业者主持全面工作还可以监管某项工作,其他团队成员有的分管技术部工作,有的分管生产部工作,有的分管销售部工作,等等。

(三)现金流管理

持续不断的现金流是创业者的追求目标,更是企业生命维系的根本。企业有足够的现金流,就能正常运转,否则,一旦现金流为负,就会危及企业生存。保持现金流稳定的策略是:一是加强资金使用的计划性,正确地使用资金。二是加强应收账款和应付账款的管理,尽量增加应付账款、减少应收账款,使企业付款周期大于收款周期,做到这一点,相当于从供应商获得无息贷款,并避免了资金被无限占用。三是有效管理库存,避免现金长期压在库存里闲置,缩短存货循化周期,尽量减少资金的过分占用,降低资金占用成本。四是要在现金流中断前筹到资金。

(四)投资管理

广义的企业投资活动,包括其内部的资金配置和外部的资金投放。狭义的企业投资活动只包括外部的资金投放。企业内部的资金配置,是指现金、有价证券、应收账款、存货等流动资产和以固定资产为主的非流动资产的金额占用。企业投资活动会引起各项资金的使用效益和对企业的整体影响问题。

新创企业应采用集中型投资的低收益战略。企业应将人、财、物等有限的资源集中使用在一个特定的市场、产品或者技术上,通过资源在某一领域上的高度集中,加大产品推广力度,提高市场占有率。这样做虽然在一定时期收益低,但通过集中有限资源打攻坚战,在所专注的领域达到高水平的专业化,逐步形成核心竞争力,最终达到增加销售收入的目的,使企业的毛利率、销售利润率、资产报酬率、权益报酬率水平不断提高。

五、新企业的风险控制与化解

(一) 新企业的风险

1. 不确定性

除了一些高科技企业,大多数初创企业的行业门槛并不高。一旦大型企业意识到市场机会时,也会开展产品的研发、销售以及服务的提供等业务,这就给初创企业带来很大的竞争风险。在创办企业并经营三四年之后,经营者可能会遭遇难以克服的困难。例如,连锁快餐店会使小餐馆和小吃店的顾客流失。

另外,市场的变化也会使弱小的初创企业处于劣势。面对不确定的市场竞争环境,成熟企业进行产品的升级或替代产生的研发会对初创企业的产品和市场定位构成极大的威胁。市场需求的变化也同时对初创企业的生存构成较大的威胁。初创企业的灵活性也是相对的,当市场需求出现较大变化时,初创企业在产品设计的改变、危机的应对方面还是存在很大的风险的。

2. 成长迅速

随着企业的高速成长,企业面临着逆向选择和道德风险的双重挑战。逆向选择意味着企业随着需要的雇员人数增加,它找到合适雇员、给予适当岗位并提供足够监督将变得越来越困难。企业成长速度越快,管理者考虑岗位应聘者是否合格的时间就越少,那么选择不合适岗位应聘者的可能性就越大。道德风险指企业成长并增加雇员时,新雇员工往往没有创建者具有的所有权激励,因此他们不如创建者那么投入,甚至试图逃避挑战性工作。为了确保新员工尽职,企业通常雇用监督人员（如管理者）来管理员工。这种实践将导致高成本的官僚化，甚至孤立了高层管理者，减少了他们和普通员工的联系。

3. 管理能力有限

引进新产品和服务创意需要管理能力，以确保其被恰当地执行和管理。这是个复杂的问题，因为如果企业没有充足的管理服务来确保创意实施正确，企业不可能仅通过迅速雇用新的管理人员来弥补这个缺陷。雇用新员工的成本很高，并且新的管理人员适应企业文化、掌握企业特殊技能和知识以及赢得企业其他员工信任都需要很长时间。当企业管理资源不足以利用新产品和服务机会，随之而来的瓶颈就是管理能力问题。

初创企业较多的是注重产品研究开发，不太重视内部制度的建立，多数企业的内部管理处于初级阶段或者是无序状态，如财务计划性差；产品质量外观性、稳定性、可靠性不是很理想；人才队伍稳定性不强等。

4. 创新和战略规划不足

如果初创企业的创始人或创业者是初次创业，那么就可能出现创业策划的先天不足，包括产品创新困难、产品定位不准确等问题。许多创业者的市场定位和产品都要进行及时的调整。如苹果的乔布斯最初研发 PC 机时，第一批产品只是一个电路板，当他听到顾客的抱怨后，认识到顾客需要的是一台拥有各种配件的可直接操作的机器，之后他与创业伙伴及时调整了产品设计。

生存型创业企业可能产生"小富即安"的观念，当企业规模较小还并不足以应对竞争风险时，创业者就已经产生了满足心理，从而进行管理创新或产品创新的动力不足，这会对处于良好发展态势的企业构成潜在的威胁。此外，许多创业企业具有家族式管理模式，认为家族必须把握企业的大权，控制企业的生产、推广、销售、售后等环节。这在创业初期风险较大时，有利于团结力量以应对困难，但当企业规模达到一定程度，决策就会产生困难或意气用事导致决策失误。因而及时放权，建立规范的企业制度，实现专业管理是创业者在企业发展过程中必须时时提醒自己的。

(二) 风险控制和化解

新企业成长的管理需要注重整合外部资源追求外部成长；管理好

保持企业持续成长的人力资本;及时实现从创造资源到管好用好资源的转变;形成比较固定的企业价值观和文化氛围;注重用成长的方式解决成长过程中出现的问题;从过分追求速度转到突出企业的价值增加。

1. 注重整合外部资源

(1) 识别利益相关者及其利益

美孚石油公司创办人、超级资本家约翰·洛克菲勒(1839—1937)曾经有句名言:"建立在商业基础上的友谊永远比建立在友谊基础上的商业更重要。"资源是创造价值的重要基础,资源交换与整合显然要建立在利益的基础上,要整合外部资源,特别是对缺乏资源的创业者来说,更需要了解资源整合背后的利益机制。利益相关者及其相关理论也许有助于我们分析资源整合背后的利益机制。

既然资源与利益相关,要整合外部资源显然要关注利益关系的组织或个人。利益相关者是组织外部环境中受组织决策和行动影响的任何相关者。要更多地整合到外部资源,首先要尽可能多地找到利益相关者,同时这些组织或个体和自己以及想要做的事情有利益关系,利益关系越强、越直接,整合到资源的可能性就越大,这是资源整合的基本前提。创业者之所以能够从家庭成员那里获得支持,就因为家庭成员之间不仅是利益相关者,更是利益整体。

利益相关者是有利益关系的组织和个体,有利益关系并不意味着能够实现资源整合,还需要有共同的利益或者说利益共同点。为此,识别到利益相关者后,逐一认真分析每一个利益相关者所关注的利益非常重要。

(2) 构建共赢的机制

有了共同的利益或利益共同点并不意味着就可以合作,只是意味着具备了前提条件。资源整合是多方面的合作,切实的合作需要有各方面利益真正能够实现做保证,这就必须能够寻找和设计出使大家共赢的机制。

对于在长期合作中获益、彼此建立起信任关系的合作,双赢和共赢的机制已经形成,进一步的合作并不很难。但对于首次合作,特别是受到资源约束的创业者来说,建立共赢机制需要智慧。让对方看到潜在的收益,为了获取收益需要投入资源,这是基本规律。创业者在设计共赢机制时,既要帮助对方扩大收益,也要帮助对方降低风险,降低风险本身也是扩大收益。

(3) 维持信任长期合作

共赢机制的背后其实也是博弈问题。说到博弈,很容易想到最经典的案例——囚徒困境问题。

囚徒困境描述的是甲、乙两个犯罪嫌疑人作案后被警察抓住,分别关在不同的屋子里接受审讯。警察知道两人有罪,但缺乏足够的证据。警察告诉每个人:如果两人都抵赖,各判刑1年,因为警察拿不到证据;如果两人都坦白,警察拿到证据后各判8年;如果两人中一个人坦白而另一个抵赖,坦白的放出去,抵赖的判10年。在这种情况下,甲、乙两人的不同行为带来不同的结果。

表6-7 囚徒困境模型

甲的行动 \ 乙的行动	乙犯罪嫌疑人	
	抵赖(合作)	坦白(背叛)
甲犯罪嫌疑人 抵赖(合作)	甲乙双赢	甲输;乙赢
甲犯罪嫌疑人 坦白(背叛)	甲赢;乙输	甲乙双输

于是,每个犯罪嫌疑人都面临两种选择:坦白或抵赖,他们各自会如何选择呢?在没有其他信息的情况下,从理性的角度分析,最容易出现的结果是,不管同伙选择什么,每个囚徒的最优选择是坦白。这显然是双输而不是双赢。

如果两个犯罪嫌疑人是长期合伙作案,彼此之间建立了牢固的信任关系,情况会怎么样?尽管没有牢固的信任关系,如果不把甲乙单独关在不同的房间,让两人可以交流的话,情况又会怎样?他们的行为结果还一定是双输吗?

资源整合也是这样,资源整合的机制首先要有利益基础,同时还要有沟通和信任来维持。沟通往往是产生信任的前提,信任不仅是一种资源,也是一种重要的社会整合力量。

蒙牛的整合营销传播[①]

蒙牛的成功是将整合营销策略本土化传播的一次成功尝试。整合营销传播最重要的中心思想就是：各种形式的传播手段都可以运用以完成设定的传播目标。近几年，几乎每过一段时间，蒙牛就会拿出令人惊奇的传播策略，通过与消费者、媒体以及社会的全面接触，实现与目标受众的有效沟通。

1. 选择最直接的消费者接触点，树立品牌认同感

消费者接触点是整合营销传播中的一个关键要素。蒙牛集团在发展的过程中，始终注重与消费者的线下接触渠道。2009年8月15日至9月30日，蒙牛开展"绿色生态草原游"活动，这不仅是一次消费者与大自然的亲密接触，也让来自全国各地的参观者对蒙牛牛奶的自然纯有了更为直观与深刻的了解。"一切接触即传播"，在与消费者的直接接触点上，蒙牛除了传达产品本身的信息，也不忘宣传企业的核心价值。蒙牛的核心使命是：百年蒙牛，强乳兴农。蒙牛通过一系列软性宣传在社会上产生了极大的舆论效应。自此，消费者更深入认识了蒙牛，提升了消费者心目中的品牌认同度。

2. 以广告为源点进行整合营销，确立品牌的业内领导者地位

传统的媒体营销，往往局限于单个广告的短暂炒作，2005年2月24日，湖南卫视与国内乳业巨头——蒙牛乳业集团在长沙联合宣布共同打造"2005快乐中国蒙牛酸酸乳超级女声"年度赛事活动。"蒙牛酸酸乳超级女声"通过这次完整的以广告为源点的整合营销传播，最终确立了该品牌在业内的领导者地位。

（1）蒙牛与"超级女声"形象的融合。融合首先体现在"超级女声"的标志上。"超级女声"专门设计了带有蒙牛酸酸乳标志的栏目标准字和栏目标志，凡是出现"超级女声"的地方就会出现蒙牛酸酸乳。其次，融合也体现在蒙牛酸酸乳产品的包装上。为了配合此次活动，蒙牛酸酸乳重新设计了带有超女报名事宜等相关字

[①] 吴健安主编：《市场营销学》，高等教育出版社2011年版，第402—403页。

样和信息的产品包装。借助自身完整而强大的营销网络,蒙牛酸酸乳走向了全国,同时在一定程度上也进一步提高了"超级女声"的影响力,而这种力量又会反作用到蒙牛自己身上,在视觉形象上蒙牛与"超级女声"进行了很好的融合。与以往只是简单的冠名相比,这次蒙牛酸酸乳利用多种手段与"超级女声"全方位的融合,目的明确、措施得力。随着"超级女声"的进行,酸酸乳高频率地出现在电视直播和媒体报道当中,使蒙牛的高额投入物超所值。

(2)借路演提升产品知名度。蒙牛与"超级女声"结盟后,将强势销售区域由一线城市拓展至二、三线城市,并挑选长沙、广州、郑州、成都、杭州五大城市作为赛区,由此展开路演。北到哈尔滨南到昆明、贵阳、桂林、广州,西至兰州、乌鲁木齐,蒙牛的路演队伍深入到了这些城市的中心。

标有"超级女声"的蒙牛酸酸乳产品覆盖了全国400多个城市,同时,蒙牛也在这400多个城市展开宣传活动,进行了200多场迷你路演,为"超级女声"赛事扩大影响力。

(3)利用整合再次扩大影响。通过电视、报纸、户外、网络等多种媒体进行了大量的广告投放。在电视广告片方面,蒙牛酸酸乳对于目标消费者——20世纪80年代群体的心理特征和接受习惯进行了认真的研究,最终选择张含韵为该品牌的代言人。由其演唱的广告歌《酸酸甜甜就是我》则是国内目前为止最成功的广告歌曲之一。此外,蒙牛还选择了央视、安徽卫视等著名媒体,大范围、高密度地覆盖目标消费者。在报纸方面,蒙牛采取了更具针对性的投放策略。在超女的每个赛区各指定一家当地报纸作为平面协办媒体,如广州的《南方都市报》、长沙的《潇湘晨报》、成都的《成都商报》等,全面报道超女赛事,吸引了年轻女性的关注,也加深了消费者对蒙牛酸酸乳及赛事的认识。此外,蒙牛酸酸乳还以户外广告、网络广告与赛事、电视、报纸及广告进行配合。海选前夕,蒙牛酸酸乳的广告及时出现在广州、长沙、郑州、成都、杭州以及国内其他大中型城市的候车亭广告牌上。在各大门户网站投放广告,在新浪网开出专门"超女频道",打开这个网页时,首先跳出的就是蒙牛的广告,以强化产品宣传。针对产品的目标消费者,这些整合营销的策略很好地起到了广告和吸引受众的作用。

> **3. 通过事件营销,树立品牌公众形象,全面提升品牌价值**
>
> 现在的市场由于信息超载、媒体繁多而干扰大增。面对信息无孔不入的环境,传统的市场运作已经不足以引起消费者的兴趣。蒙牛盯住的第一个营销事件便是奥运。2001年在距离中国申奥成功还有3天的时候,蒙牛提出:"北京申奥一旦成功,我们捐1000万!"此举在升华了蒙牛品牌价值的同时,也让消费者感受到蒙牛的社会责任感。在"非典"时期,蒙牛意识到公众对于健康的极度关注,突破常规思维,加大投放量,增大了公益广告的力度,关注公众健康,并于2003年4月21日,向国家卫生部率先捐款100万元,成为卫生部红榜上中国首家捐款抗击"非典"的企业,这一举动拉开了其他企业捐赠的序幕。同样的,在中华民族飞天梦圆的历史性事件上,将"神五""神六"与"蒙牛"进行捆绑,赚取了国内外各大媒体的免费报道。蒙牛将口号定为"蒙牛牛奶,强壮中国人",既体现蒙牛作为民族品牌为中国的航天事业尽心尽力的表率,又为蒙牛牛奶作为"航天员专用牛奶"做宣传;另一口号"举起你的右手,为中国喝彩"同"蒙牛牛奶,强壮中国人"的品牌信息紧密结合,由此树立起一个具有民族内涵的品牌形象,从而提升蒙牛的品牌魅力,增大了品牌的知名度,升华了品牌的美誉度。

2. 切实管好人力资源

快速成长企业的一个共同成功要素是其强有力的人力资源管理。快速成长的企业的经营者并不一定要受过高等教育,但他们要雇用一大批有能力的下属,以便对未来面临的挑战做好准备。因此,企业应该从以下几方面切实做好人力资源管理:

(1)良好的工作环境:包括有竞争力的工资收入、良好的工作条件以及健康保险等,因为小企业的员工需要承担企业破产的风险,企业有义务为员工解除后顾之忧。良好的工作环境还包括一些不十分明显的特征,如为员工提供明确、持续的指导,并为他们提供开展工作所必需的各种资源。

(2)成长的机会:成长的机会使员工感到安全,它的表现形式多种多样。对于不同的员工,成长机会代表着不同的事情,或者是晋升,或者是工作丰富化。但人们需要转变一个错误观念,即为员工提供稳定的工作和适度的退休金,员工就会感到安全。员工的安全感来自他们在学校或工作中掌握的各种技术与能力,公司可为员工提供的学习技术和能力的机会越多,就越能鼓励员工学习,同时公司为员工提供的保证未来安全的帮助就越大。

(3) 员工有机会分享公司的成功:小企业所能提供的工资水平总是比不上大企业,更为不利的是,小企业有失败、兼并和被收购的风险。事实上,小企业的员工承担了公司的一部分经营风险,一旦企业倒闭,他们的生活也就没了保证。所以,只有让员工分享企业的成功才是公平的办法。一些优秀的小企业采用利润分享计划,即让员工持股,并且可以根据需要随时兑换成现金,这就是一种很好地让员工参与利润分享的办法。

3. 充分运用既有资源

多数创业者由于受到可用资源的限制,而寻找创造性的方式开发机会创建企业,并促使企业成长。学术界用"bootstrapping"一词描述这一过程中创业者利用资源的方法,主要指在缺乏资源的情况下,创业者分多个阶段投入资源并且在每个阶段或决策点投入最少的资源,所以也可以称为"步步为营"。美国学者杰弗里·康沃尔(Jeffrey Cornwall)在其出版的 *Bootstrapping* 一书中指出,步步为营不仅是一种做事最经济的方法,还是在有限资源的约束下获取满意收益的方法;不仅适合小企业,同样适合高成长企业、高潜力企业。步步为营活动包括:创业者在资源受限的情况下寻找实现企业理想目的和目标的途径;最大限度地降低对外部融资的需要;最大限度地发挥创业者投在企业内部资金的作用;以及实现现金流的最佳使用。

步步为营的策略首先表现为节俭,设法降低资源的使用量,降低管理成本。但过分强调降低成本,会影响产品和服务质量,甚至会制约企业发展。为了求生存和发展,有的创业者不注重环境保护,盗用别人的知识产权,甚至以次充好,在消费者中形成很差的印象。这样的创业活动尽管短期可能赚取利润,但显然没有长期发展的潜力。所以,"保持节俭,但要有目标"的原则很重要,节俭重要,但更重要的是实现目标。

4. 巩固企业的价值观和理念

企业的价值观就是企业决策者对企业性质、目标、经营方式的取向所作出的选择,是为员工所接受的共同观念。菲利浦·塞尔日利克说:"一个组织的建立,是靠决策者对价值观念的执着,也就是决策者在决定企业的性质、特殊目标、经营方式和角色时所做的选择。通常这些价值观并没有形成文字,也可能不是有意形成的。不论如何,组织中的领导者必须善于推动、保护这些价值,若是只注意守成,那是会失败的。总之,组织的生存,其实就是价值观的维系,以及大家对价值观的认同。"[①]

实际上,企业文化是以价值观为核心的,价值观是把所有员工联系到一起的精神纽带;价值观是企业生存、发展的内在动力;价值观是企业行为规范制度的基础。

企业的价值观和理念是企业精神的灵魂,保证员工向统一目标前进。企业价值观的发展与完善是一个永无止境的工作,企业的各级管理人员要认真考虑究竟什么是企业最实际、最有效的价值观,然后不断地检讨和讨论,使这些价值观永葆活力。事实上,这样做有助于大家统一思想,步调一致,促进发展。无数例子证明,企业价值观和理念建设的成败,决定着企业的生死存亡。因而,成功的企业都很注重企业价值观和理念的建设,并要求员工自觉推崇与传播。

5. 成长中追求变革

随着经济全球化加速、信息化提升,企业经营环境发生了深刻的变化,企业之间的竞争日趋激烈,产品生命周期越来越短,顾客越来越注重价值,企业与顾客、供应商、员工等之间进一步密切联系,合作联盟频繁。在这种新的经营环境下,企业经营和管理遇到了前所未有的挑战,企业需要进行组织上的变革,作为企业管理系统重要组成部分的绩效评价系统,与此相适应,也要作出相应的调整和改变,以适应这种时代"大转变"。

(1) 把变革视为常态,支持变革者

企业需将变革视为经营管理的核心工作。企业不仅要在组织内部通过变革实现业务和管理系统有机结合,还要将变革扩展至整个企业生态系统,即将变革延伸到供应商、经销商甚至联盟企业,通过技术标准、业务流程标准影响这些关联企业。只有持续变革,企业才能把

---

① 转引自 MBA 智库百科"企业价值观"词条。

握商机。

（2）以客户为中心，关注客户价值体验

企业变革必须满足客户价值体验需要，否则，变革无法给企业带来价值。因此，企业变革必须以客户为中心，从产品（服务）创意设计到售后服务全过程与客户互动。理解客户未被满足的需求，与客户共同创造差异化的商品及服务，在各个层面提供更好的客户体验，赢得客户忠诚度。

（3）以成长为目标，通过变革激活组织

企业成长便是不断地挖掘未被利用资源的无限过程。企业持续成长，必须识别企业成长不同阶段的拐点，根据各阶段的特点确定不同的管理重点、管理手段、管理工具，以此构建灵活的组织和流程，激活组织，提高战略执行速度。

通用电气公司的组织变革①

GE 现行的组织结构是建立在韦尔奇接手后进行组织结构改革的基础上，并在之后不断地进行调整完善的。由于战略的转变必将影响组织的内部特征，因此在过去的二十多年间，GE 的组织结构也在不断地进行调整，以适应战略需要、适应环境、优化自身。自 1981 年 GE 的组织结构改革大体经历了三个阶段，各阶段的互有交叉，但重点不同。

1. 以组织的扁平化为重心，从 1981 年韦尔奇接任 GE 开始，到 1990 年左右大体结束，通用也称之为"零层管理"。当时的 GE 处于严重的官僚化阶段，组织结构庞大臃肿、大量终身员工闲置、官僚机制低效、管理层级繁多，有着层层签字的审批程序和根深蒂固的等级制度。其主要层次自上而下主要包括：公司董事长和最高执行部——公司总部——执行部——企业集团——事业部——战略集团——业务部门——职能部门——基层主管——员工。由董事长和两名副董事长组成最高执行局，公司总部中 4 个参谋部门分别由董事长直属，另外 4 个由两名副董事长分别负责。下设 6 个

---

① 张立文：《美国通用电气公司组织结构及其变革研究》，《商场现代化》2010 年第 9 期。

执行部,由 6 位副董事长分别负责,用以统辖和协调各集团和事业部的工作。执行部下共设 9 个集团、50 个事业部和 49 个战略经营单位。虽然庞大的组织结构曾给 GE 带来丰厚的利润,但如今这只能拖延 GE 前进的步伐。

在扁平化的过程中,大量中间管理层次被取消。GE 将执行部整个去掉,使得 GE 减少了近一半的管理层,同时对部门进行削减整合、裁减雇员、减少职位。从原来的 24 到 26 个管理层减少到 5—6 个,一些基层企业则直接变为零管理层。同时扩大管理跨度,增加经理的直接报告人数,由原来的 6—7 个上升为 10—15 个,充分利用人力资源,提高效率。

2. 以业务重组为重心,不断进行放弃不利业务、加强有利业务并引入新业务的过程,以公司使命为方向、以战略计划为指导调整组织结构。GE 提出了一个中期战略"第一第二"战略目标,只要不是全球第一第二,就改革、出售或关闭,以此来对公司业务范围、规模、机构设置、管理体制等各方面进行改革。韦尔奇运用了"三环图",将公司分为服务、技术和核心业务三部分,这很快表明了那些有问题和需要重组或者清除的业务。仅在头两年 GE 就卖掉了 71 条产品线,完成了 118 项交易,又相继卖掉空调和小型家电、消费类电子产品、航空航天业务等,共出售了价值 110 亿美元的企业,同时又大胆买进了 260 亿美元的新业务。

伊梅尔特接任 GE 后,延续了这一战略的运用,继续对业务进行重组管理。自 2001 年,GE 出售了保险业务、消防车、工业用金刚石、印度市场的外包业务、通用电气物流公司、新材料业务等,同时对有增长能力的业务给予大力支持,这些业务有:能源、医疗保健、基础设施、运输业、国家广播公司、商业金融和消费者金融业务。通过业务重组的组织结构调整仍会进行下去,这是由 GE 的使命和战略决定的。

3. 无边界化组织阶段。在组织学中,无边界化组织主要包括以下几种经典组织形式:扁平化组织、多功能团队、学习型组织、虚拟企业、战略联盟等。GE 提出的无边界理念侧重于学习型组织的建立。这是由于前期扁平化组织的建立,组织中的管理跨度增加,再

> 加上严重官僚化的影响,使组织在横向信息交流上产生障碍,信息交流和知识共享要在更多的成员之间实现,这种高效的沟通需要无边界化来实现。无边界化能克服公司规模和效率的矛盾,具有大型企业的力量,同时又具有小型公司的效率、灵活度和自信。打击官僚主义,激发管理者和员工热情。

6. 关注企业价值增长

传统的企业理论强调和关注的是企业的生产经营管理,这种管理的目标是追求产值、利润最大化,它不关心企业的价值创造和企业市场价值的提高,因而缺乏明确的长远目标和整体思维。企业价值增长立足于企业的价值创造和企业整体价值的提高。它强调企业的战略管理和价值管理,它不仅具有质的界定性和量的可度量性,而且具有方向和制度性意义。

企业实现其价值增长的一般思路或者功能要素主要表现为以下几个方面:

战略决策与企业价值增长。企业战略决策实质上就是企业具体的发展思路和安排,是在变化的环境下为求得持续发展的总体性谋划。它在企业的经营活动中起着总体性和方向性的指导作用。H. A. 西蒙指出:"管理就是一系列决策。"企业能否作出结合企业特色并和外部环境相协调的战略决策,是能否获得竞争优势的关键。

人力资源增值与企业价值增长。从类型来讲,人力资源是一种物质性的有形资源。但是,由于人是知识这种无形资源的载体,因而人力资源又具有无形资源的属性,是一种可以不断开发使其增值的资源。亚当·斯密在其名著《国富论》中阐述道:在所有资本中最有价值的是对人本身的投资。在知识经济时代,企业的竞争更是人才的竞争。在企业的各种资源中,人力资源是最宝贵的核心资源,能够不断为企业和社会创造价值。

管理创新与企业价值增长。管理的作用就是通过整合资源为企业带来绩效,为广大的利益相关者创造价值。因此,管理创新是价值增长的核心。随着知识经济的到来,作为管理创新的价值管理已成为企业管理的主导形态。只有那些能够不断实现管理创新的企业才能持续地实现企业价值的增长。

核心竞争力与企业价值增长。核心能力理论是美国经济管理学家C.K.普拉霍莱德和G.哈米尔在他们的经典论文《公司的核心能力》中首次提出来的,它是企业拥有的,能为消费者带来特殊效用、使企业在某一市场上长期具有竞争优势的能力资源,是公司所具有的竞争优势和区别于竞争对手的知识体系,是公司竞争能力的基础。放眼世界500强,几乎无一不在创新能力、管理模式、市场网络、品牌形象等方面具有独特专长。可以说,这些公司成功的过程,也就是其核心竞争力培育和发展的过程。企业的核心竞争力具有报酬递增的特征,能给企业带来源源不断的超额利润。

第七章　社会创业

【学习目标】

通过本章内容的学习,了解社会创业兴起的背景和国内外社会创业经验,掌握社会创业的内涵和特征及社会创业理论。

当企业的财富积累超过一定数额时,企业就已不再属于个人,而更多的属于民族和社会,此时,企业的经营要在保证持续发展的基础上,拿出更多的财富回馈社会,承担起社会赋予企业的责任。

——刘永好[1]

> **"万有蚓力"获金奖　循环养殖易推广**[2]
>
> 中南财经政法大学4名自幼在城市长大的本科生,把养蚯蚓作为创业项目,并在全国大赛中获得金奖。
>
> 昨日,该团队队长、法学专业大三男生冯羽告诉记者:"我们在暑假里通过调研偶然发现蚯蚓养殖潜力巨大,便从去年开始用科学手段和现代营销模式,帮助武汉东西湖区辛安渡农场的丹江口移民养殖蚯蚓,收到了不错的效果。"

---

[1] 中央电视台经济频道主编:《年轻的心:中央电视台经济频道创业英雄会》下册,中国民主法制出版社2009年版,第121页。

[2] 三农致富经:《"万有蚓力"获金奖　循环养殖易推广》,http://www.zhifujing.org/zhifuanli/201305/19333.html,2013年5月27日。

据悉,这一项目名为"万有蚓力",其最大亮点是用牛粪喂食蚯蚓,再用蚯蚓喂养鸡鱼,蚯蚓粪用作化肥。这样,不仅牛粪得到了科学处理,还能提高蚯蚓的质量和附加值,形成一条绿色循环生态链。

冯羽透露,他们为这家养殖场与光明奶牛场牵线搭桥,解决了蚯蚓食物不足的问题,还开了淘宝店,为用途广泛的蚓粪拓宽销路。同时,他们在学校食堂投放了蚯蚓养殖箱,总共有近25公斤蚯蚓,用于处理包括烂菜叶在内的各种厨余,更好地实施垃圾分类回收。

在19日举行的第三届全国大学生公益创业大赛决赛中,这一创业项目从40多所高校中"突围",与清华大学的项目并列获得金奖。评委认为,公益与创业看似矛盾,但冯羽团队将公益作出了经济效益,难能可贵。

冯羽认为,这一项目很容易"复制"推广,学校师生、社区居民都可以参与进来,人人都可以为环保尽绵薄之力。

第一节 社会创业

2005年10月25日,美国最早资助"公益创业"(Social Entrepreneurship)的阿苏迦基金会(Ashoka: Innovators for the Public)的创始人威廉姆·德雷顿(William Drayton)被美国新闻与世界报道(U. S. News and World Report)与美国国务卿赖斯和微软总裁比尔·盖茨等其他24人一起被评为2005年度"美国最杰出的领袖"。"Social Entrepreneurship"再次引起了人们的注意。[1] "Social Entrepreneurship"有时被直译为"社会创业精神",有时被意译为"公益创业"或"非营利组织的创业",本书称之为"社会创业"。它的出现意味着一个时代、一种行业和一种生活方式的诞生。

---

[1] 〔美〕胡馨:《什么是"Social Entrepreneurship"(公益创业)》,《经济社会体制比较》2006年第2期。

一、社会创业概述

社会创业作为一种创业活动具有悠久的历史,但作为一个概念和一门课程却是最近20年的事情。尽管迄今为止社会创业没有形成统一的定义,但其价值和意义越来越受到重视。

(一)社会创业活动的兴起

英国的社会创业活动最早可以追溯到800年前,美国由于深受英国影响,在殖民地时代就出现了很多社会创业活动。英国在12、13世纪创立了500多家非营利医院,在1601年颁布了世界上首部《济贫法》,1834年新的《济贫法》颁布后,英国慈善事业达到顶峰。19世纪末,慈善捐助已经成为英国中产阶级家庭仅次于食物的第二大支出。

在殖民地时代,美国就建立了如哈佛大学和耶鲁大学等公益性机构。19世纪末,钢铁大王安德鲁·卡耐基开创了现代慈善事业的先河。德鲁克在《创新和创业精神》中指出:"尽管创业精神这个名词起源于经济领域,可是它丝毫也不局限于此……关于创业精神的发展历史,没有比现代大学尤其是现代美国大学的创立与发展更好的课本了。"

"公益创业"一词最早是由比尔·德雷顿提出的,他在1980年成立了名为阿苏迦的全球性非营利组织。阿苏迦是一个在全球范围内推广公益创业、培养公益创业人才的非营利性组织,它负责向社会创业者提供种子基金,帮助他们开展社会创业。继德雷顿于2005年10月被美国新闻与世界报道评为2005年度"美国最杰出的领袖"之后,孟加拉国经济学家和银行家穆罕默德·尤努斯创建了格莱珉银行,该银行虽然是营利性组织,但却以扶贫为目的,帮助穷苦人民获得小额贷款,获取创业机会,战胜贫困。目前格莱珉银行已经拥有2226个分支机构、650万客户,每年发放的贷款规模超过8亿美元,还款率高达98.89%,资产质量良好,远远高于世界上公认的风险控制最好的其他商业银行,已经成为国际上公认的最成功的"穷人银行",该银行的"微型贷款"帮助无数穷人实现了摆脱贫困的愿望。尤努斯在2006年获得了诺贝尔和平奖。现在全球共有100多个国家正在复制其经营模式。之后美国拉丁义社区的信用合作社、英国为残疾人提供服务的Papworth信托机构、Google的"益暖中华"公益创业大赛、中国新东方教育科技集团开展的"烛光行动"、联想集团的青少年公益创投计划、"壹基金"向公募基金的成功转型等社会创业活动陆续开展。国外著名大学的顶级商学院,如哈佛大学、剑桥大学等纷纷开设了社会创业的专门课程,国内知名学府也相继效仿。社会创业的兴起是创业领域最重要的成果之一,对解决社会问题,打破西方国家所面临的"福利僵局"起到了积极作用,它改变了世界各国的社会面貌,赢得了社会的广泛关注和好评。

(二)社会创业活动兴起的原因

社会创业活动的兴起主要有以下几个方面的原因:

首先,美国政府在20世纪80年代以来采取了以市场作为主要资源调节机制的新自由主义经济政策[①],政府对非营利性组织的直接资助逐年减少,对福利事业的资助也大为削减。政府在减少财政支持的同时出台了更多鼓励公民积极参与社会创业的税收优惠政策,如美国联邦法律规定,个人或公司捐助给有联邦政府核定的501(C)(3)类组织的资金资盘,可以免交所得税。这些政策的出台为社会创业的诞生营造了良好的外部环境。

其次,"市场失灵"为社会企业的出现提供了契机。市场失灵——商业市场力量无法满足如公共产品或合约失效时的社会需求——导致人们对非营利性组织提供社会服务的需求有增无减,非营利性组织急剧膨胀。众多非营利性组织开始为获取有限的资金和资源而相互竞争。在这种传统资源不断减少而获取这些资源的竞争又加剧的情形下[②],非营利性组织必须借用商业化操作和市场化运作手段来提高自身的效率,以便更好地进行公共服务。由此,"企业家"和"创业"的概念开始引入公益领域。[③]

再次,经济的市场化和全球化导致社会财富不断向私营组织集中,而社会问题却不断加剧,社会迫切需要企业承担更多的社会责任

---

① 严中华、杜海东、孙柳苑:《社会创业与商业创业的比较研究及其启示》,《探索》2007年第3期,第79—82页。
② 同上。
③ 〔美〕胡馨:《什么是"Social Entrepreneurship"(公益创业)》,《经济社会体制比较》2006年第2期,第23—27页。

和更主动地解决复杂的社会问题。① 一方面,政府等公共机构的公共资源不足以充分满足社会需求②;另一方面,面对日趋饱和的市场和日益激烈的竞争,仅靠满足市场需求已经难以确保企业生存,企业往往会采取超出市场本身的方法来提升自身竞争的能力。而社会企业的出现很好地实现了社会价值和商业价值的双重回报。

最后,商业和公益事业之间的界限正逐渐被打破。社会创业是一项涉及创业学习、社会创新、非营利组织管理等众多领域和部门的研究活动,解决社会问题迫切需要一种跨部门协作的新的方式来实现。

(三) 社会创业的含义

社会创业,又称公益创业,是近年来在全球范围内迅速兴起的一种全新的创业理念、创新的创业模式,旨在实施追求社会价值和商业价值并重的创业活动,兼顾社会性和企业性,将实现社会价值和企业化运营结合在一起,在儿童保育、残障就业、社区发展等领域积极开展社会创新,社会创业不仅涵盖了非营利性机构的创业活动和营利性机构践行社会责任的活动,而且还强调个人和组织必须运用商业知识来为社会创造更多的价值。社会创业是应对政府失灵和市场失灵的矫正力量,它以和平方式达到了以往通过暴力和流血也未能实现的社会目标。

最早对社会创业进行定义的是狄兹,他在论文"The Meaning of Social Entrepreneurship"中通过五个方面来界定社会创业:(1)社会创业的使命是创造可持续的社会价值;(2)社会创业要不断发现和寻找新的机会来促进该使命的实现;(3)社会创业需要持续的创新,不断地适应、调整与学习;(4)社会创业的过程应该突破资源限制的瓶颈;(5)社会创业对服务对象和行为结果高度负责。③ 他认为社会创业包含了两个方面:一是利用变革的新方法解决社会问题并且创造社会效益;二是引用商业经营模式产生经济效益,但是经营目的不是为个人谋取利益,而是造福社会。牛津大学社会创业研究中心认为:社会创

---

① 邬爱其、焦豪:《国外社会创业研究及其对构建和谐社会的启示》,《外国经济与管理》2008年第1期,第17—22页。
② 同上。
③ 严中华:《社会创业》,清华大学出版社2008年版,第2页。

业是个人、机构和网络通过捕捉新机会,挑战传统结构失效;华莱士1999年指出社会创业是拥有社会责任感的创业者促进社区发展的行为;加拿大社会创业中心认为以社会价值和经济价值为双重目标的创业行为就是社会创业;梅尔和马蒂2006年将社会创业定义为一个创新性使用或创新性组合某些资源去追求机会以满足社会需要的过程。[1]

由于人们的出发点和研究视角不同,学者们在社会创业领域、边界、形式和内涵等方面都尚未形成统一意见。对社会创业的研究概括起来有三种视角:社会创业的运作方式(Reis;Wallace;Mitchell;Pomerantz)、社会创业的两重性(J. Gregory Dess;Peredo;Mclean)、社会创业的承担方式(S. Johnson)。尽管如此,我们还是可以提炼出社会创业涉及的4个关键因素:社会创业者的特征;社会创业者的活动领域;社会创业的过程和资源以及社会创业的价值。表7-1是国外各学者对社会创业的概念界定。

表7-1 社会创业概念界定[2]

研究者	概念定义
Dees(1998)	永不疲倦地追求新的机会来创立持久创造社会价值的事业;不断创新、修正和改进;不受当前资源稀缺限制的大胆行动
斯坦福创业研究中心(2002)	采用商业化手段创新地解决社会问题、创造社会价值,既包括营利组织为解决社会问题而开展的创业活动,也包括非营利组织支持和参与的创业活动
Mort等(2003)	创业的社会使命;面对道德、利益等问题时,社会创业者的行为与目的保持一致性;创造社会价值的机会感知和识别能力;社会创业者具有创新性、行动超前性和风险承担等关键特征

---

[1] 林海、严中华、袁晓斌、彭劲松:《社会创业组织商业模式研究综述及展望》,《科技管理研究》2011年第20期。

[2] 刘玉焕、井润田:《社会创业的概念、特点和研究方向》,《技术经济》2014年第5期。

续表

研究者	概念定义
Mair 和 Marti(2006)	采用创新的方式整合各种资源、创造社会价值,满足社会需要或促进社会变革
Austin 等(2006)	具有创新性,是社会价值创造的过程;组织形式多样化,跨越非营利组织、商业组织和政府部门多个领域
Tracey 和 Jarvis(2007)	社会价值的创造是社会创业的核心目的;社会创业者要能够识别和开拓市场机会、整合所需资源,并且能够实现营利,以便有效地实现社会目标
Short 等(2009)	通过创新性的实践解决社会问题、满足社会需要,不管是否具有营利的目的
Zahra 等(2009)	通过创造新的组织形式或改变现有的组织实践来发现并开拓市场机会、提供创新性的产品和服务,从而满足社会需要
Tracey 等(2011)	创新地融合社会福利逻辑与商业化逻辑,为社会问题提供可持续的解决方式
Dacin 等(2011)	采用商业化的方法为社会问题提供创新的解决方式,发展过程中兼顾经济利益和社会价值的创造

从广义上来说,社会创业是指采用创新的方法解决社会问题,是以创造社会价值、满足社会需要为首要目的的创业活动,既包括创建非营利组织,也包括企业的社会责任行动,还包括旨在解决社会问题的营利性企业即社会企业。社会创业的主体包括政府、企业、非营利性组织和公民群体。社会创业可能是组织化的持续性行为,也可能是一次性的行动。社会创业的受益人可能是地区性的,也可能是全国性的,甚至是全球性的。从狭义上来说,社会创业就是指将商业技能运用于社会部门,比如非营利组织从事创收活动为组织获得可持续的资源。[1] 本书采用广义的社会创业概念。

---

[1] J. Wei-Skillern, J. E. Austin, et al., *Entrepreneurship in the Social Sector*, London: Sage Publication Inc, 2007, pp.3-4.

二、社会创业的特征

由于各国社会创业的背景各不相同,创业活动的范围十分广泛,创业的形式多种多样,但是其主要目标不变,社会创业主要追求社会目的,营利主要投资于组织本身或社会。波梅兰茨(Pomerantz)和帕雷多(Peredo)认为,社会创业主要是采取创新方法解决社会问题,采用传统的商业手段来创造社会价值(而不是个人价值),它既包括营利组织为充分利用资源解决社会问题而开展的创业活动,也包括非营利组织支持个体创立自己的小企业。

综上,社会创业具有社会性和创业性两个基本特征。从社会性的角度来看,他们强调社会创业在采用商业化方式的同时,必须具有排他性的社会目标,并且还要创造社会价值;从创业性的角度来看,社会企业家也是创业者,他们必须采用商业化的方式进行创业,并且注意创业方式的创新性。

表 7-2　社会创业特征

作者	观点
陈劲、 王皓白[①]	(1)社会创业必须具有显著的社会目的和使命;(2)社会创业应该是"解决问题"导向型的,因此社会创业的重点在于发展和执行那些能带来可计量的社会产出或影响的计划,即创造社会价值;(3)社会创业的创新性主要通过组织创新来体现
邬爱其、 焦豪[②]	社会创业的社会性特征体现在以下四个方面:(1)目的和产出的社会性;(2)核心资本是社会资本;(3)组织的社会性;(4)社区性 社会创业的创业性特征主要体现在以下四个方面:(1)机会识别能力;(2)紧迫感、决心、雄心和领导天赋;(3)创新精神;(4)有经营活动

---

① 陈劲、王皓白:《社会创业与社会创业者的概念界定与研究视角探讨》,《外国经济与管理》2007 年第 8 期。

② 邬爱其、焦豪:《国外社会创业研究及其对构建和谐社会的启示》,《外国经济与管理》2008 年第 1 期。

续表

作者	观点
王漫天、任荣明[①]	(1)公益创业企业最大的特点是有社会使命,寻求社会问题的解决之道,确切地说是企业化解决之道。(2)有创新性的方法促进社会改进是公益创业企业的第二个特点。(3)第三个特点是以商业运作的方法和管理模式营利,以获得可持续的发展
严中华[②]	(1)社会性。社会创业的本质是为了创造社会价值,而经济价值只是社会创业的副产品。(2)创新性。社会创业一定要进行创新和变革。(3)情景性。因社会、文化和政治背景包括不同的立法结构和框架、慈善事业、社会支持系统性质等差异,社会创业具有强烈的差异性

三、社会创业的价值

伯恩斯坦(Bornstein)认为社会创业的价值主要体现在以下几个方面:(1)解决社会问题;(2)提高组织运行效率;(3)构建主动型福利机制;(4)增加就业机会和产出;(5)创造社会资本。[③] 社会资本是一个健全社会必不可少的无形资产。如果没有一个健全的社会的支持,市场经济和民主制度都无法有效运行。因此,社会创业的最重要的价值在于创造社会资本,构建和谐的社会秩序。

社会创业关注的焦点是识别和利用机会,创造社会价值,而非个人或股东财富。社会创业不仅可以增加公共福利,而且是解决社会问题、满足社会需求的有效途径,是政府公共服务体系的重要补充。

社会创业可以增加公共福利,它的实质是国民财富或国民收入的一种补充性再分配形式,在促进社会公平与社会和谐方面具有重要意义。各国实践表明,仅仅依靠第一次和第二次分配往往不能很好地实现社会公平。在社会问题日益严重的情况下,有必要对国民收入进行

[①] 王漫天、任荣明:《公益创业及其在中国的发展》,《安徽师范大学学报(人文社会科学版)》2008年第2期。

[②] 严中华:《社会创业》,清华大学出版社2008年版,第3页。

[③] D. Bornstein, *How to Change the World: Social Entrepreneurs and the Power of New Ideas*, New York: Oxford University Press, 2004, p.215.

第三次分配,即以社会为分配主体,以自愿为前提,按伦理公平原则进行分配。

社会创业可以增加公共服务供给,改善公共服务质量,弥补政府公共服务的不足。同时,其非营利性和慈善性质又扩大了社会对其服务的需求。因此,社会创业从供给和需求两个方面帮助人们获得更多的发展机会,改善生活质量,活得更有尊严更有价值。

第二节 社会创业者

现代护理事业的创始人——南丁格尔[①]

弗洛伦斯·南丁格尔(Florence Nightingale,1820—1910),现代护理事业的第一人,因克里米亚战争而闻名于世,被誉为"提灯女神"。她是世界上第一名真正意义上的女护士。"5·12"国际护士节就是为纪念她的诞辰而设立的。

南丁格尔毕业于剑桥大学,谙熟数学,精通英、法、德、意四门语言。除古典文学之外,还通晓自然科学、历史和哲学,擅长音乐与绘画。南丁格尔无意于婚姻,她在主妇、文学家、护士三者之间选择成为一名护士。

19世纪50年代,英国、法国、土耳其和俄国进行了克里米亚战争。南丁格尔主动申请,自愿担任战地护士。她率领38名护士抵达前线,在战地医院服务。她竭尽全力排除各种困难,为伤员解决必需的生活用品和食品,对他们进行认真的护理。仅仅半年左右的时间,伤病员的死亡率就从42%下降到2%。每个夜晚,她都手执油灯巡视,伤病员们亲切地称她为"提灯女神"。战争结束后,南丁格尔回到英国,被人们推崇为民族英雄。

1860年,南丁格尔用政府奖励的4000多英镑创建了世界上第一所正规的护士学校。随后,她又创办了助产士及医院护士培训班。

---

① 张远凤主编:《社会创业与管理》,武汉大学出版社2012年版,第92页。

> 1901年,南丁格尔因操劳过度,双目失明。南丁格尔后来还发起组织国际红十字会。
> "终身纯洁,忠贞守义,尽力提高护理之标准;无为有损之事,勿用有害之药;慎守病人秘密;竭诚协助医生之诊治,勿谋病者之福利"是南丁格尔的终身誓言与写照。

一、社会创业者及其特质

社会创业者是社会创业的主体,他们与企业创业者有许多相似之处,但在特质等方面存在不同的特点。

(一)社会创业者的含义

社会创业者(social entrepreneur),也称"社会企业家"或"公益创业者",是指那些创造性地解决社会问题、满足社会需求、维护社会价值、积极主动地承担风险和不确定性的人。社会创业者是社会创业的实践者,在他们身上体现的是社会创业精神,他们负有创造社会价值而不仅仅是个人价值的使命,不断寻找社会变革中出现的新的机会,及时作出创业反应。社会创业者比企业创业者具有更加强烈的社会使命感,他们善于识别社会变革中出现的问题,并创造性地解决问题,创造社会价值。

理论界目前对社会创业者的看法存在两种观点:一种是认为社会创业者与企业创业者有许多相似之处。他们不会因为创业之初的资源稀缺而束缚自己创业行为的选择,他们都具有改变环境的强烈欲望,并且热衷于把自己的想法付诸实践,对不确定性和风险具有超凡的忍耐力。他们都关注愿景和机会,也同样有动员别人帮助自己把愿景变为现实的能力。社会创业者与企业创业者两者的区别仅仅在于社会创业者具有更加强烈的社会使命感。[1] 另一种是认为社会创业者与企业创业者存在明显不同。例如帕路认为,他们之间的区别主要表现在意识形态方面,正是意识形态决定了他们选择不同的使命、方法和最终目标,社会创业者通过创建并管理极具创新能力的创业型组

---

[1] J. Catford, "Social Entrepreneurs are Vital for Health Promotion-But They Need Supportive Environments too," *Heath Promote International*, 1998, pp.95-97.

织来进行社会变革,并为他们的目标群体服务,他们的目的不是追逐私利。社会创业者之所以也从事营利性活动,是因为他们把经济利益看作是实现自己最终目的的手段;而企业创业者则把经济利益本身看成是他们追求的最终目的。伯斯顿把社会创业者说成是"具有伟大思想的开拓者"。他们有能力提出创造性的解决方案,具有强烈的道德意识,并能全身心地投入为实现他们社会变革愿景的奋斗之中。美国著名管理学家彼得·德鲁克认为,社会创业者"改变了社会绩效的容量"。他和伯斯顿都认为,社会创业者会对社会产生强烈而又深远的影响。由社会创业者领导的社会创业活动正在对社会和企业的变革和发展产生不可忽视的推动作用。

表7-3 社会创业者概念界定[①]

作者	观点
Bornstein	社会创业者是"具有伟大思想的开拓者"
Peter F. Drucker	社会创业者是"改变了社会绩效的容量",对社会产生强烈而又深远的影响的人
Dees	提出了判断社会创业者的五个标准:履行一项能持续产生社会价值的使命;通过不断发掘新机会来完成这项使命;不断创新、适应和学习;不受当前资源稀缺的约束,大胆采取行动;对目标群体负有高度的创造价值的责任感
Catford	社会创业者会像企业创业者那样关注愿景和机会,也同样有动员别人帮助自己把愿景变为现实的能力。社会创业者与企业创业者的区别仅仅在于社会创业者具有更加强烈的社会使命感
Cannon	从创业动机的角度把能成为社会创业者的人分成了三种类型。第一类社会创业者在其他领域已经赚到了很多钱,现在从事社会创业活动旨在回报社会;第二类往往不那么满意现有社会支持系统,并且积极寻求更加有效的方式来创建新的社会支持系统;第三类是念过商学院(或者有过类似经历)、具有社会创业意愿的人

---

① 陈劲、王皓白:《社会创业与社会创业者的概念界定与研究视角探讨》,《外国经济与管理》2007年第8期。

续表

作者	观点
陈劲、王皓白	社会创业者是那些具有正确价值观、能够将伟大而具有前瞻性的愿景与现实问题相结合的人,对目标群体负有高度的责任感,并在社会、经济和政治等环境下持续通过社会创业来创造社会价值

(二)社会创业者的特质

其实说到底,社会创业者与企业创业者的区别不在于性情和能力,不在于远见和创造性,而在于他们的梦想是建立一个世界级的计算机王国,还是让全世界的儿童都能注射疫苗。适合作为社会创业者的人,是那些以创造社会价值为人生目标,充满热情,并且身体力行的人。将社会发展作为自身事业来经营,是成为社会创业者的前提,热情、雄心和责任感是社会创业者最为重要的品质,商业技巧则可以在社会创业实践中逐步掌握。

成功的公益创业者具有六种品质特征:乐于自我纠正、乐于分享成果、乐于自我突破、乐于超越边界、乐于默默无闻地工作、拥有强大的道德推动力。

总结以往对社会创业者的界定,我们可以看到社会创业者具有以下特质:

1. 强烈的社会使命感

社会创业的目的是解决社会问题,具有强烈的社会使命感的人对目标群体负有高度的责任感,他们在物质资源和制度资源稀缺的情况下,为了实现自己的社会目标,不断发掘新机会,不断进行适应、学习和创新,克服重重困难寻找解决社会问题的方法,并在社会、经济和政治等环境下通过社会创业来创造社会价值。正是具有了强烈的社会使命感,才使得社会企业家将追求社会效益而非经济效益作为企业的根本目标,并且能够在之后的企业管理中始终坚持社会目标的方向,不至于使社会企业偏离初衷。同时,强烈的社会使命感有利于建立能够得到普遍认同的社会愿景,吸引更多的社会资源如志愿者来共同致力于社会问题的解决。

2. 广泛良好的社会网络

社会创业者如果在其所服务的领域内具有较好的信誉和威望,将更有利于其创造性地利用各种社会资源,调动广大的社会人群共同参与到其社会企业的创立与发展中。社会问题的解决需要社会、政府、企业及非营利组织等的广泛参与,良好且广泛的社会网络将更有利于发现和利用社会资源更有效地解决社会问题。

3. 创造性

在有限的资源条件下扩展社会创业的组织能力,必须关注资源之间的网络关系,能够创造性地安排这种关系。对于社会创业而言,商业网络是很重要的资源,政治和社会关系网络对社会创业者来说也是至关重要的资源源泉。因为社会创业者需要的很大一部分资源不是他们能够直接控制的,他们必须依靠更具创造性的战略来实现社会资本的良性循环,用以招募、留住和激励员工、志愿者、会员和创立者。因此,社会资本的良性循环是社会创业成功的基本要素。①

二、社会创业者的创业动机

在社会创业领域,与商业创业不同的一个关键点是创业者的出发点主要是利他的(altruism),他们追求社会公正(social justice),解决某些社会问题使公共利益得到保证,增加公共福利。

(一)社会创业者的创业动机分类

社会创业者并不是只有利他动机,他们同样拥有利己的动机。综合起来主要有以下四类:

1. 利益动机

社会创业能够为创业者带来有形或无形的利益,在很多情况下,利益动机是社会创业者的重要行为动力。

在美国,19 世纪末 20 世纪初现代慈善事业问世之时,它们就与上流社会联系在一起。今天,非营利组织仍然控制在精英阶层的手中,非营利组织的捐款聚会往往是名流云集。参与非营利组织的活动往往被视为是社会地位的象征。把自己的名字或家族的名字与慈善机

---

① 彭剑君:《社会创业研究》,《社会保障研究》2011 年第 3 期;钟鸣:《王永庆身后事:家族内遗产争夺风波仍将继续》,《第一财经日报》2009 年 7 月 3 日。

构联系在一起是很荣耀的事情,用家族的名义命名一所学校或医院更是可以光宗耀祖。

在很多国家,如日本、印度、南非、肯尼亚,参与非营利活动还可能带来政治影响力。学校和医院的创办者往往会赢得当地居民的感恩,从而加强他们的政治影响力和竞争力。在这些国家,人们通常用政治野心来解释非营利组织创始人的动机。

企业社会责任行动的利益动机往往更为明显。农夫山泉每卖出一瓶矿泉水就捐出一分钱给公益事业,这一分钱对企业而言也起到了促销的作用。

当然,一些社会创业者可能是为了以各种合法和非法的途径获取利益或避免财产流失。如王永庆家族设立的信托基金,一方面为了发展公益事业,另一方面也是为了股权不被分散,王氏家族子子孙孙拥有台塑公司的股权。①

2. 宗教信仰动机

宗教团体在世界各国都是非营利活动的有力支持者。例如,美国和英国的许多私立学校是由教会创办的;荷兰95%的私立学校与宗教团体有关;一些发展中国家的社区服务往往由传教士推动并承担。

宗教团体热心于非营利活动的原因有两点:一是宗教信仰往往有利他主义的因素,二是他们通过提供非营利性服务与其他宗教或世俗势力展开竞争,这是最为重要的一个原因。20世纪初,当公立大学在南美国家出现时,天主教会随即作出反应,建立了一批教会大学。

在一定意义上来说,宗教团体进行非营利活动的目的并非利润最大化,而是宗教信仰最大化,或者说是教徒数量最大化。这就解释了为何很多国家的教会选择在教育和医疗领域兴办慈善事业。选择教育领域是因为,学校是培养品位和灌输信仰的最有效机构;选择医疗领域,是因为人们在身患疾病时最为软弱,最容易对伸出援助之手的宗教团体感恩戴德,产生好感和向往之情。②

---

① 钟鸣:《王永庆身后事:家族内遗产争夺风波仍将继续》,《第一财经日报》2009年7月3日。

② Estelle James, "The Nonprofit Sector in Comparative Perspective," in W. Powell, ed., *The Nonprofit Sector: A Research Handbook*, Newhaven: Yale University Press, 1987, pp. 404-405.

3. 利他主义动机

内部动机可以导致利己行为,也可导致利他行为。利他行为能够使行为人获得满足,并且行为人可能会因此得到物质收益与精神收益。我国自古就不乏利他主义思想,如"先天下之忧而忧,后天下之乐而乐""穷则独善其身,达则兼济天下"等。

有些人认为收入分配应该更平等一些,基本社会服务应该向社会弱势群体倾斜。一些人更关注某些特定人群的福利,如贫困儿童的福利、艾滋病人的权利、残疾人的福利等。只要其所关注的特定人群享受到他们认为必要的服务,他们便会感到愉快。还有一些人更关注某些特定领域,如教育、医疗、文化或环保,这些方面的进展会给他们带来极大乐趣。[1]

真正的利他主义者认为自己有义务为慈善事业和公益事业做贡献。他们之所以不搭公共服务的免费便车就是因为他们认为自己对帮助他人有一份不可推卸的责任。[2] 真正的利他主义者可以用自己的行为带动更多人变成慈善和公益事业的支持者。当他们带头开展捐助或提供职员服务时,其他人会感到某种程度上的道德压力。

4. 混合动机

在现实世界中,社会创业者的行为动机往往是混合性的。比如,环保卫士的行动既是因为自己内心对自然环境的热爱,也是为了公共利益。

还有一些创业者兼具社会创业和商业创业的动机,他们在解决自己的实际困难的过程中,将服务扩展到他人。

社会企业家创业具有广泛的社会和环境目标,可以分为以下几个层次:(1)就业目标:最广泛的能够支持就业的,对于社会企业来说,是扩大弱势群体的就业;(2)对弱势群体提供产品和服务的支持,主要针对残疾人、儿童、老年人、病人、失业者、女性、无家可归者、酗酒者、吸毒者等,服务的方式除了提供必需的生活用品外,还有意识地进行初级商业服务,内容有培训、社会援助、提供住房、护理、社区文化中心、

---

[1] 王绍光:《多元与统一——第三部门国际比较研究》,浙江人民出版社1999年版,第39页。

[2] A. K. Sen,"Rational Fools: A Critique of the Behavioral Foundations of Economic Theory," *Philosophy and Public Affairs*, 1977, pp.314-317.

商业咨询,其中培训是最多的方式;(3)绿色环境目标,大多数具有环境责任的企业家加入废物再利用和资源的可持续利用中,将经济发展与环境联系起来;(4)最高层次的社会目标,即改变人们的行为模式和观念,将其理想传播到整个社会,形成相当大的社会影响。①

(二)社会创业动机的来源

我们发现社会创业者提供的是一种公共产品或公共服务。许多研究发现,在公共部门和第三部门提供公共服务的志愿者们并不像自利假设那样,他们注重更高的价值,他们并不十分看中金钱的报偿,他们注重爱心、同情等道德维度上的价值观。瑞纳尼把公共服务提供动机看成是一个多维度的概念,每个人因为个体的差别,公共服务提供动机也会产生差别。格纳证实了瑞纳尼的假设,他还发展出了四种不同公共服务动机的人,每一种类型代表公共服务的一种特殊的价值观念,分别是乐善好施者、爱国者、共产主义者和人道主义者,每一类人的动机都有不同的构面和维度。但是他们的行为和基础都是从事公共事业并为大众提供服务,其潜在的愿望是利他的。帕瑞通过交叉分析的方法,找出了影响公共服务提供的四个关键因素:生活背景、动机背景、个人特质和行为。②

社会创业者创业动机的形成往往来源于家庭和学校教育、个人生活和职业经历以及社会价值观和风气等方面的影响。如,李连杰成立"壹基金"与他目睹了印度洋海啸有关,李亚鹏夫妇的"嫣然天使基金"则源于其女的先天性畸形。

受家人影响的慈善家——比尔·盖茨③

规模堪称世界第一的盖茨基金会目前管理资产373亿美元,雇员543人,从成立至今用于慈善事业的资金达到165亿美元,仅2007

---

① 肖建忠、唐艳艳:《社会企业的企业家精神:创业动机与策略》,《华东经济管理》2010年第4期。
② 王皓白:《社会创业动机、机会识别与决策机制研究》,浙江大学2010年博士学位论文,第57—60页。
③ 祥子:《世界最伟大慈善王国勃兴史》,《南方周末》2008年7月3日。

年就有20.07亿美元。比尔·盖茨之所以会成为一名慈善家,在很大程度上归功于家人的影响。

盖茨的母亲玛丽是西雅图著名的社会活动家。她积极支持西雅图的慈善事业。早在盖茨的创业初期,玛丽就曾对儿子说:"你该为西雅图的联合公益基金会发起倡议。"盖茨总以编写软件为由推脱了,但玛丽一直不罢休,直到盖茨受不了答应她的要求为止。

在一次接受英国《卫报》采访时,盖茨谈到父亲对自己的影响。"那天下午,我正在办公室里研究一个新软件,我父亲突然来到办公室,手里还拿着张纸,上面是每年死于轮状病毒的非洲儿童的人数图标。"轮状病毒在美国早已消失,而非洲仍有数百万儿童死于此病。"我很震惊,突然间我意识到慈善家们做得还远远不够。"

1994年,盖茨娶了梅琳达。梅琳达曾到非洲旅行,亲眼见到了非洲孩子的困苦,感受至深。在将盖茨的视线从微软转向慈善事业这件事情上,梅琳达居功至伟。

三、社会创业者与普通创业者的差异

社会创业者虽然与普通创业者具有许多共同特质,但由于社会创业者的活动与社会价值创造过程和社会使命密切相关,因此他们和商业创业者在一些方面有较大差异。

(一)社会价值驱动

社会创业者肩负社会责任,以创造社会价值为使命。在从事社会活动过程中,社会创业者不存在任何个人财富动机,具有高尚道德情操和自我约束能力,他们自我实现的途径不是创造个人财富而是创造社会价值。社会创业者希望通过长期努力最终解决社会问题并创造社会福利,他们在实现愿景的过程中获得极大的成就感和满足感。在不存在任何利益驱动的情况下,高效创造社会价值是社会创业者自我驱动的重要来源。

(二)树立愿景能力

树立愿景是社会创业者实现自身使命的重要条件。愿景是社会创业者自我激励的重要来源,由于社会问题具有长期性和复杂性,社

会创业者在寻求解决社会问题的途径中,需要不断尝试,甚至不断经历失败。只有持续学习和创新,社会创业者才能逐渐认识到社会问题的本质和解决途径。而在此过程中,社会创业者只有建立适当愿景并围绕愿景不懈努力,才能克服来自社会和个人的种种诱惑,实现自我激励。愿景也是社会型组织吸引大量志愿者的重要保障,由于社会型组织中不存在利润驱动因素,同时社会价值具有难以识别和归因的特性,因此明晰的愿景可以使志愿者清晰地认识自身活动所可能创造的社会价值以及最终解决社会问题的可能性,从而使志愿者和社会创业者为实现一个共同目标而不断努力。

(三) 具有良好的信用网络

社会创业者在吸引和激励他人共同实现愿景的过程中,必须具备良好的个人信用和组织网络,以获取所需的各种资源。首先,社会创业者在所服务的领域应具有良好的道德情操、地位和极高的声誉。这有助于组织愿景被他人认同和接受,同时也有利于产生扩散效应,使行之有效的解决方式为其他人所模仿,从而有利于社会问题的最终解决。其次,社会创业者应与政府、商界组织以及个体建立广泛联系,这对于社会型组织以低成本从网络中获取各种资源十分重要。

(四) 联盟合作能力

由于社会问题的产生和解决涉及诸多领域,极其复杂和耗费资源,社会创业者单凭个体和组织自身资源很难实现愿景,而建立联盟是一种重要途径。社会创业者需要同政府机构建立合作以获取政府津贴和宣传支持,需要同企业建立联盟以获取财务方面的支持,需要同与自身愿景相关性强的社会型组织建立联盟以集中力量共同解决复杂问题,同时也需要与媒体建立合作以提高公众对于社会问题的关注度,从而获得广泛支持。[①]

第三节 社会创业类型与条件

根据不同的目的,社会创业会选择适宜的组织形式作为载体,不

---

① 张玉利、李新春主编:《创业管理》,清华大学出版社2008年版,第331—332页。

仅有助于动态的社会创业精神的发展,也扮演制造就业机会的重要角色,并为改进个人和家庭的福利以及对抗社会的不公正作出重要贡献。同时,社会创业是社会创业者和环境之间持续互动的过程。社会环境对社会创业有着重要影响作用。

一、社会创业类型

社会创业的类型一般以创业组织的类型来划分。在上述对社会创业概念的描述中,社会创业涵盖了非营利组织的创业活动、营利组织践行社会责任的活动以及社会企业这三种类型。

(一)非营利组织

近年来,越来越多的非营利组织为了增加收入开始涉足商业领域。尽管之后多种形式的社会创业活动纷纷开展,但非营利性组织依然是社会创业的主导形式。

非营利组织是与政府、企业相对应的组织形式,一般指除政府和企业之外的一切志愿团体、社会组织或民间组织。非营利组织致力于开展互助性和公益性的活动,解决社会问题,满足社会需要。非营利组织在不同国家和地区或在不同语境下也被称为非政府组织(Non-Government Organizations,NGO)、第三部门(the Third Sector)、市民社会(Civil Society)、志愿组织(Voluntary Organization)和草根组织(Grass Roots Organization,GRO)。非营利组织作为一个统一概念和具有内在联系的独立部门不过是20世纪70年代以来的事情。实际上,美国90%以上的非营利组织成立于1950年以后。从世界范围来看,绝大多数非营利组织诞生于过去30年间。

(二)企业社会责任

企业是否应该承担社会变革的道德责任是一个有争议的话题。人们过去认为企业只需要对股东负责,现在人们逐渐认识到企业还对员工、消费者乃至所在社区负有道德责任。《社会责任国际标准》认为企业社会责任区别于商业责任,它是指企业除了对股东负责,即创造财富之外,还必须对全体社会承担责任,包括遵守商业道德、保护劳工权力、保护环境、支持慈善事业、捐赠公益事业、保护弱势群体等。企业社会责任是企业除了经济责任、法律责任之外的"第三种责任",企业在社会领域内对自身行为后果的"回应义务"。企业社会责任最本质的特征在于它的内生性,即这种责任是由企业自身在社会领域内的行为引起的必然结果,而非任何外在的压力推促下的企业义务。①

企业更加关注社会责任的原因在于:一方面,企业对社会责任的意识提高了,企业从应付性的权宜之计转变为寻找系统性和可持续的方法来解决问题;另一方面,政府和社会对企业社会绩效的要求在提高,公民组织的专业性和影响力在上升,公民组织与企业、学校和政府之间的伙伴关系在发展。当然,企业社会责任行动的动机不全是利他的,企业在采取社会责任行动的过程中必定会权衡成本与收益,以实现利益最大化。如果它们的社会责任行动得到顾客和公众的嘉许,获得的利润也有所增加或者至少没有减少,这就是社会对它们采取的公益行动的最大激励。因此,当我们看到企业大张旗鼓地宣传其社会责任行动时,我们要仔细辨别企业所声称的冠冕堂皇的价值观背后的利益动机。比如,当我们看到日本本田宣称它坚持践行志愿者精神时,我们还应发问:社区和本田公司,究竟谁从企业社会责任行动中获益更多?研究表明,本田公司毫不吝惜地宣传自己的社会责任行动,这些宣传给公司形象带来的利益远远超过它在社区服务中的投入。②

(三) 社会企业

1. 社会企业的定义

随着经济和社会的不断发展,尤其是全球化进程的加速,政府、市场和非营利部门的边界变得越来越模糊,界定越来越困难,非营利组织和公共部门逐步引入商业部门的运作模式,而以营利为宗旨的商业部门开始向公共产品市场开放,提供一定的公共产品和公共服务。在

---

① 李立清、李燕凌:《企业社会责任研究》,人民出版社2005年版,第25页。
② Manual London, Richard G. Morfopoulos, *Social Entrepreneurship—How to Start Successful Corporate Social Responsibility and Community-based Intiatives for Advocacy and Change*, New York: Routledge, 2010, p.18.

这一过程,社会企业逐渐从模糊的探索阶段走向稳定的发展阶段。社会企业是一种结合了商业企业和非营利组织的特点的混合模式。

社会企业(social enterprise)最早源于法国经济学家蒂埃里·让泰提出的社会经济概念,他认为,社会经济不是"以人们衡量资本主义经济的办法即工资、收益等来衡量的。它的产出是把社会效果和间接的经济效益结合在一起的"①。经济合作与发展组织(Organization for Economic Co-operation and Development, OECD)认为社会企业是指任何可以产生公共利益的私人活动,具有企业精神策略,以达成特定经济或社会目标,而非以利润最大化为主要追求,且有助于解决社会排斥及失业问题的组织,它介于公私部门之间,主要形态是利用交易活动达到目标。社会企业除采取私营部门的企业技巧外,亦具有非营利组织强烈社会使命的特质,社会企业的主要形态包含员工拥有的企业、储蓄互助会、合作社、社会合作社、社会公司、中型劳工市场组织、小区企业,及慈善的贸易部门,其主要活动包含两个领域:训练及整合劳动市场排除的员工;传送个人及福利服务。欧洲委员会认为社会企业是合作社(co-opcrativcs)与非营利组织(non-profit organizations)的交叉组织(crossroad)。欧洲委员会下的社会企业网络(EMES)将"社会企业"的社会指标设定为由一群公民首创;以资本所有权为基础;牵涉受活动影响的人们的参与;有限的利润分配;以及施惠于社区的清楚目标。这些指标实际上是对社会企业的特征的清晰描述。

狄兹(J. Gregory Dees)指出,"社会企业"一词并非单纯为财政目标而存在,而是一种多元混合的综合体(Hybrid),他提出了著名的"社会企业光谱"概念(如表7-4),从主要动机、方法和目标以及主要利害关系人的角度,分析了社会企业与传统的非营利组织和私人企业之间的关系。在他的社会企业光谱中,社会企业是处于纯慈善(非营利组织)与纯营利(私人企业)之间的连续体,此种概念也揭示出非营利组织商业化或市场化是其转变为社会企业的途径。

---

① 赵莉、严中华:《国外社会企业理论研究综述》,《理论月刊》2009 年第 6 期。

表 7-4　社会企业光谱[①]

	选择的连续体		
	纯慈善性质	混合性质	纯商业性质
主要动机、方法和目标以及主要利害关系人	诉诸善意使命，驱动创造社会价值	混合动机：使命与市场驱动，创造社会价值与经济价值并重	诉诸自我利益，市场驱动，创造经济价值
受益人	免费	补助金方式或全额支付与免费的混合方式	完全按市场价格付费
资本	捐款与补助	低于市场价格的资本或捐款与市场价格资本形成的混合资本	完全市场价格的资本
人力	志愿者	低于市场行情的工资或同时有志愿者与付全薪的员工	完全按市场行情付薪
供应商	捐赠物品	特殊折扣或物品捐赠与全价供货相混合	完全按市场价格收费

部分社会企业研究者还提出了"双重底线"的概念(double bottom line)或者"双重价值创造"(double value creation)。这种理念的基本观点是，社会企业应该是一种混合性的组织，它兼具"社会目标"和"经济目标"，同时它由两种力量所驱动。其一，社会变革本身是受益于"创新理念""企业家精神""企业式解决方案"；其二，组织的可持续发展需要多样化的筹资模式，通常包括"可获得性收入"(earned income)。

综上，我们认为社会企业的目的是解决某个社会问题、增进公众福利，而非利润最大化；社会企业是一种企业，投资者拥有企业所有权，企业采用商业模式来进行运作并获取资源；企业经营所得再次投入公益事业，投资者在收回投资之后不再参与分红，盈余再投资于企业或社区发展。

[①] 赵莉、严中华：《国外社会企业理论研究综述》，《理论月刊》2009 年第 6 期。

2. 社会企业的特征

社会企业的首要特征就是关注社会使命(social mission),并创造性地将社会方法和商业方法结合起来。社会企业无论从企业目标、运营方式还是价值创造角度都体现出非营利组织和纯商业组织相混合的组织特征。社会企业的产品销售价格制定在仅能保本的水平,公司股东在一段时间后能够收回投资成本,但却不能以分红的形式获得利润。但无论如何,投资者仍然是社会企业的所有者,拥有对公司的控制权,可以继续对企业的未来进行决策。这对商人而言很有吸引力。社会企业本身可以营利,但投资者在收回初始投资后,不可再获得任何利润,企业利润将被用来进行扩大规模、开发新产品和服务,为社会创造更大的利益。社会企业是介于传统非营利组织和传统商业组织间的连续体。传统非营利企业与传统营利企业在社会变革环境下,尽管初始的目标有差异,但是为了形成"可持续性的发展战略",两种组织形式最终还是向中间状态"社会企业"或"社会负责型"企业靠拢。金·阿特洛(Kim Alter)的连续光谱(如图7-1)为我们清楚地描述了从传统的非营利性组织到传统商业组织之间各多元综合体的连续变化过程。同时,该光谱也更加清晰地表明,一家承担社会责任的公司不应该混同于社会企业。

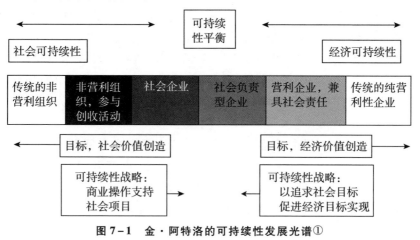

图7-1 金·阿特洛的可持续性发展光谱①

---

① 赵莉、严中华:《国外社会企业理论研究综述》,《理论月刊》2009年第6期,第155页。

社会企业具体的组织形式具有强烈的社会差异性。由于社会创业本身与不同的社会、文化、政治背景直接相关,而社会、文化和政治背景包括不同的立法结构和框架、慈善事业对于社会的重要意义和社会支持系统的性质等,因此在实际工作中社会企业的组织形式都会因社会差异而大相径庭。如,在英国,社会企业有自己独特的法律形式,即"社区利益公司"(The Community Interest Company),通过企业活动为社区成员谋福利。而在美国,社会企业最主要的组织特质在于"类商业"活动,也就是所谓的"福利市场化"(marketization of welfare),具体指将市场形态关系引入到社会福利领域。因此就产生了企业的非营利化与非营利组织的商业化两种形式。①

3. 社会企业的类型

社会企业有两种类型:第一种社会企业关注提供社会福利,为那些追求社会福利最大化的投资者所有,其目的可能包括减贫、给穷人提供医疗保健、社会公正、全球可持续发展等,投资者追求心理、情感和精神上的满足,而不是财务收益。第二种是由穷人或弱势群体所有的利润最大化企业,其中社会福利通过分红方式获得,帮助穷人减贫或者脱贫。二者的区别是,对于第一种而言,产品、服务或者企业运营系统的本质应该是创造社会福利;对于第二种而言,所提供的产品或服务不一定创造社会福利,其创造的社会资本体现在所有制结构中。社会企业能够同时为穷人提供两种收益:为弱势群体提供产品或服务,以及被穷人所有。格莱珉银行属于第一种社会企业。我国民政系统所属的福利企业就属于第二种类型。

二、社会创业条件

社会创业成功的关键取决于社会创业者和社会环境两个方面。社会创业是社会创业者和环境之间持续互动的过程。社会环境极大地影响社会创业者的积极性、社会创业的领域、社会创业所能采取的组织形式以及社会创业的成功率。

学者谢瑞和勒纳对 33 个社会事业进行了探索性研究,通过引入新创社会事业的发展历程模型,详细考察了社会创业者个人、环境、企

---

① 赵莉、严中华:《国外社会企业理论研究综述》,《理论月刊》2009 年第 6 期。

业组织、非营利组织以及新创社会事业的创立过程。这个模型清晰地勾勒了社会创业的八个关键成功因素：(1)社会创业者的社会网络；(2)献身社会创业的精神；(3)资本积累基础；(4)公众接受创业理念的程度；(5)创业团队的构成，包括志愿者和雇员的比例；(6)与公共部门和非营利部门的长期合作关系；(7)经得起市场考验的服务能力；(8)社会创业者的管理经验。其中，社会创业者的社会网络和献身社会创业的精神是社会创业成功的最关键因素。[1] 从相关研究中可以归纳出社会创业成功的关键因素，具体体现在社会创业者和社会网络两个方面。[2]

社会创业的成功在很大程度上取决于良好的管理。创业和管理是非营利组织取得成功和健康成长不可或缺的两个必备条件。如果没有良好管理的支持，社会创业是做不长久的。做好事也要精益求精，非营利组织不仅需要管理，而且必须以最好的方式来管理。在美国，社会创业依靠的是有效的董事会和职业化的管理者。[3]

非营利组织的成长阶段与企业的生命周期有很多相似之处。在事业初创时期，创业者往往一力承当所有任务。随着组织的成长，许多非营利组织都建立了董事会制的治理机构，实现了职业化管理。

第四节 社会创业过程

一、社会创业过程模型[4]

目前关于社会创业过程研究成果主要有以下几种：

（一）社会创业意向形成过程模型

梅尔和诺沃亚从创业意向形成的视角深入探索了社会创业的一

---

[1] M. Sharir, M. Lerner, "Gauging the Success of Social Ventures Initiated by Individual Social Entrepreneurs," *Journal of World Business*, 2006(41): 6-20.

[2] 邬爱其、焦豪：《国外社会创业研究及其对构建和谐社会的启示》，《外国经济与管理》2008年第1期。

[3] P. Drucker, *Managing the Non-Profit Organization: Principles and Practices*, Harper Collins, 1990, pp.46-52.

[4] 焦豪、邬爱其：《国外经典社会创业过程模型评介与创新》，《外国经济与管理》2008年第3期。

般流程(参见图7-2)。该模型剥离了其他情境变量因素的影响,专门选取社会创业者的个人变量因素来探讨社会创业意向的形成机理。在这个模型中,社会创业者的创业意向要受到社会创业者自身认知的创业愿望和可行性的影响。创业愿望是指社会创业者希望实施社会创业行动的意愿,而创业可行性则是指社会创业者认为自己成功创办社会事业的可能性。社会创业者的创业愿望认知受其感情和认知态度因素的影响,而他认知的创业可行性则受制于他的自我效能和社会支持等使能因素。这个模型告诉我们,社会创业的创业意向形成是一个多阶段的过程,要受到个人认知等因素的影响。政府和决策者可以通过剖析社会创业者的社会创业意向形成过程,针对各个影响因素有的放矢地采取措施,以鼓励社会创业行为,推动社会创业事业的发展,从而增进社会价值与人类福祉。这是第一个揭示社会创业意向形成过程的模型,为建模研究社会创业过程奠定了基础。

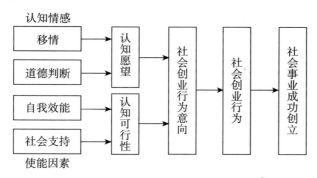

图7-2 社会创业意向形成过程的模型①

(二)社会创业机会发展二阶段模型

古克鲁、狄兹和安德森认为,机会的创造和开发不仅需要灵感、洞察力和想象力,而且还需要严谨的逻辑分析与客观研究。据此,他们构建了一个基于机会识别、创造和开发的社会创业二阶段模型(参见图7-3)。在该模型中,社会创业的机会创造过程分为两个步骤:一是社会创业者形成有成功希望的创意(promising ideas);二是社会创业

---

① J. Mair, E. Noboa, "Social Entrepreneurship and Social Transformation: An Exploratory Study," University of Navarra-IESE Business School Working Paper Series 955, January 19, 2006.

者将有成功希望的创意发展成为有吸引力的机会(attractive opportunities)。

社会创业者产生有成功希望的创意受到其个人经历、社会需求、社会资产和变革等因素的影响。只有当社会创业者采取机会导向型思维方式,并积极寻求能产生重要社会影响的创业机会时,个人经历、社会需求、社会资产和变革这四个因素才有可能激发有成功希望的创意。将有成功希望的创意发展成为有吸引力的机会是社会创业成功的关键环节。在古克鲁、狄兹和安德森的模型中,机会发展的分析框架包括了运作环境、商业模式、资源战略、运作模式等内容要素。社会影响理论是形成商业模式的理论基础,并决定商业模式的社会价值和社会影响力。在经济、政治和文化等环境因素的影响下,社会创业者选择互适的资源战略和运作模式,实现社会创业的终极目的。

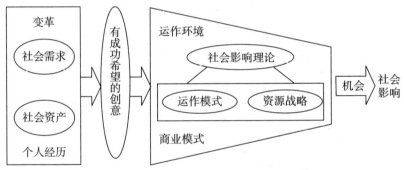

图7-3　社会创业机会发展二阶段模型[①]

这个模型给我们的启示是:在决定一个有成功希望的创意是否能够发展并转化成机会时,社会创业者必须根据特定的环境来开发可行的商业模式和制定适当的资源战略,否则就很难把握住创业机会,当然就难以产生积极的社会影响。

(三) 基于机会识别和评估的社会创业过程模型

正确地识别和评估创业机会是社会创业的起点和关键的成功因素之一。鲁滨逊运用商业计划分析和深度案例研究等多种研究方法,

---

① A. Guclu, J. G. Dees, B. Anderson, "The Process of Social Entrepreneurship: Creating Opportunities Worthy of Serious Pursuit," https://www.caseatduke.org/documents/seprocess.pdf, November, 2002.

从认知和战略维度对基于机会识别和评估的社会创业过程模型进行了深入研究,为后续研究提供了研究框架。

在基于机会识别和评估的社会创业过程模型(参见图7-4)中,社会创业被认为是一个逐步发现机会并排除障碍的过程。在这个过程中,社会创业者通过不断的探索来克服通常由市场和社会因素造成的进入壁垒,最终运用社会创业战略来解决社会问题。鲁滨逊认为社会创业的机会存在于现实之中,但并不是每个人都能感知的。究其原因,主要是社会创业的机会是嵌入在特定的社会结构中的,而社会结构要受到各种正式和非正式的社会制度因素(如经济、社会关系、规则、制度和文化等)的影响。不同的社会成员由于嵌入于不同的社会结构,会产生不同的进入壁垒感知和创业机会感知。现实中,社会创业的机会往往只被少数人所感知和发现。鲁滨逊的研究告诉我们:社会创业者能否发现机会,取决于他们的个人经验和工作经历与拟进入市场和社区的特征。成功的社会创业者总是从他们最熟悉的环境中识别和发现创业机会。成功的社会创业者在评估社会创业机会时,必然会考虑社会制度因素;在探索与开发新的创业机会时必须认真考虑满足与特定社会制度因素相适应的市场需求。

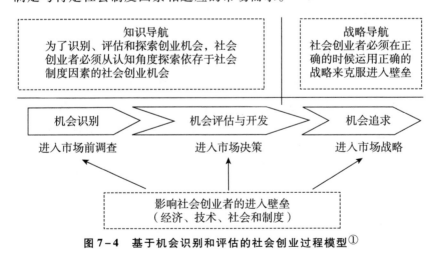

图7-4 基于机会识别和评估的社会创业过程模型①

---

① J. A. Robinson, "Navigating Social and Institutional Barriers to Markets: How Social Entrepreneurs Identify and Evaluate Opportunities," in J. Mair, J. A. Robinson, and K. Hockerts (Eds.), *Social Entrepreneurship*, New York: Palgrave Macmillan, 2006.

(四) 社会创业三阶段过程模型

狄兹、埃默森和伊诺米 (Dees, Emerson and Economy) 认为，社会创业是一个包括过渡、变革和稳定三个阶段的过程。在过渡阶段，主要是创立创业团队，形成创业组织雏形，而创业团队主要由来自营利性组织和非营利性组织的个体组成；在变革阶段，主要是通过协商和沟通来建立制度，旨在平衡和支持组织的正常运转；在稳定阶段，主要是通过实际运作来提升社会事业的内在能力，进而解决社会问题和应对组织的外部挑战。

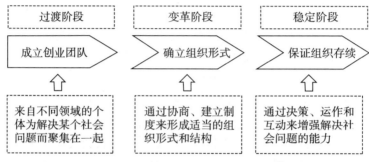

图 7-5　社会创业三阶段过程模型[①]

(五) 社会创业过程影响因素模型

在文献研究和实地调研的基础上，谢瑞和勒纳 (2006) 开发了一个社会创业过程影响因素模型。该模型认为，新创社会事业一般要经历机会识别、发现、探索与开发等阶段，社会创业者个人、组织、环境和流程等方面的因素都会影响创业过程。其中，个人因素包括社会创业者的经验和经历、献身精神和创业初期能从家庭和朋友方面获得的支持等；组织因素包括组织在创立阶段的资本和员工情况、高层管理人员的绩效水平等；环境层面因素包括公众对社会创业的认知度，政府机构、基金会和其他非营利组织对社会创业的支持力度等；而流程因素则包括社会事业的社会网络稳定性和可拓展性、与其他组织的长期合作关系等。

---

① G. Dees, J. Emerson, and P. Economy, *Strategic Tools for Social Entrepreneurs: Enhancing the Performance of Your Enterprising Nonprofit*, NY: John Wiley & Sons, 2002.

二、社会创业阶段

综上看来,社会创业是这样一个过程:以一个可以察觉的社会机会开始,把社会机会转化成创业理念,明确并获取实施创业必需的资源,使企业发展成长,在未来收获并实现创业目标。事实上,社会创业是对传统商业创业过程的完美演绎,主要包括以下几个步骤:社会创业者识别出创造社会价值的机会,这可能源于一个明显的或不太明显的社会问题,还有可能是一个未被满足的社会需求;机会引导企业概念的开发;确定资源需求,获取必要资源。在此基础上,社会创业者开办社会企业并引导企业成长。

第一阶段,社会创业机会的识别。机会识别产生于社会创业最开始的部分,因此也成为社会创业过程中最重要的部分。一个好的机会会带来一个优秀企业的成长,反之则导致企业的失败。对机会识别阶段认识的不同可能意味着成功或失败。那么,对于社会创业者,机会的主要来源在哪里?一个好创意的需求和潜在需求在哪里?主要来源于以下几个方面:技术变革带来了因特网的发展,促使网络产品和服务需求的爆炸性增长;公共政策的变化往往会决定资金和资源是否会投入社会企业;公众观点的变化有利于促使社会企业的理念能够获得公众的认同;社会和人口统计上的变化为社会创新提供了条件。

第二阶段,社会创业机会的开发。在明确地识别社会机会之后,社会创业者的下一阶段的首要工作是企业使命的撰写。社会企业开发阶段开始于组织使命,即描述机会、设立愿景并构建开发过程,包括企业将要从事的业务以及不会从事的业务、企业的"价值"及衡量、企业独特的创新能力、构成企业"成功"的因素。其次,形成一个切实可行的商业模式,它是一个有形的轮廓,说明了企业使命如何被投入具体的运作,它和企业使命本身同等重要,因为它使得社会创业者的机会变成了一个可操作的社会事业。随后,完成一个供其他人了解的描述使命和模型的商业计划。

第三阶段,确定资源需求,获取必要资源。创业者形成了商业概念后,下一步就是如何确定和获取足够的资源。社会企业主要依赖三种基本类型的资源。一是财务上的需求。财务资源来源于所获得的收入、慈善机构的捐助和政府的补贴。在这个阶段初期,后面两种资源来源尤为重要,因为这个时期企业并没有什么可营利的东西。通过慈善机构取得的主要收入来源包括个人、公司、基金会以及日益重要的慈善资金。二是人力资源上的需求,主要以捐赠和工资的形式。志愿者资源既处于员工层面,也位于领导层面,通常在董事会里。而最大的人力资源则通常来自社会创业者。三是人力资本资源,涉及能使企业运行并富有竞争力的教育、经验、知识和技术的资源。[①]

第四阶段,创业启动与成长。创业之后随之而来的是成长和管理问题。社会创业一般采取项目管理方式。无论成长的速度快慢,通常都伴随着组织规模的扩张和经营业务的扩大。社会创业需要建立健全治理结构,衡量组织绩效,对外披露信息,并且接受来自各个方面的监督与问责。

第五阶段,目标实现与超越。社会创业的最初目标实现之后,面临多种可能性:关闭业务或者机构;重新定义社会使命,开展新业务;与其他组织兼并或联合。比如,一个机构在某个特定地区为儿童接种疫苗,其目标是为该地区所有适龄儿童接种疫苗,使该疾病不在这个社区继续传播蔓延。当这个目标达成以后,这家机构可能会关闭或者解散,也可能再提供其他服务,比如帮助另外一些社区接种疫苗或者继续在该社区防治其他疾病。

第五节 社会创业的实践与发展

一、国外的社会创业

自20世纪70年代以来,全球范围内兴起了一股社会创业的浪潮。在美国,一个叫施莱姆的男人帮助了数以千计的来自低收入家庭的中学生进入大学;在南非,一个叫维洛尼卡·霍萨的女人发展出一种以家庭为基础的艾滋病病人护理模式,改变了政府的卫生医疗政策;在巴西,因为法维奥·罗萨的努力,数以十万计的边远农村居民用上了电;还有美国人詹姆斯·格兰特领导了一场全球儿童免疫运动,挽救了2500万个生命……

[①] 李华晶、肖玮玮:《机会识别、开发与资源整合:基于壹基金的社会创业过程研究》,《科学经济社会》2010年第2期。

由于社会创业在解决社会问题和发展社会经济以及解决市场和政府解决不了的社会需求方面有着独特的潜力和优势,越来越多的国家开始关注社会创业。各国根据其不同的政治法律制度和历史文化背景,采取了不同的组织形式,既有传统的非营利性组织形式,也有合伙公司、合作社、有限责任公司、股份有限公司、上市公司等组织形式。

(一) 美国的社会创业实践

美国是世界上公益事业最发达、最成熟和国际化程度最高的国家,也是社会创业最为活跃的国家。1999 年至 2001 年,美国从事创收的非营利组织数量(社会企业的一种类型)由 4.65 万至 5 万多,提高了约 8%;营业额从 40.6 亿美元提高到了 48.8 亿美元,增长了近 20%。美国的社会企业雇用约 860 万名员工,动员约 720 万名义工,约占其劳动人口的 14%,产值贡献率为 7%。

社会创业在美国的兴起主要有两个方面的原因。一方面,为了解决日益复杂的社会问题,美国的社会部门获得了快速而持续的增长。2006 年,美国的非营利机构超过 150 万个,年收入超过 7000 亿美元,控制着 2 万亿美元的资产。然而,由于成本上升速度大于通货膨胀速度,慈善资本市场的增长赶不上社会需求的增长,大多数非营利组织长期面临财务压力。根据美国劳动统计局的数据,2000—2005 年,消费物价指数 CPI 增长率为 13.4%,同期教育和医疗价格分别上升了 35.7% 和 24%。与此同时,政府对社会部门的资助却在下降,私人捐赠和拨款的增长不能弥补成本差异。[①] 另一方面,20 世纪 90 年代的经济增长为私人部门创造了巨大财富,并培育了大量新的慈善家(philanthropists)。越来越多的新一代拥有管理技能和创业经验的商业领导者开始关注社会部门。过去十年里,美国的 MBA 学员对社会部门的兴趣大大增加。这些 MBA 学员组成了一个国际组织,旨在利用商业技能对社会施加积极影响。2000 年以来,这个组织的分会已经增加到 94 个,《商业周刊》排名前 30 位的商学院中有 29 个已经成立了分会。在这些因素的共同影响下,社会部门的性质正在发生变化,越来越多的社会创业者试图将商业运作理念和商业模式引入到社会部门,

---

① J. Wei-Skillern, J. E. Austin, et al., *Entrepreneurship in the Social Sector*, London: Sage Publication Inc, 2007, pp.1-2.

从而兴起了一股社会创业的潮流。

美国社会创业主要采取三种法律形式：非公司形式的社团（Unincorporated Associations）、公司形式的社团（Incorporated Organizations）和信托（Trust）。①

第一种是非公司形式的社团。在美国，任何人都可以创办非营利组织，而不需要经过政府批准。这种组织可以开设自己的银行账户，接受捐赠，提供服务，可以享受免税待遇。过去，很多非营利组织采取这种形式。今天，仍然有很多宗教机构、学术团体、专业团体和俱乐部采取这种形式。

第二种是公司形式的社团。近几十年以来，大多数非营利机构改变了法律形式，变成了公司形式的社团，包括私立中小学、大学、医院、博物馆、图书馆、托儿所、社会服务机构，甚至倡导机构（Advocacy Organization）。如卡耐基基金会（Carnegie Corporation of New York），莉莉捐赠公司（Lily Endowment Inc.）。它们这么做的原因有：一是公司这种法律地位是组织负责人对该组织的行为只需承担有限责任。二是为了更容易获得免税优惠待遇。《联邦税法》规定凡是申请免税的实体都必须通过"组织性检验"，以确定它们不是乌合之众，而是实实在在的组织。转变成公司性社团是通过此项检验的最可行简便的做法。三是这种形式会更容易赢得捐赠者的信任，加大对潜在捐赠者的吸引力。

第三种是信托。非营利组织还可以采用信托形式。采取信托形式一般是出于以下几种情况：一是机构的资产来源于某个人的遗产；二是机构的资产主要用于法律规定的慈善事业；三是机构的活动服务于某一单一目的。在美国，很多基金会和政治行动委员会（Political Action Committee）采取信托形式。

相对于英国而言，美国社会创业的发展更加得益于社会力量的支持。美国的社会基金组织、高校与协会以及培训和咨询机构对社会创业的支持是社会创业发展的强大力量来源。20世纪80年代开始，私营基金组织成为美国社会企业发展的最大支持力量之一，到90年代

---

① 王绍光：《多元与统一——第三部门国际比较研究》，浙江人民出版社1999年版，第88—90页。

蓬勃发展。这些基金组织通过收集企业基本信息进行网络创造,推动社会创业的启动或者支持其业务竞争,对社会企业家或者所需的人力进行培训来推动社会创业的发展。此外,基金组织之间还通过合作联合来促进社会创业的发展,被称为社会企业的加速器。比如由两个大型基金会联合出资启动的宾夕法尼亚的匹兹堡社会企业加速器,以支持匹兹堡新兴非营利性企业的发展而著名。高校和协会是美国社会企业发展的第二支重要的支持力量。美国许多著名大学如哈佛大学、耶鲁大学、斯坦福大学、哥伦比亚大学等的商学院大多都成立了社会创业研究中心,提供社会创业人才的培训计划和课程。围绕社会企业的议题,美国存在许多会员制的协会,如作为发展最快协会之一的社会企业联盟,通过建立网络连接社会企业家,提供技术支持和学习机会,致力于推动社会创业的发展。

美国政府对社会企业的发展更多的是发挥间接的作用,主要体现在用税收调节非营利活动上。比如,从 1950 年开始,美国用无相关业务所得税来处理非营利性组织的收入税收问题;2000 年为推动不发达地区的经济发展和创造就业机会,联邦政府推出《新市场税收抵免方案》(NMTC),按照 NMTC 的规定,对投资在促进低收入地区发展的"社团发展基金",可以从联邦所得税中获得税收抵免,这类投资超过 7 年,所得的所得税抵免可达到投资额的 39%;2004 年美国国内税收局规定允许非营利组织与营利组织可以在经允许的范围内进行合作,而不必担心失去豁免或交纳无相关业务税收。[①]

(二)英国的社会创业实践

20 世纪 70 年代以来,由于长期的大量失业与严重的社会分化,英国的福利连锁体系开始崩溃。传统家庭失去了主导地位,单身贵族与单亲家庭数量不断增长;人口老龄化速度加快,社会保险体系无法适应新的变化;卫生保健方面的技术革新引发了新的需求,医疗保健体系的成本不断上升;政府公共服务的质量乏善可陈;福利国家制度使服务对象产生依赖心理,让他们变得更加软弱无力。在此背景下,英国人提出改革福利国家制度,建立一个专业化的、有创新精神的社会

---

① 杜银伟:《我国大学生公益创业研究》,北京交通大学 2011 年硕士学位论文,第 19—20 页。

企业部门。

在英国,社会企业被定义为以社会目标为首要目标,将剩余价值再投资,主要用于实现社会目标而非追求股东或者所有者利益最大化的商业。英国目前至少有 55000 个社会企业,每年对英国经济的贡献高达 8.4 亿英镑,几乎占英国国民生产总值的 1%。社会企业雇用了 50 万人,占所有企业雇用人数的 5%。社会企业获得商业收入的最常见的方式是医疗和社会护理,包括最终护理、儿童护理、福利、指导、膳宿服务等;此外,社会企业还深入参与社区或社会服务(21%)、房地产租赁(20%)和教育(15%)等多个社会经济领域。①

英国社会企业的形式多种多样,但是通常包含三个共同的要素:为了满足当地市场的需要,所提供的产品生产和服务一般而言直接包含一个可辨认的、以自治组织为核心建立社会所有制的目标,该目标要有一种明确的以社会目的为基础的社会抱负,如创造就业、培训或者提供地方性服务;那些自治组织拥有委托人参与为基础的治理和组织结构;所获得的利润按照预先的约定分配给股东,或者为了它们所服务的更广泛群体的利益进行投资。

在英国,社会企业几乎可以以任何法律形式成立,包括:股份有限公司、担保有限公司、工业及公积金社团。英国的社会企业主要有慈善团体的贸易部门、社区发展财务机构、合作社以及社区利益公司(the Community Interest Company, CIC)四类。

慈善团体的贸易部门,多数由慈善团体开设,通过营业收入实现该慈善团体的目标。

社区发展财务机构,主要指一些可持续的独立财务机构,向有意在贫困或弱势群体的市场中创造财富的个人或团体提供贷款(例如创业和运营资本)和业务支援(例如无业及设备购置和市场宣传),让这些人和团体进行商业运作。

合作社,是指为了实现共同的经济、社会文化需要和追求的人们通过共同拥有或民主控制的企业形式自愿联合起来的自发组织,它通过合作以及自助将人们联系在一起。

社区利益公司,这是英国政府于 2005 年开设推动的专门为社会

---

① 唐亚阳主编:《公益创业学概论》,湖南大学出版社 2009 年版,第 3—4 页。

企业创立的一种组织形式,是指那些利用企业营利和资产来服务公共利益的社会企业。成立社区利益公司手续简单,企业形式灵活,任何机构或者非政府组织都可以成立社区利益公司,并且可以选择私人股份有限公司、担保有限公司或者公开有限公司的任一形式。社区利益公司并不属于慈善组织,这意味着它们得不到慈善组织的税收优惠,但作为回报,它们没有慈善组织所必须遵守的严格的报告要求。①

英国社会企业的发展很大程度上得益于政府政策法规上的大力支持,具体表现为:

首先,政府从法律上确定社会企业的合法地位。英国政府通过了《2004公司(审计、调查和社区企业)法令》并于2005年生效,确定社区利益公司为一种新的社会企业形式,将社会企业的法人形式进行了统一,很大程度上助推了英国社会创业组织的发展。

其次,政府成立专门机构负责社会企业的发展。政府贸易和工业部小企业局于2000年成立了公益企业组织,通过贸工部、区域发展机构、国家和地方政府共同为社会企业的发展创造有利环境。英国政府于2006年制订了"社会企业行动计划:勇攀高峰",表明政府虽不创造社会企业,但是可以通过与社会企业和代表社会企业的团体合作,从培育社会企业文化、改善社会企业从市场和通过政府计划获得的支援、便利社会企业取得适当融资以及与政府的合作四个方面加强对社会企业的策略。

最后,政府通过拓宽融资渠道和税收减免等财政支持以及增加业务资源和培训课程对社会企业进行支持。政府设立凤凰基金、发展基金、自愿指导者系统工程、社团发展风险基金等六项分类基金以扶持弱势群体创办社会企业。英国贸易和工业部提供拨款,资助外部机构为公益企业提供业务支援和培训;此外,政府还成立了"业务通"(Business Link)为中小社会企业提供商业信息和商业建议。

在英国,高校和协会对社会创业的发展也发挥着积极的作用。英国许多商学院如伦敦大学商学院等都开展社会创业研究,为工商管理专业的学生提供社会企业的选修课;此外,包括英国社会企业联盟、伦敦社会企业、社会企业行动网等一些促进社会创业发展的协会组织通

---

① 严中华:《社会创业》,清华大学出版社2008年版,第13页。

过为社会企业的采购予以指导,发布信息以方便社会企业取得公营部门的业务等方式来促进社会创业的发展。

(三) 日本的社会创业实践

日本的社会企业也很有特色。目前日本对社会企业的范畴没有明确的法律规定,以事业运作为主体的非营利组织、未解决社会问题而创立的股份公司都包括在这一概念里。

日本最传统的社会企业是合作社。早在 20 世纪 50 年代,日本就出现了农业合作社、消费者合作社。到了 80 年代,日本出现了一种新型的"自给自足"的非营利性商业企业,它们主要集中在绿色农业(例如,进行有机食品的生产和销售)、公平贸易(例如,从发展中国家进口产品)、老年人看护(例如,老年居民日常看护中心)这些领域。因此也涌现了"大地宅配""和平之船"(Peace Boat)、"安全服务中心"(Anzen Center)、"公平贸易商会"(Fair Trade Company)等一批成功的社会企业。[1]

从 20 世纪 90 年代后期开始,充分利用地区资源开发地方特产,振兴地方经济的"事业型非营利组织"逐渐增多,它们从事的活动被称为"社区事业"(Community Business)。除此之外,还出现了一些以教育、福利等社会性服务为经营目的的企业。这些商业性和社会性并举共存的事业体进入 21 世纪后被称为"社会企业"。

日本的年轻人非常推崇"社会企业"这一概念。20 世纪 90 年代后期,日本经济整体上停滞不前,而年轻人在 IT 等新技术、文化等领域的创业成为经济生活中的亮点。许多在相对优裕的社会环境中长大的年轻人不想一味地追求金钱,而是希望通过工作来实现自身的价值,并为社会作出贡献。在他们看来,"社会企业家"这个概念不仅是一种新的事业,也是一种崭新的生活方式和价值体现。[2] 例如,"手语"是日本一家盲人按摩公司,它的服务对象并不针对个人,而是公司职员。盲人技师在工作时间内来到公司,为公司员工提供专业的按摩服务。即便是在服务业相当繁荣的日本,这样的服务形式也并不多

---

[1] 严中华:《社会创业》,清华大学出版社 2008 年版,第 34—36 页。
[2] 〔日〕广石拓司:《日本的社会企业和社会企业家概述》,环球协力社,2008 年 8 月 14 日。

见,一经推出就大受欢迎,媒体竞相报道。它的意义在于,对于接受按摩服务的公司来说,既为员工提供了福利,同时也体现了企业社会责任,因为盲聋人基本上找不到其他的工作机会,而这正是"手语"的创办人田边大的本意,通过企业的发展,为盲聋人在社会上赢得一席之地。

二、国内的社会创业

(一) 我国社会创业现状

2004年,美国作家戴维·伯恩斯坦出版了《如何改变世界——社会企业家与新思想的威力》,在"社会企业家及组织全球分布图"上,他标注了全球34个社会企业的位置,中国版图上一片空白。5年后,这种尴尬的情况发生了改变。

现如今,我们能够可喜地看到,在中国,社会创业事业方兴未艾,越来越多的人面向社会需要,建立新的组织,向公众提供产品或服务。社会创业主要包括创建非营利组织及兼顾社会效应的营利企业等形式,比如,安猪创办的"多背一公斤"组织,鼓励旅游者出行时多背一公斤的书籍和文具,带给旅游目的地的孩子们,开拓他们的视野并与他们交流;刘润创建的"捐献时间"组织,借助互联网力量把志愿者和需求者联系起来;"山水自然保护中心"通过引入国际环保组织的先进方法,结合中国本地实际,致力于中国生物多样性的保护;"中国村落工程办公室"通过为贫困地区建设信息站的方式,开展信息化扶贫,缩小数字鸿沟。

但即便如此,我们做的还远远不够。根据亚洲基金会的调查,美国58%的社会服务组织为非营利组织,而中国非营利组织在服务业中的就业比例仅为0.34%,不仅远远低于美国,甚至离世界10%的水平也有很大的差距。[①] 美国富人们每年通过各类基金会作出的捐赠有6700亿美元,通过慈善(在市场和政府调节之后)进行的第三次分配的财富占其GDP的9%,相比之下,我国现有各种慈善组织所掌握的资金仅占国内GDP的0.1%。[②] 中国公益事业的现状是慈善远远没有

---

① 高山统:《公益创业在中国》,《创业家》2009年第10期。
② 石淇玮:《慈善基金举步维艰》,《环球企业家》2004年8月(总第101期)。

成为公民或企业对自己的道德要求,回馈社会的内容在企业文化里也往往是缺位的。即使是承担社会责任,企业也是出于外界的压力,不得已而为之,或者是作为高曝光、低成本的公益营销的一种手段,点到为止。在现阶段中国,一提到社会责任,企业想到的就是付出,企业不一定不愿意承担社会责任,但在要增加成本的前提下,这种意愿一定是大打折扣或者力不能及了。①

"社会企业"在中国还是一个很新的概念。目前,大多数民间组织比较缺乏经营意识,习惯于通过募款而非经营创收的方式获取资金支持。资金来源单一和运行经费没有保障,已经成为困扰中国非营利组织的最重要的问题。社会企业的经营理念经会给中国非营利组织注入一种新的可持续发展的活力。

从法律角度看,我国很多非营利组织本身就是工商注册,它们具有企业化运作的先天条件。比如,成立于2003年的上海市妙心家政公司,在工商管理机关注册,主要致力于下岗失业人员再就业、再培训的工作,并且特别重视辅导对象的道德教育和心灵启迪。目前,其主要收入来源全部依靠自身经营。

百事公司在中国的社会创业②

1981年,受中国改革开放政策的鼓舞,百事公司与中国政府签约在深圳兴建百事可乐灌瓶厂,宣告了百事投资中国历程的开始,成为首批进入中国的美国商业合作伙伴之一。1995年,百事(中国)投资有限公司的成立。20世纪90年代中期,百事公司决定以零食应对海外碳酸饮料销量不佳的境况。休闲食品逐渐成为两大主导产品之一,百事公司的土豆战略开始形成。由于受中国政府对农作物进口检疫的限制,土豆不能从国外进口,百事公司不得不从国外进口加工好的乐事薯片来满足中国市场的供应,但是以高昂的成本从国外进口薯片并非长久之计。

---

① 王漫天、任荣明:《公益创业及其在中国的发展》,《安徽师范大学学报(人文社会科学版)》2008年第2期。
② 盛男、王重鸣:《社会创业导向构思的探索性案例研究》,《管理世界》2008年第8期。

百事公司打算在中国开发薯片类产品之前,也调查过中国本土的土豆质量状况,发现其物理化学特性根本无法满足高质量薯片的加工要求。经过考察研究,百事将最适合于中国种植的土豆品种"大西洋"引入中国,同时引进了世界先进的种子培育技术和种植技术。此后,百事投资2000万美元与中国农业部合作开展提高土豆种植水平的研究,在中国推广现代化的种子培育技术和种植技术,而且此类项目在一定程度上向西部地区倾斜,带动当地农民增收。采用先进品种和技术后的国内土豆种植,由原来平均亩产1吨左右跃升至2吨,少数地区的产量甚至高达2.5吨。2004年,百事60%的土豆供应源于中国市场,而2006年这一比例更是上升到了70%,这都有赖于百事的订单农业体系。根据种植面积,百事安排相应数量的专业技术人员负责农民的种植技术培训和指导,同时制定规范的操作规程,由此确保土豆的安全和质量。而且百事完全按照合同价格足量收购,农民生产多少,百事就收购多少,也绝不因为增产而降低收购价格。即便是遇到土豆的收购量超过国内加工需要的情况,百事仍然会通过其全球供应链的适当调配消化中国市场多余的部分,以保证向农民的收购。

百事在寻求市场供应的同时,还积极在国内建设自有原材料基地。百事在内蒙古、广西、广东和河北建立了5个农场,并在农场应用最新的灌溉、冷藏和散装运输技术,使之成为世界一流的标准化农场,有力地促进了土豆的规模化生产和相关食品产业的发展。1999年百事相中了位于内蒙古自治区鄂尔多斯市达拉特旗农场的一片荒置的沙漠。尽管土地沙化,但这里的气候有利于种植土豆,百事公司决定将这片沙漠作为土豆供应的重要示范区。占地1万余亩的达拉特旗农场,原来全部是沙丘地,没有达到土豆种植的基本要求。百事从改良土壤入手,采用平整沙丘、种树植草、防风固沙、科学轮作等一系列手段,使荒沙变成了土豆种植的沃土。如今的达拉特旗农场,土豆亩产达2.73吨,超过了国际水平,昔日荒无人烟的荒漠,现已成为生机盎然的绿洲。而且由于达拉特农场处于沙漠最前沿,相当于为农民的耕地建了一座绿色的保护墙,显著减少了沙尘暴对当地的影响,这同样吸引了国内许多治沙

> 机构的眼光。在沙漠上改造良田，确实需要一笔庞大的治理费用，百事在达拉特旗农场的前期投入就达 4000 多万元人民币，但更为重要的是百事同时教会了当地农民怎样在沙丘上搞种植。达拉特旗农场附近还有 30 多万亩沙漠，如果国内的企业能参照百事的做法，这些沙漠都可以变成良田，既增加了农民的收入，又治理了沙漠的蔓延。目前，百事治沙种土豆所获得的原料成本比市场收购价还要低，这使百事公司在原料的有效供应上跑在了竞争对手的前头，而这恰恰是建立在与环境、与农民、与供应商多赢的基础之上。

一些非营利组织也在尝试向社会企业转换，但尚处于探索阶段。它们共同的特点是在做公益的过程中尝试通过经营性的服务来实现公益活动的可持续发展，如"爱心超市"。爱心超市的创办者最初是为北京的外地打工女提供参与式的培训活动，培训主题根据服务对象的需求而设定，包括性别意识、法律知识、子女教育、妇女保健、艾滋病知识、家庭关系等。后来发现简单的培训显得较为空洞，便通过开设"爱心超市"吸引他们到超市购物的机会，开展相关的培训和教育，现在它已成为妇女购物和交流的中心。超市将收集的捐赠衣服，以很低廉的价格卖给外地打工者；并将营利所得作为扶助基金，如果货源持续不足，它就会面临转行或者关闭。

还有一些社会企业由企业家创办。网易 CEO 丁磊投资养一万头猪就是个很好的例子。丁磊向媒体强调养猪作为网易公司的公司行为，它不是一项投资，而是一项实验性的工作，他说："我只养一万头猪，不会一直扩大规模。网易做这个事情的主要目的，不是为了赚钱，是希望探索出一个可以提高食品安全保障、提供农村工作机会又能全国推行的养猪流程和模式。"[①]

（二）社会创业的环境依赖性

社会创业的出现与发展标志着一种新的创业模式和跨部门事业的诞生，意味着解决社会问题能够也必须改用新的方式，即通过商业化操作和市场化方式来实现跨部门协作。引入和积极推行社会创业

---

① 古丰、张鸿雁：《网易 CEO 丁磊：我为什么关注养猪》，http://tech.163.com/09/0219/07/52GEKCPH000915BF.html，2009 年 2 月 19 日。

活动,对于我国构建和谐社会将产生深远的影响。社会创业的特征要求各种商业活动更多地考虑社会价值,甚至以社会价值为基础,创业活动就可能在实现经济价值的同时创造社会价值,如解决就业问题、缩小收入差距、增强人际信任、激发创业激情等;创业性特征要求各种组织采用商业化方式整合利用社会资本和其他资源,加速社会资本的循环利用,创造更大的社会价值和经济价值,避免组织官僚化、低效率等问题,让整个社会充满创业精神和创业氛围。事实上,在我国社会创业的实践事实上业已存在,如"企业家社会化"被中国民营企业家评选为"影响未来的九大商业思想"之一,一些优秀的企业家正在向社会企业家转变。但是,作为创业研究领域的一大热点,社会创业理论在核心概念、理论框架、研究方法等方面都处于兴起和发展阶段,理论研究还严重滞后于社会创业实践,迫切需要理论研究的拓展和深化。目前,大多数民间组织比较缺乏经营意识,习惯于通过募款而非经营创收的方式获取资金支持。因此,在 NPO 信息咨询中心数据库里面的 1000 多家民间组织中,能找到符合社会企业特点的为数不多。它们主要分布在养老、民办学校、职业教育、社会服务等领域。

社会企业要真正发展需要国家政策,社会资源的支持;同时,还需要为社会企业家们提供商业经营和运营管理能力的支持和培训。首先,可鼓励大学作为非政府组织与商界之间的桥梁,在大学举办社会企业人员培训的课程;大学的教授可以向商业企业的领导人传播社会企业的理念,引导他们参与创立社会企业。其次,完善社会企业产业链,借鉴英国政府的做法,建立联合会、社会企业风险投资基金、媒体社会企业、社会企业产品零售渠道等,使各个社会企业和商业企业能分工协作,互相促进。再次,积极传播社会企业理念,让更多人了解社会企业,进而去支持、创办社会企业。鼓励商业企业转型为社会企业,完善相关的法律程序。最后,举办各种社会企业竞争比赛,鼓励各种新的社会企业模式产生,又能资助新的社会企业发展。

(三)国内的社会创业教育

社会创业教育是创业教育的继承和发展。高校教育对社会创业的影响在于大部分社会创业者都是出自高校,学校是否开设社会创业的课程,是否向学生传授有关各方面的知识,这些都直接影响着社会创业者的能力和水平。目前,社会创业教育在国内还是一个崭新的领域,以湖南大学为代表的各大高校已经开设了关于社会创业的课程,并且开展了一系列激励社会创业行为的活动。这使得社会创业慢慢在大学生中得到普及,给大学生们一个新的毕业后的选择。这种社会效应给予了社会创业者极大的鼓舞。

潜力典范:中国公益创业研究中心[①]

湖南大学中国公益创业研究中心成立于2007年4月16日,是国内第一家批准成立的公益创业研究中心,主要致力于创办非营利性组织,兼顾社会效益的营利性企业,志愿公益活动和产学研一体的相关工作。它的成立与有效运转,整合了海内外资源,实现了产学研一体化与公益慈善理论与实践完美结合,促进了公益创业教育的发展。

研究中心是中国公益创业教育的先行者和领先者。我国首个公益创业研究中心批准成立;学校在国内高校中首次举行大学公益创业节;国内第一部《公益创业学》教材批准立项;创建了国内第一个公益创业网站——中国公益创业网(www.sociale.com.cn)和第一个以公益创业为名称的滴水恩大学生公益创业社团;在国内首次以"公益创业"为主题《滴水恩大学公益创业孵化有限公司》获得湖南、全国决赛挑战杯金奖。

模式:基于集群的"公益助学+就业+创业"的产学研一体化的公益创业教育模式。

口号:公益创业,取舍有道。

定位:相信普通人沉默的力量!

远景、使命与战略:在海内外华人的帮助下,经过全体湖大人的努力,湖南大学的公益创业教育遵循循序渐进的原则,点线面进行试点,积累经验,然后通过网络手段逐步向全国乃至全球展开。未来,公益创业将走出湖大、走出长沙、走向湖南、走向全国,走到海外的华人中间去,去帮助那些需要帮助的人!

[①] 《潜力典范:中国公益创业研究中心》,http://gongyi.sina.com.cn/gyzx/2009-09-23/171913195.html,2009年9月23日。

> 湖南大学在构建"公益助学+就业+创业"的基于集群的产学研与公益一体化的高校公益创业教育新模式,在公益创业教育方面的产、学、研方面已经取得部分成果和优势。

(四)我国港台地区的社会创业

我国港台地区有着兴办公益事业的传统,特区政府和台湾有关机构十分重视和支持社会创业。在我国,台湾社会企业的发展历史最久(有20年左右的时间),成熟的社会企业也较多;香港与澳门对社会企业的关注虽然是近几年来的事,但是当地各界的重视与通力合作,使社会企业发展迅猛,取得了很好的社会效果。它们的经验对于内地发展社会创业具有借鉴意义。

1. 我国香港特别行政区的社会创业

香港的华人文化传统、英国曾对香港实施的殖民统治、作为移民社会的人口结构以及作为自由港采取的低税率经济制度等方面的特点决定了香港慈善事业的发展历程和基本特征。

早期建立的华人慈善团体在接济穷人、兴办义学、施医施药、援助犯罪受害人等方面贡献显著,在香港社会一直都很有影响,如成立于1870年的东华三院今天依然十分活跃。基督教及其创办的慈善组织在教育、医疗、社区服务中扮演了重要的角色。如20世纪中期随着大量移民涌入香港,很多人生存维艰,基督教团体纷纷伸出援助之手,在1953年天主教香港教区创建了"香港明爱"(Caritas Hong Kong)为他们提供救助及康复服务。今天,"香港明爱"已成为当地很有影响力的服务性社团,为"社会上最末后无靠、最卑微无助、最失落无救的一群人"提供服务。

香港是个移民社会,因此宗亲社团很多。其中,最为有名的是来自广东、福建各地的乡亲成立的组织,如客家人的"崇正会"和惠州乡亲的"惠州工商互助社"等,体现了宗族团结互助的传统精神,在功能上逐渐扩大到兴学育才、发展体育文化事业、协助就业以及举办医疗福利机构等。香港的低税率自由港经济模式一方面促进了经济增长,另一方面也意味着政府没有足够的财力来建立全面的社会福利制度。因此,各种非营利组织在提供社会服务方面扮演了举足轻重的角色。

近年来,香港特别行政区的社会服务机构除了传统的非营利性机构以外,社会企业也有一定的发展。截至 2008 年 5 月,全港共有 284 家社会企业,共有 48 家政府机构管理经营或协助经营 187 个社会企业项目。香港人认为,社会企业不是纯粹的企业,亦不是一般的社会服务,社会企业通过商业手法运作,赚取利润用以贡献社会。它们所得盈余用于扶助弱势群体、促进社区发展,它们重视社会价值多于追求最大的企业营利。这些社会企业为家庭及社区提供个人及家居服务,如陪诊、家居服务、餐饮服务、一般清洁服务及长者个人护理等。社会企业为竞争力稍逊的弱势群体创造就业机会,这些人士包括低等学历、低技术劳工、中年妇女、残疾人士等。还有一些社会企业以推动可持续发展为使命,关注提高环保意识、提倡可持续消费、鼓励物品再循环再用等目标。截至 2006 年 1 月底,约有 1100 人在社会企业工作,社会企业大多属于微型企业(雇员人数不足 10 人)和小型企业(雇员人数由 11—49 人不等)。中国香港的社会企业可以以不同的法律形式设立,如企业、合作社或社区经济组织。①

　　社会企业在香港的蓬勃发展这与政府的大力支持是分不开的。香港特区政府制定了多项政策支持社会企业在香港的发展,例如:通过向公众积极宣传社会企业及在大学开设社会创业课程等方式加深公民对其的认识;积极采取措施为社会企业的发展营造良好的环境;等等。香港特区政府将它与非营利性社会公益团体的关系称做"伙伴关系"。这种伙伴关系的核心是非营利机构对政府拨款的依赖和政府通过拨款对非营利机构的控制。同时,香港特区政府还积极推动特区政府、商界和非营利部门三方的合作。2002 年香港社会福利署设立社区投资共享基金,以推动特区政府、商界和非营利机构三方合作,建立伙伴关系。2005 年,香港的社会服务联会获得汇丰银行慈善基金会及社会福利署的携手扶弱基金 2 亿港元的拨款,成立了社联汇丰社企商务中心。其目的既是鼓励社会福利界扩展网络,争取商业机构参与扶弱,也是鼓励商界承担更大的社会责任,推广社会企业精神,促进社会创新,推动社会变革。

---

　　① 民建联研究部:《"社区为本助贫自助——香港发展社会企业的建议"研究报告》,2007 年 10 月 8 日。

2. 我国台湾地区的社会创业

从1945年5月到1987年7月,台湾地区实施了长达38年的戒严统治。在此时期,台湾地区对民间组织采取严厉控制措施,工会、商会等基本上都是由官方控制。自20世纪70年代以后,尽管出现了一些以环境保护和消费者权益保护为目的的组织,但直到1987年解严之前,台湾地区民间组织的生存空间十分有限。这个时期只有极少特殊人士在公益事业方面有所作为。1961年,具有"经营之神"之称的企业家台塑集团董事长王永庆在父亲王长庚去世之后成立长庚纪念医院。解严之后,台湾地区放松了对社会领域的控制,各类民间组织进入了一个蓬勃发展时期。20余年来,台湾地区已经成立了数以万计的民间组织。

非营利部门这个概念在台湾并不流行,台湾地区通常所说的人民团体和民间社会福利机构这两类组织可以归入非营利组织的范畴。在台湾,广义的人民团体包括职业团体、社会团体和政治团体。狭义的人民团体只包括职业团体和社会团体两大类。职业团体是人们基于同一职业而组织起来的团体,而社会团体则是人们基于志趣、信仰、地缘或血缘等方面的背景而建立的团体。台湾地区将民间社会福利机构与人民团体分别看做是两个不同的领域。他们将民间社会福利机构与政府社会福利机构视为一体,而不习惯于将其与人民团体看做一类。民间社会福利机构中基金会的影响很大,目前基金会数量已经达到5000多家。其中五类基金会占据了主要地位,它们分别是:企业基金会、政府捐资基金会、教育基金会、文化艺术基金会和社会福利慈善基金会。

台湾社会企业的产生受到个方面的因素影响:社会需求的增加、财务危机、政府政策的诱发及企业对社会责任的重视。为解决自身面临的困境,台湾的非营利组织向社会企业倾斜,同时台湾的营利性组织在企业机构在公益活动的参与方面,逐渐朝向系统性、长期性以及乐于与其他两个部门的机构建立伙伴关系发展,它们共同推动公益活动,而不仅仅局限于短暂性地捐款或捐赠企业的产品。

目前,台湾的社会企业大致有五种类型,分别是积极性就业促进型社会企业、地方社区发展型社会企业、服务提供与产品销售型社会企业、公益创投的独立型社会企业及社会合作社。

台湾当局在社会企业的发展中给予了政策等方面的积极支持。但对于相关机构在社会企业发张中的作用存在以下看法：一是积极的"助力"作用。相关机构对社会企业的发展给予了物质上的支持，对其产品和服务的保障及宣传。二是台湾当局对非营利组织社会企业可以申请相关经费补助等行为是否对社会企业的自主性产生了阻碍。另外，对于特殊人群就业的庇护工场的各种规范及其相关权益等尚未有具体明确的规定。上述的争议可以说是台湾地区社会企业在发展过程中面临的一项严肃挑战，即整个台湾尚未塑造出一个充分支持社会企业的规范环境。①

> **台湾喜憨儿基金会**
>
> 喜憨儿烘焙店是台湾喜憨儿基金会为了让喜憨儿（心智障碍者）获得一个和正常人一样的工作平台而创建的社会企业。企业的建立使喜憨儿从社会的负担转变成社会价值的创造者；从被服务者变成服务大众的服务者；从负面、消极、悲观、病态转变成正面、积极、乐观、健康、活泼的孩子；同时也极大地改变了社会对心智障碍者的看法。该基金会目前已经设立了21个庇护工作站（含烘焙坊、餐厅以及台北、新竹、高雄三个烘焙工厂）以及创新的园艺工作队，以社区化、正常化及无障碍之工作训练职场，协助喜憨儿获得工作技能，让他们有工作、有尊严、有朋友，开启一条充满阳光与希望的人生之路。该基金会目前安置了200余位成年心智障碍者的工作，每年更提供数以千计的咨询协助、个案管理及服务，创立了公益连锁系统，也创造了崭新的公益品牌。

---

① 彭剑君：《社会创业研究》，《社会保障研究》2011年第3期。

主要参考文献

中文文献：

《成功企业的"内核"》，《名人传记·财富人物》2010年第7期。

《创业基础》编写组主编：《创业基础》，安徽大学出版社2013年版。

蔡莉、柳青：《新创企业资源整合过程模型》，《科学学与科学技术管理》2007年第2期。

陈劲、王皓白：《社会创业与社会创业者的概念界定与研究视角探讨》，《外国经济与管理》2007年第8期。

陈荣秋、马士华编著：《生产与运作管理》，高等教育出版社2005年版。

陈文彬、吴恒春主编：《创业实务教程》，暨南大学出版社2010年版。

陈亦权：《跟周杰伦学创业》，《财富时代》2010年第3期。

丁栋虹：《创业管理》，清华大学出版社2006年版。

杜银伟：《我国大学生公益创业研究》，北京交通大学2011年硕士学位论文。

杜跃平主编：《创业管理》，西安交通大学出版社2006年版。

段锦云、王朋、朱月龙：《创业动机研究：概念结构、影响因素和理论模型》，《心理科学进展》2012年第5期。

樊一阳、叶春明、吴满琳主编：《大学生创业学导论》，上海财经大学出版社2005年版。

方青云、袁蔚、孙慧主编：《现代市场营销学》，复旦大学出版社2005年版。

高山统：《公益创业在中国》，《创业家》2009年第10期。

何志聪：《中小民营企业家创业动机及其影响因素研究》，浙江大学管理科学与工程学系2004年硕士论文。

何志毅主编：《成长，突破，超越——著名企业家在北大的演讲》，北京大学出版社2007年版。

贺尊主编：《创业学概论》，中国人民大学出版社2010年版。

胡爱荣主编：《财务管理学》，科学出版社2012年版。

纪慧生、陆强、王红卫：《商业模式设计方法、过程与分析工具》，《中央财经大学学报》2010年第7期。

贾生华、邬爱其：《中美日三国不同文化背景下的创业特征比较》，《外国经济与管理》2006年第10期。

贾玉平：《论债权人代位权》，《法学评论》2001年第4期。

姜彦福、邱琼：《创业机会评价重要指标序列的实证研究》，《科学学研究》2004年第1期。

李朝波：《团队角色理论在团队建设中的应用研究》，南京师范大学2011年硕士学位论文。

李华晶、肖玮玮：《机会识别、开发与资源整合：基于壹基金的社会创业过程研究》，《科学经济社会》2010年第2期。

李立清、李燕凌：《企业社会责任研究》，人民出版社2005年版。

李强：《从优秀个人到卓越团队》，《人力资源》2007年第18期。

李时椿主编：《创业学：理论、过程与实务》，中国人民大学出版社2011年版。

李志刚主编：《网上创业》，西南财经大学出版社2008年版。

刘兴民、黄志斌：《创业企业家创业精神和心理素质的培育》，《现代管理科学》2009年第10期。

刘玉焕、井润田：《社会创业的概念、特点和研究方向》，《技术经济》2014年第5期。

卢福财主编：《创业通论》，高等教育出版社2007年版。

马君：《企业商业模式创新研究》，天津大学2008年硕士论文。

马玫、陈玉清主编：《中小企业创业与发展指导手册》，东北大学出版社2002年版。

麦可思研究院：《2014年中国大学生就业报告》，社会科学文献出版社2014年版。

牛泽民、熊飞：《发展创业教育对促进中国现阶段经济增长的作用》，《北京航空航天大学学报（社会科学版）》2003年第3期。

彭剑君：《社会创业研究》，《社会保障研究》2011年第3期。

秦月琴主编：《财务管理》，吉林大学出版社2007年版。

沈永言：《商业模式理论与创新研究》，北京邮电大学2011年博士论文。

沈永言、吕廷杰：《商业模式基本概念重思》，《管理百科》2011年第1期。

沈永言、吕廷杰：《商业模式与企业战略的关系与相互作用》，《经济研究导刊》2011年第18期。

盛男、王重鸣：《社会创业导向构思的探索性案例研究》，《管理世界》2008年第8期。

石淇玮：《慈善基金举步维艰》，《环球企业家》2004年8月（总第101期）。

孙德林、黄林、黄小萍编著:《创业基础教程》,高等教育出版社2012年版。
唐亚阳主编:《公益创业学概论》,湖南大学出版社2009年版。
王柏轩:《中小企业创业环境与政策研究:以武汉市为例》,中国地质大学出版社
　　2009年版。
王飞绒、陈劲、池仁勇:《团队创业研究述评》,《外国经济与管理》2006年第7期。
王国红:《创业管理》,大连理工大学出版社2005年版。
王皓白:《社会创业动机、机会识别与决策机制研究》,浙江大学2010年博士学位
　　论文。
王瑾:《大学生创业心理资本的特点及其与创业意向的关系研究》,中国地质大学
　　(北京)人文经管学院2013年硕士论文。
王晶主编:《生产与运作管理核心理论及习题集》,机械工业出版社2013年版。
王漫天、任荣明:《公益创业及其在中国的发展》,《安徽师范大学学报(人文社会
　　科学版)》2008年第2期。
王培俊主编:《职业规划与创业体验》,高等教育出版社2011年版。
王绍光:《多元与统一——第三部门国际比较研究》,浙江人民出版社1999年版。
王伟、朱燕空:《创业机会评价指标体系构建》,《商业时代》2010年第2期。
王艳茹:《高校创业指导师培训模式研究》,《创新与创业教育》2013年第5期。
王玉帅:《创业动机及其影响因素分析——以江西创业者为例》,南昌大学理学院
　　2008年博士论文。
邬爱其、焦豪:《国外社会创业研究及其对构建和谐社会的启示》,《外国经济与管
　　理》2008年第1期。
吴健安主编:《市场营销学》,高等教育出版社2011年版。
吴向鹏、高波:《文化、企业家精神与经济增长——文献回顾与经验观察》,《山西
　　财经大学学报》2007年第6期。
吴雅冰主编:《创业管理》,中国人民大学出版社2012年版。
肖建忠、唐艳艳:《社会企业的企业家精神:创业动机与策略》,《华东经济管理》
　　2010年第4期。
谢冬慧:《从民族性格看美国的法制创新》,《西北政法大学学报》2008年第1期。
邢雷主编:《创业在中国:30位青年企业家的成功创业之路》,中国轻工业出版社
　　2008年版。
严中华:《社会创业》,清华大学出版社2008年版。
严中华、杜海东、孙柳苑:《社会创业与商业创业的比较研究及其启示》,《探索》
　　2007年第3期。
姚梅芳:《基于经典创业模型的生存型创业理论研究》,吉林大学管理学院2007年
　　博士论文。

张立文:《美国通用电气公司组织结构及其变革研究》,《商场现代化》2010年第9期。

张丽华主编:《投资银行实务》,东北财经大学出版社2007年版。

张耀辉、张树义、朱峰:《创业学导论:原理、训练与应用》,机械工业出版社2011年版。

张玉利、李新春主编:《创业管理》,清华大学出版社2006年版,第222—223页。

张玉利、田新:《创业者风险承担行为透析——基于多案例深度访谈的探索性研究》,《管理学报》2010年第1期。

张玉利主编:《创业管理》,机械工程出版社2011年版。

张元萍主编:《创业投资实验教程》,中国人民大学出版社2013年版。

张远凤主编:《社会创业与管理》,武汉大学出版社2012年版。

赵莉、严中华:《国外社会企业理论研究综述》,《理论月刊》2009年第6期。

赵淑敏主编:《创业融资》,清华大学出版社2009年版。

赵伊川:《创业管理》,中国商务出版社2004年版。

郑晓燕主编:《创业基础》,西南财经大学出版社2013年版。

中国风险投资研究院主编:《2009中国风险投资年鉴》,民主与建设出版社2009年版。

中央电视台经济频道主编:《年轻的心:中央电视台经济频道创业英雄会》下册,中国民主法制出版社2009年版,第121页。

仲伟仁、芦春荣:《环境动态性对创业机会识别可行性的影响路径研究——基于创业者个人特质》,《预测》2014年第3期。

周立主编:《大学生就业与创业指导》,北京工业大学出版社2009年版。

朱益新主编:《创业实务》,中国人民大学出版社2013年版。

朱毅:《创新商业模式的逻辑》,《中国机电工业》2011年第1期。

左凌烨、雷家骕:《创业机会评价方法研究综述》,《中外管理导报》2002年第7期。

〔美〕布鲁斯·R.巴林格、R.杜安·爱尔兰等:《创业管理:成功创建新企业》,张玉利、杨俊、薛红志等译,机械工业出版社2006年版。

〔美〕德鲁克:《管理的实践》,乔若兰译,机械工业出版社2009年版。

〔美〕蒂姆·克拉克、〔瑞士〕亚历山大·奥斯特瓦德、〔比〕伊夫·皮尼厄:《商业模式新生代》,王帅、毛心宇、严威、毕崇毅译,机械工业出版社2011年版。

〔美〕杜安·爱尔兰:《成功创业不仅要有创意,更要抓住机会》,《IT时代周刊》2006年第16期。

〔美〕多林格:《创业学:战略与资源》,王任飞译,中国人民大学出版社2006年版。

〔美〕胡馨:《什么是"Social Entrepreneurship"(公益创业)》,《经济社会体制比较》2006年第2期。

〔美〕霍德华·舒尔茨、多利·琼斯·扬:《将心注入》,文敏译,浙江人民出版社2006年版。

〔美〕杰弗里·蒂蒙斯、小斯蒂芬·斯皮内利:《创业学》,周伟民、吕长春译,人民邮电出版社2006年版。

〔美〕库拉特克、霍杰茨:《创业学:理论、流程与实践》,张宗益译,清华大学出版社2006年版。

〔美〕罗伯特·J.卡尔文:《创业管理》,郑兴山、杨晓玲、霍健译,中国财政经济出版社2011年版。

〔美〕萨姆·沃尔顿、约翰·休伊:《富甲美国:零售大王沃尔顿自传》,沈志彦等译,上海译文出版社2001年版。

〔美〕斯蒂芬·P.罗宾斯、玛丽·库尔特:《管理学》,孙健敏、黄卫伟、王凤彬、焦叔斌译,中国人民大学出版社2004年版。

〔美〕约翰·道格拉斯:《创业箴言》,杨水秀编译,哈尔滨出版社2004年版。

〔英〕克里斯·J.纳托尔著:《商务管理(标准级)》,华英、苏萍译,中国劳动社会保障出版社2004年版。

〔英〕彭罗斯:《企业成长理论》,赵晓译,上海人民出版社2007年版。

外文文献:

Birley S., "The Role of Networks in the Entrepreneurial Process," *Journal of Business Venturing*, 1985, 1(1): 107.

Bornstein D., *How to Change the World: Social Entrepreneurs and the Power of New Ideas*, New York: Oxford University Press, 2004: 215.

Brush C. G., Greene P. G., and Hart M. M., "From Initila Idea to Unique Advantage: The Entrepreneurial Challenge of Constructing a Resource Base," *Academy of Management Executive*, Feb 2001, 15(1): 64-78.

Catford J., "Social Entrepreneurs Are Vital for Health Promotion-But They Need Supportive Environments too," *Heath Promote International*, 1998: 95-97.

Drucker P., *Managing the Non-Profit Organization: Principles and Practices*, Harper Collins, 1990: 46-52.

Estelle James, "The Nonprofit Sector in Comparative Perspective," in W. Powell, ed., *The Nonprofit Sector: A Research Handbook*, Newhaven: Yale University Press, 1987: 404-405.

Gartner W. B., "A Conceptual Framework for Describing the Phenomenon of New Venture Creation," *Academy of Management Review*, 1985(10): 695-705.

Manual London, Richard G. Morfopoulos, *Social Entrepreneurship-How to Start Successful Corporate Social Responsibility and Community-based Intiatives for Advocacy and*

Change, New York: Routledge, 2010: 18.

Sen A. K., "Rational Fools: A Critique of the Behavioral Foundations of Economic Theory," *Philosophy and Public Affairs*, 1977, 6(4): 314-317.

Sharir M., M. Lerner, "Gauging the success of social ventures initiated by individual social entrepreneurs," *Journal of World Business*, 2006(41): 6-20.

Wei-Skillern, Austin, Stevenson, *Entrepreneurship in the Social Sector*, London: Sage Publication Inc, 2007.

Wernerfelt, B. A., "Resource-Based View of the Firm," *Startegic Management Journal*, 1984, 5(2):171-180.

Zimmerman M. A., Zeiz G. J., "Beyond Survival: Achieving New Venture Growth by Building Legitimancy," *Academy of Management Review*, 2002, 27(3): 414-431.

选用本教材的老师可联系 ss@pup.pku.edu.cn 获得配套电子教学课件。